Linguistische
Arbeiten 60

Herausgegeben von Herbert E. Brekle, Hans Jürgen Heringer,
Christian Rohrer, Heinz Vater und Otmar Werner

Jürgen Rolshoven

Automatische Transkription französischer Texte

Max Niemeyer Verlag
Tübingen 1978

Meinen Eltern

CIP-Kurztitelaufnahme der Deutschen Bibliothek

Rolshoven, Jürgen
Automatische Transkription französischer Texte. - 1. Aufl. - Tübingen : Niemeyer, 1978.
(Linguistische Arbeiten ; 60)
ISBN 3-484-10302-7

ISBN 3-484-10302-7

VORWORT

Diese Arbeit ist unter dem Titel "Eine Transformationsgrammatik zur automatıscnen Transkription nichtrestringierter französischer Texte unter besonderer Berücksichtigung verschiedener Zielsprachen" von der Philosophischen Fakultät der Universität zu Köln als Dissertation angenommen worden. Referenten waren die Herren Professoren H.D.Bork und A. Wollmann. Das Rigorosum fand am 12.2.77 statt.

Es ist mir eine angenehme Pflicht, mich derer zu erinnern, die diese Arbeit unterstützt haben. Mein Dank gilt in erster Linie Herrn Professor H.D.Bork, der die Arbeit betreut hat. Für Förderung und Interesse danke ich Herrn Professor A.Greive. Wertvolle Hinweise gab mir Herr Professor A.Wollmann. Herr Dr. P.O.Samuelsdorf vom Institut für Sprachwissenschaft führte mich in die mathematische und computative Linguistik ein. Herr W.Kirsch, M.A., Rechenzentrum der Universität zu Köln, beriet mich in Fragen der Programmierung. Bei Herrn W.Dahmen fand ich stets Bereitschaft, Probleme der Arbeit zu diskutieren. Auch übernahm er es, das Manuskript Korrektur zu lesen.

Herr Professor H.Vater ermöglichte mir die Veröffentlichung in den Linguistischen Arbeiten.

Ihnen allen danke ich sehr.

INHALTSVERZEICHNIS

	Vorwort	V
1.	Einleitung	1
1.1.	Ziel und Zweck	1
1.2.	Methode	3
1.3.	Aufbau der Arbeit	4
2.	Definition der Ausgangssymbolfolgen	6
3.	Definition der Zielsymbolfolgen	12
4.	Die Transformationen	17
4.1.	Die Transformationsfunktionen	17
4.2.	Die Funktion f	20
4.3.	Die Funktion g	40
4.3.1.	Aufgabe	40
4.3.2.	Lösungsstrategie und Probleme	43
4.3.3.	Satzzeichen	53
4.3.4.	Liaison	55
4.3.5.	Logogramme	65
4.3.6.	Buchstabenkettensegmentierende Zuordnungsregeln	70
4.3.6.1.	Vorbemerkungen	70
4.3.6.2.	Ketten der Gruppe a-	72
4.3.6.3.	Ketten der Gruppe e-	75
4.3.6.4.	Ketten der Gruppe u-	120
4.3.6.5.	Ketten der Gruppe i-	120
4.3.6.6.	Ketten der Gruppe o-	122
4.3.6.7.	Ketten der Gruppe y-	123
4.3.6.8.	Ketten der Gruppe h-	123
4.3.6.9.	Ketten der Gruppe c-	123
4.3.6.10.	Ketten der Gruppe d-	124
4.3.6.11.	Ketten der Gruppe n-	125
4.3.6.12.	Ketten der Gruppe p-	125

4.3.6.13. Ketten der Gruppe r- 125
4.3.6.14. Ketten der Gruppe t- 125
4.3.6.15. Ketten der Gruppe s- 126
4.3.6.16. Ketten der Gruppe x- 127
4.3.6.17. Ketten der Gruppe z- 127
4.3.6.18. Ketten der Gruppe b- 127
4.3.6.19. Ketten der Gruppe f- 127
4.3.6.20. Ketten der Gruppe g- 127
4.3.6.21. Ketten der Gruppe j- 128
4.3.6.22. Ketten der Gruppe k- 128
4.3.6.23. Ketten der Gruppe m- 128
4.3.6.24. Ketten der Gruppe q- 128
4.3.6.25. Ketten der Gruppe v- 128
4.3.6.26. Ketten der Gruppe w- 128
4.4. Die Funktion h 129
4.4.1. Aufgabe 129
4.4.2. Lösungsstrategie 129
4.4.3. Die Funktion h_1 130
4.4.3.1. Satzzeichen 131
4.4.3.2. Vokalquantitäten 131
4.4.3.3. Vokalqualitäten 132
4.4.3.4. Schwa 134
4.4.3.5. Assimilationen 149
4.4.4. Die Funktion h_2 156
4.4.5. Die Funktion h_3 157
4.4.6. Die Funktion h_4 157

5. Computative Realisierung 159
5.1. Das Programm ZIFTRANS 160
5.2. Das Hauptprogramm YPHONE und die Unterprogramme YLIAIS und LOOKUP 163
5.3. Das Unterprogramm YINSTA 174

Literatur 177

Anhang 185
Transkriptionssystem 185
Extensionale Definition von Mengen und Speicherplatzbelegung 185
Auflistung des Programms YZAHL 198
Auflistung des Hauptprogramms YPHONE 213

Auflistung des Unterprogramms YINSTA 233
Auflistung des Unterprogramms YLIAIS 254
Auflistung des Unterprogramms LOOKUP 258
Textbeispiele 282

1. EINLEITUNG

1.1. Ziel und Zweck

Diese Arbeit beschreibt ein Modell zur automatischen Transkription nicht restringierter[1] orthographischer[2] Texte des Französischen mit Hilfe einer elektronischen Datenverarbeitungsanlage.

Die Arbeit verfolgt mehrere Ziele. Die Beziehungen zwischen graphischem und phonischem Code[3] sollen systematisch erfaßt und formalisiert dargestellt werden. Eine systematische Darstellung dient nicht nur der Erforschung der beiden Codes, sondern ist, da ihre Dependenz und Interdependenz Gegenstand des Interesses sind, speziell auch für die Untersuchung kognitiver Aspekte des Lesenlernens von Bedeutung.[4]

Die Leistungen des Modells eröffnen dem Literaturwissenschaftler neue Möglichkeiten. Transkribierte Texte dienen ihm als Basis informationsästhetischer Untersuchungen mit Hilfe computergestützter Feinstruktur- und Klanganalysen am sprachlichen Kunstwerk.[5]

---

1) Der von Pratt, Silva (1967), Silva, Pratt (1967:821-823), Silva (1969: 257-265) beschriebene Algorithmus transkribiert nur versifizierte Texte. Hier wie auch bei Liénard, Teil (1970:505-513) und Vaissière (1971) wird das Problem der Transkription zu eng als Zuordnung minimaler graphischer Ketten zu phonischen aufgefaßt. Prozeßphonologische, morphologische und syntaktische Faktoren der Zuordnung beider Codes bleiben unberücksichtigt, s.a. die Bemerkungen von Gsell und Valdmann (Silva, Pratt (1967:823)) und Arkwright, Kerek (1971:1085). Valabrègue (1972) und Hitzenberger (pers. Mitteilung 1976) schränken daher ihre Transkription auf die Wortebene ein. Catach (CNRS Paris, pers. Mitteilung 1975) arbeitet mit stark präkodierten Texten. Weitere Forschungen zur automatischen Transkription unternimmt zur Zeit Jung (pers. Mitteilung 1975).

2) Varianten der orthographischen Norm innerhalb des orthographischen Systems (*je dort, je dorp, je dor* anstelle von *je dors*) werden korrekt umschrieben.

3) Diese Begriffe werden in Anlehnung an code graphique, code phonique verwandt (vgl. Söll (1974)).

4) s. Allen (1974:1).

5) Computergestützte Klang- und Feinstrukturanalysen des sprachlichen Kunstwerks finden sich bei Knauer (1965:193-211).

Bei der Erstellung von Lexika vermag das Programm einem graphischen Eintrag die korrekte phonetisch transkribierte Form zuzuweisen.

Der überaus hohe Redundanzgrad des geschriebenen Französisch verteuert die Speicherung und den Transport geschriebener Information erheblich. Phonetisch umschriebene Texte hingegen sind viel weniger redundant; es ist also ökonomischer, Information in dieser Form zu lagern und zu transportieren. Das hier beschriebene Modell leistet einen Beitrag, durch Redundanzminimierung kostengünstige Formen des raumzeitlichen Informationstransfers zu finden. Transkribierte Texte dieser Art finden als Eingabe von Maschinen Verwendung, die die menschliche Stimme simulieren.[6] Hierdurch wird die Kommunikation von Mensch und Maschine erleichtert, in manchen Fällen, etwa bei Auslastung des visuellen Bereichs (z.B. bei manuellen Tätigkeiten, bei denen die Augen die Bewegungen der Hände kontrollieren) durch Ausweichen auf den auditiven Bereich erst möglich.

Synthetische Stimmen, Vocoder, verarbeiten die vom Programm gelieferten transkribierten Texte und ermöglichen es Blinden, Texte auditiv zu erfassen. Auf eine Umsetzung in Blindenschrift kann verzichtet werden.

Am stärksten wird die Arbeit durch die Forderungen phonologischer Forschung motiviert. Phonologische Untersuchungen, die über eine begrenzt klassifizierende Arbeit hinaus quantitative Faktoren berücksichtigen wollen, bedürfen einer breiten Basis phonisierter Texte. Sie sind Untersuchungsgegenstand quantitativer, phonostatistischer und linguistisch-informationstheoretischer Arbeiten.

Die angedeuteten Strategien ermöglichen es, viele Probleme strukturaler und prozeßphonologischer Forschung im Bereich der französischen Phonologie unter neuen, exakten Gesichtspunkten zu betrachten.[7]

---

6) Köster (1973:222-237) beschreibt die weitreichenden Möglichkeiten des Einsatzes synthetischer Stimmen in der Kommunikation von Mensch und Maschine.

7) Die Möglichkeiten können hier nur oberflächlich angedeutet werden, z.B. die Ermittlung funktionaler Faktoren, funktionale Belastung (vgl. King (1967:831-852), Walter (1974:129-136), Quellenredundanz, Entropie etc. In diachroner Betrachtung kann der Begriff der Funktionalität durch quantitative Erfassung des Verhältnisses von Länge und Frequenz einer Form, eines Morphems, und Phonemen und Phonemclustern berechnet werden.

Da die Arbeit symptomphonologische[8] Erscheinungen beachtet und versucht, als Zielsymbolfolgen[9] diastratische phonische Register zu ermitteln, können die Differenzen zwischen verschiedenen phonischen Systemen durch Vergleich quantitativ ermittelt werden.

Die Kenntnis der quantitativen Verhältnisse des von dem hier beschriebenen Modell erzeugten Texts hilft dem generativ-phonologisch arbeitenden Forscher bei der Erstellung eines minimierten Lexikons und bei der Optimierung des Algorithmus' zur Transformation der phonologischen Tiefenstruktur in die Oberflächenstruktur.[10]

1.2. Methode

Um die automatische Phonisierung orthographischer Texte durchzuführen, wird ein tentatives Modell erstellt, das die Ausgangssymbolfolgen, die Zielsymbolfolgen und die Beziehungen zwischen beiden Symbolfolgen beschreibt. Beschreibung heißt hier Klarmachen der Strukturbedingtheiten der Symbolfolgen und ihrer Beziehungen durch Systematisierung der darauf referierenden Faktoren.[11] Für das tentative Modell wird kein Axiomensystem erstellt[12], d.h. die Beziehungen zwischen Ausgangs- und Zielsymbolfolgen sind nicht Modell einer axiomatisierten Theorie. Vielmehr wird zur Darstellung der grundlegenden Begriffe der Ausgangs- und Zielsymbolfolgen, des graphischen und phonischen Codes und ihrer Beziehungen im Rahmen der gestellten Aufgabe auf das mengentheoretische Axiomensystem zurückgegriffen[13]: Im Sinne Hartmanns handelt es sich um die Bildung des Modelltyps 3.[14] Die Beziehungen zwischen beiden Codes werden mengentheoretisch als Relationen dargestellt. Aus der forma-

---

8) s. dazu Baldinger (1967:136 seq.).
9) Zielsymbolfolgen und (unten) Ausgangssymbolfolgen sind Termini nach Kästner (1972:2).
10) s. dazu Belchiţă (1969:61-68).
11) Hartmann (1965:369).
12) s.a. Piirainen, Wenzel (1971:362).
13) s.a. Steffen-Batogowa (1973a:75 seqq.), (1973b:70 seqq.), (1974:117 seqq.). Warmus (1973:78 seqq.) hat den Algorithmus programmiert. Interessant auch Frolov (1975).
14) Hartmann (1965:371 seq.).

lisierten Darstellung läßt sich leicht ein Transkriptionsalgorithmus entwickeln, der programmierbar ist. Mit Hilfe der Computersimulation wird das tentative Modell applikativ geprüft und eventuell weiterentwickelt, bis eine adäquate Theorie zur Lösung der gestellten Aufgabe existiert.[15]

1.3. Aufbau der Arbeit

Aufbau und Gliederung der Arbeit orientieren sich an dem zu erstellenden Modell. Zunächst werden die Ausgangssymbolfolgen formal beschrieben. Zu ihnen gehören Ketten aus Lettern, Sonderzeichen und Ziffern. Die Beschreibung der Zielsymbolfolgen schließt sich an. Dabei handelt es sich um Ketten, die über der Menge der in homogenen Sprechergemeinschaften verwendenten Phon(em)e gebildet sind. Die phon(em)ischen Systeme einzelner Sprechergemeinschaften und unterschiedliche Auffassungen über die Mächtigkeit der Phon(em)-mengen werden berücksichtigt.

Ausgangs- und Zielsymbolfolgen sind Elemente von Mengen von Sätzen. Mengen von Sätzen sind Sprachen. Es gilt Funktionen zu finden, die die Elemente dieser Mengen aufeinander abbilden. Wir nennen diese Funktionen Transformationen.[16]

Bei den Transformationen handelt es sich um drei Funktionen, die sukzessive angewendet werden.

Die erste Funktion bildet Buchstabenketten auf sich selbst (d.h. Buchstabenketten bleiben unverändert) und Ziffernketten auf entsprechende Buchstabenketten ab.

Die zweite Funktion ordnet Graphemketten Phonemketten zu. Die

---

15) s. Lehmann (1973:11). Das Ziel der Arbeit ist erreicht: es existiert ein fehlerfrei transkribierendes Programm.

16) s. die Definition von Meschkowski (1971a:13), "Abbildung":"Eine A. (oder Funktion) einer Menge A in eine Menge B ist eine Vorschrift, die jedem Element a ∈ A genau ein Element b ∈ B zuordnet". Für Meschkowski sind Operator, Abbildung, Funktion und Transformation synonym, s.p.188, "Operator". Klaus (1971:651 seqq.), "Transformation", schränkt hingegen ein: "...ist eine umkehrbar eindeutige Abbildung s von M auf sich...". Wir schließen uns Meschkowski an. In der generativ-transformationellen Syntaxtheorie wird unter Transformation eine Funktion verstanden, die wohlgeformten mit etikettierten Klammern versehenen Ketten, die Elemente einer durch ein Konstruktionsverfahren definierten Sprache sind, Elemente einer Universalsprache zuordnet (s.Brainerd (1971:238). In dieser Arbeit werden jedoch keine Klammerstrukturen, sondern Ketten transformiert.

Phonemketten ähneln in gewisser Weise den Ketten einer phonologischen Zwischenstruktur. Zwischenstruktur weist auf eine zwischen phonologischer Tiefenstruktur und Oberflächenstruktur liegende Stufe hin.

Die dritte Funktion bildet Elemente der phonologischen Zwischenstruktur auf eine phonologische Oberflächenstruktur ab.

Die zweite und die dritte Funktion können nach Wünschen des Benutzers modifiziert werden. Die Modifikationen erlauben die Berechnung differenzierter phonologischer Oberflächen. Auf diese Weise werden nicht nur die diatopisch und diastratisch variierenden Elemente der Oberflächenketten - Phon(em)e - einer differenzierten Betrachtung unterworfen, sondern es wird auch den Auffassungen verschiedener Forschungsrichtungen bezüglich des Phon-, Phonem- oder Segmentinventars - die verschiedenen Namen offenbaren die unterschiedlichen Standpunkte - der französischen Sprache Rechnung getragen.

Die Rechenvorschriften , die die Transformationen definieren, operieren auf Ketten, die Erscheinungsformen des Französischen repräsentieren. Die Rechenvorschriften sind Regelsammlungen zur Umformung (formal)sprachlicher Ketten. Wir nennen diese Regelsammlungen Transformationsgrammatik.

Die Beschreibung der technischen Realisation der Transformationsgrammatik in Gestalt eines Computerprogramms schließt die Arbeit ab.

2. DEFINITION DER AUSGANGSSYMBOLFOLGEN

Wir betrachten den graphischen Code als eine Menge von Sätzen, die zum Vorbereich der ersten Transformationsfunktion gehören. Diese Menge von Sätzen bezeichnen wir als Ausgangssymbolfolgen. Wir definieren sie als formale Sprache über dem Alphabet A. Das Alphabet A ist die Vereinigung der Menge A_1 der Buchstaben, der Menge A_2 der Sonderzeichen und der Menge A_3 der Ziffern.

Für die folgenden Teile der Arbeit sind die Begriffe Buchstaben und Graphem von großer Bedeutung. Bei der Menge A_1 der Buchstaben handelt es sich um Grapheme im Sinne von C. Blanche-Benveniste und A.Chervel.[1] Ähnlich wie Phoneme können Grapheme in zwei Artikulationsniveaus zu jeweils größeren Einheiten kombiniert werden. Allerdings ist dieses Graphemsystem bezüglich des Phonemsystems weitgehend autonom, da ein Graphem nicht durchgängig ein Phonem repräsentiert. Daher ist für diese Arbeit ein zu Phonemen in Relation stehender Graphembegriff besser geeignet. V.Hořejši stellt Grapheme und Phoneme in geordneten Paaren zusammen.[2] Auf diese Weise verbindet er die graphische und die phonische Ebene. Die geordneten Paare heißen Graphoneme. Graphoneme spielen in der zweiten Transformation eine wichtige Rolle. N.Catach versucht, das Graphem funktional zu definieren. Buchstaben oder Buchstabengruppen sind Grapheme, wenn

---

1) Blanche-Benveniste, Chervel (1969:119 seqq.).

2) Hořejši (1962:225-236), (1964:65-71), (1972:10-17). Möglicherweise müssen die sechs von Hořejši aufgestellten Beziehungen zwischen Graphem und Phonem noch um die des zéro graphique - phonème erweitert werden, falls dem Schwa in *ours(ə) blanc* phonemischer Status zuerkannt wird. Ähnlich wie Hořejši geht Althaus (1973:118-132) vor. Er unterscheidet einfache Graphoneme (etwa das geordnete Paar (t,t) in frz. *têtu*), graphisch komplexe Graphoneme ((au,ọ) in *auto*, phonemisch komplexe Graphoneme ((x,ks) in *excuser*) und graphisch und phonemisch komplexe Graphoneme ((amment,amã) in *constamment)*. Kritik an diesen Versuchen übt Söll (1974:65 seq.).

sie bestimmte Phoneme repräsentieren (Grapheme dieser Art heißen Phonogramme), wenn sie bestimmte Morpheme wiedergeben (Morphogramme) oder wenn sie eine bestimmte Bedeutung widerspiegeln (Logogramme).[3] Von dieser Klassifizierung nicht erfaßte Buchstaben sind lettres historiques oder lettres étymologiques ohne funktionalen Wert.[4]

Bei den diskutierten Graphembegriffen wird geschriebene Sprache im Gegensatz zu gesprochener Sprache als System mit vier Niveaus und drei Artikulationsebenen betrachtet (Buchstabe - Graphem - Monem - Phrase). Dieser Zustand reflektiert die in besonderem Maße für das Französische geltende Spaltung von gesprochener und geschriebener Sprache.[5].

Die drei Teilmengen des Alphabets A werden extensional definiert; für A_1 gilt:

A_1 = {a,à,â,e,é,è,ê,u,ù,û,i,î,o,ô,ï,ë,y,h,c,d,n,p,r,t,s,x,z, b,f,g,j,k,l,m,ç,q,v,w}[6]

A_1 ist die Vereinigungsmenge der Teilmengen A_{11} und A_{12}. A_{11} ist die Menge der Vokalbuchstaben, A_{12} ist die Menge der Konsonantenbuchstaben. Für A_{11} gilt:

A_{11}= {a,à,â,e,é,è,ê,u,ù,û,i,î,o,ô,ï,ë,y}

Für A_{12} gilt:

A_{12}= {h,c,d,n,p,r,t,s,x,z,b,f,g,j,k,ç,l,m,q,v,w}

Dann gilt für A_1: $A_1 = A_{11} \cup A_{12}$

---

3) Catach (1972:37-59), (1973a:949-956), (1974:97-120).

4) Freilich zeigt sich bei den Logogrammen im System Catachs, daß der auf einzelne Wörter beschränkte Graphembegriff im Gegensatz zu dem Phonembegriff in der strukturalen Phonologie (Phoneme werden durch Kommutationsprobe ermittelt) keine Ausdehnung auf alle Vorkommen im Paradigma erlaubt. Je nach Umständen kann ein gleicher Buchstabe Graphem oder nur "lettre" sein. Würde man in der strukturalen Phonologie solche Verfahren zulassen, so enthielte ein Wort wie *dictionnaire* keine Phoneme, da bei der Kommutationsprobe nur Lautkombinationen entstehen, die im Französischen nicht semantisch interpretiert werden könnnen. In der Auffassung von Catach ist der Graphembegriff nicht auf das System ausgedehnt, sondern auf einzelne Vorkommen im System beschränkt. Die Grenze zwischen Graphem und "lettre" ist fließend. Die Begriffe Morphogramm und Logogramm sind für die folgenden Teile der Arbeit wichtig. Sie implizieren die Identifikation einer zugehörigen phon(em)ischen Repräsentation innerhalb des Wort- bzw. Satzkontextes.

5) Zum Graphembegriff wurden auch konsultiert: Stetson (1937), Uldall (1944), Pulgram (1951), Gak (1959), Witting (1960), Nikolaeva (1965), Brekle (1971), Harweg (1971), Allen (1971); zu Satzzeichen s. Hirschberg (1965).

6) Von Spezialfällen abgesehen (*un fort Anglais, un fort anglais*) ist der Unterschied Minuskel - Majuskel irrelevant.

Für A_2 gilt:

A_2 = {⊔,-,',,,.,:,;,?,!,",(,)}

A_2 ist die Vereinigungsmenge der Teilmengen A_{21} und A_{22}. A_{21} ist die Menge der Satzzeichen, A_{22} die Menge der Satztrennungszeichen.

Für A_{21} gilt:

A_{21}= {⊔,-,'}

Für A_{22} gilt:

A_{22}= { ,,.,:,;,?,!,",(,)}

Für A_3 gilt:

A_3 = {0,1,2,3,4,5,6,7,8,9}

Dann gilt für A, die Vereinigungsmenge der Teilmengen A_1, A_2 und A_3:

$$A = A_1 \cup A_2 \cup A_3$$

Die Eingabetexte bestehen aus Symbolfolgen über dem Alphabet A. Um diese Ausgangssymbolfolgen als formale Sprache zu fassen, müssen einige grundlegende Begriffe eingeführt werden.

Zunächst definieren wir das freie Monoid über A, A*. A* ist die Menge aller endlichen Folgen $(a_1a_2...a_{m-1}a_m)$ einschließlich der leeren Folge λ, versehen mit der assoziativen Operation der Konkatenation, d.h. $(a_1a_2...a_{m-1}a_m)(b_1b_2...b_{n-1}b_n) = (a_1a_2...a_{m-1}b_1b_2...b_{n-1}b_n)$. Jede Teilmenge von A* heißt (formale)Sprache über A. Die Elemente von A heißen Symbole, Buchstaben oder Zeichen; im vorliegenden Fall sind es konkret Buchstaben, Ziffern und Sonderzeichen. Die Elemente von A* heißen Wörter oder Zeichenreihen. Die Elemente von A können auch als Wörter der Länge 1 aufgefaßt werden.[7]

Mit lg(P) wird die Anzahl der Zeichen eines Wortes P bezeichnet. Für $(a_1a_2...a_{m-1}a_m)$ gilt dann $lg(a_1a_2...a_{m-1}a_m) = m$, für λ gilt $lg(\lambda) = 0$ bzw. $p^0 = \lambda$. Außerdem schreiben wir: $p^{n+1} = pp^n$.

P heißt Teilwort von Q, wenn Wörter Q_1, Q_2 existieren mit $Q = Q_1PQ_2$. Falls $Q_1 = \lambda$, heißt P Anfangsstück von Q, falls $Q_2 = \lambda$, heißt P Endstück von Q.

Wir betrachten nun die Teilmenge L_A[8] des oben beschriebenen freien Monoiden A*. Die Teilmenge L_A beschreibt formal die Ausgangssymbolfolgen, die das Programm akzeptiert. Die Teilmenge L_A von A* ist per definitionem eine formale Sprache. Die Wörter dieser Spra-

7) s.Maurer (1969:14).

8) L erinnere an Lingua im Sinne von formaler Sprache.

che werden aus Ketten über A_1, A_2 und A_3 gebildet. Die über A_1 und A_2 gebildeten Wörter werden extensional definiert. Die über A_1 gebildeten Wörter heißen Grapheme[9] oder, wenn sie sich aus mehreren Graphemen zusammensetzen, Graphemketten.[10] Die Menge der Wörter über A_1 ist im Anhang aufgeführt. Wir bezeichnen sie mit W_{A1}.[11] W_{A1} besteht aus Graphemen und Graphemketten und ist eine Teilmenge von A^*.

Die Menge der Wörter über A_2 ist mit A_2 identisch, da nur Wörter der Länge 1 betrachtet werden. Daher definieren wir: $W_{A2} = A_2$.

Zur Teilmenge L_A des freien Monoiden A* gehören auch die Wörter über der Menge A_3 der Ziffern. Der Transkriptionsalgorithmus akzeptiert Kardinal-, Ordinal-, Bruch- und Dezimalzahlen. Die zur besseren Lesbarkeit langer Ziffernketten verwendeten Punkte zur Markierung von je drei Stellen sind auch zugelassen (Bsp.: 347.896.542).[12] Zur Erzeugung der Wörter über A_3 dient das durch die Grammatik $G_{W_{A3}}$ der Sprache W_{A3} charakterisierte Generationsverfahren:

$$G_{W_{A3}} = \langle V_N, V_T, S, R \rangle$$

Für V_N, das nichtterminale Vokabular, gilt:

$$V_N = \{S, L, M, N, O, P, Q\}$$

Für das terminale Vokabular V_T gilt:

$$V_T = A_3 \cup A_2 \cup \{/\} \qquad (\text{"/" ist ein Bruchstrich})$$

S in V_N ist ein Startsymbol, R eine Menge von Produktionsregeln. Die Produktionsregeln haben die Form:

(1a) $S \rightarrow \begin{cases} Q\ O / \\ Q\ O\ /\ (Q)\ O \end{cases}$ (1b)

(2) $O \rightarrow P\ (,\ L)$

(3a)–(3e) $P \rightarrow \begin{cases} N \\ M \\ M\ N \\ M\ N\ N \\ P\ (.)\ N\ N\ N \end{cases}$

(4) $L \rightarrow (L)\ N$

(5a)–(5b) $N \rightarrow \begin{cases} \emptyset \\ M \end{cases}$ (Ziffer Null)

(6) $M \rightarrow A_3 - \{\emptyset\}$

(7) $Q \rightarrow A_2$

---

9) vgl.p.6.

10) Wir verzichten darauf, Grapheme als Graphemketten der Länge 1 zu bezeichnen, da dies in der Literatur unüblich ist.

11) s.Anhang p. 185.

12) Es gibt vier Verfahren zur Definition einer formalen Sprache: die Aufzählung aller Wörter, das Erkennungs-, das Generations- und das Konstruktionsverfahren, s.Maurer (1969:21). Hier machen wir von der ersten, unten von der dritten Möglichkeit Gebrauch.

Die Regel 1 begrenzt jede Ziffernkette von links durch ein Satzzeichen. 1a erzeugt ganze oder Dezimalzahlen, 1b Bruchzahlen. Dezimalzahlen werden fakultativ durch 2 eingeführt. Die alternativen Regeln unter 3 erlauben die Generierung von Ketten verschiedener Länge; "Ø" darf in führender Position nur vor einem Dezimalkomma (Regeln 2,3a,5a) oder (alleinstehend) in Ketten der Länge 1 vorkommen (Regeln 2 (Ausschluß des fakultativen Regelteils),3a,5a). 3b produziert einstellige, 3c zweistellige, 3d dreistellige und 3e mehr als dreistellige Ketten. 3e führt fakultativ Markierungspunkte ein. Die rekursive Regel 3e erlaubt potentiell die Erzeugung unendlich langer Ziffernketten. Die Regel 5a führt die "Ø" (Ziffer Null) als terminale Kette ein. 5b bereitet den durch 6 vollzogenen Übergang zum terminalen Vokabular vor. Die Regel 7 setzt Satzzeichen als linke Begrenzer von Ziffernketten.[13]

Zusammengefaßt haben die bis jetzt erstellten Beziehungen folgende Form:

$$A^* \subset A_1^* \subset W_{A_1},\; A^* \subset A_2^* \subset W_{A_2} = A_2,\; A^* \subset A_3^* \subset W_{A_3}$$

Wir betrachten die Ausgangssymbolfolgen als eine Menge von Sätzen über den Vokabularen W_{A_1}, W_{A_2} und W_{A_3}. Eine einfache generative Grammatik erzeugt die Menge der Sätze der Sprache L_A. Die generative Grammatik G_{L_A} hat die Form:

$$G_{L_A} = \langle V_N, V_T, S, R \rangle$$

Das nichtterminale Vokabular V_N enthält die Elemente S,L,M. S ist wiederum ein ausgezeichnetes Symbol, das Startsymbol. L und M sind Hilfssymbole. Das terminale Vokabular V_T vereinigt die Mengen W_{A_1},W_{A_2} und W_{A_3}. R enthält Produktionsregeln der Form:

(1) $S \rightarrow L\ M\ L$

(2) $M \rightarrow M\ M$

(3) $L \rightarrow W_{A22}$

(4) $M \rightarrow W_{A_1} \cup W_{A_2} \cup W_{A_3}$

Die Regel 1 expandiert das Startsymbol, die rekursive Regel 2 expandiert M. Regel 3 definiert jeden Satz als durch Satztrennungszeichen eingeschlossen. 4 beschreibt den Übergang zum terminalen Vokabular.

---

13) Für die automatische Zifferntranskription ergeben sich in Kombination mit einem Vocoder interessante Möglichkeiten.

Die Grammatik G_{L_A} erlaubt es, eine infinite Menge von Sätzen zu erzeugen.[14] Dem Begriff Satz kommt besondere Bedeutung zu. Satz ist weiter als im linguistisch üblichen Sinn gefaßt. Ihn stärker einzuschränken, ist nicht Aufgabe dieser Arbeit, sondern einer expliziten Sprachbeschreibung. Wir akzeptieren, daß die Grammatik G_{L_A} unmögliche und unorthographische Sätze erzeugt. Wichtig ist lediglich, daß in der Sprache L_A alle in natürlicher geschriebener Sprache vorkommenden Sätze enthalten sind. Es ist nur von Vorteil, daß das System G_{L_A} in der Lage ist, alle potentiellen (orthographischen und nicht orthographischen) Sätze mit Ziffernfolgen und Abkürzungen zu erzeugen, die dann von der Transformationsgrammatik transkribiert werden. Einfachheit und Leistungsfähigkeit rechtfertigen die Wahl einer Grammatik von solch großer generativer Kraft.

Nach dem Scheitern buchstabenorientierter Transkriptionsversuche legen es uns prozeßphonologische, morphologische und syntaktische Faktoren nahe, Sätze als Ebene der Transkription zu wählen.[15] Da textphonologische Gesichtspunkte bei der Transkription französischen graphischen Codes irrelevant sind, wird die Phon(em)isierung auf Satzniveau durchgeführt. Der Algorithmus ordnet jedem Satz die phonische Realisierung zu, die ihm ein (idealisierter) Sprecher gibt.

Wir haben die Ausgangssymbolfolgen als Sätze einer formalen Sprache definiert.[16] Die formalisierte Darstellung ermöglicht den Aufbau einer umfassenden Theorie der Transkription französischer Texte und die Konstruktion eines expliziten, durch Computersimulation zu testenden Modells.

---

14) s. Chomsky (1963:13):"...I will consider a language to be a set (finite or infinite) of sentences..."

15) vgl. Einleitung Anm.1, p.1.

16) In diesem Zusammenhang soll das Verhältnis von code écrit - code parlé diskutiert werden. Es ist klar, daß das Transformationsprogramm lediglich ein Abbild eines geschriebenen Texts liefern kann. Geschriebene Sprache ist infolge der Bedingungen ihres Entstehens oft elaborierter als gesprochen konzipierte Sprache. Die Unterschiede zwischen beiden Codes manifestieren sich deutlich in Syntax und Lexik. Andererseits muß berücksichtigt werden, daß es viele Bereiche gibt, in denen geschrieben und gesprochen konzipierte Sprache (oft bewußt) approximieren. Zu gesprochener und geschriebener Sprache s.u.a. Vachek (1939), Verschoor (1955), Sauvageot (1962), Richter (1964), Stourdzé, Hassan (1969), Peytard (1970), Martinet (1972), Schneider (1973), Althaus (1973), Söll (1974).

3. DEFINITION DER ZIELSYMBOLFOLGEN

Die Zielsymbolfolgen sind Ketten über phonischen Alphabeten P_1, P_2, P_3 und P_4.[1] Aus praktischen Gründen definieren wir noch eine provisorische Sprache über einem Alphabet P_o.[2]

Die Auswahl der Alphabete bereitet Schwierigkeiten; sie beruhen auf der unterschiedlichen Bewertung der Bedingungen der Segmentation[3] in diskrete Einheiten[4] und auf den tatsächlichen Unterschieden in der Sprache einzelner Sprechergemeinschaften.

So gelangt die strukturale Phonologie, obwohl mit dem Kriterium der Funktionalität[5] zur Erkenntnis kleinster funktionaler Einhei-

---

1) Die verschwommene Bezeichnung phonisch (P erinnert an phonisches Alphabet) wird im folgenden präzisiert. Hier erinnert sie nur daran, daß die lautliche Seite der menschlichen Sprache zur Debatte steht.

2) Die Zeichen der Sprache P_o weisen gewisse Ähnlichkeiten mit den Symbolen auf, die den zugrundeliegenden Merkmalbündeln einer generativ-phonologischen Grammatik zugewiesen werden. Die Sprachen über P_1, P_2, P_3 und P_4 werden aus der Sprache über P_o abgeleitet.

3) s. Menzerath, de Lacerda (1933).

4) Alle linguistischen Modelle arbeiten mit diskreten Einheiten, s. Revzin (1968:4).

5) Das Funktionalitätskriterium ist ein paradigmabezogenes Kriterium. Paradigmatisch notwendige Differenzierungen (z.B. im Französischen bõ, bã) werden auf die syntagmatische Ebene übertragen. Umstritten sind die Begriffe paradigmatische Notwendigkeit und Opposition. Folgt beispielsweise aus der Unterscheidung von /ọ/ und /ǫ/ in *haute* und *hotte*, daß die distinktiven Merkmale Offenheit und Geschlossenheit in jedem syntagmatischen Vorkommen erhalten bleiben müssen? Die Aufgabe der Opposition tut der sprachlichen Kommunikation keinen Abbruch, da Sprache, wie viele biologische Systeme (vgl. von Cube (1971:35 seq.)), hochredundant ist und über andere Mittel des Informationsabbaus als die der phonologischen Opposition verfügt. Der hohe Redundanzgrad natürlicher Sprachen wird häufig von der taxonomischen Phonologie außer acht gelassen. Aus diesem Grund sind phonologische Repräsentationen oft von realen sprachlichen Äußerungen weit entfernt. Hat beispielsweise das französische e instable keinen Phonemstatus, so sind im phonologischen Französisch bis zu sechs Konsonanten im Anlaut zugelassen (žnlrdmãdrępa, *je ne le redemanderai pas*). Struktural orientierte phonostatistische Arbeiten verfahren jedoch realistischer und berücksichtigen die reale syntagmatische Dimension (vgl. Juilland (1965,VII seqq.) ähnlich wie die generative Phonologie, die funktionale und dynamische Aspekte vereint (vgl. Schane (1971: 503-521).

ten, Phonemen, ausgestattet, wegen unterschiedlicher Handhabung und Bewertung eben dieses Kriteriums zu sehr unterschiedlichen Phoneminventaren im Französischen.[6]

Die generative Phonologie beschreibt sprachliche Äußerungen als Folge von Segmenten. Segmente sind artikulatorische Einheiten, die mit Hilfe von Regeln aus zugrunde liegenden Strukturen abgeleitet werden.[7].

Um den unterschiedlichen Forderungen phonetischer, strukturalphonologischer und generativ-phonologischer Forschung und um der differenzierten sprachlichen Realität zu genügen, werden verschiedene Alphabete für mehrere Zielsymbolfolgen definiert.

Das (mengentheoretisch) mächtigste Alphabet ist P_1. Es gilt:

P_1 = {i,ī,ẹ,ẹ̄,ę,ę̄,a,ā,ɑ,ọ,ọ̄,ǫ,ǭ,u,ū,ü,ǖ,ǫ̈,ọ̈,ọ̈̄,ə,ẽ,ẽ̄,ã,ã̄,
õ,ȭ,ö̃,ö̃̄,i̯,u̯,ü̯,i̯̥,u̯̥,ü̯̥,p,t,k,b,d,g,f,s,š,v,z,ž,v̥,z̥,ž̥,
m,n,m̥,n̥,ñ,η,r,l,r̥,l̥,b̥,d̥,g̥}[8].

Das phon(em)ische Alphabet P_2 ist stärker eingeschränkt. Vokalquantitäten und desonorisierte Realisationen sonorer Konsonanten werden nicht mehr berücksichtigt. Das Inventar des Alphabets P_2 ist nahezu identisch mit der Menge der in generativ-phonologischen Grammatiken des Französischen gebrauchten Segmente. Für P_2 gilt:

P_2 = {i,ẹ,ę,a,ọ,ǫ,u,ü,ọ̈,ǫ̈,ə̇,ã,õ,ö̃,ẽ,i̯,u̯,ü̯,p,t,k,b,d,g,f,
s,š,v,z,ž,m,n,ñ,η,r,l}

In Bezug auf P_1 besteht die Beziehung:

P_2 = P_1 - {ī,ẹ̄,ę̄,ā,ɑ,ọ̄,ǭ,ū,ǖ,ọ̈̄,ẽ̄,ã̄,ȭ,ö̃̄,i̯̥,u̯̥,ü̯̥,b̥,d̥,g̥,v̥,z̥,
ž̥,m̥,n̥,r̥,l̥}[9]

---

6) Die Mächtigkeit der französischen Phoneminventare schwankt zwischen 27 und 40. Die unterschiedliche Bewertung hat subjektive (in der Bewertung des Forschenden) und objektive (in dem differenzierten Forschungsgegenstand) Gründe. Hier manifestieren sich die Schwierigkeiten der reinen Beobachtung (falls sie überhaupt möglich ist, s. Ströker (1973:27)) und der interpretatorischen Klassifikation. Zur Phonologie des heutigen Französisch wurden u.a. benutzt: Togeby (1951), Reichstein (1957), Klein (1963), Faure (1964), Söll (1964), Léon (1966), Capelle (1968), Vachek (1968), Malmberg (1970), Martinet (1970), Deyhime (1971), Rothe (1972), François (1974).

7) s. Chomsky, Halle (1968:24 seqq.), Dell (1973:51) ("Sont linguistiquement pertinentes toutes les propriétés d'un énoncé qui sont gouvernées par des règles"), Mayerthaler (1974:6 seqq.).

8) Die desonorisierten Formen finden sich vor und nach stimmlosen Konsonanten. P_1 ist nahezu identisch mit den Phonen in Klein (1968) und Hammarström (1972).

9) vgl. das Phoneminventar in Juilland (1965:VII).

Das phonische Alphabet P_3 ist wiederum Teilmenge von P_2; wegen der Transitivität der Teilmengenrelation ist es auch Teilmenge von P_1. P_3 besitzt einen vereinfachten Vokalismus. Das Schwa wird aufgegeben,[10] der vordere gerundete Nasal /ö̃/ fällt mit dem vorderen nichtgerundeten Nasal /ẽ/ zusammen.[11] Für P_3 gilt:

P_3 = {i,ẹ,ę,a,ọ,ǫ,u,ọ̈,ǫ̈,ü,ẽ,ã,õ,i̯,u̯,ü̯,p,t,k,b,d,g,f,s,š, v,z,ž,m,n,ñ,ŋ,r,l}

Zwischen P_2 und P_3 besteht die Beziehung:

P_3 = P_2 - {ə,ö̃}

Das Alphabet P_4 ist am stärksten eingeschränkt. Das Phoneminventar besteht aus den Zeichen:

P_4 = {i,ẹ,ę,a,ọ,ǫ,u,ü,ǫ̈,ã,ẽ,õ,i̯,p,t,k,b,d,g,f,s,š,v,z,ž, m,n,ñ,ŋ,r,l}

P_4 ist Teilmenge von P_3, es gilt:

P_4 = P_3 - {ọ̈,u̯,ü̯}

Aus praktischen Gründen führen wir noch ein provisorisches Alphabet P_o ein:

P_o = {i,ẹ,ę,a,ɑ,ọ,ǫ,u,ü,ọ̈,ǫ̈,ę̄,ə,ɛ,ẽ,ã,õ,ö̃,i̯,u̯,ü̯,p,t,k,b,d, g,f,s,š,v,z,ž,m,n,ñ,ŋ,r,l}[12]

Wir definieren die Zielsymbolfolgen mit Hilfe der phonischen Alphabete. Zielsymbolfolgen sind die Menge der Sätze, die der Sprache L_A zugeordnet werden. Diese Zuordnung wird über eine Sprache L_{A1} durchgeführt, die Teilmenge von L_A ist. L_{A1} enthält im Gegensatz zu L_A keine Ziffernketten. Die Grammatik $G_{L_{A1}}$ ist analog der Grammatik G_{L_A} aufgebaut. Regel 4 ist modifiziert worden, sie lautet:

(4) $M \longrightarrow W_{A1} \cup W_{A21}$

Die Grammatik $G_{L_{Po}}$ ist ebenfalls analog der Grammatik G_{L_A} aufgebaut. Regel 4 lautet hier:

(4) $M \longrightarrow W_{Po} \cup W_{A21}$

Die Änderungen betreffen das terminale Vokabular, für das bei $G_{L_{A1}}$ gilt: $V_T = W_{A1} \cup W_{A2}$ und bei $G_{L_{Po}}$: $V_T = W_{Po} \cup W_{A2}$.

Die Wörter von W_{P_o} sind im Anhang extensional definierte Pho-

---

10) Der phonetische und phonologische Wert des Schwa im Französischen ist umstritten, vgl. Pleasants (1956) und Dauses (1973), beide methodisch anfechtbar.

11) vgl. die Segmente in Morin (1971) und in Dell (1973).

12) ɛ ist ein Schwa, das von den Tilgungsregeln nicht affiziert wird, s.p. 66 seqq., p. 156.

neme und Phonemketten über dem Alphabet P_o, die zu den Wörtern W_{A_1} in graphonemischer Relation stehen. Die Berechnung dieser graphonemischen Relationen unter Berücksichtigung syntaktischer Faktoren ermöglicht die Zuordnung der Sätze aus L_A, L_{A_1} zu Sätzen aus L_{P_o}.

Die Zuordnung der Sätze aus L_{P_o} zu L_{P_1}, L_{P_2}, L_{P_3} und L_{P_4} vollzieht sich durch satzkontextuelle Regeln. Daher begnügen wir uns damit, diese Sprachen als Universalsprachen über phonischen Alphabeten zu definieren:

$$L_{P_1} \subset P_1^*, \quad L_{P_2} \subset P_2^*, \quad L_{P_3} \subset P_3^*, \quad L_{P_4} \subset P_4^*$$

Wir glauben, durch Definition der vier Alphabete P_1, P_2, P_3 und P_4 den verschiedenen Auffassungen über diskrete lautliche Einheiten des Französischen gerecht zu werden. Die Sprachen L_{P_1}, L_{P_2} und L_{P_3} können fakultativ modifiziert werden. Damit können wir für eine Ausgangssymbolfolge zwischen sieben Zielsymbolfolgen wählen. Diese variable Konzeption vermag den komplexen sprachlichen und sprachwissenschaftlichen Gegebenheiten zu genügen.

Wir definieren die Transformationen als Funktionen zwischen den Sprachen L_A und L_{A_1}, L_{A_1} und L_{P_o}, und L_{P_o} und jeweils L_{P_1}, L_{P_2}, L_{P_3} und L_{P_4}.[13]

Das Zentralproblem der Arbeit stellt sich nun wie folgt: Es gilt eine erste Funktion f zu finden, die Elemente aus L_{A_1} auf Elemente aus L_A abbildet. Eine zweite Funktion g bildet Elemente aus L_{P_o} auf L_{A_1} ab. Hier werden die rein graphischen Sätze in provisorisch phonemische umgewandelt. Die provisorische Sprache L_{P_o} hat einen intermediären Status im Rahmen des zu erstellenden Modells. Wegen gewisser Ähnlichkeit mit einer phonologischen Zwischenstruktur[14] können aus ihr durch Anwendung prozeßphonologischer Regeln Oberflächenstrukturen hergeleitet werden. In der Zwischenstruktur sind alle funktionalen und möglicherweise funktionalen Unterschiede des Französischen bewahrt. Auch hinsichtlich einiger Elisions- und Harmonisierungsregeln spiegelt die Sprache L_{P_o} die zugrunde-

---

13) vgl. die etwas abweichende Definition der Transformation bei Brainerd (1971:240).

14) Es ist zu berücksichtigen, daß L_{P_o} aus Lautsymbolen besteht, während in generativ-transformationellen Phonologien Merkmalmatrizes verarbeitet werden. Die Ähnlichkeit bezieht sich auf Lautsymbole, die Matrixeinträgen zugeordnet werden.

liegenden Strukturen besser als die Oberflächensprachen wider: dies liegt in ihrer Nähe zur französischen Orthographie begründet, die der phonologischen Tiefenstruktur ähnlicher als der Oberflächenstruktur ist.[15]

Die variabel gestaltete dritte Funktion h erlaubt die Herleitung der Sprachen Lp_1, Lp_2, Lp_3 und Lp_4. Die Funktion h kann dergestalt modifiziert werden, daß Lp_1 in Lp_{11} und Lp_{12}, Lp_2 in Lp_{21} und Lp_{22} und Lp_3 in Lp_{31} und Lp_{32} aufgespalten werden. Lp_1 ist über dem mächtigsten Symbolvorrat aufgebaut, Lp_4 über dem kleinsten. In Lp_4 reduziert sich das Problem des e caduc auf möglicherweise distinktive Positionen, z.B. in *le hêtre* und *l'être* .[16]

Ausgangs- und Zielsymbolfolgen sind nun definiert und in ihrer Konstellation zueinander fixiert. Wir gehen dazu über, die Transformationen f, g und h zu beschreiben.

---

15) vgl. Schane (1967:59): "Il est particulierement intêressant que nos reprêsantations de base sont assez proche de l'orthographe officielle, particulièrement en ce qui concerne... les occurrences du 'e muet' ".

16) Diese Ansicht von Martinet (1974:209 seqq.) ist realistisch, vermischt aber syntagmatische und paradigmatische Gesichtspunkte.

4. DIE TRANSFORMATIONEN

4.1. Die Transformationsfunktionen

Drei Transformationsfunktionen applizieren nacheinander, um Ausgangssymbolfolgen aus L_A in Zielsymbolfolgen aus L_{P_n} (n=1,...4) zu verwandeln. Der Prozeß der Transkription wird an einem Beispielsatz erläutert. Der Satz

> . depuis le 1er janvier 1975, les relations de la c.e.e. avec l'est se posent en termes nouveaux.

ist Element der Ausgangssprache L_A. Wir bezeichnen diese Ausgangssymbolfolge mit α [1]; für α gilt: $\alpha \in L_A$.

Für α ist die entsprechende Zielsymbolfolge zu finden. Im ersten Schritt werden Ziffernketten eliminiert. Dem Satz α wird ein Satz ß zugeordnet; ß ist Element aus L_{A1} [2] : $\beta \in L_{A1}$.

Der Satz ß hat die Form [3]:

> .depuis le premier janvier dix neuf cent soissante, les relations de la c.e.e. avec l'est se posent en termes nouveaux.

Diesem Satz wird im zweiten Schritt ein Satz der Sprache L_{P_O} zugeordnet. Den Satz γ geben wir wieder als:

> .dəpü̯i lə prəmi̯ẹ žãvi̯ẹ dis nǫ̈f sã su̯asãtə kẽzə lẹ rəlasi̯õ
> də la sẹ.ẹ.ẹ. avęk l'ęst sə pǫz ã tęrmə nuvọ. [4]

Dem Satz γ aus L_{P_O}, der intermediären provisorischen Sprache, wird ein Satz einer der Oberflächensprachen Lp_n (n=1,...4) zugeordnet. Wählen wir beispielsweise die Sprache $L_{P_{22}}$ als Zielsprache, so

---

1) Wir bezeichnen Ketten hinfort mit griechischen Kleinbuchstaben.

2) L_{A_1} ist wie Lp_O eine Sprache auf einer Zwischenstufe. L_{A_1} liegt zwischen L_A und Lp_O.

3) Im Beispielsatz werden Zahlenketten absichtlich orthographisch falsch wiedergegeben. Dadurch können Wörterbuchaufrufe umgangen werden, s.u.p.21,34.

4) Dem Drucker einer EDV-Anlage fehlen Transkriptionszeichen. Zur Darstellung dieser Zeichen wählen wir Bigramme aus Zeichen des Druckers, die umkehrbar eindeutig auf Transkriptionszeichen abbildbar sind; s.a. Anhang p.185.

gilt für den Satz δ dieser Sprache:

".dəpü̯i l prəmi̭ẹ zãvi̭ẹ dis nǫ̈f sã su̯asãt kẽz lẹ rlasi̭õ d la sẹ.ẹ.ẹ. avęk l'ęst sə pọz ã tęrm nuvọ."

Wir fassen den transformationellen Prozeß zusammen:

1) Einem Element aus der Menge L_A der Ausgangssymbolfolgen wird ein Element aus der Menge L_{A_1} der rein graphischen Sätze zugeordnet.

2) Einem Element aus L_{A_1} wird ein Element aus L_{P_O}, der Menge der Sätze über den Wörtern des provisorischen Alphabets zugeordnet.

3) Einem Element aus L_{P_O} wird ein Element aus $L_{P_{ni}}$ (mit n=1,... 4 und i=1,2 für n=1,...3 und i=1 für n=4) zugeordnet. $L_{P_{ni}}$ ist die Menge der französischen Oberflächensätze. Die Subskripte zeigen, daß sieben Mengen über vier Alphabeten angeboten werden. Die Wahl der Zielsprache liegt im Ermessen des Forschenden.

Es gilt nun eine Beschreibungsform zu finden, die die Beziehungen zwischen α, β, γ und δ formal darstellt. Die gesuchte Beschreibungsform wird der Theorie der Funktionen entnommen. Die Definition der Funktion lautet:

> Eine Funktion von A in B ist eine Vorschrift, die jedem Element a ε A genau ein Element b ε B zuordnet.[5]

A wird Vorbereich, B Nachbereich genannt. Für die oben anschaulich beschriebene erste Transformation ergibt sich: Der Vorbereich ist L_A. Der Nachbereich ist L_{A_1}. Für α gilt: $\alpha \in L_A$; für ß gilt: $\beta \in L_{A_1}$. Die Funktion, die α β zuweist, bezeichnen wir mit f. Es gilt: $f(\alpha) = \beta$.

Vorbereich der zweiten Transformationsfunktion ist die Sprache L_{A_1}. Nachbereich ist die Sprache L_{P_O}. γ ist ein Satz aus L_{P_O}: $\gamma \in L_{P_O}$. Die Funktion g weist dem Satz β den Satz γ zu; es gilt: $g(\beta) = \gamma$.

Die Sprache L_{P_O} ist Vorbereich der dritten Funktion. Ihr Nachbereich kann ausgewählt werden. Wir bezeichnen ihn allgemein mit $L_{P_{ni}}$.

---

5) s.Lenz (1961:22). Weitere Definitionen, z.T. anschaulich, in Brainerd (1971:26 seqq.) (mit linguistischen Beispielen), Wall (1974:198 seqq.) (Klärung terminologischer Fragen) und Meschkowski (1971:39 seq.). Meschkowski verweist auf die terminologische Unschärfe des Begriffs Vorschrift bei Lenz. Er zieht vor: "Eine Menge von Paaren (a,b) heißt eine Funktion oder Abbildung der Menge A in die Menge B, wenn folgende Bedingungen erfüllt sind: 1) a ε A, b ε B, 2) zu jedem a ε A gibt es genau ein Paar (a,b)". Obige Definition ist für uns jedoch besser geeignet, da wir Vorschrift exakt durch einen Algorithmus beschreiben, der jede Unschärfe ausschließt.

δ ist ein Satz dieses Nachbereichs; es gilt: $\delta \in L_{P_{ni}}$. Die Funktion h ordnet dem Satz γ einen Satz δ zu: $h(\gamma)=\delta$.

Der Nachbereich der ersten Funktion f ist identisch mit dem Vorbereich der zweiten Funktion g, der Nachbereich von g ist identisch mit dem Vorbereich der dritten Funktion h. Die Sprache L_{A_1} bildet also den Nachbereich von f und den Vorbereich von g, die Sprache L_{P_o} bildet den Nachbereich von g und den Vorbereich von h. Wir notieren die Relationen zwischen den Sprachen daher:

$$h(g(f(\alpha))) = \delta.$$

Durch sukzessive Anwendung der drei Funktionen f,g und h wird das dem Eingabesatz α entsprechende Element δ in einer der Oberflächensprachen ermittelt. Wir haben bereits darauf verwiesen, daß g und h variabel gestaltet werden, um der sprachlichen Realität und unterschiedlichen Prinzipien sprachlicher Beschreibung zu genügen.[6]

Abschließend wird diskutiert, warum die Funktionen f, g und h über Sätzen operieren. Könnten nicht kleinere linguistische Einheiten, etwa Morpheme oder Grapheme, einander zugeordnet werden?[7] W.Kästner lehnt Transkriptionen auf Wort- und Satzebene ab, da es nicht möglich sei, Transkriptionslisten unzählbar vieler Wörter und unendlich vieler Sätze zu erstellen.[8] Freilich treffen Kästners Bemerkungen nur zu, wenn Ausgangs- und Zielsymbolfolgen extensional definiert werden. Jedoch bieten sich auch andere Möglichkeiten an: M.Steffen-Batogowa setzt Vor- und Nachbereich der von ihr beschriebenen Funktion H als durch geschriebenes und gesprochenes Polnisch gegeben an; damit ist die Problemstellung "für den Sprachwissenschaftler ausreichend genau formuliert".[9]

Diese Arbeit benutzt generative Grammatiken bzw. Universalsprachen, um die Vor- und Nachbereiche der Funktionen zu definieren. Dadurch sind wir in der Lage, unendlich mächtige Mengen zu be-

---

6) s.p. 12 seqq.

7) s. Steffen-Batogowa (1973a:73 seqq.), (1973b:80 seqq.), (1974: 124 seqq.), (1975:59 seqq.)..In den zitierten Veröffentlichungen ordnet eine Funktion F graphischen Wörtern phonematische zu. Für einige Fälle sind Präkodierungen notwendig. Kästner (1972) transkribiert Morpheme.

8) Kästner (1972:8 seqq.).

9) Steffen-Batogowa (1974:126).

trachten. Die Funktionen operieren über einer infiniten Anzahl von Sätzen. Freilich erklärt die Möglichkeit dieses Verfahrens nicht seine Notwendigkeit. Nur eine Transkription auf der Ebene des Satzes vermag satzphonetische Phänomene wie Liaison, Elision und Vokalharmonisierung - um nur die wichtigsten Erscheinungen zu nennen - zu berücksichtigen. Syntaktische Faktoren müssen auch bei der Transkription terminaler Ketten auf -ent und -tions beachtet werden. Hier wird auf Satzebene entschieden, ob -ent oder -tions Verbalendung ist oder zu einem Substantiv, Adjektiv oder Adverb gehört. Das Problem der automatischen Transkription buchstaben- oder silbenphonetisch lösen zu wollen, bedeutet den Verzicht auf die Lösung aller satzbezogener graphisch-phonischer Schwierigkeiten und somit Selbstaufgabe des eigenen Anspruchs. Für das Französische sind buchstaben- und silbenorientierte Ansätze der korrekten nicht präkodierten Umschreibung wegen Nichtanerkennung der Eigentümlichkeiten der französischen Orthographie und Phonologie von vornherein mit großen Mängeln behaftet.[10] Satzbezogene Transkriptionsalgorithmen jedoch berücksichtigen notwendigerweise die spezifischen Strukturen des gesprochenen und geschriebenen Französisch und sind vom Ansatz her zur korrekten Transkription befähigt.

4.2. Die Funktion f

Ausgangssymbolfolgen umfassen per definitionem Ketten, die Ziffernketten enthalten.[11] Ziffernketten sind Wörter der Sprache W_{A3}, die eine generative Grammatik erzeugt. Die erste Transformationsfunktion hat die Aufgabe, Sätzen mit Ziffernfolgen inhaltlich entsprechende Sätze mit rein graphischen Ketten zuzuordnen.[12] Dadurch werden Sätze eliminiert, die nicht zu dem - nur aus

10) s. Silva, Pratt (1967).

11) s. Abschnitt 2,p.9 seqq.

12) Eine direkte Umwandlung von Ziffernfolgen in phonische Ketten wäre mit Nachteilen behaftet. Dabei würde das in der zweiten Funktion g behandelte Problem der Liaison im Französischen, das auch für Zahlen gilt, umgangen. Wir wären also gezwungen, dieses Problem hier schon durch einen geeigneten Algorithmus zu lösen. Es ist jedoch unökonomisch, zwei Algorithmen zur gleichen Problemstellung zu konstruieren. Das Verfahren der sukzessiven Transformationen vermeidet dies und ist daher günstiger.

graphischen Ketten bestehenden - Vorbereich der zweiten Funktion g gehören. Anschaulich gesprochen handelt es sich darum, Ziffernketten auszuschreiben.

Die Umwandlung von Ziffernketten ist für das Französische aus folgenden Gründen schwierig:

1) Ziffernketten müssen in entsprechende französische Vigesimalketten umgewandelt werden.

2) Neben Kardinalzahlen sind Ordinal-, Bruch- und Dezimalzahlen zu übersetzen.

3) Jahreszahlen wie 1975 müssen im Kontext erkannt und in *dix neuf cent soissante*[13] *quinze* (und nicht in *mil neuf cent...*) umgewandelt werden.

4) Einer in rechter Endstellung befindlichen 1 ist durch Ermittlung des Genus des folgenden Wortes die korrekte Form (*un*, *une*) zuzuweisen.

5) Nach Zahlen wie *million* ist ein *de* einzufügen.

Die erste Funktion f wird durch einen Algorithmus definiert, der die Sätze der Eingabesprache L_A umwandelt. Das Funktionieren dieses Algorithmus' zeigen wir anschaulich an dem Beispielsatz:

.depuis le 1er janvier 1975 les relations de la c.e.e. avec l'est se posent en termes nouveaux.

Bis zur 1 von *1er janvier* werden Grapheme und Satzzeichen (Elemente aus W_{A_1} und W_{A_2}) kopiert. Dann wird die erste Stelle hinter der Ziffer gesucht. Die der Ziffer folgende Kette markiert eine Ordinalzahl. Ordinalzahlen kleiner als 4 werden nicht durch Suffigierung der entsprechenden Kardinalzahl, sondern durch eigene Lexeme gebildet. 1 wird als *premier* wiedergegeben. *janvier* gelangt unverändert auf das Ausgabeband. 1975 entpuppt sich im Kontext von *janvier* als Jahreszahl. Im allgemeinen muß eine Ziffernfolge drei Bedingungen genügen, um als Jahreszahl identifiziert zu werden:

1) Die Ziffernfolge darf nur vier Zeichen lang sein.

2) Die erste Ziffer muß eine 1 sein.

3) Der Ziffernkette muß ein Monatsname, die Präposition *en*, die Wörter *an* oder *année* oder eine auf ein Datum weisende Zahl vorausgehen.

---

13) Zu *soissante* s. Anm. 3 p. 17. Für Jahreszahlen wählen wir die umgangssprachliche Form mit Vielfachen von Hundertern.

1975 im Beispielsatz erfüllt alle drei Bedingungen. Von der letzten rechten Ziffer (5) aus wird die erste Position links untersucht. Die 7 wird als *soissante* wiedergegeben. Gleichzeitig wird vermerkt, daß die 5 nicht als *cinque* , sondern als *quinze* zu umschreiben ist. Diese Zahl wird hinter *soissante* geschrieben. Normalerweise würden jetzt die Hunderter der drittletzten und die Tausender der viertletzten Position transformiert; da hier jedoch eine Jahreszahl übersetzt wird, werden die erste und zweite Ziffer von links als *dix neuf cent* wiedergegeben. Ergebnis der Umformung ist: *dix neuf cent soissante quinze*.

Der Rest des Satzes wird hinter die Jahreszahl kopiert. Ergebnis der Transformation ist ein Satz der Sprache L_{A_1}.

Wir betrachten die Funktion f als eine Rechenvorschrift, die jedem Element aus L_A ein Element aus L_{A_1} berechnet. Zur Erklärung der Rechenvorschrift konstruieren wir ein Modell. Das Modell ist eine Maschine mit einem Eingabeband, einem Ausgabeband, einem Lesekopf und einem Schreibkopf. Ein- und Ausgabeband sind in Felder eingeteilt; auf den Feldern des Eingabebandes stehen Zeichen aus A, auf denen des Ausgabebandes Zeichen der Vereinigungsmenge von A_1 und A_2. Die Bänder können beliebig weit nach links und rechts verschoben werden. Das Eingabeband speichert Sätze aus L_A, das Ausgabeband Sätze aus L_{A_1}. Der Lesekopf befindet sich über dem Eingabeband, der Schreibkopf über dem Ausgabeband. Der Lesekopf kann Zeichenketten lesen, der Schreibkopf kann Zeichenketten schreiben.[14]

Das Eingabealphabet der Maschine besteht aus Zeichen der Menge A, das Ausgabealphabet aus Zeichen der Vereinigungsmenge von A_1 und A_2. Darüberhinaus besitzt die Maschine ein Zustandsalphabet Z. Während der Arbeit kann sie ihre Zustände wechseln. Die Zustände enthalten Information über gelesene Zeichen. Wir nennen die Konstellation von eingelesenen Zeichen oder Zeichenketten und Zustand der Maschine Konfiguration.[15] Wir bezeichnen die Abbildung einer

---

14) Maschinen dieses Typs lesen und schreiben normalerweise Ketten sequentiell als Einzelsymbole in einer wohldefinierten Folge von Instruktionen. Der größeren Übersichtlichkeit und des geringeren notationellen Aufwands willen statten wir die hier vorgestellte Maschine mit der Fähigkeit aus, Ketten zu verarbeiten.

15) vgl. Hughes (1975:11 seqq.).

Konfiguration auf eine Konstellation von Zustand, Ausgabekette und Parameter der Verschiebung von Ein- und Ausgabeband als Instruktion. Die Arbeit der Maschine wird durch eine Menge von Instruktionen charakterisiert. Instruktionen als Abbildungsvorschriften von Paaren auf Quadrupel haben die allgemeine Form:

$$(\alpha, S_i) \longrightarrow (S_j, \beta, n, m)$$

Diese Instruktion wird folgendermaßen interpretiert: Die Maschine liest im Zustand S_i eine Kette α vom Eingabeband ein, wechselt in den Zustand S_j, schreibt β auf das Ausgabeband und verschiebt das Eingabeband um n und das Ausgabeband um m Felder. Eine Menge extensional aufgeführter Instruktionen dieses Typs definiert die Funktion f. Eine Instruktion faßt vier Funktionen zusammen. Sie bilden das geordnete Paar von Eingabekette und Zustand, die Konfiguration der Maschine, auf einen Zustand, eine Ausgabekette, einen Parameter der Richtung und Weite der Eingabebandverschiebung und einen Parameter der Richtung und Weite der Ausgabebandverschiebung ab. Die erste Funktion heißt Überführungsfunktion, die zweite Ergebnisfunktion, die dritte Eingabebandverschiebungsfunktion und die vierte Ausgabebandverschiebungsfunktion. Die Maschine M_1 definieren wir als ein Quintupel $(A^*, Z, W_{A_1}{}^*, S_{N_E}, S_{N_A})$. Z ist ein Zustandsalphabet. Das Zustandsalphabet ist eine Menge von Arbeitszuständen der Maschine M_1; dazu gehören der Anfangszustand (Initial State) S_I und der Endzustand (Final State) S_F. Die weiteren Zustände werden bei der Beschreibung der Arbeit der Maschine eingeführt.[16] S_{N_E} und S_{N_A} sind Mengen natürlicher Zahlen. Für positive $n \in S_{N_E}$, $m \in S_{N_A}$ werden Ein- bzw. Ausgabeband um n bzw. m Schritte nach links, für negative n,m um n bzw.m Schritte nach rechts verschoben. A und W_{A_1} wurden oben eingeführt.[17] Es ist gerechtfertigt, eine Instruk-

---

16) Im folgenden setzen sich die Namen der Zustände aus einer Majuskel S und einem Subskript zusammen. Neben I und F für Anfangs- und Endzustand bilden wir die Subskriptnamen aus sechs Großbuchstaben. Das erste Zeichen ist bei graphischen Ketten ein dummy symbol, bei Zahlen indiziert es Bruch-, Dezimalzahlen etc. Die beiden folgenden Zeichen enthalten Information über gelesene Zeichen. Die letzten drei Zeichen geben Auskunft über die augenblicklich durchgeführten Operationen. Auf diese Weise wird versucht, die Instruktionsfolgen übersichtlich zu gestalten.

17) s.p. 7 seqq.

tion als Abbildung eines Quadrupels aus $(Z \times W_{A_1}{}^* \times S_{N_E} \times S_{N_A})$ auf ein Tupel $(A^* \times Z)$ zu bezeichnen.

Die Skizze veranschaulicht das Modell der Maschine M_1:

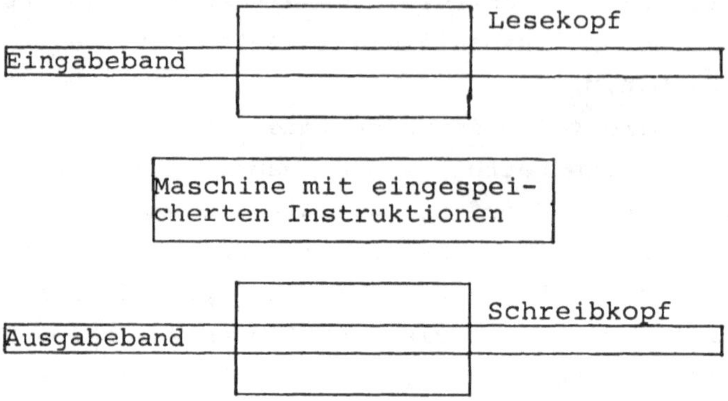

Die Verschriftlichung von Ziffernketten beginnt bei der rechtsaußen stehenden Ziffer. Sie wird zunächst aufgesucht. Wird innerhalb eines Eingabesatzes, der von links nach rechts abgearbeitet wird, eine Ziffer gefunden, so wird das Eingabeband so lange nach links verschoben, bis das erste Zeichen ungleich Ziffer, Markierungspunkt, Bruchstrich oder Dezimalkomma auftritt. Dann wird die Ziffernkette von rechts nach links verschriftlicht.

Im Prozeß der Transformation der Sätze aus L_A unterscheiden wir folgende Fälle:

1) Abbildung von graphischem Text auf graphischen Text (Zeichen von $A_1 \cup A_2$ werden auf sich selbst abgebildet).

2) Abbildung von Ziffernketten auf graphischen Text (Zeichenketten aus W_{A_3} werden auf Ketten über W_{A_1} abgebildet).

Bei den Ziffernketten ist zwischen 1) normalen Zahlen, 2) Jahreszahlen, 3) Dezimalzahlen, 4) Bruchzahlen und 5) Ordinalzahlen zu differenzieren. Bei Bruchzahlen unterscheiden wir zwischen suffigierten, lexikalisierten und durch *sur* gebildeten Bruchzahlen. Die Unterschiede werden in den Zuständen gespeichert. Die Maschine umschreibt, von hinten beginnend, Zehner- und Einerstellen, dann Hunderter, Tausender etc. Informationen über die Position innerhalb einer Ziffernfolge und über den Arbeitsgang sind in den Zuständen der Maschine enthalten.

Bei Beginn der Transformation eines Satzes aus L_A befindet sich die Maschine im Anfangszustand S_I. Sie verarbeitet zuerst das Satzzeichen, das Sätze begrenzt. Die Instruktion hat die Form:

$(\alpha^{18}, S_I) \longrightarrow (S_{XTEKOP}{}^{19}, \alpha, 1, 1) \quad \alpha \in A_{22}$

Vom Eingabeband werden Satztrennungszeichen α auf das Ausgabeband kopiert. Die Maschine geht vom Anfangszustand S_I in den Arbeitszustand S_{XTEKOP} über; Ein- und Ausgabeband werden um ein Feld nach links verschoben.

Dem satzinitialen Trennungsmarker folgende Zeichen aus $A_1 \cup A_{21}$ (Buchstaben und Satzzeichen) werden ohne Veränderung auf das Ausgabeband übertragen:

$(\alpha, S_{XTEKOP}) \longrightarrow (S_{XTEKOP}, \alpha, 1, 1) \quad \alpha \in A_1 \cup A_{21}$

Satztrennungszeichen werden ebenfalls kopiert. Sie bewirken die Zustandsänderung der Maschine in den Endzustand S_F und somit die Beendigung der ersten Transformation.

$(\alpha, S_{XTEKOP}) \longrightarrow (S_F, \alpha, 1, 1) \quad \alpha \in A_{22}$

Diese drei Instruktionen bewirken eine Identitätstransformation, da sie graphische Sätze auf graphische Sätze, d.h. auf sich selbst, abbilden.

Die nächsten Instruktionen gelten für Ziffernfolgen.

$(\alpha, S_{XTEKOP}) \longrightarrow (S_{XZIIDE}{}^{20}, \alpha, 1, 300) \quad \alpha \in A_3$, λ ist die leere Kette.[21]

Zunächst werden Zifferntypus und rechtes Ende der Ziffernkette ermittelt. Das Ausgabeband wird um 300 Felder nach links verschoben, um Platz für die verschriftlichten Ziffernketten zu schaffen.

Bei weiteren Ziffern wird das Eingabeband nach links verschoben:

$(\alpha, S_{XZIIDE}) \longrightarrow (S_{XZIIDE}, \lambda, 1, 0) \quad \alpha \in A_3$

Ein Bruchstrich markiert eine Ziffernkette als Bruchzahl und verursacht einen Zustandswechsel:

$(/, S_{XZIIDE}) \longrightarrow (S_{BZIIDE}{}^{22}, \lambda, 1, 0)$[23]

---

18) Griechische Kleinbuchstaben dienen als Variablennamen für Ketten, s.Anm.1.

19) Der Subskript liest sich entsprechend Anm.16: X ist ein dummy symbol, TE steht für Text, KOP für Kopieren. Durch diese Instruktion werden Zeichen vom Eingabe- auf das Ausgabeband kopiert.

20) ZI verweist auf Ziffer, IDE auf Identifikation eines Zifferntyps.

21) Zur leeren Kette λ (Kette der Länge Null) s.p. 8.

22) BZIIDE bedeutet Bruchzifferidentifikation.

23) Aus Gründen notationeller Vereinfachung behandeln wir Zustände eines Typs S_{BZIIDE} wie eines Typs S_{XZIIDE}, wenn sich die Subskripte lediglich im ersten Buchstaben unterscheiden und es nicht ausdrücklich anders vermerkt wird. Dies bezieht sich auf Instruktionen, die für normale und für Bruchzahlen etc. gelten.

Ein Komma indiziert das Ende einer Ziffernkette oder, wenn weitere Zahlen unmittelbar nachfolgen, eine Dezimalzahl:

$(,,S_{XZIIDE}) \longrightarrow (S_{DZIIDP}$[24]$,\lambda,1,0)$

$(\alpha,S_{DZIIDE}) \longrightarrow (S_{DZIIDE}$[25]$,\lambda,1,0) \quad \alpha \in A_3$

Folgt keine Ziffer, ist das rechte Ende der Ziffernfolge erreicht. Die Maschine geht in den Zustand S_{XZIJRZ}[26] über:

$(\alpha,S_{DZIIDP}) \longrightarrow (S_{XZIJRZ},\lambda,-4,0) \quad \alpha \in A_1 \cup A_2$

Ähnliche Instruktionen gelten für Markierungspunkte:

$(.,S_{XZIIDE}) \longrightarrow (S_{PZIIDP}$[27]$,\lambda,1,0)$

$(\alpha,S_{PZIIDP}) \longrightarrow (S_{XZIIDE},\lambda,1,0) \quad \alpha \in A_3$

Folgt keine Ziffer, so geht die Maschine in den Zustand S_{XZIJRZ} über:

$(\alpha,S_{PZIIDP}) \longrightarrow (S_{XZIJRZ},\lambda,-4,0)$

Die Maschine geht sofort in den Transformationszustand S_{DTRZEE} über, wenn sie das erste Zeichen ungleich Ziffer hinter einer Dezimalzahl findet:

$(\alpha,S_{DZIIDE}) \longrightarrow (S_{DTRZEE}$[28]$,\lambda,-2,0) \quad \alpha \in A_1 \cup A_2$

Wird das Ende einer Bruchzahl ermittelt, wird geprüft, in welcher Form die Bruchzahl wiedergegeben wird. Ist der Nenner gleich 2, 3 oder 4, so wird er durch *demi*, *tiers* oder *quart* wiedergegeben. Die Maschine ermittelt zuerst das Ende der Bruchziffernfolge:

$(\alpha,S_{BZIIDE}) \longrightarrow (S_{BZIFIN}$[29]$,\lambda,-2,0) \quad \alpha \in A_1 \cup A_2$

$(/2,S_{BZIFIN}) \longrightarrow (S_{BTRZEE}$[30]$,\text{demi},-2,-10)$

$(/3,S_{BZIFIN}) \longrightarrow (S_{BTRZEE},\text{tiers},-2,-10)$

$(/4,S_{BZIFIN}) \longrightarrow (S_{BTRZEE},\text{quart},-2,-10)$

Falls der Zähler kleiner als 20 ist, wird der verschriftlichte Bruch durch Suffigierung mit *-ième* (bzw. bei 9 mit *-vième*) gebildet (Bsp.: 15/30 *quinze trentième*). Brüche mit Zählern größer 19 werden mit *sur* gebildet (Bsp.: 30/100,

---

24) DZIIDP heißt Dezimalziffernidentifikationsprüfung.
25) DZIIDE heißt Dezimalziffernidentifikation.
26) XZIJRZ heißt Ziffernprüfung von Jahreszahlen.
27) PZIIDP heißt Punktziffernidentifikationsprüfung.
28) DTRZEE heißt Dezimalzifferntransformation beginnend mit Zehnern und Einern.
29) DZIFIN weist auf das Ende (lat. finis) von Bruchziffern hin.
30) vgl.Anm. 28.

trente sur cent). Zunächst wird der Bruchstrich gesucht:

$(\alpha, S_{BZFIN}) \longrightarrow (S_{BZIBRC}{}^{31}, \lambda, -1, 0) \quad \alpha \in A_3$
$(\alpha, S_{BZIBRC}) \longrightarrow (S_{BZIBRC}, \lambda, -1, 0) \quad \alpha \in A_3$
$(/, S_{BZIFIN}) \longrightarrow (S_{BZIZAE}{}^{32}, \lambda, -3, 0)$
$(/, S_{BZIBRC}) \longrightarrow (S_{BZIZAE}, \lambda, -3, 0)$

Sind die zweite und dritte Stelle vor dem Bruchstrich mit Ziffern beschrieben, ist der Zähler größer als 19 . Der Bruch wird mit *sur* umschrieben. Die Maschine wechselt in den Zustand S_{FZIFIN}[33], um wiederum die letzte Zahl zu ermitteln und dann die Umschreibung der Bruchzahlen mit *sur* zu beginnen.

$(\alpha\alpha, S_{BZIZAE}) \longrightarrow (S_{FZIFIN}, \lambda, 4, 0) \quad \alpha \in A_3$
$(\alpha, S_{FZIFIN}) \longrightarrow (S_{FZIFIN}, \lambda, 1, 0) \quad \alpha \in A_3$
$(\alpha, S_{FZIFIN}) \longrightarrow (S_{FTRZEE}, \lambda, -2, 0) \quad \alpha \in A_1 \cup A_2$

Sind die zweite oder die dritte Stelle vor dem Bruchstrich nicht mit Ziffern beschrieben, rückt das Eingabeband um ein Feld nach links:

$(\alpha\beta, S_{BZIZAE}) \longrightarrow (S_{BZIZAP}{}^{34}, \lambda, 1, 0) \quad \alpha \in A_3,\ \beta \in A_1 \cup A_2$
$\qquad \beta \in A_3,\ \alpha \in A_1 \cup A_2$

Der Zähler ist kleiner als 20 , wenn auf der zweiten Stelle vor dem Bruchstrich keine Ziffer steht (einstelliger Zähler) oder wenn darauf eine 1 steht. Dann wird der Bruch durch Suffigierung markiert, andernfalls durch *sur* .

$(\alpha, S_{BZIZAP}) \longrightarrow (S_{FZIFIN}, \lambda, 3, 0) \quad \alpha \in A_3 - \{1\}$
$(\alpha, S_{BZIZAP}) \longrightarrow (S_{BZISFI}{}^{35}, \lambda, 3, 0) \quad \alpha \in A_1 \cup A_2 \cup \{1\}$

An die letzte rechte Ziffer wird das Suffix gehängt:

$(\alpha, S_{BZISFI}) \longrightarrow (S_{BZIFSI}, \lambda, 1, 0) \quad \alpha \in A_3$
$(\alpha, S_{BZISFI}) \longrightarrow (S_{BZISUF}{}^{36}, \lambda, -1, 0) \quad \alpha \in A_1 \cup A_2$
$(9, S_{BZISUF}) \longrightarrow (S_{BTRZEE}{}^{37}, \text{vième}, -2, -5)$
$(\alpha, S_{BZISUF}) \longrightarrow (S_{BTRZEE}, \text{ième}, -2, -4) \quad \alpha \in A_3 - \{9\}$

Ordinalzahlen werden durch angehängte Ketten *er*, *re*,

---

31) BZIBRC heißt Bruchziffernbruchstrichsuche.
32) BZIZAE heißt Bruchziffernzähleruntersuchung.
33) FZIFIN heißt Ende der Fraktionalziffern.
34) BZIZAP heißt Bruchziffernzählerprüfung.
35) BZISFI heißt Bruchziffernsuffigierung.
36) BZISUF heißt Bruchziffernsuffix.
37) vgl. Anm. 28, p.26.

me, nd, nde, e markiert. Folgende Instruktionen umschreiben die Ordinalzahlen 1 und 2 :

$(er,S_{XZIIDE}) \longrightarrow (S_{XTEKOP},premier,2,7)$
$(re,S_{XZIIDE}) \longrightarrow (S_{XTEKOP},première,2,8)$
$(me,S_{XZIIDE}) \longrightarrow (S_{XTEKOP},deuxième,2,8)$
$(nd,S_{XZIIDE}) \longrightarrow (S_{XTEKOP},second,2,6)$
$(nde,S_{XZIIDE}) \longrightarrow (S_{XTEKOP},seconde,2,7)$

Im Zustand S_{XTEKOP} werden graphische Ketten weiterverarbeitet. Das Ordinalzahlensuffix *e* wird nach 9 als *-vième* , sonst als *-ième* realisiert. Es folgen Instruktionen zur Verarbeitung der Restkette:

$(e,S_{XZIIDE}) \longrightarrow (S_{OZIIDE}$[38]$,\lambda,-1,0)$
$(9,S_{OZIIDE}) \longrightarrow (S_{OTRZEE}$[39]$,vième,-1,-10)$
$(\alpha,S_{OZIIDE}) \longrightarrow (S_{OTRZEE},ième,-1,-10) \quad \alpha \in A_3 - \{9\}$

Folgen keine Ordinalzahlensuffixe, wird geprüft, ob die Ziffernkette eine vierstellige Jahreszahl ist, die durch ... *cent* ... anstatt durch *mille*.... umschrieben wird.

$(\alpha,S_{XZIIDE}) \longrightarrow (S_{XZIJRZ}$[40]$,\lambda,-4,0) \quad \alpha \in A_2$
$(1,S_{XZIJRZ}) \longrightarrow (S_{JZIJRZ}$[41]$,\lambda,-1,0)$

Für andere Zeichen als 1 geht die Maschine zurück zur vorletzten Ziffer, um mit der Umschreibung der normalen Kette zu beginnen:

$(\alpha,S_{XZIJRZ}) \longrightarrow (S_{XTRZEE},\lambda,2,0) \quad \alpha \in A_1 \cup A_2$

Die Maschine wechselt in den Zustand S_{XTRZEE}, wenn vor der 1 Satzzeichen ungleich Blank oder aber Ziffern stehen:

$(\alpha,S_{JZIJRZ}) \longrightarrow (S_{XTRZEE},\lambda,3,0) \quad \alpha \in A_2 \cup A_3 - \{\sqcup\}$[42]

Die Suche nach dem Anfang der der Ziffernfolge vorausgehenden Kette wird abgebrochen, wenn die Maschine auf ein Satzzeichen ungleich Blank oder auf Zeichen ungleich Buchstaben stößt.

$(\sqcup,S_{JZIJRZ}) \longrightarrow (S_{JZIJRR}$[43]$,\lambda,-1,0)$
$(\sqcup,S_{JZIJRR}) \longrightarrow (S_{JZIJRR},\lambda,-1,0)$

---

38) OZIIDE heißt Ordinalziffernidentifikation.
39) OTRZEE vgl. Anm. 28.
40) XZIJRZ vgl. Anm. 26.
41) JZIJRZ heißt Untersuchung von Jahreszahlen in der Jahresziffernidentifikation.
42) ␣ markiert das Blank (Leerstelle).
43) JZIJRR vgl. Anm. 41, das letzte R indiziert die Bandbewegung nach rechts.

Für Zeichen aus $A_2 - \{\sqcup\} \cup A_3$ wird die Suche abgebrochen:

$(\alpha, S_{JZIJRR}) \longrightarrow (S_{JZIEND}$[44]$, \lambda, 1, 0) \quad \alpha \in A_2 - \{\sqcup\} \cup A_3$

$(\alpha, S_{JZIEND}) \longrightarrow (S_{JZIEND}, \lambda, 1, 0) \quad \alpha \in A_1 \cup A_2$

$(\alpha, S_{JZIEND}) \longrightarrow (S_{XTRZEE}, \lambda, 2, 0) \quad \alpha \in A_3$

Der Beginn der alphabetischen Kette wird gesucht:

$(\alpha, S_{JZIJRR}) \longrightarrow (S_{JZIALP}$[45]$, \lambda, -1, 0) \quad \alpha \in A_1$

$(\alpha, S_{JZIALP}) \longrightarrow (S_{JZIALP}, \lambda, -1, 0) \quad \alpha \in A_1$

$(\alpha, S_{JZIALP}) \longrightarrow (S_{JZIAPP}$[46]$, \lambda, 1, 0) \quad \alpha \in A_2 \cup A_3$

$(\alpha, S_{JZIAPP}) \longrightarrow (S_{JZIJTR}$[47]$, \lambda, lg(\alpha), 0) \quad \alpha \in$ {janvier, février, ...décembre, en, an, année} . Für alle Ketten ß, die nicht zu dieser Menge gehören, gilt:

$(\beta, S_{JZIAPP}) \longrightarrow (S_{JZIEND}, \lambda, lg(\beta), 0)$

Ist eine Ziffernfolge als Jahresziffernkette identifiziert, wird die vorletzte Stelle der Ziffernkette aufgesucht:

$(\alpha, S_{JZIJTR}) \longrightarrow (S_{JZIJTR}, \lambda, 1, 0) \quad \alpha \in A_1 \cup A_2$

$(1, S_{JZIJTR}) \longrightarrow (S_{JTRZEE}, \lambda, 2, 0)$

Nach diesen vorbereitenden Operationen wird nun die eigentliche Verschriftlichung der Ziffernketten in Angriff genommen. Zunächst behandeln wir Ketten der Länge 1. Es handelt sich um eine einstellige Ziffer, wenn im Zustand S_{XTRZEE} (analog in den Zuständen S_{OTRZEE}, S_{DTRZEE} und S_{FTRZEE}) an vorletzter Stelle keine Ziffer gefunden wird. Es gelten die Instruktionen:

$(\alpha, S_{XTRZEE}) \longrightarrow (S_{XTRZEI}$[48]$, \lambda, 1, 0) \quad \alpha \in A_1 \cup A_2$

Der Algorithmus zur Ermittlung des Genus von 1 (*un, une*) prüft die Endung des ersten Wortes, das der Ziffernkette folgt. Endet das Wort auf *e, es, on* oder *ons* , umschreiben wir die 1 durch *une* , andernfalls durch *un* .[49] Der Algorithmus gilt analog für ähnliche Fälle (z.B. 21, 31, etc.). Aus Gründen notationeller Vereinfachung verzichten wir in diesen Fällen auf explizite Dar-

---

44) JZIEND heißt Ende der Identifikation von Jahresziffern.
45) JZIALP heißt Suche der alphabetischen Kette vor der Jahresziffer.
46) JZIAPP heißt Prüfung der alphabetischen Kette vor der Jahresziffer.
47) JZIJTR heißt Jahreszifferntransformation.
48) Diese Instruktionen gelten auch für S_{OTRZEE}, S_{DTRZEE} und S_{FTRZEE}.
49) Die Menge genusindizierender Ketten muß eventuell erweitert werden. Dennoch wird eine Fehlerquote bleiben. Wegen des Aufwandes lehnen wir es ab, ein Lexikon aller französischen Feminina anzulegen; freilich würde nur ein solch riesiges Lexikon es erlauben, das richtige Genus zu finden.

stellung und verweisen auf die analoge Struktur des folgenden Algorithmus:

$(1,S_{XTRZEI}) \longrightarrow (S_{XTREGE}$[50]$,\lambda,1,0)$

$(\alpha,S_{XTREGE}) \longrightarrow (S_{XTEKOP}$[51]$,un,0,2) \quad \alpha \in A_{22}$

(Ist die zu umschreibende Ziffernkette länger als 1, wird das Eingabeband hier um drei Stellen zurückgespult).

$(\sqcup,S_{XTREGE}) \longrightarrow (S_{XTREGL}$[52]$,\lambda,1,0)$

$(\sqcup,S_{XTREGL}) \longrightarrow (S_{XTREGL},\lambda,1,0)$

$(\alpha,S_{XTREGL}) \longrightarrow (S_{XTRMAS}$[53]$,\lambda,-1,0) \quad \alpha \in A_{22}$

$(\alpha,S_{XTRMAS}) \longrightarrow (S_{XTRMAS},\lambda,-1,0) \quad \alpha \in A_1 \cup A_{22}$

$(1,S_{XTRMAS}) \longrightarrow (S_{XTEKOP},un,1,2)$

(Ist die zu umschreibende Kette länger als 1, wird das Eingabeband hier um zwei Stellen nach links verschoben. Das Ausgabeband wird um 40 Felder nach rechts gespult.)

Die Maschine ändert ihren Zustand, wenn eine Buchstabenkette gefunden wird:

$(\alpha,S_{XTREGL}) \longrightarrow (S_{XTREGA}$[54]$,\lambda,1,0) \quad \alpha \in A_1$

$(\gamma\alpha,S_{XTREGA}) \longrightarrow (S_{XTRFEM}$[55]$,\lambda,-1,0) \quad \alpha \in A_2,\ \gamma \in \{e,es,on,ons\}$

Für Ketten ß ungleich γ gilt:

$(\beta,S_{XTREGA}) \longrightarrow (S_{XTREGA},\lambda,1,0)$

Bei einem Satzzeichen findet die maskuline Form Verwendung:

$(\alpha,S_{XTREGA}) \longrightarrow (S_{XTRMAS},\lambda,-1,0) \quad \alpha \in A_2$

Im Zustand S_{XTRFEM} wird die feminine Form kopiert.

$(\alpha,S_{XTRFEM}) \longrightarrow (S_{XTRFEM},\lambda,-1,0) \quad \alpha \in A_1 \cup A_2$

$(1,S_{XTRFEM}) \longrightarrow (S_{XTEKOP},une,1,3)$

(Ist die Kette länger als 1, wird das Eingabeband um 2, das Ausgabeband um 40 Felder verschoben.)

Der Algorithmus zur Ermittlung des Genus wird nur bei normalen Zahlen, d.h. in Zuständen, deren Subskripte mit X beginnen, gebraucht. Für Dezimalzahlen gilt:

$(,,S_{DTRZEE}) \longrightarrow (S_{DTRZEI},\lambda,1,0)$

$(0,S_{DTRZEI}) \longrightarrow (S_{DTRZEE},virgule\ zéro,-3,-50)$

---

50) XTREGE heißt Transformation der Eins mit Genusspezifikation.

51) Bei Ketten länger 1 Verschiebung des Ausgabebandes um 40 Felder nach rechts.

52) XTREGL: vgl. Anm. 50. L bedeutet Bandverschiebung nach links.

53) XTRMAS: Die maskuline Form wird gewählt.

54) XTREGA: vgl. Anm. 50. A weist auf alphabetische Kette hin.

55) XTRFEM: Die feminine Form wird gewählt.

⋮ (usw.)

$(9,S_{DTRZEI}) \longrightarrow (S_{DTRZEE},\text{virgule neuf},-3,-50)$

Für normale Zahlen gilt:

$(0,S_{XTRZEI}) \longrightarrow (S_{XENDE}$ [56] $,\text{zéro},1,4)$

(Für 1 s.o.)

$(2,S_{XTRZEI}) \longrightarrow (S_{XENDE},\text{deux},1,4)$

$(3,S_{XTRZEI}) \longrightarrow (S_{XENDE},\text{trois},1,5)$

⋮ (usw.)

$(9,S_{XTRZEI}) \longrightarrow (S_{XENDE},\text{neuf},1,4)$

Für Ordinalzahlen gilt:

$(3,S_{OTRZEI}) \longrightarrow (S_{XENDE},\text{trois},2,15)$

$(4,S_{OTRZEI}) \longrightarrow (S_{XENDE},\text{quatr},2,15)$

⋮ (usw.)

$(9,S_{OTRZEI}) \longrightarrow (S_{XENDE},\text{neu},2,15)$ [57]

Es folgt die Umschreibung der Bruchzahlen mit einstelligem Nenner:

$(/5,S_{BTRZEE}) \longrightarrow (S_{BTRZEE},\text{cinq },-2,-40)$

$(/6,S_{BTRZEE}) \longrightarrow (S_{BTRZEE},\text{six},-2,-40)$

$(/7,S_{BTRZEE}) \longrightarrow (S_{BTRZEE},\text{sept},-2,-40)$

$(/8,S_{BTRZEE}) \longrightarrow (S_{BTRZEE},\text{huit},-2,-40)$

$(/9,S_{BTRZEE}) \longrightarrow (S_{BTRZEE},\text{neu},-2,-40)$

$(/5,S_{FTRZEE}) \longrightarrow (S_{BTRZEE},\text{ sur cinq },-2,-40)$

$(/6,S_{FTRZEE}) \longrightarrow (S_{BTRZEE},\text{sur six},-2,-40)$

$(/7,S_{FTRZEE}) \longrightarrow (S_{BTRZEE},\text{sur sept},-2,-40)$

$(/8,S_{FTRZEE}) \longrightarrow (S_{BTRZEE},\text{sur huit},-2,-40)$

$(/9,S_{FTRZEE}) \longrightarrow (S_{BTRZEE},\text{sur neuf},-2,-40)$

Steht an vorletzter Stelle eine 0 , so geht die Maschine in den Zustand S_{XTREIN} [58] , um die Ziffern der letzten Stelle zu umschreiben.

$(0,S_{XTRZEE}) \longrightarrow (S_{XTREIN},\lambda,1,0)$

---

56) XENDE: Die Transkription ist beendet.

57) Elision des Schlußkonsonanten vor *-vième*. Ähnlich *quatr*, dessen terminales *-e* vor der Endung *-ième* getilgt wird. Gleiches gilt für *neu (neuf)*.

58) XTREIN heißt Umschreibung der Einerstellen.

Die Maschine geht in den Zustand S_{XTRHUN}[59] über, wenn an letzter Stelle eine 0 steht.

$(0,S_{XTREIN}) \longrightarrow (S_{XTRHUN},\lambda,-2,0)$

Für 1 werden die Genusspezifikationsalgorithmen angewandt.

$(1,S_{XTREIN}) \longrightarrow (S_{RTREGE}$[60]$,\lambda,1,0)$

Für die weiteren Zahlen gilt:

$(2,S_{XTREIN}) \longrightarrow (S_{XTRHUN},\text{deux},-2,-10)$

$(3,S_{XTREIN}) \longrightarrow (S_{XTRHUN},\text{trois},-2,-10)$

⋮ (usw.)

$(9,S_{XTREIN}) \longrightarrow (S_{XTRHUN},\text{neuf},-2,-10)$

Für Jahres-, Bruch- und Ordinalzahlen gelten bis auf die terminalen Ziffern 1 und 9 die gleichen Instruktionen.

Für 1 gilt:

$(1,S_{(J)(B)(F)(O)TREIN}$[61]$) \longrightarrow (S_{(J)(B)(F)(O)TRUN},\text{un},-2,-10)$

Für 9 gelten die üblichen Einschränkungen für Bruch- und Ordinalzahlen:

$(9,S_{(B)(O)TREIN}) \longrightarrow (S_{(B)(O)TREIN},\text{neu},-2,-10)$

Der folgende Algorithmus prüft, ob der letzten mit einer Ziffer beschriebenen Stelle nur Ziffern 0 bis zum Komma vorausgehen.

$(0,S_{DTRZEE}) \longrightarrow (S_{DTRNLE}$[62]$,\lambda,-1,0)$

$(0,S_{DTRNLE}) \longrightarrow (S_{DTRNLE},\lambda,-1,0)$

$(,,S_{DTRNLE}) \longrightarrow (S_{DTRNLR}$[63]$,\lambda,1,0)$

$(0,S_{DTRNLR}) \longrightarrow (S_{DTRNLR},\lambda,1,0)$

$(\alpha,S_{DTRNLR}) \longrightarrow (S_{DTRNLK}$[64]$,\lambda,-1,0)$ $\alpha \in A_1 \cup A_2$

$(1,S_{DTRNLR}) \longrightarrow (S_{DTRNLK},\text{un},-1,-3)$

$(2,S_{DTRNLR}) \longrightarrow (S_{DTRNLK},\text{deux},-1,-5)$

⋮ (usw)

$(9,S_{DTRNLR}) \longrightarrow (S_{DTRNLK},\text{neuf},-1,-5)$

Die 0 nach dem Komma werden jetzt übertragen:

---

59) XTRHUN heißt Transformation der Hunderter.

60) R ist eine Variable für X, die nach der Genusspezifikationsprüfung in den Zustand zurückführt, in dem Hunderter umschrieben werden.

61) Die geklammerten Buchstaben sind alternativ wählbar.

62) DTRNLE heißt Transformation der Nullen vor der Einerstelle.

63) DTRNLR: vgl. Anm. 62, Bandbewegung nach rechts.

64) DTRNLK: Transformation der Nullen und Kopieren.

$(0,S_{DTRNLK}) \longrightarrow (S_{DTRNLK}$,zéro,-1,-5)
$(,,S_{DTRNLK}) \longrightarrow (S_{FTRZEE}$[65],virgule,-2,-40)

Bei anderen Zeichen als 0 hinter der Kommastelle geht die Maschine zurück zum letzten Zeichen der Ziffernfolge und wechselt dann in den Zustand S_{DTRHUN} über.

$(\alpha,S_{DTRNLE}) \longrightarrow (S_{DTRNLF}$[66]$,\lambda,1,0)$ $\alpha \in A_3 - \{0\}$
$(0,S_{DTRNLF}) \longrightarrow (S_{DTRNLF},\lambda,1,0)$
$(1,S_{DTRNLF}) \longrightarrow (S_{DTRHUN}$,un,-2,-3)
$(2,S_{DTRNLF}) \longrightarrow (S_{DTRHUN}$,deux,-2,-5)

⋮ (usw.)

$(9,S_{DTRNLF}) \longrightarrow (S_{DTRHUN}$,neuf,-2,-5)

Eine 1 in vorletzter Position bewirkt eine Zustandsänderung nach S_{XTRZZZ}.[67]

$(1,S_{XTRZEE}) \longrightarrow (S_{XTRZZZ},\lambda,1,0)$
$(0,S_{XTRZZZ}) \longrightarrow (S_{XTRHUN}$,dix,-2,-50)
$(1,S_{XTRZZZ}) \longrightarrow (S_{XTRHUN}$,onze,-2,-50)
$(2,S_{XTRZZZ}) \longrightarrow (S_{XTRHUN}$,douze,-2,-50)

⋮ (usw.)

$(6,S_{XTRZZZ}) \longrightarrow (S_{XTRHUN}$,seize,-2,-50)

Zahlen von 17 bis 19 werden in zwei Schritten umschrieben:

$(\alpha,S_{XTRZZZ}) \longrightarrow (S_{XTRLPO}$[68],dix,0,4) $\alpha \in \{7,8,9\}$
$(7,S_{XTRLPO}) \longrightarrow (S_{XTRHUN}$,sept,-2,-50[69])
$(8,S_{XTRLPO}) \longrightarrow (S_{XTRHUN}$,huit,-2,-50)
$(9,S_{XTRLPO}) \longrightarrow (S_{XTRHUN}$,neuf,-2,-50)

Für 9 gelten die üblichen Einschränkungen:

$(9,S_{(B)(O)TRLPO}) \longrightarrow (S_{(B)(O)TRLPO}$,neu,-2,-50)

Eine 2 in vorletzter Position bewirkt eine Zustandsänderung nach S_{XTRLPO}.

$(2,S_{XTRZEE}) \longrightarrow (S_{XTRLPO}$,vingt,1,6)

---

65) Die Maschine wechselt in einen mit F subskribierten Zustand, weil eine Dezimalnullenprüfung nicht mehr nötig ist.
66) DTRNLF heißt Ende der Transformation der Nullen.
67) XTRZZZ heißt Transformation der Zahlen zwischen Zehn und Zwanzig.
68) XTRLPO heißt Transformation der Zahl der letzten Position.
69) Das Ausgabeband wird 50 Stellen nach rechts verschoben, um Überspeicherung langer Ketten vor der letzten Zahl zu verhindern. Bei der Verschriftlichung der Zahlen von 77 bis 79 und von 97 bis 99 (s.u.) taucht dieses Problem auf.

$(1,S_{XTRLPO}) \longrightarrow (S_{ZTREGE},\lambda,1,0)$
$(1,S_{ZTRFEM}) \longrightarrow (S_{XTRHUN},\text{et une},-2,-20)$
$(1,S_{ZTRMAS}) \longrightarrow (S_{XTRHUN},\text{et un},-2,-20)$
$(2,S_{XTRLPO}) \longrightarrow (S_{XTRHUN},\text{deux},-2,-20)$
$(3,S_{XTRLPO}) \longrightarrow (S_{XTRHUN},\text{trois},-2,-20)$
$(4,S_{XTRLPO}) \longrightarrow (S_{XTRHUN},\text{quatre},-2,-20)$
$(5,S_{XTRLPO}) \longrightarrow (S_{XTRHUN},\text{cinq }\ ,-2,-20)$
$(6,S_{XTRLPO}) \longrightarrow (S_{XTRHUN},\text{six},-2,-20)$

Die Instruktionen für 7 , 8 und 9 finden sich auf der Vorseite. Für die 1 in Jahres-, Bruch-, Ordinal- und Dezimalzahlen gilt:

$(1,S_{(J)(B)(F)(O)(D)TRLPO}) \longrightarrow (S_{(J)(B)(F)(O)(D)TRHUN},\text{un(e)},$ $-2,-20)$ ("une" wird bei (F) und (O) gewählt)

Für 3 in vorletzter Position gilt:

$(3,S_{XTRZEE}) \longrightarrow (S_{XTRLPO},\text{trente},1,7)$

Die obigen Instruktionen umschreiben die Ziffern der Einerstelle.

Ähnlich gilt für 4, 5, 6, 8:

$(4,S_{XTRZEE}) \longrightarrow (S_{XTRLPO},\text{quarante},1,9)$
$(5,S_{XTRZEE}) \longrightarrow (S_{XTRLPO},\text{cinquante},1,10)$
$(6,S_{XTRZEE}) \longrightarrow (S_{XTRLPO},\text{soissante},1,10)$
$(8,S_{XTRZEE}) \longrightarrow (S_{XTRLPP}$ [70] $,\text{quatre vingt},1,13)$
$(1,S_{XTRLPP}) \longrightarrow (S_{ATREGE}$ [71] $,\lambda,1,0)$
$(1,S_{ATRFEM}) \longrightarrow (S_{XTRHUN},\text{une},-2,-20)$
$(1,S_{ATRMAS}) \longrightarrow (S_{XTRHUN},\text{un},-2,-20)$
$(\alpha,S_{XTRLPP}) \longrightarrow (S_{XTRLPO},\lambda,0,0) \quad \alpha \in A_3 - \{1\}$

Für eine 7 in letzter Position schreiben wir:

$(7,S_{XTRZEE}) \longrightarrow (S_{XTRZSE}$ [72] $,\text{soissante},1,10)$
$(1,S_{XTRZSE}) \longrightarrow (S_{XTRHUN},\text{et onze},-2,-20)$
$(\alpha,S_{XTRZSE}) \longrightarrow (S_{XTRZZZ},\lambda,0,0) \quad \alpha \in A_3$

---

70) XTRLPP heißt Prüfung der letzten Position.

71) ATREGE: Das A ersetzt das normale X und weist auf die Besonderheit der Zahl 81 hin, die im Französischen nicht mit *...et un*, sondern mit einfachem *un* (*quatre vingt un*) gebildet wird. Auch für diese Zahl wird die Genusspezifikationsprüfung durchgeführt.

72) XTRZSE verweist auf die Transkription der Zahl 71 (Transformation der Zahl siebzig plus eins).

Für die Zahlen von 90 bis 99 gilt:

$(9,S_{XTRZEE}) \longrightarrow (S_{XTRZZZ},\text{quatre vingt},1,13)$

Bei den Hundertern umschreiben wir als erstes die Jahreszahlen:

$(3,S_{JTRHUN}) \longrightarrow (S_{XTEKOP},\text{treize cent},3,100)$

$(4,S_{JTRHUN}) \longrightarrow (S_{XTEKOP},\text{quatorze cent},3,100)$

⋮ (usw.)

$(9,S_{JTRHUN}) \longrightarrow (S_{XTEKOP},\text{dix neuf cent},3,100)$

Es folgen Dezimal- und Bruchzahlen:

$(\alpha,S_{DTRHUN}) \longrightarrow (S_{FTRZEE},\text{virgule},-2,-50) \quad \alpha \in A_3$

$(/,S_{FTRHUN}) \longrightarrow (S_{FTRZEE},\text{sur},-2,-50)$

$(/,S_{BTRZEE}) \longrightarrow (S_{FTRZEE},\lambda,-2,-50)$

Steht an drittletzter Stelle eine 0 , wechselt die Maschine in den Zustand S_{XTRTAU} [73] :

$(0,S_{XTRHUN}) \longrightarrow (S_{XTRTAU},\lambda,-1,0)$

Gleiches gilt für Bruch- und Ordnungszahlen:

$(0,S_{BTRHUN}) \longrightarrow (S_{BTRTAU},\lambda,-1,0)$

$(0,S_{FTRHUN}) \longrightarrow (S_{FTRHUN},\lambda,-1,0)$

Steht in einer Dezimalzahl an drittletzter Stelle eine 0 , wenden wir den Algorithmus p.31 mit der Einschränkung an, daß wir anstelle des ersten "D" im Subskript ein T schreiben. Die Instruktionen sind völlig analog. Werden bei der Suche des Dezimalkommas andere Ziffern als 0 gefunden, geht die Maschine aus dem Zustand S_{TTRNLF} [74] über in den Zustand S_{DTRTAU}:

$(\alpha,S_{TTRNLF}) \longrightarrow (S_{DTRTAU},\lambda,-1,0) \quad \alpha \in A_3$

Die folgenden Instruktionen beschreiben die Verschriftlichung Hunderter:

$(1,S_{XTRHUN}) \longrightarrow (S_{XTRTAU},\text{cent},-1,-5)$

$(2,S_{XTRHUN}) \longrightarrow (S_{XTRTAU},\text{deux cent},-1,-10)$

$(3,S_{XTRHUN}) \longrightarrow (S_{XTRTAU},\text{trois cent},-1,-11)$

⋮ (usw.)

$(9,S_{XTRHUN}) \longrightarrow (S_{XTRTAU},\text{neuf cent},-1,-9)$

---

73) XTRTAU heißt Transformation der Tausender.

74) TTRNLF: vgl. Anm. 66. T erinnert an Tausender.

Die Maschine geht in den Zustand S_{XENDE} [75] über, wenn an der drittletzten Position Satzzeichen stehen.

$(\alpha, S_{XTRHUN}) \longrightarrow (S_{XENDE}, \lambda, 1, 0) \quad \alpha \in A_2$

$(\alpha, S_{XENDE}) \longrightarrow (S_{XENDE}, \ , 1, 0) \quad \alpha \in A_3 \cup \{/\}$

$(\alpha\beta, S_{XENDE}) \longrightarrow (S_{XTEKOP}, \lambda, 0, 300) \quad \alpha \in \{,\}, \ \beta \in A_1 \cup A_2$

$(\beta\alpha, S_{XENDE}) \longrightarrow (S_{XENDE}, \lambda, 1, 0) \quad \alpha \in A_3, \ \beta \in \{.,,\}$

Bei Ordinalzahlen wird nicht der erste Buchstabe , sondern lediglich das erste Satzzeichen hinter der Zahlenkette gesucht. Der erste Buchstabe gehört nämlich zu dem abgekürzten Ordinalzahlensuffix:

$(\alpha, S_{OENDE}) \longrightarrow (S_{XTEKOP}, \lambda, 0, 0) \quad \alpha \in A_2$

Der Lesekopf der Maschine befindet sich über dem viertletzten Feld. Die Maschine geht in den Zustand S_{ENDE} über, wenn der Lesekopf ein Satzzeichen findet:

$(\beta\alpha, S_{XTRTAU}) \longrightarrow (S_{ENDE}, \lambda, 1, 200) \quad \beta \in A_1, \quad \beta \in A_2, \ \alpha \in A_2.$

Für Dezimal- und Bruchzahlen gilt:

$(\alpha,, S_{DTRTAU}) \longrightarrow (S_{FTRZEE}, \text{virgule}, -2, -50) \quad \alpha \in A_3$

$(/, S_{BTRTAU}) \longrightarrow (S_{FTRZEE}, \lambda, -2, -50)$

$(/, S_{FTRTAU}) \longrightarrow (S_{FTRZEE}, \lambda, -2, -50)$

Für eine 0 an viertletzter Stelle gilt folgender Algorithmus:

$(0, S_{XTRTAU}) \longrightarrow (S_{XTRTAN}$ [76] $, \lambda, -1, 0)$

$(0, S_{XTRTAN}) \longrightarrow (S_{XTRHTA}$ [77] $, \lambda, -1, 0)$

$(0, S_{XTRHTA}) \longrightarrow (S_{XTRMIL}$ [78] $, \lambda, -1, 0)$

Steht in einer Dezimalzahl an viertletzter Stelle eine 0 , so wenden wir wiederum den Algorithmus p. 31 an. Auch hier wird der Zustandsname geändert; den ersten Teil schreiben wir als TTT.[79]

Ähnlich wie bei der Ermittlung der Nullen nach Dezimalkomma, bei der Ausnutzung analoger Strukturen bei der Umschreibung der Zahlen von 10 bis 20 und von 70 bis 80 und von 90 bis 100 nutzen wir auch hier die Rekursivitäten der Konstruktion von Zahlen bei ihrer Verschriftlichung. Wir verzichten auf die Konstruktion eigener Algorithmen zur Umschreibung der Zahlen von 2.000 bis 999.999 und rekurrieren auf leicht modifizierte Algorithmen zur Umschreibung

---

75) XENDE: Die Transkription der Ziffernkette ist beendet.
76) XTRTAN erinnert an Tausenderstelle mit einer Null.
77) XTRHTA heißt Hunderttausenderstelle.
78) XTRMIL erinnert an Million.
79) TTT erinnert an Tausender.

der Zahlen von 1 bis 999. An diese Zahlen wird lediglich ein *mille* angehängt. Bei einem Punkt an viertletzter Position handelt es sich um einen Markierungspunkt zur besseren Lesbarkeit von Dreierstellen.[80] Das Eingabeband wird um eine Position nach rechts verschoben, damit sich der Lesekopf über einer Ziffer befindet.

$(.,S_{XTRTAU}) \longrightarrow (S_{XTRTAU},\lambda,-1,0)$

Wird an viert-, fünft- oder sechstletzter Stelle keine 0 gefunden, finden folgende Instruktionen Anwendung:

$(\alpha,S_{XTRTAU}) \longrightarrow (S_{XTTPRA}$[81]$,mille,-1,-40) \quad \alpha \in A_3 - \{0\}$

$(\alpha,S_{XTRTAN}) \longrightarrow (S_{XTTPRA},mille,0,-40) \quad \alpha \in A_3 - 0 \cup A_1 \cup \{,,/\}$

$(\alpha,S_{XTRHTA}) \longrightarrow (S_{XTTPRA},mille,1,-40) \quad \alpha \in A_3 - 0 \cup A_1 \cup \{,,/\}$

Im Zustand S_{XTTPRA} wechselt die Maschine über in den Zustand S_{XTTZEE}, wenn die Zahl an vierter Position größer als 1 ist oder weitere Zahlen vorangehen. Für eine initiale 1 gilt:

$(\alpha 1,S_{XTTPRA}) \longrightarrow (S_{XENDE},\lambda,-2,0) \quad \alpha \in A_1 \cup A_2$

Im Zustand S_{XTTZEE}[82] werden alle Instruktionen durchgeführt, die auch im Zustand S_{XTRZEE} durchgeführt werden können, bis auf die Algorithmen zur Genusspezifikation und zur Sonorisierung des intervokalischen *f* in Komposita mit *neuf*. Wir minimieren den Algorithmus zur Verschriftlichung von Zahlenketten, indem wir die Rekursivitäten der Konstruktion von Zahlenketten nutzen. Diese Rekursivitäten spiegeln sich im Algorithmus selbst wider. Sie erlauben die ökonomische Verschriftlichung vieler Ziffernketten mit Hilfe eines begrenzten Vokabulars und einiger Regeln. Die Rekursivität natürlicher Sprachen manifestiert sich auch in den Ziffernketten.

Zu modifizieren sind alle Instruktionen, die auf eine höhere Stufe der Rekursivität hinleiten. Anstatt in den Zustand S_{XTRTAU} bzw. S_{XTTTAU} überzugehen, wechselt die Maschine nach S_{XMTTAU}.[83] Auch muß die Instruktion, die bei den Tausendern eine initiale 1 in *mille* umschreibt, geändert werden, denn bei allen mit *million* verbundenen Zahlen wird angegeben, wie oft die *million* vorkommt. Hier ist die strukturelle Analogie zu den Tausendern

---

80) Die Instruktion p. 25 schließt Punkte in anderer Funktion aus.

81) XTTPRA heißt Vorbereitung (lat. praeparatio) der Transkription der Tausender.

82) vgl. Anm. 28. Man betrachte das zweite T als Variable zu R. Rekursivität heißt hier Variabilität der Zustandsnamen.

83) XMTTAU heißt Millionentransformation mit Rekursion auf Tausender.

durchbrochen. Daher legen wir eine neue Instruktion fest:

$(\alpha 1, S_{XMTPRA}) \longrightarrow (S_{XENDE}, un, 2, 0) \quad \alpha \in A_1 \cup A_2$

Die übrigen Instruktionen gelten analog. Lediglich die leicht veränderten Subskripte, die die Zustände markieren, weisen auf eine Verschriftlichung auf höherer Rekursionsstufe hin.

Die nächste Ebene der Rekursivität wird bei der zehntletzten Stelle erreicht. Hier beginnt die Verschriftlichung der Zahlen ab 1.000.000.000. Für den Übergang auf diese Rekursionsstufe gelten Regeln analog denen des Übergangs auf niedrigere Rekursivitätsebenen. Bei diesem Übergang wechselt die Maschine in den Zustand S_{XBRTAU}.[84] Wurde im Zustand S_{XMTPRA} *million* ausgeschrieben, so wird im Zustand S_{XBTPRA} *milliard* auf das Ausgabeband kopiert. Ansonsten gelten (mit der Einschränkung der Modifikation der Zustandsnamen) strukturell analoge Instruktionen wie bei den Zahlen von 1.000.000 bis 999.999.999. Auch hier erfassen wir die Rekursivität als Variabilität von Zustandsnamen. Wir begnügen uns damit, Zahlen bis 999.999.999.999 zu umschreiben. Falls noch größere Zahlen verschriftlicht werden sollen, dürfte es nicht schwierig sein, das Modell durch nächsthöhere Rekursionsstufen zu erweitern.

Geht die Maschine über die 14. Stelle nach links hinaus, brechen wir die Verschriftlichung der Ziffernkette ab, indem wir folgende Instruktion anwenden:

$(\alpha, S_{XBTTAU}) \longrightarrow (S_{XENDE}, \lambda, 1, 300) \quad \alpha \in A$

Das hier beschriebene explizite Modell der Transformation der Sätze aus L_A kann leicht durch ein Computerprogramm realisiert werden. Die Aufdeckung rekursiver Zahlenstrukturen und ihre Darstellung mit variablen Zustandsnamen machen eine optimale Programmierung möglich. Abschließend betrachten wir die Arbeit der Maschine konkret am Beispiel der Verschriftlichung einiger Ziffernketten. Betrachten wir die Ziffernketten des Beispielsatzes p. 17:

.depuis le 1er janvier 1975,...

Der satzinitiale Punkt wird durch die Instruktion

$(., S_I) \longrightarrow (S_{XTEKOP}, ., 1, 1)$ (vgl.p. 25)

auf das Ausgabeband kopiert. Die Zeichen bis zur 1 kopiert die Maschine durch die Instruktionen:

$(d, S_{XTEKOP}) \longrightarrow (S_{XTEKOP}, d, 1, 1)$ (vgl.p. 25)

---

84) XBRTAU: B erinnert an *billion* (synonym mit *milliard*).

$(e, S_{XTEKOP}) \longrightarrow (S_{XTEKOP}, e, 1, 1)$
$(p, S_{XTEKOP}) \longrightarrow (S_{XTEKOP}, p, 1, 1)$

⋮ (usw.)

Die 1 bewirkt eine Zustandsänderung:

$(1, S_{XTEKOP}) \longrightarrow (S_{XZIIDE}, \lambda, 1, 300)$

Das folgende *er* markiert die Ordinalzahl. Sie wird durch *premier* umschrieben.

$(er, S_{XZIIDE}) \longrightarrow (S_{XTEKOP}, premier, 2, 7)$ (vgl.p. 28)

Dann gilt:

$(\sqcup, S_{XTEKOP}) \longrightarrow (S_{XTEKOP}, \sqcup, 1, 1)$ (vgl.p. 25)
$(j, S_{XTEKOP}) \longrightarrow (S_{XTEKOP}, j, 1, 1)$
$(a, S_{XTEKOP}) \longrightarrow (S_{XTEKOP}, a, 1, 1)$
$(n, S_{XTEKOP}) \longrightarrow (S_{XTEKOP}, n, 1, 1)$

⋮ (usw.)

$(\sqcup, S_{XTEKOP}) \longrightarrow (S_{XTEKOP}, \sqcup, 1, 1)$
$(1, S_{XTEKOP}) \longrightarrow (S_{XZIIDE}, \lambda, 1, 300)$ (vgl.p. 25)
$(9, S_{XZIIDE}) \longrightarrow (S_{XZIIDE}, \lambda, 1, 0)$
$(7, S_{XZIIDE}) \longrightarrow (S_{XZIIDE}, \lambda, 1, 0)$
$(5, S_{XZIIDE}) \longrightarrow (S_{XZIIDE}, \lambda, 1, 0)$
$(,, S_{XZIIDE}) \longrightarrow (S_{DZIIDP}, \lambda, 1, 0)$ (vgl.p. 26)
$(\sqcup, S_{DZIIDP}) \longrightarrow (S_{XZIJRZ}, \lambda, -4, 0)$ (vgl.p. 26)
$(19, S_{XZIJRZ}) \longrightarrow (S_{JZIJRZ}, \lambda, -1, 0)$ (vgl.p. 28)
$(\sqcup, S_{JZIJRZ}) \longrightarrow (S_{JZIJRR}, \lambda, -1, 0)$ (vgl.p. 28)

Im Zustand S_{JZIJRR} kommt die Maschine beim letzten Buchstaben des Monatsnamens *janvier* an; der Monatsname ist Hinweis für die Identifikation von 1975 als Jahreszahl.

$(r, S_{JZIJRR}) \longrightarrow (S_{JZIALP}, \lambda, -1, 0)$ (vgl.p. 29)
$(e, S_{JZIALP}) \longrightarrow (S_{JZIALP}, \lambda, -1, 0)$
$(i, S_{JZIALP}) \longrightarrow (S_{JZIALP}, \lambda, -1, 0)$

⋮ (usw.)

$(j, S_{JZIALP}) \longrightarrow (S_{JZIALP}, \lambda, -1, 0)$
$(\sqcup, S_{JZIALP}) \longrightarrow (S_{JZIAPP}, \lambda, 1, 0)$ (vgl.p. 29)
$(janvier, S_{JZIAPP}) \longrightarrow (S_{JZIJTR}, \lambda, 7, 0)$ (vgl.p. 29)
$(\sqcup, S_{JZIJTR}) \longrightarrow (S_{JZIJTR}, \lambda, 1, 0)$ (vgl.p. 29)
$(1, S_{JZIJTR}) \longrightarrow (S_{JTRZEE}, \lambda, 2, 0)$ (vgl.p. 29)

$(7, S_{JTRZEE}) \longrightarrow (S_{JTRZSE}$, soissante, 1, 10) (vgl.p. 34)
$(5, S_{JTRZSE}) \longrightarrow (S_{JTRZZZ}, \lambda, 0, 0)$ (vgl.p. 34)
$(5, S_{JTRZZZ}) \longrightarrow (S_{JTRHUN}$, quinze, -2, -50) (vgl.p. 33)
$(9, S_{JTRHUN}) \longrightarrow (S_{XTEKOP}$, dix neuf cent, 3, 100) (vgl.p. 35)

Im Zustand S_{XTEKOP} werden die übrigen Zeichen des Satzes aus L_A auf das Ausgabeband kopiert. Die beiden Beispiele haben die Arbeit der Maschine veranschaulicht. Zunächst wurde eine Ordinalzahl (1er, premier), dann eine Jahreszahl (1975, dix neuf cent soissante quinze) verschriftlicht. Ähnlich wie diese beiden Beispielszahlen kann die Maschine M_1 alle von der Grammatik $G_{W_{A_3}}$ erzeugten Ziffernketten korrekt umschreiben.

Die Funktion f haben wir mit Hilfe einer Maschine M_1 und einer Menge durch die Maschine ausgeführter Instruktionen definiert. Die computative Realisation der Maschine und ihrer Instruktionen bereitet nun keine Schwierigkeiten mehr. Der beschriebene Algorithmus berechnet Elemente aus dem Nachbereich der ersten Funktion, Sätze aus L_{A_1}. Diese Sätze gehören zum Vorbereich der zweiten Funktion g; sie ordnet rein graphische Sätze Sätzen der provisorischen Sprache L_{P_O} zu. Wir beschreiben die Funktion g im folgenden Abschnitt.

4.3. Die Funktion g

4.3.1. Aufgabe

Die Sprache L_{A_1} bildet den Vorbereich der zweiten Transformationsfunktion g. L_{A_1} ist eine unendliche Menge von Sätzen über einem Alphabet von Buchstaben und Satzzeichen. Die Sprache L_{P_O} ist der Nachbereich der Funktion g. L_{P_O} ist eine unendliche Menge von Sätzen über einem Alphabet von phonischen Symbolen und Satzzeichen. Vor- und Nachbereich der Funktion g haben intermediären Status: Sie liegen zwischen den Ausgangs- und Zielsymbolfolgen und sind Etappen der Transkription. Den Ausgangssymbolfolgen gegenüber ist der Vorbereich von Ziffernketten befreit; der Nachbereich enthält alle funktional wichtigen Erscheinungen der Oberflächensprachen und wird durch Anwendung phonologische Prozesse simulierender Regeln auf Zielsymbolfolgen projeziert. Der Nachbereich der Funktion g weist viele Gemeinsamkeiten mit zugrundeliegenden Strukturen einer generativ-phonologischen Grammatik auf.

Die zweite Funktion g ist eine Rechenvorschrift, die Sätzen aus dem Vorbereich L_{A_1} Sätze aus dem Nachbereich L_{P_O} zuordnet. Wir interpretieren die Rechenvorschrift als Algorithmus, der über Graphemketten operiert. Er zerlegt Eingabesätze unter Berücksichtigung des Kontexts in eine minimierte Menge möglichst kurzer Graphemketten, denen Phonemketten eindeutig zugeordnet werden können. Dabei handelt es sich - in der Terminologie von Hořejši und Althaus[85] - um die Berechnung graphonemischer Relationen. Die graphonemischen Relationen sind eine Menge geordneter Paare; die geordneten Paare sind das Cartesische Produkt zweier Mengen. Der erste Teil eines Paares besteht aus einer Graphemkette, der zweite Teil aus einer Phonemkette. Die Graphemketten sind Elemente der Sprachen W_{A_1} und W_{A_2}. Die Phonemketten sind Elemente der Sprachen L_{P_O} und W_{A_2}.
Die Sprachen L_A und L_{A_1} haben wir u.a. über den Vokabularen W_{A_1} und W_{A_2} generiert.[86] Die Vokabulare W_{A_1} und W_{A_2} sind identisch mit dem Vorbereich der graphonemischen Relation. Jetzt erhellt sich der Sinn der Definition der Sprachen L_A und L_{A_1} über den Vokabularen W_{A_1} und W_{A_2}: Die Sätze dieser Sprachen sind durch Produktionsregeln gesteuerte Konkatenationen von Wörtern (u.a.) aus W_{A_1} und W_{A_2}. Kehren wir die Produktionsregeln um, sind wir in der Lage, Sätze aus L_{A_1} in graphemische Ketten zu analysieren, die im Vorbereich der graphonemischen Relation enthalten sind. Die Analyse der Eingabesätze führt jedoch nicht zu eindeutigen graphonemischen Paaren, sondern kann nur mehrere mögliche Paare aufführen. Die Auswahl des korrekten Paares aus der Menge der möglichen Paare wird durch implizite oder explizite Kontextbedingungen gesteuert. Das Problem der Zuordnung der Sätze aus L_{P_O} zu Sätzen aus L_{A_1} wird durch sequentielle Identifikation des korrekten graphonemischen Paares gelöst. Das korrekte graphonemische Paar wird durch Prüfung des graphischen Vorbereichs der graphonemischen Relation unter Berücksichtigung möglicher kontextueller Bedingungen gelöst. Kontextuelle Bedingungen werden implizit auf Buchstaben- und Buchstabenkettenebene, explizit auf Buchstaben-, Buchstabenketten-, Wort- und Satzebene formuliert. Explizite Kontextregeln werden impliziten vorge-

85) vgl. p. 6 seq.
86) vgl. p. 8 seqq.

zogen. Unter expliziter Kontextregel verstehen wir eine Regel folgender Form: Die Kette *an* ist vor nichtvokalischen Zeichen ein Graphem, das durch /ã/ umschrieben wird. [87] In impliziter Formulierung lautet die Regel: Die Ketten *an., an,, an␣, an?, ..., anc, and, ang,..* werden durch /ã/ umschrieben.[88] Wie das Beispiel zeigt, ermöglichen explizit formulierte Kontextbedingungen die Minimierung der Mächtigkeit der Menge graphonemischer Paare. Syntaktische Kontextbedingungen lassen sich nur explizit formulieren, da eine implizite Formulierung die Auflistung einer unendlich großen Menge graphonemischer Paare zur Folge hat. Wegen Endlichkeit der Speichermedien kann diese Lösung aber nicht realisiert werden. [89]

Der folgende Beispielsatz erläutert eine explizite syntaktische Kontextbedingung: *les jeunes filles mangent le chocolat* . Die Kette *-ent* ' des Wortes *mangent* ' kann auf zweifache Weise analysiert werden, 1) in *-ent* , das durch /ə/ oder, je nach Kontext, durch /Ø/ umschrieben wird, 2) in *en* und *-t* ', wobei *en* durch /ã/ und '*-t*' in terminaler Position durch /Ø/ umschrieben wird. Erfüllt das Wort, das *-ent*' als terminale Kette enthält, die syntaktischen Bedingungen eines in der dritten Person Plural gebrauchten Verbs, wird die erste Lösung gewählt, sonst die zweite. Das Wort erfüllt dann die Bedingungen eines Substantivs (Bsp.: *le président*), eines Adjektivs (*intelligent*) oder eines Verbs mit singularem Subjekt (*il convient*). Hier zeigen sich die Vorzüge der explizit formulierten Kontextbedingungen. Eine implizite Kontextbedingung zu all diesen Problemen zu formulieren, würde bedeuten, alle Wörter aufzulisten, die die Kette *-ent* in terminaler Position enthalten, und alle Sätze aufzulisten, in denen homographe Formen (Bsp.: *il convient, ils convient*) vorkommen.

---

87) *ann* wird davon ausgenommen. s.a.u.p.73.
88) In den angeführten Ketten würden lediglich die Zeichen *an* umschrieben.
89) Bei Graphemketten der Länge 1 müssen bei n Zeichen maximal n graphonemische Paare definiert werden (wie im Türkischen). Bei Graphemketten der Länge 2 müssen bei n Zeichen maximal $n!/(n-2)!$ graphonemische Paare definiert werden. Die Anzahl der Paare für Ketten der Länge k beträgt $n!/(n-k)!$. Die Mächtigkeit der Menge der graphonemischen Paare hängt also von der Länge der Graphemketten ab. Kürzung der Ketten, u.a. durch explizit formulierte Kontextregeln, führt also zur Verkleinerung der Menge der graphonemischen Paare.

Explizite syntaktische und buchstabenbezogene Kontextregeln sind in ihren Applikationsmöglichkeiten wenig eingeschränkt. Die Regeln zur Umschreibung von *an* gelten beispielsweise analog auch für *in, on, am, im, om, ain, ein* etc. Allgemein gültig formulierte Bedingungen finden in strukturell ähnlichen Entscheidungsprozessen Anwendung. Die Zahl der Kontextbedingungen wird dadurch eingeschränkt.

4.3.2. Lösungsstrategie und Probleme

Wir definieren die Funktion g wiederum durch einen Algorithmus. Der Algorithmus führt bei der Ermittlung eines dem Satz des Vorbereichs L_{A_1} entsprechenden Satzes des Nachbereichs L_{P_o} folgende Operationen durch: Er segmentiert den Eingabesatz durch Vergleich mit eingespeicherten graphemischen Ketten und prüft mögliche implizite oder explizite Kontextbedingungen. Wird ein identisches Vergleichssegment gefunden, das mögliche Kontextbedingungen erfüllt, so wird der graphemischen Kette des Eingabesatzes die phonemische [90] Kette zugeordnet, die als zweiter Teil des graphonemischen Paares eingespeichert ist. Die Operation wird hinter dem gerade identifizierten und umschriebenen Segment fortgesetzt. Die Identifikationsschritte operieren über den Wörtern der Sprachen W_{A_1} und W_{A_2}. Aus $W_{A_{22}}$ stammen die Satztrennungszeichen, die die Eingabesätze begrenzen. Das initiale Satztrennungszeichen wird kopiert. Der Algorithmus arbeitet dann den Eingabesatz von links nach rechts Segment um Segment ab, bis er das finale Satztrennungszeichen ermittelt. Auf diese Weise wird zu dem graphischen Eingabesatz aus L_{A_1} der korrespondierende phonemische Ausgabesatz aus L_{P_o} gefunden.

Die automatische Transkription weist einige strukturelle Ähnlichkeiten mit der automatischen Übersetzung auf.[91] In beiden Fällen werden Sprachen als Mengen aufeinander abbildbarer Symbolfolgen definiert. Die Eingabesymbolfolgen werden im ersten Arbeitsschritt analysiert. Im zweiten Schritt werden sie Ausgangssymbolfolgen zugeordnet, die zu Ausgabesätzen synthetisiert werden. Bei der automatischen Transkription und bei dem hier beschrieben Teilbereich der automatischen Transkription bilden Analyse und Synthese

90) Phonemisch bedeutet in diesem Abschnitt zur Zeichenmenge P_o gehörend.
91) Kästner (1972:2 seq.)

die wichtigsten Schritte der Symbolfolgenzuordnung.[92] Ziel beider Operationen ist die Gewinnung korrekter, korrespondierender Sätze in der Zielsprache.

Als Analyse bezeichnen wir die Segmentierung der Eingabesätze in vorgegebene graphemische Ketten. Einige der mit der Segmentierung verbundenen Probleme wurden bereits angedeutet. Wir unterscheiden bei der Segmentierung folgende Fälle: 1) kontextfreie Segmentierung, 2) kontextsensitive Segmentierung. Bei der kontextsensitiven Segmentierung trennen wir zwischen 1) implizit kontextsensitiver und 2) explizit kontextsensitiver Segmentierung. Segmente sind Grapheme und Graphemketten. Kontexte sind auf Buchstaben, Satzzeichen, Buchstabengruppen, Wörter (d.h. Graphemketten zwischen Satzzeichen) oder syntaktische Strukturen bezogen.

Bei der Segmentierung eines Eingabesatzes ist der erste Schritt der Vergleich von Eingabekette und eingespeicherter Kette. Die eingespeicherten graphemischen Ketten sind in Gruppen unter gleichen Anfangsbuchstaben vereint. Die einzelnen Gruppen werden von den längsten Ketten angeführt, von den kürzesten Ketten abgeschlossen. Bei gleichlangen Ketten erhalten höherfrequente Segmente Priorität.

Der Sinn dieser Anordnung geht aus dem folgenden Beispiel hervor: Die Kette *-ent* in *ils aiment* kann in zweifacher Weise zerlegt werden: 1) in *-ent* mit dem phonemischen Pendant /ə/ oder /Ø/, 2) in *en* mit /ã/ und *t* mit /Ø/. Die gleiche Segmentierung ist für *-ent* in *un moment* möglich. Mit beiden Segmentierungsmöglichkeiten sind eine Menge von Kontextbedingungen verbunden. Erfüllt die Kette *-ent* die Bedingungen eines Morphogramms[93] der dritten Person Plural Präsens eines Verbs, so braucht die zweite Lösung nicht versucht zu werden. Die Applikation der ersten Regel verhindert die der zweiten Regel. Zunächst wird die längere, dann, wenn sie nicht zutrifft, die kürzere Kette angewendet. Regelordnungen dieser Art bezeichnen wir nach Kiparsky[94] als bleeding order. Im Beispiel *ils aiment* ist die Regel (ent, (ə),(λ)) bleeding rule für die Regeln (en,ã) und (t,λ).

---

92) Klaus (1971:68-70).
93) Catach (1972:32 seq.).
94) Kiparsky (1968:170-202).

Bleeding Relationen spielen eine wichtige Rolle für die Reihenfolge, mit der Vergleichsoperationen zwischen Eingabeketten und eingespeicherten Vergleichsketten durchgeführt werden.

Praktische Gründe motivieren die Einführung des zweiten Ordnungskriteriums Frequenz. Die Arbeit einer Maschine, die Vergleichsoperationen durchführt, verkürzt sich, wenn hochfrequente, wahrscheinliche Segmente in den zuvorderst bearbeiteten Positionen einer Vergleichsliste stehen.

Wir haben bereits darauf verwiesen, daß es zur Minimierung der Menge der graphonemischen Paare wichtig ist, die Länge der Graphemketten zu reduzieren. In den meisten Fällen zerlegen die kurze Graphemketten vergleichenden Segmentationsschritte Eingabesätze richtig, liefern freilich auch falsche Lösungen. *ville* ist dafür ein Beispiel. Ohne auf Kontextbedingungen einzugehen, zeigen wir hier nur das Ergebnis der Segmentation: (v,v), (ill,ij̥), (e,(ə), (λ)). Das graphonemische Paar (ill,ij̥) ist ein Beispiel für eine implizite Kontextbedingung. Die Regel zeigt, daß *i* durch /i/ und *ll* nach *i* durch /j̥/ umschrieben wird. Implizite Kontexte werden aus praktischen Gründen meist mit dem eigentlichen Graphem, hier *ll* umschrieben. Wir entscheiden uns für implizite Kontextbedingungen auf Buchstabenebene, wenn diese gegenüber komplexen expliziten Kontextbedingungen erhebliche notationelle Vereinfachungen (auch bei der computativen Realisation des Algorithmus) erlauben.

Zusammengesetzt ergibt sich für obiges Beispiel die falsche phonemische Kette /vij̥(ə)/. *ville* muß mit /vil(ə)/ umschrieben werden. Hinsichtlich der phonemischen Realisation bildet die Kette *ill* in *ville* eine Ausnahme gegenüber der meist gültigen Realisation /ij̥/ (z.B. in '*fille*'). Die allgemeiner gültigen Umschreibungsregeln applizieren hier nicht. Die Realisierung des *ill* als /il/ ist an die graphische Repräsentation *ville* gebunden. Sie gilt nur in diesem Kontext. Wir nennen Wörter mit eigener, vom Normalfall abweichender phonemischer Realisierung mit N.Catach[95] Logogramme. Logogramme spiegeln einen gewissen, häufig sprach- oder schrifthistorisch zu interpretierenden, heute jedoch vom graphonemischen System her inkonsequenten Zusammenhang von Schreiben und Sprechen wider. Wir betrachten Logogramme als Grapheme mit sehr

95) Catach (1972:32).

speziellen phonemischen Realisationen innerhalb eines impliziten Kontexts. Wiewohl eine sequentielle Umschreibung möglich und aus Gründen der Systematik wünschenswert ist, umschreiben wir Logogramme wegen der notationellen Vereinfachung ähnlich wie Grapheme mit impliziten Kontextbedingungen auf Buchstabenebene in einem Schritt. Die Umschreibungsregel lautet: ville(s) ⟶ vil(ə). Einige Logogramme sind Beispiele für implizite Kontextbedingungen auf Wortebene.

Wir teilen die Logogramme in sieben Gruppen ein. Die erste Gruppe enthält Wörter mit Graphemen in spezieller graphonemischer Relation. Sie werden lediglich durch implizite Kontextregeln identifiziert. Explizite Bedingungen brauchen nicht berücksichtigt zu werden. Die Phonemisierung wird in einem Schritt durchgeführt. Beispiele für Logogramme der ersten Gruppe sind *ville* oder *million*, die, vom Normalfall abweichend, durch /vil(ə)/ und /miljõ/ wiedergegeben werden.

Die zweite Gruppe der Logogramme enthält Wörter, die nur als abgeschlossene Ketten eigene unregelmäßige graphonemische Relationen enthalten. Als Anfangsstücke längerer Wörter hingegen werden sie mit Hilfe normalgültiger Regeln umschrieben. Wir nennen Wörter oder Ketten abgeschlossen, wenn ihnen Satzzeichen oder die Pluralmorphogramme *s* oder *x* plus Satzzeichen folgen. Die Abgeschlossenheitsbedingung erlaubt die sichere Identifikation von Logogrammen. Beispiele dafür sind *est* (von *être*) und *comment* . Die von Satzzeichen eingeschlossene Kette *est* wird durch /ę/ umschrieben, das Teilwort *est* in *estival* aufgrund normaler Regeln jedoch durch /ęstival/ und nicht etwa durch /ętival/, wie dies geschehen würde, wenn das Abgeschlossenheitskriterium nicht erhoben worden wäre. Ähnliches gilt für *comment* und *commenter* samt Nebenformen. Eine fehlende Abgeschlossenheitsbedingung führte auch hier zu Fehlern, *commenter* würde durch (comment,kǫmã) und (er,ẹ) zu einem falschen / kǫmãẹ / synthetisiert.

Die Logogramme der ersten Gruppe unterliegen impliziten, die der zweiten impliziten und expliziten (Abgeschlossenheitskriterium) Kontextbedingungen.

Die dritte Gruppe der Logogramme enthält Wörter mit speziellen phonemischen Realisationen, die die Applikation einiger prozeßphonologischer Regeln in der dritten Transformationsfunktion h blockieren. Ähnlich wie Lexikoneinträge in einer generativ-phonologischen Grammatik durch spezielle Markierungen von phonologischen Transformationen ausgenommen werden können, so markieren wir Ausnahmen von den Regeln der dritten Transformation, indem wir ihnen phonemische Ketten zuweisen, die nicht von den Regeln zur Herleitung der Oberflächensprachen erfaßt werden. Beispiel dafür ist *moindre* . Das finale Schwa und der Liquid sind von den Regeln zur Tilgung von Schwa im Auslaut und von vorausgehendem Liquid ausgenommen. Wir blockieren die Tilgungsregeln, indem wir das Schwa als /ɛ/ wiedergeben. Diese tiefenstrukturelle Repräsentation des Schwa bleibt von Elisionsregeln verschont. /ɛ/ wird nach Anwendung der Elisionsregeln der dritten Funktion in /ə/ verwandelt. Die Probleme werden im Abschnitt über die dritte Funktion ausführlich diskutiert. Die Logogramme der dritten Gruppe unterliegen ebenfalls dem Abgeschlossenheitskriterium.

Die vierte Gruppe der Logogramme umfaßt homographe Formen von Verben und Substantiven mit verschiedener phonemischer Realisation. Die Verben unterliegen normalen graphonemischen Regeln, während die Substantive davon ausgenommen sind. Hier muß die korrekte Zuordnung automatisch durchgeführt werden. Dazu bedarf es eines syntaxanalysierenden Algorithmus, der Substantive und Verben erkennt. Phonemisch ambige homographe Formen sind z.B. *il but, le but*, *il fait, le fait, je sens, le sens etc.* Die richtige graphonemische Relation kann nur mit Hilfe expliziter Kontextregeln ermittelt werden.

Ähnliches gilt für die fünfte Gruppe der Logogramme. Sie enthält Verben und Adjektive mit unterschiedlichen phonemischen Realisationen. Auch hier ermöglicht die Syntaxanalyse die Wahl des korrekten graphonemischen Paares. Der syntaxanalysierende Algorithmus muß Verben von attributiven, prä- oder postponierten und von prädikativen Adjektiven unterscheiden. Zur fünften Gruppe der Logogramme gehören z.B. *fier* und *fier* .

Die sechste Gruppe der Logogramme speichert Einzelbuchstaben von Abkürzungen. Unter Abkürzung verstehen wir eine Kette der Struktur $\alpha.\alpha.$ ... mit $\alpha \in A_1$. Abkürzungen müssen mindestens vier Zeichen lang sein. Das erste, dritte, fünfte etc. Zeichen sind Buchstaben, die dazwischenliegenden Punkte. Identische einander folgende Buchstaben werden durch *deux* α, *trois* α etc. (mit $\alpha \in A_1$) wiedergegeben. Beispiel dafür ist der Firmenname *C.I.I.* . Er erfüllt die Bedingungen einer Abkürzung. Das erste *C.* erhält die Umschrift /sẹ/, die folgenden *i* erhalten die Umschrift /döz i/.

Zu den Logogrammen der siebten Gruppe gehören Wörter, deren auslautende Konsonanten in satzfinaler Stellung gesprochen werden (*plus* , *tous*).

Da Logogramme mit Hilfe impliziter Kontextbedingungen erkannt werden, sind sie oft länger als segmentidentifizierende Vergleichsketten. Logogramme sind Ausnahmen der normalen Transkriptionsregeln. Die Applikation segmentierender Umschreibungsregeln würde bei ihnen zu falschen Ergebnissen führen. Um eine Kette mit Sicherheit zu identifizieren, beginnen alle Logogrammvergleiche mit dem ersten Buchstaben eines Wortes. Bei paradigmatisch einzigartigen Ketten genügt die implizite Kontextbeschreibung als sichere Identifikation (Logogramme der ersten Gruppe), bei paradigmatisch mehrfach auftretenden Ketten müssen explizite Kontextbedingungen erfüllt werden (Logogramme der Gruppen 2-6).

Die Logogrammprüfung wird immer durchgeführt, wenn ein neues Wort beginnt. Jedes neue Wort wird zunächst dieser Prüfung unterworfen. In der Hierarchie der Umschreibungsregeln stehen die Spezialfälle erfassenden Logogrammregeln an erster Stelle und sind folglich bleeding rules für die segmentierenden Umschreibungsregeln. Auch die segementierenden Umschreibungsregeln sind hierarchisch strukturiert. Terminale Vergleichsketten werden vor nonterminalen Vergleichsketten geprüft . Die besonderen phonemischen Realisierungen graphischer Ketten des französischen Wortauslautes (u. a. wegen der verstummten Konsonanten) zwingen zur Definition spezieller final applizierender Regeln. Bei Nichtapplikation der terminalen Vergleichsketten finden die nonterminalen Verwendung. Die Anordnung der Ketten innerhalb der Gruppen wurde bereits beschrieben (vgl. p.45).

Prinzip der Hierarchisierung der Regeln ist die zunehmende Allgemeinheit der Applikation von den zuerst zu den zuletzt zu prüfenden Regeln. Bei den Logogrammen sind die impliziten und expliziten Kontextbedingungen sehr stark. Bei den finalen Ketten ist die Terminalitätsbedingung einschränkend. Die führenden Positionen in den Listen nonterminaler Vergleichsketten unterliegen stärkeren impliziten oder expliziten Umgebungseinschränkungen als die zuletzt aufgeführten.

Die Transformationen als Zuordnungen von Sätzen zu Sätzen sind auf Satzebene definiert. Wichtige graphophonemische Phänomene des Französischen veranlaßten uns zu dieser Lösung. Eines dieser Phänomene ist die Liaison. Sie ist eine bedeutende satzphonetische und phonologische Erscheinung an Morphemgrenzen. Die stummen Auslautkonsonanten der französischen Rechtschreibung indizieren eine Fülle potentieller Liaisons. Daraus die phonemisch realisierten herauszusuchen, ist die Aufgabe des Transkriptionsalgorithmus. Die Liaison zeigt, wie tief die Kluft zwischen code écrit und code parlé ist. Viele der im graphischen Code auftretenden finalen Konsonantenbuchstaben in vorvokalischer Stellung sind für die gesprochene Sprache irrelevant. Die Realisierung eines Ligems wird von mannigfachen syntaktischen Faktoren gesteuert. Zur korrekten Setzung liierender Konsonanten sind folglich syntaxanalysierende, d.h. auf Satzebene arbeitende Algorithmen notwendig. Sprechgeschwindigkeit, sozialer Status und Alter des Sprechers, diaphasische und diatopische Faktoren tragen zur Realisierung oder Nichtrealisierung eines fakultativen Ligems bei. Auch diese Faktoren sind zu berücksichtigen und innerhalb eines syntaktischen Schemas zu interpretieren und zu realisieren. Darüberhinaus sind phonologisch bedingte Einschränkungen (h aspiré) zu beachten.

Die korrekte Umformung der terminalen Kette *-ent* hängt ebenfalls von einer Analyse auf der Ebene des Satzes ab. *-ent* ist graphofunktional polivalent: die Kette ist Morphogramm verschiedener Tempora und Modi, sie indiziert die dritte Person Plural des Präsens, Imperfekts, Passé simple, Konditionals und Subjonctifs und wird phonisch als /ə/ oder /∅/ wiedergegeben. *-ent* ist jedoch auch - und dies erschwert die Analyse - Teilkette singularer Verbformen: *il vient*, *il convient* , aber *ils convient* sind Beipiele dafür. Darüberhinaus markiert *-ent* Adverbien (*prudemment* , *constamment* , *désespérément* , *rapidement*). Auch ist *-ent* Endstück in Substantiven (*la dent* , *le moment* , *le président* , *le mouvement* etc.) und Adjektiven (*présent* , *différent* , *évident*).

Zur Lösung dieser Probleme konstruieren wir einen syntaxanalysierenden Algorithmus. Er ist in der Lage, grammatikalische Kategorien, Funktionen und Dependenzen zu erkennen und kann somit die Kette *-ent* satzfunktional einordnen und den korrekten graphonemischen Paaren zuzuweisen.

Zur Bewältigung dieses Problems böte sich noch eine zweite Lösung: Transkription mit Hilfe von Listen. Diese Lösung jedoch ist unbefriedigend. Die Listen sind wegen der Vielzahl der Wörter auf *-ent* (selbst wenn nur nichtverbale Formen gespeichert werden) sehr groß und speicherplatzintensiv. Vom Standpunkt linguistischer Forschung aus sind listenorientierte Lösungen wenig erkenntnisvermittelnd. Der wichtigste Einwand besteht jedoch darin, daß Homographien wie *ils convient - il convient, ils président - le président, ils résident - le résident, les poules couvent - le couvent* etc. durch Listenvergleich nicht korrekt umschrieben werden können. Daher ziehen wir eine syntaxanalysierende Lösungsstrategie vor. Wir begnügen uns hier mit den angeführten Beispielen. Weitere finden sich bei der formalen Beschreibung des Transkriptionsalgorithmus.

Zur formalen Beschreibung der zweiten Transformationsfunktion g bedienen wir uns wiederum eines Modells, das den Forderungen der Anschaulichkeit, der deskriptiven Adäquatheit und der Nähe zur computativen Realisation genügt. Wir konstruieren eine Maschine M_2. Die Maschine M_2 weist gegenüber der Maschine M_1 einige geringfügige Modifikationen auf. Sie verfügt über ein Eingabe- und ein Ausgabeband. Über dem Eingabeband befindet sich ein Lese-Schreibkopf, über dem Ausgabeband ein Schreibkopf. Ein- und Ausgabeband sind in Felder eingeteilt. Jedes Feld kann mit einem Zeichen beschrieben werden. Der Lese-Schreibkopf des Eingabebandes und der Schreibkopf des Ausgabebandes vermögen Zeichen und Zeichenketten zu lesen und zu schreiben.[96] Das Ein- und das Ausgabeband können um beliebig viele Felder nach rechts und nach links verschoben werden. Auf den Feldern des Eingabebandes stehen Zeichen aus den Alphabeten A_1 und A_2, außerdem noch Feldmarkierungszeichen aus einem Alphabet A_M. Auf den

---

96) Normalerweise werden in der Automatentheorie Maschinen konstruiert, die jeweils ein Feld lesen bzw. beschreiben können. Aus Gründen der Annäherung an die computative Realisierung weichen wir davon ab. Um den Preis notationeller Übersichtlichkeit könnten Algorithmen konstruiert werden, bei denen kettenvergleichende Operationen in Folgen von einzelzeichenvergleichenden Operationen zerlegt werden. Damit ist jedoch kein Erkenntnisgewinn verbunden. Wir nehmen daher von diesem Vorgehen Abstand und statten die Maschine mit der Fähigkeit aus, Ketten zu lesen und zu schreiben. s.a. Steffen-Batogowa (1974:158).

Feldern des Ausgabebandes stehen Zeichen aus P_o und A_2. Die Zeichen des Eingabebandes setzen sich zu Wörtern der Sprache W_{A_1} zusammen, die des Ausgabebandes zu Wörtern der Sprache W_{P_O}.

Außerdem verfügt die Maschine über eine Menge von Zuständen, in denen Informationen über gelesene Zeichen abgespeichert werden. Bei der Ermittlung einer identischen Vergleichskette geht die Maschine negativ selektierend vor. Ein Beispiel dient der Erläuterung: Von dem französischen Wort *trop* muß noch die terminale Kette *op* umschrieben werden. Im ersten Zustand zum Vergleich terminaler Ketten vergleicht die Maschine die Kette auf dem Eingabeband mit der Vergleichskette *otion* . Da sie ungleich *op* ist, geht die Maschine in den Folgezustand über. Im Folgezustand wird die Eingabekette mit der Kette *omb* verglichen. Da auch diese Kette ungleich ist, geht die Maschine über in einen Zustand zum Vergleich nonterminaler Ketten. Sie durchläuft alle Folgezustände, bis sie eine Vergleichskette *o* findet, die durch /ǫ/umschrieben wird .[97] Das terminale *p* wird anschließend durch ein analoges Verfahren auf dem Ausgabeband als /Ø/ wiedergegeben.

Die negative Selektion besteht im Überspringen stark kontextabhängiger bleeding rules und im Übergang zu allgemeingültigeren Regeln. Mit dem Überwechseln von Zustand zu Zustand im Falle nichtidentischer Eingabeketten wird die Menge der möglicherweise gültigen Umschreibungsregeln schrittweise eingeschränkt. Ein jeder Zustand enthält somit Information über nichtidentische Eingabeketten. Jetzt ist es möglich, den Begriff eingespeicherte Vergleichskette schärfer zu fassen. Darunter verstehen wir Zustände der Maschine M_2. Unter Segmentierung der Eingabekette verstehen wir Instruktionen, die zur Prüfung von Identifikationsbedingungen oder zur Kopie des phonemischen Teils der graphonemischen Relation führen. Nichtsegmentierung leitet in den Folgezustand über.

Die Maschine M_2 ist ein Konstrukt zur Stärkung der Anschauung. Formal definieren wir sie als Quintupel:

$$M_2 = ((A_1 \cup A_2 \cup A_M^*), Z, (P_O \cup A_2^*), N_E, N_A)$$

A_1 und A_2 haben wir bereits extensional definiert (vgl. p. 7). A_M ist ein Alphabet von Markierungszeichen, die dazu dienen, Informationen der Maschine über Eingabetexte in Eingabetexten abzuspei-

97) /ǫ/ in dieser Stellung wird in der dritten Transformation nach /ọ/ gehoben.

chern. Für A_M gilt:

$A_M = \S\alpha$, mit $\alpha \varepsilon A_1 \cup A_2$

Z ist die Menge der Zustände der Maschine. Wir definieren diese Menge extensional bei der Beschreibung des Transkriptionsalgorithmus. Das phonemische Alphabet P_o wurde p. 14 definiert. N_E und N_A sind Mengen natürlicher Zahlen. Für positive n ε N_E, m ε N_A werden Ein- bzw. Ausgabeband um n,m Felder nach links, für negative n,m entsprechend nach rechts geschoben.

Die Instruktionen der Maschine haben die allgemeine Form:

$(\alpha, S_\beta) \longrightarrow (S_\gamma, \delta, \varepsilon, m, n)$

Befindet sich die Maschine M_2 im Zustand S_β und findet der Lese-Schreibkopf auf dem Eingabeband eine Kette α, so bewirkt diese Konstellation eine Zustandsänderung nach S_γ. Auf das Eingabeband wird ein Wort δ, auf das Ausgabeband ein Wort ε geschrieben. Das Eingabeband wird um m, das Ausgabeband um n Felder verschoben. Schieberichtung ist rechts für negative, links für positive m,n. α und δ sind Wörter der Sprache $(A_1 \cup A_2 \cup A_M)^*$, ε ist ein Wort aus $(P_o \cup A_2)^*$. S_β und S_γ sind Elemente der Zustandsmenge Z. m und n sind Elemente aus N_E und N_A.

Instruktionen der Maschine M_2 können auch als Abbildung einer Teilmenge eines Cartesianischen Produkts auf eine Teilmenge eines Cartesianischen Produkts dargestellt werden. Für das erste Cartesianische Produkt gilt:

$((A_1 \cup A_2 \cup A_M)^* \times Z)$

Für das zweite Cartesianische Produkt gilt:

$(Z \times (A_1 \cup A_2 \cup A_M)^* \times (P_o \cup A_2)^* \times N_E \times N_A)$

In Funktionenschreibweise stellen wir obige Instruktion als

$f(\alpha, S_\beta) = (S_\gamma, \delta, \varepsilon, m, n)$

dar. Diese Funktion ordnet geordneten Paaren Quintupel zu.

Eine Skizze veranschaulicht die Maschine M_2:

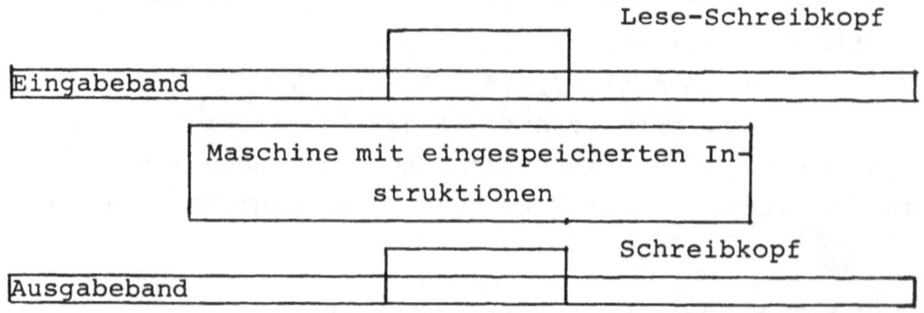

Mit der Maschine M_2 haben wir ein Instrument zur Definition der zweiten Transformationsfunktion geschaffen. Um den Transformationsalgorithmus im einzelnen zu beschreiben, müssen jetzt die Instruktionen der Maschine definiert werden. Der Transkriptionsalgorithmus wird durch ein Computerprogramm getestet. Nach Erstellung des Algorithmus ist seine Programmierung eine technische Aufgabe. Das Programm übt eine Kontrollfunktion auf den Algorithmus aus und macht seine Aussagen objektivierbar.

Bei der Beschreibung der Aufgaben der Instruktionen zur Definition der Funktion g wird zuerst das gerade anstehende Problem dargestellt. Dann wird der Lösungsweg anschaulich skizziert. Die formale Beschreibung bildet den Abschluß.

4.3.3. Satzzeichen

Die Grammatik G_{LA_1} erzeugt Sätze, die von Satztrennungszeichen eingeschlossen sind. Die Maschine M_2 verarbeitet bei der Umschreibung eines Satzes zuerst das initiale Satztrennungszeichen. Wie alle Satzzeichen wird das initiale Satztrennungszeichen auf das Ausgabeband kopiert. Kopieren heißt unverändertes Übernehmen des Zeichens vom Eingabe- auf das Ausgabeband. Das initiale Satztrennungszeichen bewirkt eine Zustandsänderung von S_I [98] nach S_{GENXXY} [99].

$(\alpha, S_I) \longrightarrow (S_{GENXXY}, \lambda, \alpha, 1, 1)$ $\alpha \in A_{22}$, λ ist wiederum die leere Kette (vgl.p. 8), die Eingabeketten bleiben unverändert. Das Satztrennungszeichen wird auf das Ausgabeband kopiert. Ein- und Ausgabeband werden um ein Feld nach links verschoben.

Die Transformation eines Satzes wird abgebrochen, wenn im Zustand S_{GENXXY} ein Satztrennungszeichen gefunden wird. Nach der Kopie dieses Zeichens stellt die Maschine ihre Arbeit durch Übergang in den terminalen Zustand S_F [100] ein.

$(\alpha, S_{GENXXY}) \longrightarrow (S_F, \lambda, \alpha, 1, 1)$ $\alpha \in A_{22}$

Liest der Lese-Schreibkopf im Zustand S_{GENXXY} nichttrennende Satzzeichen aus A_{21} ungleich Bindestrich (dafür gelten besondere Instruktionen), so werden diese ebenfalls auf das Ausgabeband ko-

---

98) Der Subskript I erinnert an Initial State.
99) GEN erinnert an generellen Zustand. X und Y sind dummy symbols.
100) Der Subskript F erinnert an Final State.

piert. Der Zustand S_{GENXXY} bleibt erhalten. Ein- und Ausgabeband werden um ein Feld nach rechts verschoben:

$$(\alpha, S_{GENXXY}) \longrightarrow (S_{GENXXY}, \lambda, \alpha, 1, 1) \quad \alpha \in A_{21} - \{-\}$$

Satzzeichen werden kopiert, weil sie syntaktische Information für die dritte Transformation enthalten.

Um das Satzzeichen - verarbeiten zu können, müssen einige Bemerkungen zur Liaison vorausgeschickt werden.[101] Der Bindestrich markiert im Französischen oft syntaktisch festgefügte Gruppen. Die syntaktische Bindung verhindert die Liaison mit nachfolgenden Wörtern. Der Fragesatz *Sommes-nous arrivés?* ist Beispiel dafür. Die Bedingungen zur Vermeidung von Liaison müssen aber präzisiert werden. Liaison ist durchzuführen, wenn dem durch Bindestrich angehängten Wort ein weiteres durch Bindestrich angehängtes Wort folgt, wie in *Allez-vous-y*. In den ligemfeindlichen[102] Fällen setzt die Maschine hinter die syntaktisch festgefügte Gruppe ein liaisonverhinderndes Feldmarkierungszeichen §␣. Für §␣ gelten die gleichen Bedingungen wie für ␣ außer in Liaisonfällen. Findet der Lese-Schreibkopf dieses Zeichen, wird die Liaisonprüfung durch direkten Übergang in den logogrammprüfenden Zustand übersprungen. Der Algorithmus besteht aus folgenden Schritten: Findet der Lese-Schreibkopf einen Bindestrich, so wird dieser kopiert. Die Maschine sucht dann das erste Satzzeichen hinter dem folgenden Wort. Stehen zwischen dem nächsten und übernächsten Wort nur Blanks, wird ein ligemfeindliches Feldmarkierungszeichen gesetzt. Für alle Satzzeichen wird das Eingabeband bis zum Bindestrich zurückgespult:

$$(-, S_{GENXXY}) \longrightarrow (S_{BNDSTL}{}^{103}, \lambda, -, 1, 1)$$
$$(␣, S_{BNDSTL}) \longrightarrow (S_{BNDSTL}, \lambda, \lambda, 1, 0)$$
$$(\alpha, S_{BNDSTL}) \longrightarrow (S_{BNDSTLA}{}^{104}, \lambda, \lambda, 1, 0) \quad \alpha \in A_1$$
$$(\alpha, S_{BNDSTLA}) \longrightarrow (S_{BNDSTLA}, \lambda, \lambda, 1, 0) \quad \alpha \in A_1$$

---

101) Zur Liaison s.u.p. 55 seqq.

102) Terminologie nach Rothe (1971:91).

103) Die Subskripte GENXXY und BNDSTL zeigen, wie Subskriptnamen konstruiert werden. Die ersten fünf Buchstaben indizieren das gerade anstehende Problem (BNDST bedeutet Bindestrichbearbeitung). Der oder die folgenden Buchstaben verweisen auf die derzeit von der Maschine ausgeführte Operation. L deutet auf die Bandbewegung nach links.

104) Die Zeichen LA weisen auf die Bandbewegung nach links und auf das Lesen einer alphabetischen Kette hin.

$(\alpha, S_{BNDSTLA}) \longrightarrow (S_{BNDSTR}$[105]$, \lambda, \lambda, -1, 0) \quad \alpha \in A_2 - \{\sqcup\}$
$(\alpha, S_{BNDSTR}) \longrightarrow (S_{BNDSTR}, \lambda, \lambda, -1, 0) \quad \alpha \in A_1 \cup A_2 - \{-\}$
$(-, S_{BNDSTR}) \longrightarrow (S_{GENXXY}, \lambda, \lambda, 1, 0)$
$(\sqcup, S_{BNDSTR}) \longrightarrow (S_{BNDSTLS}$[106]$, \lambda, \lambda, 1, 0)$
$(\alpha, S_{BNDSTLS}) \longrightarrow (S_{BNDSTR}, \lambda, \lambda, -1, 0) \quad \alpha \in A_2$
$(\alpha, S_{BNDSTLS}) \longrightarrow (S_{BNDSTR1}$[107]$, \lambda, \lambda, -1, 0) \quad \alpha \in A_1$
$(\sqcup, S_{BNDSTR1}) \longrightarrow (S_{BNDSTR}, \S_{\sqcup}, \lambda, -1, 0)$

Findet der Lese-Schreibkopf ein ligemfeindliches Feldmarkierungszeichen, wird ein Blank kopiert und das Feldmarkierungszeichen auf dem Eingabeband durch ein Blank ersetzt, der Übergang in den liaisonprüfenden Zustand jedoch verhindert:

$(\S_{\sqcup}, S_{GENXXY}) \longrightarrow (S_{LOGOGXXY}, \sqcup, \sqcup, 1, 1)$

In diesem Zustand beginnt die Verarbeitung alphabetischer Ketten. Beobachtet der Lese-Schreibkopf der Maschine ein Feld mit vokalischen wortanlautenden Buchstaben, geht die Maschine in den Zustand $S_{LIAISXXB}$[108] über, um die Bedingungen der Liaison zu prüfen. Für andere Buchstaben wechselt sie nach $S_{LOGOGXXY}$[109], um mit der Logogrammprüfung zu beginnen.

$(\alpha, S_{GENXXY}) \longrightarrow (S_{LIAISXXB}, \lambda, \lambda, -1, 0) \quad \alpha \in A_{11}$
$(\alpha, S_{GENXXY}) \longrightarrow (S_{LOGOGXXY}, \lambda, \lambda, 0, 0) \quad \alpha \in A_{12}$

Wir diskutieren zunächst die Liaison.

4.3.4. Liaison

Die Realisation eines finalen graphischen oder tiefenstrukturellen Konsonanten vor Vokal oder, auf der graphischen Ebene, vor h muet, heißt Liaison.[110] Die Bedingungen der Liaison müssen herausgearbeitet werden, damit der Transformationsalgorithmus bei der Umschreibung graphischer Eingabesätze korrekte Liaisons vollziehen

---

105) BNDSTR: Das R indiziert eine Bandbewegung nach rechts.
106) L: Bandbewegung nach links, S: Behandlung von Satzzeichen.
107) R1 zeigt, daß das Eingabeband um eine Stelle nach rechts verschoben wird.
108) LIAISXXB erinnert an Liaisonbuchstaben.
109) LOGOGXXY erinnert an Logogramme.
110) Definition in Anlehnung an Léon (1966:118). Der Zusatz "oder tiefenstrukturell" stammt von uns. Er verdeutlicht die Übereinstimmung orthographischer und tiefenstruktureller Repräsentation.

kann. Da die Liaison ein satzphonologisches Phänomen ist, beschreiben sie nur syntaxorientierte Modelle korrekt.[111] Daher löst einzig ein auf Syntaxebene operierender Algorithmus das Problem der Liaison korrekt. Die Liaison ist eine der grapho-phonischen Erscheinungen, die uns veranlassen, die Umschreibung des Eingabetextes auf höchstem Artikulationsniveau, auf der Ebene von Sätzen, durchzuführen.

In einem ersten Schritt weist der Algorithmus den Eingabesätzen liaisonerfordernde oder -verhindernde Strukturen zu.[112] Im zweiten Schritt simuliert er Regeln einer generativ-phonologischen Grammatik, die finale graphische Konsonanten - häufig identisch mit denen der tiefenstrukturellen Repräsentation - bei Nichtliaison tilgt oder bei Liaison erhält.

Die Liaison finaler Konsonanten vor initialem Vokal ist obligatorisch, fakultativ oder verboten.[113] Obligatorische Liaisons sind vom Algorithmus immer zu vollziehen, verbotene immer zu vermeiden. Problematisch ist der Status der fakultativen Liaison. Wir arbeiten die Bedingungen ihrer Verwirklichung heraus, wenn auch zu berücksichtigen ist, daß die Literatur wenig Anhalt für die statistische und linguistische Erfassung der fakultativen, aber auch der obligatorischen Liaison bietet. Neuere Untersuchungen zeigen, daß obligatorische Liaisons keinesfalls konsequent durchgeführt werden.[114] Liaisons werden in Gruppen mit enger semantosyntaktischer Kohäsion gemacht, wenn das vorausgehende Wort mit einem liaisonfähigen Konsonanten endet und das folgende Wort mit liaisonfähigem Vokal beginnt. Wir unterscheiden folgende Gruppen:

1) Syntagmen mit Determinierern und Nomen

Dazu gehören Nominalphrasen des Typs det. Art. + Nomen (*les hommes*), indet. Art. + Nomen (*un arbre*), Poss. Art. + Nomen (*mon ami*), dem. Art. + Nomen (*cet article*) und Zahlwörter (*deux agents*).

---

111) s.Dell (1973:41 seqq. ("...les phénomènes de la liaison en français illustrent bien de quelle façon la prononciation d'une phrase dépend de sa structure de constituants...").s.a.Schane (1967:55): "Il nous sera possible de résoudre ces problèmes si nous profitons davantage de la structure des composants fournie par la composante syntaxique de la grammaire."

112) Bei dem Algorithmus zur Umschreibung von Bindestrichen wurde der Eingabekette eine liaisonverhindernde Struktur mit Hilfe eines den Abschluß einer engen syntaktischen Gruppe indizierenden Feldmarkierungszeichen zugewiesen. vgl.p.53 seq.

113) vgl. Hořejši (1955), Fouché (1959), Delattre (1966), Heger (1968).

114) K. Urbas (pers. Mitteilung 1975), Ågren (1973).

2) Syntagmen mit Determinierern und Adjektiven.
Es handelt sich um Nominalphrasen ähnlich denen der ersten Gruppe, lediglich ersetzen Adjektive die Nomen.

3) Syntagmen mit präponierten Adjektiven und Nomen
Es handelt sich um attributive Adjektive, die zu einer relativ geschlossenen Klasse kurzer, frequenter, semantisch undifferenzierter morphematischer Adjektive gehören. Sie stehen semantisch und syntaktisch-distributiv im Gegensatz zu den lexematischen postponierten attributiven Adjektiven. Funktional bestehen zwischen ihnen und Artikeln Parallelen.[115]

Präponierbare Adjektive werden im Anhang extensional aufgeführt. Notwendige Bedingung zur Identifikation einer Struktur Determinierer + Adjektiv + Nomen ist darüberhinaus der Determinierer. Durch diese Zusatzbedingung werden postponierte Adjektive von der Liaison mit dem nachfolgenden Verb ausgeschlossen. In der Analyse wird zwischen prä- und postponierten Adjektiven unterschieden, selbst wenn das entsprechende Adjektiv, wegen möglicher Präponierbarkeit zwar in die Gruppe im Normalfall vorangestellter Adjektive aufgenommen, nachgestellt worden ist. Der Algorithmus berücksichtigt so Freiheiten der Stellung des attributiven Adjektivs.

4) Syntagmen mit Verben und Pronomen
Dazu gehören folgende Strukturen: Pronomen + Verb (*vous en donnez, vous envoyez, allez-y*)

5) Syntagmen mit Präpositionen
Präpositionalphrasen sind enggeknüpfte Satzteile, die durch liierende Präpositionen eingeleitet werden (*dans une maison*).

6) Syntagmen mit Adverbialen
Dazu zählen Adverbiale, die die folgenden Satzteile qualifizieren (*très impressioné, pas aimable*).

7) Konjunktionen
Beispiel ist die satzeinleitende Konjunktion *quand (quand on vient)*.

8) Kopula
Die Liaisons von *être*-Formen sind von unterschiedlicher Frequenz. Sie hängen von der Häufigkeit der Form ab (*il est heureux*).

Die angeführten Konstituentenstrukturen enthalten Wörter, die geschlossenen Morphemklassen oder relativ geschlossenen, morphem-

---

115) Weinrich (1966:82-89).

artigen Klassen angehören. Dies nutzen wir bei der automatischen Analyse. Wir zergliedern die Eingabesätze mit Hilfe extensional definierter Mengen von Vergleichsketten. Die Vergleichskettenmengen sind identisch mit den angeführten Morphemklassen. Die phonologischen Regeln zur Liierung oder Tilgung operieren auf den analysierten Eingabeketten. Die Eingabesätze sind in abgeschlossene Gruppen unterteilt. Diese gelten auch in traditionellen Beschreibungen als liaisonfreundlich: sie bilden semantisch abgeschlossene Einheiten.

Die fakultativen Liaisons bedürfen besonderer Betrachtung. Wir arbeiten die prinzipiellen Bedingungen dieses Liaisontypus' heraus. Die fakultativen Liaisons werden von Faktoren gesteuert, die als Variable der Kompetenz einzelner Sprechergruppen einerseits, als sprechaktabhängige Größen andererseits gesehen werden. Diese Faktoren sind von den verschiedenen niveaux de langue, wechselndem Sprechtempo, unterschiedlichem Alter, Expressivität und Affektivität abhängig. Im Sprachniveau kommen Schulbildung, regionale Herkunft, soziale Stellung etc. der Sprecher zum Ausdruck. Allgemein besteht eine Tendenz zum Abbau der Liaison, wie Vergleiche der Liaisonfrequenz in verschiedenen Altersgruppen ergeben.[116]

Die Frequenz von Liaison in Spezialfällen unter Berücksichtigung aller extralinguistischen Faktoren konnte wegen der Unzahl der möglichen Kombinationen bis jetzt noch nicht hinreichend genau untersucht werden. Daher sind wir nicht in der Lage, Liaisons - etwa mit zufallszahlenabhängigen Programmen - adäquat zu simulieren. Wir sind gezwungen, zur Beantwortung dieser Frage ein gröberes Raster anzuwenden. Wird eine Liaison des fakultativen Typs in einer Sprechergruppe mit mehr als 50% Häufigkeit durchgeführt, so wird sie durch den Algorithmus verwirklicht, andernfalls nicht.

Fakultative Liaisons werden oft mit hochfrequenten Verbformen (*être, avoir, aller, devoir, falloir, vouloir*) und mit mehrsilbigen Präpositionen gebildet. Die Frequenz der Liaisons der syntaktischen Gruppe Nomen plur. + Adjektiv ist zu vernachlässigen.[117] Präponierte Adjektive und liierte Verbformen besitzen über die Liaison hinaus Gemeinsamkeiten. Es sind oft kurze, frequente, semantisch unspezifizierende Formen mit morphematischem Charakter. Die Liaison bewahrt sie vor weiterer kommunikationserschwerender

---

116) Über extralinguistische Faktoren der Liaison dissertiert K. Urbas, Köln.
117) s. Ågren (1973:124).

Erosion. Gerade hochfrequente Formen unterliegen stärkerer sprachlicher Abnutzung.[118] Die Liaison hat einen therapeutischen Effekt.

Wir haben Strukturen indiziert, in denen finale Konsonanten vor vokalischem Wortanlaut erhalten und als Liaison bezeichnet werden. In allen anderen Fällen wird die Liaison vermieden, der auslautende graphische Konsonant elidiert. Elision ist die prozeßphonologische Realisierung der liaison interdite. Liaisonfeindlich ist das h aspiré im Anlaut des folgenden Wortes. Ebenfalls liaisonfeindlich sind syntaktisch enggefügte Gruppen mit invertierten Pronomina.[119] Ein singulares Nomen wird auch nicht an das folgende Adjektiv, Verb oder an die folgende Präposition gebunden.[120] Die finalen Konsonanten von Eigennamen, Pronomen (*chacun, le mien*), mehrsilbigen Konjunktionen (*néanmoins*) und Fragewörtern (*quand, comment*) werden ebenfalls elidiert.

Die zu liierenden Konsonanten, Ligeme, sind: n, p, t, z, r.[121] Das Ligem n wird an terminale Nasalvokale gehängt, die teilweise denasaliert werden (*bon ami*). r öffnet vorausgehendes ẹ (*premier homme*). Die graphischen Repräsentanten der Ligeme sind n für n (*mon ami*), d und t für t (*grand auto, il est à Paris*), s,x,z für z (*ils aiment, six œufs, chez un ami*) und r für r (*premier amour*).[122]

Die Liaison wird nur dann durchgeführt, wenn die Bedingungen für eine obligatorische oder fakultative Liaison erfüllt werden. Der Algorithmus prüft die erwähnten Kriterien für die Liaison aus der Fülle der potentiellen Liaisons. Potentielle Liaisons sind alle Kontexte mit finalem Konsonanten, Wortgrenze und vokalischem Anlaut. Der Liaisonalgorithmus prüft Selektionsbedingungen. Im folgenden wird der Lösungsweg wechselweise anschaulich und formalisiert dargestellt.

Liegt ein vokalisch oder ein mit h anlautendes Wort vor, wird

---

118) vgl. Mańczak (1968).

119) vgl. die Behandlung des Bindestrichs p.54 seq.

120) s. Ågren (1973:5 seqq.), Hammarström (1972:69 seqq.).

121) Die Zeichen g und k werden nur selten liiert. Sie werden allein in fakultativen Liaisons oder in groupes figés gebraucht. Groupes figés (*sang impur, suer sang et eau*) werden bei den Logogrammen behandelt, da sie nämlich Lexikoneinträge und nicht prozeßphonologische Erscheinungen sind. Daher werden g und k nicht berücksichtigt. Die Sonorisation des finalen intervokalischen f (*neuf ans*) ist keine Erscheinung der Liaison.

122) vgl. Greive (1968).

das Eingabeband zurückgespult, um zu untersuchen, ob die Felder vor dem Wort nur mit Blanks oder mit einem Bindestrich beschrieben sind und ob das letzte Zeichen des vorherstehenden Wortes ein zu liierender Konsonant ist. Dafür gelten die Instruktionen:

$(\alpha, S_{LIAISXXB}) \longrightarrow (S_{LIAISXXB}, \lambda, \lambda, -1, 0) \quad \alpha \in A_{21}$

$(\beta, S_{LIAISXXB}) \longrightarrow (S_{LIAISXXL}$[123]$, \lambda, \lambda, 1, 0) \quad \beta \in \{d,n,p,r,t,s,x,z\}$

Finden sich weder Blank, Bindestrich noch Ligembuchstabe, wird die Liaisonprüfung abgebrochen, das anlautende Zeichen des folgenden Wortes aufgesucht und mit den lexikalischen Prüfungen begonnen:

$(\alpha, S_{LIAISXXB}) \longrightarrow (S_{LIAISXXF}$[124]$, \lambda, \lambda, 1, 0) \quad \alpha \in A_1 - \{d,n,p,r,t,s,x,z\} \cup A_2 - A_{21}$

$(\alpha, S_{LIAISXXF}) \longrightarrow (S_{LIAISXXF}, \lambda, \lambda, 1, 0) \quad \alpha \in A_{21}$

$(\alpha, S_{LIAISXXF}) \longrightarrow (S_{LOGOGXXY}, \lambda, \lambda, 0, 0) \quad \alpha \in A_1$

Findet sich ein Ligembuchstabe, so wird das Eingabeband bis zum Anlaut des folgenden Wortes nach links verschoben.

$(\alpha, S_{LIAISXXL}) \longrightarrow (S_{LIAISXXL}, \lambda, \lambda, 1, 0) \quad \alpha \in A_{21}$

$(\alpha, S_{LIAISXXL}) \longrightarrow (S_{LIAISHAS}$[125]$, \lambda, \lambda, 0, 0) \quad \alpha \in A_{11}$

h aspiré und meist der Halbvokal $\underset{\times}{i}$ verhindern die Liaison. Ausnahmen wie *les yeux* und *les ouates* (ohne Liaison) müssen beachtet werden.

$(\alpha, S_{LIAISHAS}) \longrightarrow (S_{LOGOGXXY}, \lambda, \lambda, 0, 0)$

α ist ein Wort der im Anhang extensional definierten Menge der Wörter mit nicht zu liierendem vokalischem Anlaut (h aspiré, *ouate*). α kann auch eine Kette mit einem Anfangsstück der Form i+Vokal, y+Vokal ungleich der im Anhang extensional definierten Menge der Ausnahmen (z.B. *yeux*) sein. Halbvokale bewirken i.a. die Elision des finalen vorausgehenden Konsonanten. Ein Bindestrich, der dem zu liierenden Vokal vorausgeht, verursacht die Realisation des Ligems, da er eine semantisch eng verbundene Gruppe markiert.

$(\alpha, S_{LIAISHAS}) \longrightarrow (S_{LIAISBND}$[126]$, \lambda, \lambda, -1, 0)$

α ist eine Kette ungleich der Menge der Wörter mit Anfangsstücken i+Vokal, y+Vokal (Ausnahmen s.o.) und der Menge der Wörter mit vokalischem Anlaut, der nicht zu liieren ist.

$(\sqcup, S_{LIAISBND}) \longrightarrow (S_{LIAISBND}, \lambda, \lambda, -1, 0)$

---

123) Das L im Subskriptnamen verweist auf Liaison.
124) F erinnert an das Ende der Liaisonprüfung.
125) HAS erinnert an h aspiré.
126) BND ist eine Abkürzung für Bindestrich.

$(\sqcup, S_{LIAISBND}) \longrightarrow (S_{LIAISKOP}{}^{127}, \lambda, \lambda, 0, 0)$

Wird kein Bindestrich gefunden, so wird zur Analyse der syntaktischen Struktur das Vorwort untersucht. Zunächst wird der Beginn des Vorworts gesucht.

$(\alpha, S_{LIAISBND}) \longrightarrow (S_{LIAISXXV}{}^{128}, \lambda, \lambda, -1, 0) \quad \alpha \in A_1$

$(\alpha, S_{LIAISXXV}) \longrightarrow (S_{LIAISXXV}, \lambda, \lambda, -1, 0) \quad \alpha \in A_1$

$(\alpha, S_{LIAISXXV}) \longrightarrow (S_{LIAISVPR}{}^{129}, \lambda, \lambda, 1, 0) \quad \alpha \in A_2$

Die Analyse der syntaktischen Struktur bei zu liierenden Wörtern ist am leichtesten für liaisonfreundliche Wörter der Gruppen 1), 2), 4), 5), 6) und 8).[130] Die zu diesen Gruppen gehörenden Wörter sind in relativ geschlossenen Klassen zusammengefaßt und stellen mots outils dar, die grammatische Strukturen indizieren. Die Wörter dieser Gruppen sind in einer im Anhang extensional definierten Menge zusammengefaßt. Finale Ligemkonsonanten dieser Wörter werden ohne Prüfung weiterer Bedingungen als Bindekonsonanten realisiert. Durch Ausweitung bzw. Einschränkung dieser Menge liaisonindizierender Wörter, etwa durch sprachschichtenbedingte Liaison von Verbformen[131], können wir sprachschichtenbedingte Realisationen von Liaisons hinreichend genau simulieren. Ähnliches gilt auch für die präponierten attributiven Adjektive (s.u.). Ist eine Kette als Element dieser Menge identifiziert, wird das Eingabeband bis zum ersten Satzzeichen hinter dem Vorwort verschoben.

$(\alpha, S_{LIAISVPR}) \longrightarrow (S_{LIAISKOP}{}^{132}, \lambda, \lambda, lg(\alpha), 0)$

α ist ein Wort der im Anhang extensional definierten Menge der Wörter, die sofort liiert werden.

Konjunktives *quand* wird liiert, interrogatives nicht. Sätze mit interrogativem *quand* werden rechts durch ein Fragezeichen begrenzt. Dies ermöglicht, die Funktion von *quand* zu ermitteln. Das erste rechte Satztrennungszeichen wird untersucht. Um zu markieren, an welcher Stelle sich der Lesekopf gerade befindet, wird ein Feldmarkierungszeichen gesetzt. Folgende Instruktionen werden ausgeführt:

---

127) Im Zustand $S_{LIAISKOP}$ werden Ligeme kopiert.
128) Das V im Subskript verweist auf die Prüfung des vorangehenden Wortes.
129) VPR erinnert an Vorwortprüfung.
130) vgl.p.54seqq. und Anhang.
131) s. Ågren (1973:32 seqq.).
132) Im Kopierzustand wird das Ligem an das Ende des Vorworts gesetzt.

$(quand, S_{LIAISVPR}) \longrightarrow (S_{LIAISQUL}{}^{133}, \lambda, \lambda, 5, 0)$
$(d, S_{LIAISQUL}) \longrightarrow (S_{LIAISQUAL}{}^{134}, \S d, \lambda, 1, 0)$
$(\alpha, S_{LIAISQUAL}) \longrightarrow (S_{LIAISQAL}, \lambda, \lambda, 1, 0) \quad \alpha \in A_1 \cup A_2 - A_{22}$

Wird ein Satztrennungszeichen ungleich Fragezeichen gefunden, wird das Eingabeband bis zum Feldmarkierungszeichen zurückgespult. Das Feldmarkierungszeichen wird getilgt. Die Maschine geht in den Kopierzustand $S_{LIAISKOPd}$ über.

$(\alpha, S_{LIAISQAL}) \longrightarrow (S_{LIAISQAR}{}^{135}, \lambda, \lambda, 0, 0) \quad \alpha \in A_{22} - ?$
$(\alpha, S_{LIAISQAR}) \longrightarrow (S_{LIAISQAR}, \lambda, \lambda, -1, 0) \quad \alpha \in A_1 \cup A_2$
$(\S d, S_{LIAISQAR}) \longrightarrow (S_{LIAISKOP}, d, \lambda, 1, 0)$

Ein Fragezeichen kennzeichnet das interrogative, nicht zu liierende *quand*. Die Liaisonprüfung wird abgebrochen, das finale d elidiert.

$(?, S_{LIAISQAL}) \longrightarrow (S_{LIAISQIR}{}^{136}, \lambda, \lambda, -1, 0)$
$(\alpha, S_{LIAISQIR}) \longrightarrow (S_{LIAISQIR}, \lambda, \lambda, -1, 0) \quad \alpha \in A_1 \cup A_2$
$(\S d, S_{LIAISQIR}) \longrightarrow (S_{LIAISQIL}{}^{137}, d, \lambda, 1, 0)$

Die Maschine sucht den Anfang des folgenden Wortes zur lexikalischen Prüfung:

$(\sqcup, S_{LIAISQIL}) \longrightarrow (S_{LIAISQIL}, \lambda, \lambda, 1, 0)$
$(\alpha, S_{LIAISQIL}) \longrightarrow (S_{LOGOGXXY}, \lambda, \lambda, 0, 0) \quad \alpha \in A_1$

Im folgenden werden syntaktische Strukturen des Typs 3) [138] untersucht. Diese Strukturen können durch Attribute erweitert werden:

Determinierer + (Attribut) + Adjektiv + Nomen. Adjektiv und Nomen bilden eine enge syntaktische Gruppe; der finale Konsonant des Adjektivs wird bei vokalischem Nomenanlaut liiert, während, wie Beispiele zeigen (*l'ancien ami, le château ancien est aimé par Julie)*, postponierte Adjektive nicht gebunden werden.

Zunächst wird untersucht, ob das Vorwort zu der Menge der im Anhang extensional definierten präponierbaren Adjektive gehört. Dann wird das ihm vorausgehende Wort geprüft. Handelt es sich um einen Determinierer, wird liiert. Wird ein Attribut gefunden, wird das vorausgehende Wort geprüft. Auch hier führt ein Determinierer zur Liaison. In anderen Fällen wird die Liaisonprüfung abgebrochen.

---

133)QU: Prüfung von *quand*, L: Bandverschiebung nach links.
134)s.Anm.133. Die Namensänderung ergibt sich aus der Zustandsänderung.
135)R: Das Eingabeband wird nach rechts verschoben.
136)I erinnert an interrogativ, R indiziert die Bandverschieberichtung.
137)L: Das Eingabeband wird nach links verschoben.
138)s.p.57.

$(\alpha,S_{LIAISVPR}) \longrightarrow (S_{LIAISDAS}$[139]$,\S\gamma,\lambda,-1,0)$ $lg(\gamma)=1,\ \gamma\delta = \alpha$

α ist Element der Menge im Anhang extensional definierter präponierbarer Adjektive. Wird kein entsprechendes α gefunden, wird die Liaisonprüfung abgebrochen.

$(\alpha,S_{LIAISVPR}) \longrightarrow (S_{LIAISFIN}$[140]$,\lambda,\lambda,1,0)$

α ist die Menge aller Ketten ungleich der Vereinigung der Menge der unmittelbar zu liierenden Wörter, *quand* und der Menge der präponierbaren Adjektive. Die Maschine beginnt am Anfang des folgenden Wortes die lexikalischen Prüfungen.

$(\alpha,S_{LIAISFIN}) \longrightarrow (S_{LIAISFIN},\lambda,\lambda,1,0)\quad \alpha \in A_1$

$(\alpha,S_{LIAISFIN}) \longrightarrow (S_{LIAISFIS}$[141]$,\lambda,\lambda,1,0)\quad \alpha \in A_{21}$

$(\alpha,S_{LIAISFIS}) \longrightarrow (S_{LOGOGXXY},\lambda,\lambda,0,0)\quad \alpha \in A_1$

Nach Identifikation eines präponierbaren Adjektivs prüft die Maschine, ob Determinierer oder Attribute vorangehen. Werden sie nicht gefunden oder werden Satztrennungszeichen ermittelt, bricht die Maschine die Liaisonprüfung ab, indem sie das Feldmarkierungszeichen sucht und dann die lexikalischen Prüfungen beginnt.

$(\alpha,S_{LIAISDAS}) \longrightarrow (S_{LIAISFIV}$[142]$,\lambda,\lambda,1,0)\quad \alpha \in A_{22}$

$(\alpha,S_{LIAISFIV}) \longrightarrow (S_{LIAISFIV},\lambda,\lambda,1,0)\quad \alpha \in A_1 \cup A_2$

$(\S\gamma,S_{LIAISFIV}) \longrightarrow (S_{LIAISFIN}$[143]$,\gamma,\lambda,1,0)$

$(\alpha,S_{LIAISDAS}) \longrightarrow (S_{LIAISDAS},\lambda,\lambda,-1,0)\quad \alpha \in A_{21}$

$(\alpha,S_{LIAISDAS}) \longrightarrow (S_{LIAISDAB}$[144]$,\lambda,\lambda,-1,0)\quad \alpha \in A_1$

$(\alpha,S_{LIAISDAB}) \longrightarrow (S_{LIAISDAB},\lambda,\lambda,-1,0)\quad \alpha \in A_1$

$(\alpha,S_{LIAISDAB}) \longrightarrow (S_{LIAISDAP}$[145]$,\lambda,\lambda,1,0)\quad \alpha \in A_2$

$(\alpha,S_{LIAISDAP}) \longrightarrow (S_{LIAISDAK}$[146]$,\lambda,\lambda,1,0)$

α ist eine Kette der extensional im Anhang definierten Menge der Determinierer. Der Lesekopf der Maschine geht hinter das präponierte Adjektiv zurück. Die Maschine wechselt in den Zustand $S_{LIAISKOP}$ über.

$(\alpha,S_{LIAISDAK}) \longrightarrow (S_{LIAISDAK},\lambda,\lambda,1,0)\quad \alpha \in A_1 \cup A_2$

$(\S\gamma,S_{LIAISDAK}) \longrightarrow (S_{LIAISDKP}$[147]$,\gamma,\lambda,1,0)$

139)DAS: Prüfung von Satzzeichen nach Determinierern oder Attributen.
140)FIN: Beendigung der Liaisonprüfung und Elision finaler Konsonanten.
141)Das S im Subskript weist auf die Prüfung von Satzzeichen hin.
142)V: Vorbereitung zur Beendingung der Liaisonprüfung.
143)s.o.Anm. 140.
144)B: Prüfung von Buchstaben des dem Adjektiv vorausgehenden Wortes.
145)P: Prüfung des dem Adjektiv vorausgehenden Wortes.
146)K: Die Kopie des Ligems wird vorbereitet.
147)KP: vgl. Anm.146. Der Zustandswechsel macht einen Namenswechsel notwendig.

$(\alpha, S_{LIAISDKP}) \longrightarrow (S_{LIAISDKP}, \lambda, \lambda, 1, 0) \quad \alpha \in A_1$

$(\alpha, S_{LIAISDKP}) \longrightarrow (S_{LIAISKOP}, \lambda, \lambda, 0, 0) \quad \alpha \in A_{21}$

Die folgende Instruktion behandelt Attribute:

$(\alpha, S_{LIAISDAP}) \longrightarrow (S_{LIAISDAT}$[148]$, \lambda, \lambda, -1, 0)$

α ist ein Element der im Anhang extensional definierten Menge der Attribute. Die Liaisonprüfung wird abgebrochen, wenn weder Determinierer noch Attribute gefunden werden.

$(\alpha, S_{LIAISDAP}) \longrightarrow (S_{LIAISFIV}$[149]$, \lambda, \lambda, 1, 0)$

α ist ungleich der extensional definierten Elemente der Mengen der Determinierer und Attribute. Bei Satztrennungszeichen wird die Ermittlung des Determinierers vor dem Attribut abgebrochen:

$(\alpha, S_{LIAISDAT}) \longrightarrow (S_{LIAISFIV}, \lambda, \lambda, 1, 0) \quad \alpha \in A_{22}$

$(\alpha, S_{LIAISDAT}) \longrightarrow (S_{LIAISDAT}, \lambda, \lambda, -1, 0) \quad \alpha \in A_{21}$

Der Lesekopf sucht den Beginn des dem Attribut vorangehenden Wortes:

$(\alpha, S_{LIAISDAT}) \longrightarrow (S_{LIAISDEA}$[150]$, \lambda, \lambda, -1, 0) \quad \alpha \in A_1$

$(\alpha, S_{LIAISDEA}) \longrightarrow (S_{LIAISDEP}$[151]$, \lambda, \lambda, 1, 0) \quad \alpha \in A_2$

$(\alpha, S_{LIAISDEP}) \longrightarrow (S_{LIAISDAK}$[152]$, \lambda, \lambda, 1, 0)$

α ist Element der im Anhang extensional definierten Menge der Determinierer. Für alle Ketten β ungleich α wird die Liaisonprüfung abgebrochen:

$(\beta, S_{LIAISDEP}) \longrightarrow (S_{LIAISFIV}, \lambda, \lambda, 1, 0)$

Im Zustand $S_{LIAISKOP}$ wird zunächst der Anlaut des zu liierenden Wortes gesucht. Dann werden Ein- und Ausgabeband gleichzeitig bis zum finalen Konsonanten des Vorworts nach rechts verschoben. Die Maschine schreibt die Ligeme auf das Ausgabeband, verschiebt die Bänder nach links und geht in den Zustand $S_{LOGOGXXY}$ über, um die lexikalischen Prüfungen zu beginnen.

$(\alpha, S_{LIAISKOP}) \longrightarrow (S_{LIAISKOP}, \lambda, \lambda, 1, 0) \quad \alpha \in A_2$

$(\alpha, S_{LIAISKOP}) \longrightarrow (S_{LIAISKPR}$[153]$, \lambda, \lambda, -1, -1) \quad \alpha \in A_1$

$(\alpha, S_{LIAISKPR}) \longrightarrow (S_{LIAISKPR}, \lambda, \lambda, -1, -1) \quad \alpha \in A_2$

Handelt es sich bei dem Ligem um ein n, so wird der vorausgehende Nasal in manchen Fällen denasaliert. Die folgenden Instruktionen berücksichtigen diesen Sachverhalt:

---

148) DAT: Der Determinierer vor dem Attribut wird gesucht.
149) vgl.p.63, Anm. 142.
150) DEA: Determinierer vor einem Attribut.
151) DEP: Determiniererprüfung.
152) vgl.p.63, Anm. 146.
153) KPR: Das Eingabeband wird zum Kopieren nach rechts geschoben.

$(n,S_{LIAISKPR}) \longrightarrow (S_{LIAISKPN}$[154]$,\lambda,\lambda,-1,-1)$

Denasalierte Formen finden sich in Verbindungen wie *le bon ami, un homme, plein air, un certain espoir*. Der dem finalen n vorausgehende Vokal wird untersucht und eventuell denasaliert.

$(on,S_{LIAISKPN}) \longrightarrow (S_{LIAISFSK}$[155]$,\lambda,\text{on}\sqcup,2,3)$

$(un,S_{LIAISKPN}) \longrightarrow (S_{LIAISFSK},\lambda,\text{ön}\sqcup,2,3)$

$(in,S_{LIAISKPN}) \longrightarrow (S_{LIAISFSK},\lambda,\text{ęn}\sqcup,2,3)$

Für die anderen Vokale gilt:

$(\alpha,S_{LIAISKPN}) \longrightarrow (S_{LIAISKPL}$[156]$,\lambda,\lambda,1,1) \quad \alpha \in A_{11} - \{o,i,u\}$

$(n,S_{LIAISKPL}) \longrightarrow (S_{LIAISFSK},\lambda,n\sqcup,1,2)$

Für die anderen Ligeme gilt:

$(p,S_{LIAISKPR}) \longrightarrow (S_{LIAISFSK},\lambda,p\sqcup,1,2)$

$(d,S_{LIAISKPR}) \longrightarrow (S_{LIAISFSK},\lambda,t\sqcup,1,2)$

$(t,S_{LIAISKPR}) \longrightarrow (S_{LIAISFSK},\lambda,t\sqcup,1,2)$

$(s,S_{LIAISKPR}) \longrightarrow (S_{LIAISFSK},\lambda,z\sqcup,1,2)$

$(z,S_{LIAISKPR}) \longrightarrow (S_{LIAISFSK},\lambda,z\sqcup,1,2)$

Das Ligem r senkt vorausgehendes ẹ zu ę:

$(r,S_{LIAISKPR}) \longrightarrow (S_{LIAISKPS}$[157]$,\lambda,\lambda,0,-1)$

$(r,S_{LIAISKPS}) \longrightarrow (S_{LIAISFSK},\lambda,\text{ęr},1,3)$

Die Satzzeichen bis zum folgenden Wort werden kopiert. Die Maschine beginnt dann die lexikalischen Prüfungen:

$(\alpha,S_{LIAISFSK}) \longrightarrow (S_{LIAISFSK},\lambda,\alpha,1,1) \quad \alpha \in A_{21}$

$(\alpha,S_{LIAISFSK}) \longrightarrow (S_{LOGOGXXY},\lambda,\lambda,0,0) \quad \alpha \in A_{1}$

Die Maschine beginnt die Logogrammprüfungen.

4.3.5. Logogramme

Die Logogrammprüfung eines jeden Wortes geht der teilkettensegmentierenden Transkription voraus. Umschreibungsregeln für Logogramme sind implizite Kontextregeln für sehr spezielle Realisierungen von Graphemen. Die Identifikation einer logographischen Relation mit Hilfe einer impliziten Kontextregel erlaubt die korrekte Umschreibung von Wörtern, die die normalen graphonemischen Regeln verletzen. Implizite logographische Umschreibungsregeln sind bleeding rules für segmentierende Transkriptionsregeln. Diesen sind sie wegen ihrer höheren Spezifizität in der Anwendung vorzuziehen.

154) KPN: Kopieren von Nasalen.
155) FSK: Vor dem Ende der Liaisonprüfung werden Satzzeichen kopiert.
156) KPL: Vor dem Kopieren werden die Bänder nach links verschoben.
157) KPS: Senkung des ẹ.

Die Logogramme der ersten Gruppe sind paradigmatisch singulär in Beziehung zu ihren phonemischen Repräsentanten. Sie werden mit einer einzigen Instruktion umschrieben:

$(\alpha, S_{LOGOGXXY}) \longrightarrow (S_{TGENXXY}$[158]$, \lambda, f(\alpha), l(\alpha), l(f(\alpha)))$

Dabei ist α ein Logogramm aus der Menge der extensional definierten Logogramme der ersten Gruppe (s.Anhang), $f(\alpha)$ ist sein phonemisches Gegenstück. $l(\alpha)$ ist die Länge der Kette α; das Eingabeband wird um $l(\alpha)$ Felder verschoben. $l(f(\alpha))$ ist die Länge des phonemischen Gegenstücks von α. Das Ausgabeband wird um diese Länge verschoben.

Findet der Lese-Schreibkopf der Maschine im Zustand $S_{TGENXXY}$ hinter dem gerade umschriebenen Logogramm ein Satzzeichen, so wechselt die Maschine in den Zustand S_{GENXXY} über, um das Satzzeichen zu verarbeiten.

$(\alpha, S_{TGENXXY}) \longrightarrow (S_{GENXXY}, \lambda, \lambda, 0, 0) \quad \alpha \in A_2$

Segmentierende Instruktionen behandeln eventuelle Buchstabenketten.

Bei den Logogrammen der zweiten Gruppe ist Identität mit eingespeicherten Vergleichsketten alleine unzureichend. Mit Vergleichsketten identische Eingabeketten dürfen nicht Anfangsstücke längerer Ketten sein. Identische Ketten der zweiten Gruppe dürfen zusätzlich nur von Satzzeichen oder von Pluralmorphogrammen s oder x plus Satzzeichen gefolgt werden. Diese explizite Zusatzbedingung sichert die paradigmatische Singularität von Logogrammen der zweiten Gruppe.

$(\alpha, S_{LOGOGXXY}) \longrightarrow (S_{LOGOGPR\alpha}$[159]$, \lambda, \lambda, l(\alpha), 0)$

α ist Element der im Anhang extensional definierten Menge der Logogramme der zweiten Gruppe.

$(\beta, S_{LOGOGPR\alpha}) \longrightarrow (S_{GENXXY}, \lambda, f(\alpha), 1, l(f(\alpha)))$

$(\delta\beta, S_{LOGOGPR\alpha}) \longrightarrow (S_{GENXXY}, \lambda, f(\alpha), 1, l(f(\alpha))+1) \quad \beta \in A_2, \delta \in \{s, x\}$

Folgen Buchstaben ungleich s,x, spult die Maschine das Eingabeband zurück und geht in den Zustand $S_{TGENXXY}$ über, um textsegmentierend weiterzuarbeiten:

$(\beta, S_{LOGOGPR\alpha}) \longrightarrow (S_{TGENXXY}, \lambda, \lambda, -l(\alpha), 0) \quad \beta \in A_1$

Die Logogramme der dritten Gruppe unterliegen wie die der zweiten dem Abgeschlossenheitskriterium. Sie sind von prozeßphonologischen Regeln zur Tilgung des Schwa ausgenommen, zeigen aber vor vokalischem Anlaut gleiches Verhalten wie normale, auf Schwa enden-

---

158) TGENXXY ist ein genereller Zustand zur Prüfung terminaler Ketten.s.a.u.p.71.
159) LOGOGPR heißt Logogrammprüfung.α indiziert die zu prüfende Kette.

de Wörter. Wir setzen für dieses Schwa das Zeichen ε.[160]

$(\alpha, S_{LOGOGXXY}) \longrightarrow (S_{LOGOGPR\alpha}, \lambda, \lambda, l(\alpha), 0)$

α ist ein Element der im Anhang extensional definierten Menge der Logogramme der dritten Gruppe.

$(\beta, S_{LOGOGPR\alpha}) \longrightarrow (S_{TGEN\varepsilon XY}, \lambda, f(\alpha), 0, l(f(\alpha))) \quad \beta \in A_2$ [161]

$(s\beta, S_{LOGOGPR\alpha}) \longrightarrow (S_{TGEN\varepsilon XY}, \lambda, f(\alpha), 1, l(f(\alpha))) \quad \beta \in A_2$

Für andere als die aufgezählten Zeichen spult die Maschine das Eingabeband zurück und geht in den Zustand $S_{TGENXXY}$ über:

$(\beta, S_{LOGOGPR\alpha}) \longrightarrow (S_{TGENXXY}, \lambda, \lambda, -l(\alpha), 0) \quad \beta \in A_1$

Die Logogramme der vierten Gruppe sind homographe Formen von Verben und Substantiven mit unterschiedlicher phonemischer Realisation. Es gilt einen Algorithmus zu konstruieren, der in der Lage ist, syntaktische Funktionen zu erkennen. Der Algorithmus ist partiell identisch mit dem zur Differenzierung der Formen auf -ent. Daher benutzen wir einen Teil der Instruktionen zur Berechnung der korrekten graphonemischen Relation der Formen auf -ent auch zur Differenzierung homographer Formen der vierten Gruppe. Hier wird nur das Abgeschlossenheitskriterium überprüft, die syntaktischen Prüfungen im Zustand $S_{T\alpha SYN}$ werden zusammen mit denen der Ketten auf -ent durchgeführt.

$(\alpha, S_{LOGOGXXY}) \longrightarrow (S_{LOGOGPR\alpha}, \lambda, \lambda, l(\alpha), 0)$

α ist Element der im Anhang extensional definierten Menge der Logogramme der vierten Gruppe.

$(\beta, S_{LOGOGPR\alpha}) \longrightarrow (S_{T\alpha SYN}, \lambda, \lambda, -l(\alpha), 0)$

$(\delta\beta, S_{LOGOGPR\alpha}) \longrightarrow (S_{T\alpha SYN}, \lambda, \lambda, -l(\alpha), 0) \quad \delta \in \{s, x\}, \ \beta \in A_2$

Für alle anderen Zeichen wird das Eingabeband zurückgespult:

$(\beta, S_{LOGOPR\alpha}) \longrightarrow (S_{TGENXXY}, \lambda, \lambda, -l(\alpha), 0) \quad \beta \in A_1$

Die Logogramme der fünften Gruppe werden ähnlich wie die der vierten Gruppe zusammen mit Ketten auf -ent behandelt. Hier muß ein syntaktischer Algorithmus zwischen Adjektiven und Verben unterscheiden. Dieser Lösungsweg wird auch in der computativen Realisation beschritten. Auch für die Logogramme der fünften Gruppe gilt das Abgeschlossenheitskriterium. Ein terminales Pluralmorphogramm -s erlaubt die Identifizierung einer Form auf -ent als plurales Adjektiv.

---

160) s. den Abschnitt über die dritte Transformation und u.p. 156.
161) Im Zustand TGENε wird geprüft, ob terminales Schwa ε gesetzt wird.s.a.u. p. 114.

$(\alpha, S_{LOGOGXXY}) \longrightarrow (S_{LOGOGPR\alpha}, \lambda, \lambda, l(\alpha), 0)$

α ist Element der extensional definierten Menge der Logogramme der fünften Gruppe.

$(s\beta, S_{LOGOGPR\alpha}) \longrightarrow (S_{GENXXY}, \lambda, f(\alpha), l(\alpha)+1, l(f(\alpha)))\quad \beta \in A_2$

$(\beta, S_{LOGOGPR\alpha}) \longrightarrow (S_{T\alpha SYN}, \lambda, \lambda, -l(\alpha), 0)\quad \beta \in A_2$

Für andere als die aufgezählten Zeichen wird das Eingabeband zurückgespult:

$(\beta, S_{LOGOGPR\alpha}) \longrightarrow (S_{TGENXXY}, \lambda, \lambda, -l(\alpha), 0)\quad \beta \in A_1$

In der sechsten Gruppe der Logogramme sind Abkürzungen enthalten. Bei ihrer Verarbeitung wird zunächst geprüft, ob die Eingabekette die Bedingungen einer Abkürzung erfüllt.[162] Dann wird geprüft, ob gleiche Zeichen einander folgen. Für gleiche Zeichen gelten spezielle Umschreibungsregeln.

$(\alpha, S_{LOGOGXXY}) \longrightarrow (S_{LOGOABK}$[163]$, \lambda, \lambda, 2, 0)$

α ist ein Element der im Anhang extensional definierten Menge der Logogramme der sechsten Gruppe. Folgt ein weiterer von einem Punkt gefolgter Buchstabe, gilt die Kette als Abkürzung. Anderenfalls geht die Maschine zur textsegmentierenden Verarbeitung über.

$(\alpha, S_{LOGOGABK}) \longrightarrow (S_{LOGOGTRA}$[164]$, \lambda, \lambda, -2, 0)$

α ist Element der extensional definierten Menge der Logogramme der sechsten Gruppe. Für alle β ungleich α wird die Logogrammprüfung abgebrochen:

$(\beta, S_{LOGOGABK}) \longrightarrow (S_{TGENXXY}, \lambda, \lambda, -2, 0)$

Zwei identische Abkürzungszeichen α werden durch *deux* f(α), drei entsprechend durch *trois* f(α), nichtidentische Zeichen werden sequentiell umschrieben.

$(\alpha, S_{LOGOGTRA}) \longrightarrow (S_{LOGOGTRA\alpha}, \lambda, \lambda, 2, 0)$

α ist Element der im Anhang extensional definierten Menge der Logogramme der sechsten Gruppe.

$(\alpha, S_{LOGOGTRA\alpha}) \longrightarrow (S_{LOGOGTRAZ\alpha}$[165]$, \lambda, \lambda, 2, 0)$

α ist Element der im Anhang extensional definierten Menge der Logogramme der sechsten Gruppe. Für nicht identische Zeichen gilt:

$(\beta, S_{LOGOGTRA\alpha}) \longrightarrow (S_{LOGOGTRA}, \lambda, f(\alpha), 0, l(f(\alpha)))$

β ist Element der im Anhang extensional definierten Menge der Logogramme der sechsten Gruppe.

162) s.p.62.
163) LOGOGABK erinnert an Logogrammabkürzung.
164) LOGOGTRA erinnert an Logogrammtranskription.
165) LOGOGTRAZ erinnert an Logogrammtranskription zweier identischer Zeichen.

Die Maschine geht in den Zustand $S_{TGENXXY}$ über, wenn andere Ketten als aus der Menge der Logogramme der sechsten Gruppe folgen:

$(\gamma, S_{LOGOGTRA\alpha}) \longrightarrow (S_{TGENXXY}, \lambda, f(\alpha), 0, l(f(\alpha)))$

Im folgenden wird geprüft, ob mehr als zwei identische Zeichen einander folgen:

$(\alpha, S_{LOGOGTRAZ\alpha}) \longrightarrow (S_{LOGOGTRA}, \lambda, \text{trois } f(\alpha), 0, l(f(\alpha))+5)$

α ist Element der im Anhang extensional definierten Menge der Logogramme der sechsten Gruppe.

$(\beta, S_{LOGOGTRAZ\alpha}) \longrightarrow (S_{LOGOGTRA}, \lambda, \text{deux } f(\alpha), 0, l(f(\alpha))+5)$

β ist Element der im Anhang extensional definierten Menge der Logogramme der sechsten Gruppe. β ist ungleich α.

$(\gamma, S_{LOGOGTRAZ\alpha}) \longrightarrow (S_{TGENXXY}, \lambda, \text{deux } f(\alpha), 0, l(f(\alpha))+5)$

γ ist eine Kette ungleich den Elementen der Menge der sechsten Gruppe der Logogramme. Eine analoge Instruktion gilt für den Zustand $S_{LOGOTRA}$:

$(\gamma, S_{LOGOGTRA}) \longrightarrow (S_{TGENXXY}, \lambda, \lambda, 0, 0)$

γ ist eine Kette ungleich den Elementen der Menge der sechsten Gruppe der Logogramme.

Durch Zerlegung in Einzelzeichen, die von Abkürzungspunkten gefolgt werden, werden Abkürzungsketten sequentiell umschrieben. Auch hier ermöglicht die Zerlegung eine Umschreibung auf niedrigem Artikulationsniveau. Dadurch erhält der Transkriptionsalgorithmus einfache Gestalt und große transformationelle Kraft.

Logogramme der siebten Gruppe enthalten finale Konsonanten, die vor Satztrennungszeichen gesprochen werden. Das Satztrennungszeichen hinter der Untersuchungskette wird gesucht:

$(\beta, S_{LOGOGXXY}) \longrightarrow (S_{LOGOGFKL\beta}$[166]$, \lambda, \lambda, lg(\beta), 0)$

β ist Element der im Anhang extensional definierten Menge der Logogramme der siebten Gruppe. Werden nur Blanks oder Buchstaben gefunden, wird die Prüfung abgebrochen:

$(\alpha, S_{LOGOGFKL\beta}) \longrightarrow (S_{LOGOGENR\beta}$[167]$, \lambda, \lambda, -1, 0) \quad \alpha \in A_1$

$(\alpha, S_{LOGOGFKL\beta}) \longrightarrow (S_{LOGOGFKL\beta}, \lambda, \lambda, 1, 0) \quad \alpha \in A_{21}$

$(\alpha, S_{LOGOGENR\beta}) \longrightarrow (S_{LOGOGENR\beta}, \lambda, \lambda, -1, 0) \quad \alpha \in A_{21}$

$(\alpha, S_{LOGOGENR\beta}) \longrightarrow (S_{TGENXXY}, \lambda, \lambda, -lg(\beta), 0) \quad \alpha \in A_1$

$(\alpha, S_{LOGOGGFK\beta}) \longrightarrow (S_{LOGOGKOP\beta}$[168]$, \lambda, \lambda, -1, 0) \quad \alpha \in A_{22}$

166) FKL: Zur Prüfung finaler Konsonanten wird das Eingabeband nach links gerückt.
167) ENR: Die Prüfung wird beendet. Das Band wird nach links verschoben.
168) KOP: Das Logogramm wird kopiert.

$(\alpha, S_{LOGOGKOP\beta}) \longrightarrow (S_{LOGOGKOP\beta}, \lambda, \lambda, -1, 0) \quad \alpha \in A_{21}$
$(\alpha, S_{LOGOGKOP\beta}) \longrightarrow (S_{TGENXXY}, \lambda, f(\beta), 1, lg(f(\beta))) \quad \alpha \in A_1$

Durch die letzte Instruktion werden Logogramme der siebten Gruppe kopiert.

4.3.6. Buchstabenkettensegmentierende Zuordnungsregeln

4.3.6.1 Vorbemerkungen

Innerhalb der Hierarchie der bleeding rules stehen die terminalen buchstabenkettensegmentierenden Zuordnungsregeln an höherer Stelle als die nicht terminalen. Die nicht terminalen Zuordnungsregeln werden erst abgearbeitet, wenn keine identischen terminalen Ketten gefunden wurden oder wenn die mit den terminalen Vergleichsketten verbundenen Kontextbedingungen nicht zutreffen.

Die Trennung in terminale und nicht terminale Vergleichsketten beruht auf den unterschiedlichen phonemischen Realisierungen identischer Buchstabenketten in Abhängigkeit vom folgenden Kontext. Das - sprachhistorisch zu interpretierende - Verstummen ehemals gesprochener finaler Konsonanten und Konsonantengruppen führt zu besonderen Umschreibungsregeln für terminale Ketten. Beispielsweise wird die Kette er im (graphischen) Wortauslaut meist als ẹ, im Wortinnern meist als ęr realisiert.

Terminale und nicht terminale buchstabenkettensegmentierende Vergleichsketten sind in Gruppen unter gleichen Anfangsbuchstaben vereint. Entsprechend der Anzahl der Buchstaben unterscheiden wir 26 Gruppen. Jede Gruppe ist in Untergruppen mit terminalen und nicht terminalen Ketten unterteilt. Ordnungskriterien der Untergruppen sind die Länge und, bei gleicher Länge, die Frequenz der Ketten.

Wir beschreiben die Instruktionen zur Umschreibung der Buchstabenkettensegmente zunächst allgemein. Zu Beginn der Zuordnung befindet sich die Maschine im Zustand $S_{TGENXXY}$. Eine Konstellation $(\alpha, S_{TGENXXY})$ mit α aus A_1 überführt sie in den Zustand $S_{T\alpha1XXX}$.

$(\alpha, S_{TGENXXY}) \longrightarrow (S_{T\alpha1XXX}$[169]$, \lambda, \lambda, 0, 0)$

α1 ist die längste Kette einer unter gleichem Anfangsbuchstaben vereinten Gruppe von Vergleichsketten.

---

169) Der Zustandsname liest sich wie folgt: T weist auf die Prüfung terminaler Ketten hin. Es folgt der Name der Vergleichskette (hier α1). XXX sind dummy symbols, die bei speziellen Prüfungen ersetzt werden können.

Ist die Kette auf dem Eingabeband mit der Vergleichskette identisch[170], wird geprüft, ob die Eingabekette dem Abgeschlossenheitskriterium terminaler Ketten genügt. Terminale Ketten dürfen nur von Satzzeichen oder den Pluralmorphogrammen -s und -x plus Satzzeichen gefolgt werden. Das Abgeschlossenheitskriterium ist eine explizite Kontextbedingung. Genügt die Eingabekette dieser Bedingung nicht, geht die Maschine in den Folgezustand über.

$(\alpha 1, S_{T\alpha 1XXX}) \longrightarrow (S_{T\alpha 1FIN}$[171]$, \lambda, \lambda, l(\alpha 1), 0)$

$(\alpha, S_{T\alpha 1FIN}) \longrightarrow (S_{GENXXY}, \lambda, f(\alpha 1), 0, l(f(\alpha 1))) \quad \alpha \varepsilon A_2$

$(\beta\gamma, S_{T\alpha 1FIN}) \longrightarrow (S_{GENXXY}, \lambda, f(\alpha 1), 1, l(f(\alpha 1))) \quad \beta \varepsilon \{s,x\}, \alpha \varepsilon A_2$

Für alle Ketten ungleich der gerade in den Instruktionen erwähnten wechselt die Maschine über in den nicht terminalen Vergleichszustand:

$(\beta, S_{T\alpha 1FIN}) \longrightarrow (S_{NT\alpha 1XXX}$[172]$, \lambda, \lambda, -l(\alpha), 0)$

β ist eine Kette ungleich Satzzeichen und ungleich s,x plus Satzzeichen. Ist die Kette auf dem Eingabeband nicht identisch mit der Vergleichskette, wechselt die Maschine ihren Zustand:

$(\beta, S_{T\alpha 1XXX}) \longrightarrow (S_{T\alpha 2XXX}, \lambda, \lambda, 0, 0)$

β ist eine Kette ungleich α1. Auf diese Weise werden alle Zustände zur Prüfung terminaler Ketten durchlaufen, bis eine Konstellation gefunden wird, in der die Maschine die Eingabekette verarbeitet oder bis die Maschine in einen Zustand zur Verarbeitung nicht terminaler Ketten überwechselt. Für diesen Fall schreiben wir in der Annahme, es seien n Zustände definiert, folgende Instruktion:

$(\beta, S_{T\alpha nXXX}) \longrightarrow (S_{NT\alpha 1XXX}, \lambda, \lambda, 0, 0)$

β ist eine Kette ungleich αn. Es werden nun die nichtterminalen Zustände der Maschine zur Prüfung einer Kette α durchlaufen. Das phonemische Pendant einer graphischen Kette wird kopiert, wenn es die expliziten oder impliziten Kontextbedingungen erlauben. Die Maschine geht dann in den Zustand $S_{TGENXXY}$ über:

$(\alpha n, S_{NT\alpha nXXX}) \longrightarrow (S_{TGENXXY}, \lambda, f(\alpha n), l(\alpha n), l(f(\alpha n)))$

Folgt ein Satzzeichen, geht die Maschine nach S_{GENXXY}:

$(\alpha, S_{TGENXXY}) \longrightarrow (S_{GENXXY}, \lambda, \lambda, 0, 0) \quad \alpha \varepsilon A_2$

---

170) Die Vergleichsketten werden als Zustände der Maschine definiert. Identifizierung einer Vergleichskette heißt Übergang von Zustand zu Zustand, bis eine Konstellation die Weiterverarbeitung der Eingabekette erlaubt.

171) FIN (lat. finis) weist auf Prüfungen hinter der gerade identifizierten Kette hin.

172) NT erinnert an nicht terminal. vgl. sonst Anm.169.

Abschließend gilt es, implizite und explizite Kontextbedingungen gegeneinander abzuwägen. Explizite Kontextbedingungen ermöglichen Umschreibungen auf niedrigem Artikulationsniveau. Dadurch kann die Zahl der Vergleichszustände der Maschine verringert werden. Bei der computativen Realisation des Algorithmus ergeben sich daraus Zeit- und Speicherplatzbegrenzungen. Andererseits wird der notationelle Aufwand bei expliziter Formulierung der Zusatzbedingungen größer. Damit wächst auch die Komplexität des Algorithmus' und des Programms. Wir werden die Entscheidung zugunsten der einen oder der anderen Lösung fallweise unter Berücksichtigung aller Faktoren treffen.

Wir haben die Arbeit der Maschine für Fälle ohne besondere Zusatzbedingungen in allgemeiner Form beschrieben. An einem Beispiel erläutern wir die Instruktionenfolge konkret. Von der Kette *les bancs* sei bereits *les b* umschrieben. Der Lese-Schreibkopf befindet sich über der Kette *ancs*. Die Maschine befindet sich im Zustand $S_{TGENXXY}$. Es gelten folgende Instruktionen:

$(a, S_{TGENXXY}) \longrightarrow (S_{TancXXX}{}^{173}, \lambda, \lambda, 0, 0)$

$(anc, S_{TancXXX}) \longrightarrow (S_{TancFIN}, \lambda, \lambda, 3, 0)$

$(s\smile, S_{TancFIN}) \longrightarrow (S_{GENXXY}, \lambda, \tilde{a}, 1, 1)$

Die Kette *ancs* wird in terminaler Position durch /ã/ umschrieben. Die Kette ist mit einer impliziten und einer expliziten Kontextbedingung verbunden. Das Abgeschlossenheitskriterium ist explizit formuliert. Die Anweisung zur Behandlung des terminalen *c*, das im Kontext *an* stumm bleibt (im Gegensatz zu anderen Kontexten wie *bec, sec, adonc*), ist implizit.

Wir gehen nun daran, die Zustände zur Umschreibung der Eingabeketten zu definieren.

4.3.6.2. Ketten der Gruppe a-

Terminale Ketten

Findet der Lese-Schreibkopf der Maschine M_2 im Zustand $S_{TGENXXY}$ ein *a*, wechselt die Maschine in den Zustand $S_{TancXXX}$ über und beginnt, die Vergleichszustände abzuarbeiten:

$(a, S_{TGENXXY}) \longrightarrow (S_{TancXXX}, \lambda, \lambda, 0, 0)$

Die Kette *anc* in terminaler Position wird (mit Hilfe der p.

---

173) s.a.u. Abschnitt 4.3.6.3., Terminale Ketten.

72 beschriebenen Instruktionen) durch /ã/ umschrieben. Die implizite Kontextformulierung bewirkt, daß das terminale *c* stumm bleibt. Diese Umschreibungsregel steht in einer bleeding order zu der Regel, die terminales *c* durch /k/ wiedergibt.

anc ist Teilkette eines Wortes wie *banc*.

Für alle anderen Ketten wechselt die Maschine in den Zustand zum Vergleich nonterminaler Ketten über:

$(\alpha, S_{TancXXX}) \longrightarrow (S_{TaillXXX}, \lambda, \lambda, 0, 0)$

α ist eine mit *a* beginnende Kette ungleich der terminalen Vergleichskette.

Nonterminale Ketten

Die Kette *ail* wird durch /ai̯/ (Beispiel: *ailleurs*) umschrieben. Die Regel (aill,ai̯) ist eine Umschreibung mit einer impliziten Kontextbedingung; die Kette *aill* ist bleeding für Ketten *ail(s)*, *ail*+Vokal. Letztere werden durch /ɛl/ wiedergegeben.

Für die Kette *ail* bestehen zwei graphonemische Relationen, zu /ɛl/ und zu /ai̯/. Zur Berechnung der korrekten graphonemischen Relation müssen Zusatzbedingungen formuliert werden. Folgt der Kette ein Vokal, geht die Maschine in den Folgevergleichszustand über, um *ai* später als /ɛ/ zu umschreiben (Beispiel *aile*). Für alle anderen Zeichen wird *ail* als /ai̯/ wiedergegeben (Beispiel *ails*).

$(ail, S_{NTailXXX}) \longrightarrow (S_{NTailFIN}$[174]$, \lambda, \lambda, 3, 0)$

$(\alpha, S_{NTailFIN}) \longrightarrow (S_{NTainXXX}, \lambda, \lambda, -3, 0) \quad \alpha \in A_{11}$

$(\alpha, S_{NTAILFIN}) \longrightarrow (S_{TGENXXY}, \lambda, ai̯, 0, 2) \quad \alpha \in A_{12} \cup A_2$

Die folgenden Instruktionen betreffen die Transkription der Kette *ain*. Wir schreiben sie in allgemeiner Form, da sie für alle von Nasalbuchstaben gefolgten Vokale Gültigkeit haben. Die Instruktionen sind denen zur Umschreibung der Kette *ail* ziemlich ähnlich. Die Einschränkung betrifft Nasalgemminaten, die dem oder den Vokalen folgen und wie Vokale nach einfachen Nasalen Nichtnasalierung bewirken. Beispiele sind: *an, renaissance, année, donner*.

Allgemein formuliert gelten die Instruktionen:

$(\alpha, S_{NT\alpha XXX}) \longrightarrow (S_{NT\alpha FIN}, \lambda, \lambda, l(\alpha), 0)$

α ist eine Kette der Struktur Vokal- + Nasalbuchstabe.

$(\beta, S_{NT\alpha FIN}) \longrightarrow (S_{NT\alpha 1XXX}, \lambda, \lambda, -l(\alpha), 0) \quad \beta \in A_{11} \cup \{m,n\}$

Für nachfolgende Vokale oder Nasale geht die Maschine in den

---

174) FIN: Prüfung am Ende der Untersuchungskette.

Zustand $S_{NT\alpha 1XXX}$ über. Für alle anderen Zeichen wird der Nasal auf das Ausgabeband geschrieben:

$(\beta, S_{NT\alpha FIN}) \longrightarrow (S_{TGENXXY}, \lambda, f(\alpha), 0, 1(f(\alpha)))$ $\beta \in A_{12} - \{m,n\} \cup A_2$

Treffen die oben in allgemeiner Form gemachten expliziten Kontextbedingungen für *ain* oder *aim* zu, werden diese Ketten durch /ẽ/ umschrieben.

Für die Kette *aur* gibt es mehrere graphonemische Relationen: In vortoniger Stellung wird sie durch /ǫr/, in anderen Positionen durch /ọr/ umschrieben.[175] Formalisiert schreiben wir:

$(aur, S_{NTaurXXX}) \longrightarrow (S_{NTaurFIN}, \lambda, \lambda, 3, 0)$

$(\alpha, S_{NTaurFIN}) \longrightarrow (S_{TGENXXY}, \lambda, ǫr, 0, 2)$ $\alpha \in A_{11}$

$(\alpha, S_{NTaurFIN}) \longrightarrow (S_{NTaîXXX}, \lambda, \lambda, -3, 0)$ $\alpha \in A_{12} \cup A_2$

Folgen keine Vokalbuchstaben, geht die Maschine in den Folgezustand über, um *au* in einer später anzuwendenden Regel, die zu der gerade dargestellten in bleeding Relation steht, durch /ọ/zu umschreiben.

aî wird in /ę/ umschrieben, *il connaît, faîte* sind Beispiele.

aï wird vor Vokal als /ai̯/ (*aïeul*), sonst als /ai/ (*haïr*) realisiert.

Für die Zeichen *an* (*an, chance*) und *am* (*champ*) gelten die üblichen Nasalisationsinstruktionen.

au erhält die Umschrift /ọ/ (*haut, fausse*).

ai wird durch /ę/ (*il sait*)umschrieben.

Für *ay* formulieren wir Zusatzbedingungen. *ay* steht in einer doppelten graphonemischen Relation: *payer* kontrastiert mit *paye* /pęi̯ẹ/ :/pẹ/.[176] Die folgenden Instruktionen berechnen die korrekten graphonemischen Relationen:

$(ay, S_{NTayXXX}) \longrightarrow (S_{NTayFIN}, \lambda, \lambda, 2, 0)$

Folgen keine Vokalbuchstaben, kopiert die Maschine /ę/.

$(\alpha, S_{NTayFIN}) \longrightarrow (S_{TGENXXY}, \lambda, ę, 0, 1)$ $\alpha \in A_{12} \cup A_2$

Gleiches gilt für nachfolgende Ketten *e(s), ent(s), eté(s), erie(s), ement(s)*.

$(\alpha, S_{NTayFIN}) \longrightarrow (S_{GENXXY}, \lambda, ę, 0, 1)$

α ist eine der oben aufgeführten Ketten. Für alle anderen Ketten gilt:

---

175) s.G.Hammarström (1972:34), Beispiel *restaurant*.
176) Ausnahmen wie bayer finden sich bei den Logogrammen.

$(\alpha, S_{NTayFIN}) \longrightarrow (S_{TGENXXY}, \lambda, ẹi̯, O, 2)$

α ist ungleich der oben aufgeführten Ketten. Beipiele sind *payer*, *ayant*.

â wird als /ɑ/ umschrieben (Beispiel: *pâte*).

a erhält die Umschrift /a/.

4.3.6.3. Ketten der Gruppe e-

Terminale Ketten

eraient ist die längste terminale Kette auf -e. Die Maschine wechselt in den Vergleichszustand $S_{TeraientXXX}$ über:

$(e, S_{TGENXXY}) \longrightarrow (S_{TeraientXXX}, \lambda, \lambda, O, O)$

eraient ist Morphogramm der dritten Person Plural Konditional (Beispiel: *ils chercheraient*) Wir haben den Vergleichszustand $S_{TeraientXXX}$ aus zwei Gründen eingeführt:

1) Die graphonemische Relation (eraient,ərẹ) ist eine bleeding Relation für die graphonemischen Relationen (ent,ã) und (ent,ᵊ).

2) Das Morphogramm *eraient* wird als Futur- bzw. Konditionalmorphem gekennzeichnet. Futur- und Konditionalmorpheme unterliegen speziellen prozeßphonologischen Regeln zur Tilgung des e caduc. Spezielle Kennzeichnung führt zur korrekten Applikation von Elisionsregeln. Dazu bedarf es einer Markierung durch einen syntaxorientierten Algorithmus.[177] Die Markierung enthält syntaktische Information für die dritte Transformation.[178]

eterie wird durch /ətri/ transkribiert. Wäre diese Kette nicht in die Menge der Vergleichszustände aufgenommen worden, so würde eine auf kleineren Segmenten basierende Folge von Umschreibungsregeln zu einer Transkription /ətəri/ führen. Die prozeßphonologischen Elisionsregeln der dritten Transformation tilgen in dieser Kette (es handelt sich um den Ausnahmefall zweier sich folgender Schwa) das erste Schwa. Die Oberfläche enthält dann die Kette /təri/. Man erhält aber nur dann eine korrekte Umschreibung, wenn das zweite Schwa schon in der zweiten Transformation getilgt wird. Damit erhält der Input der dritten Transformation die Form, auf der die Elisionsregeln korrekt applizieren. Die Kette *eterie* ist in dem Wort *papeterie* enthalten.

Die terminale Kette *erons* ist ambig. Sie kann Futurmorpho-

---

177) vgl. F. Dell (1973:231 seqq.); s.a. den Abschnitt über die Transformation h.

178) F markiert die Kẹtte, die ein Futur- oder Konditionalmorphem darstellt.

gramm der ersten Person Plural sein und ist dann für die dritte Transformation als Futurmorphem zu kennzeichnen. Sie kann sich aber auch aus einer Kette *eron* und einem Pluralmorphogramm *s* zusammensetzen. Für diese Kette applizieren die Elisionsregeln des Futur- und Konditionalmorphems der dritten Transformation nicht. Beispiel dafür sind *nous forgerons* und *les forgerons*. Zur Unterscheidung von Fällen dieser Art konstruieren wir einen syntaxanalysierenden Algorithmus. Er analysiert die Kette *erons* in Strukturen der Form *nous + VERBerons*, *nous + Pronomen + VERBerons* und *nous + Pronomen + Pronomen + VERBerons* als Futurmorphogramm. In allen anderen Fällen geht die Maschine in den Folgezustand über, um die Kette segmentierend zu umschreiben. Die Pronomina *nous, le, l', lui, leur, y, en* indizieren Verbformen. *les* ist ambig, es ist Artikel oder Pronomen.

Zunächst wird das Abgeschlossenheitskriterium überprüft. Dann wird ein Feldmarkierungszeichen gestzt. Anschließend werden die Wörter vor der Kette, die *erons* als Endstück enthält, überprüft.

$(\text{erons}, S_{\text{TeronsXXX}}) \longrightarrow (S_{\text{TeronsFIN}}, \lambda, \lambda, 5, 0)$

$(\alpha, S_{\text{TeronsXXX}}) \longrightarrow (S_{\text{TeronsFMZ}}$[179]$, \lambda, \lambda, -5, 0) \quad \alpha \in A_2$

Für nachfolgende alphabetische Zeichen geht die Maschine in den Zustand zur Überprüfung nonterminaler Ketten über:

$(\alpha, S_{\text{TeronsXXX}}) \longrightarrow (S_{\text{NTeuillXXX}}, \lambda, \lambda, -5, 0) \quad \alpha \in A_1$

Ein Feldmarkierungszeichen indiziert den Anfang der Kette *erons*:

$(e, S_{\text{TeronsFMZ}}) \longrightarrow (S_{\text{TeronsANF}}$[180]$, \S e, \lambda, -1, 0)$

$(\alpha, S_{\text{TeronsANF}}) \longrightarrow (S_{\text{TeronsANF}}, \lambda, \lambda, -1, 0) \quad \alpha \in A_1$

$(\alpha, S_{\text{TeronsANF}}) \longrightarrow (S_{\text{TeronsANS}}$[181]$, \lambda, \lambda, 0, 0) \quad \alpha \in A_2$

Ein Satztrennungszeichen führt zum Abbruch der Prüfung:

$(\alpha, S_{\text{TeronsANS}}) \longrightarrow (S_{\text{TeronsFIN}}, \lambda, \lambda, 1, 0) \quad \alpha \in A_{22}$

$(\alpha, S_{\text{TeronsFIN}}) \longrightarrow (S_{\text{TeronsFIN}}, \lambda, \lambda, 1, 0) \quad \alpha \in A_1 \cup A_2$

$(\S e, S_{\text{TeronsFIN}}) \longrightarrow (S_{\text{NTeuillXXX}}, e, \lambda, 0, 0)$

In den anderen Fällen wird das Vorwort gesucht:

$(\alpha, S_{\text{TeronsANS}}) \longrightarrow (S_{\text{TeronsANS}}, \lambda, \lambda, -1, 0) \quad \alpha \in A_{21}$

$(\alpha, S_{\text{TeronsANS}}) \longrightarrow (S_{\text{TeronsVWR}}$[182]$, \lambda, \lambda, -1, 0) \quad \alpha \in A_1$

$(\alpha, S_{\text{TeronsVWR}}) \longrightarrow (S_{\text{TeronsVWR}}, \lambda, \lambda, -1, 0) \quad \alpha \in A_1$

---

179) FMZ: Feldmarkierungszeichen.
180) ANF: Suche des Wortanfangs.
181) ANS: Das Satzzeichen am Anfang des Wortes wird gesucht.
182) VWR: Das Vorwort wird gesucht.

$$(\alpha, S_{TeronsVWR}) \longrightarrow (S_{TeronsVPR}{}^{183}, \lambda, \lambda, 1, 0) \quad \alpha \in A_2$$
$$(\alpha, S_{TeronsVPR}) \longrightarrow (S_{TeronsFUT}{}^{184}, \lambda, \lambda, 1, 0)$$

α ist Element der Menge der Pronomen *nous, le, la, l', lui, leur, y, en*. *erons* ist als Futurmorphogramm identifiziert. Der Lese-Schreibkopf der Maschine kehrt zum Beginn der Kette zurück, tilgt das Feldmarkierungszeichen und umschreibt die Kette:

$$(\alpha, S_{TeronsFUT}) \longrightarrow (S_{TeronsFUT}, \lambda, \lambda, 1, 0) \quad \alpha \in A_1 \cup A_2$$
$$(\S e, S_{TeronsFUT}) \longrightarrow (S_{TGENXXY}, e, \text{ərõF}, 5, 2)$$

Für alle Ketten ungleich der Pronomina wird das davorstehende Wort untersucht:

$$(\alpha, S_{TeronsVPR}) \longrightarrow (S_{TeronsVSA}{}^{185}, \lambda, \lambda, -1, 0)$$

α ist ungleich der oben aufgeführten Pronomina.

$$(\alpha, S_{TeronsVSA}) \longrightarrow (S_{TeronsFIN}, \lambda, \lambda, 1, 0) \quad \alpha \in A_{21}$$

Die Prüfung wird bei Satztrennungszeichen abgebrochen.

$$(\alpha, S_{TeronsVSA}) \longrightarrow (S_{TeronsVSA}, \lambda, \lambda, -1, 0) \quad \alpha \in A_{21}$$
$$(\alpha, S_{TeronsVSA}) \longrightarrow (S_{TeronsVVO}{}^{186}, \lambda, \lambda, -1, 0) \quad \alpha \in A_1$$
$$(\alpha, S_{TeronsVVO}) \longrightarrow (S_{TeronsVVO}, \lambda, \lambda, -1, 0) \quad \alpha \in A_1$$
$$(\alpha, S_{TeronsVVO}) \longrightarrow (S_{TeronsVVP}{}^{187}, \lambda, \lambda, 1, 0) \quad \alpha \in A_1$$
$$(\text{nous}, S_{TeronsVVP}) \longrightarrow (S_{TeronsFUT}, \lambda, \lambda, 1, 0)$$

Für alle anderen Ketten wird das dritte Wort vor der Kette mit dem Endstück erons untersucht.

$$(\alpha, S_{TeronsVVP}) \longrightarrow (S_{TeronsVVS}{}^{188}, \lambda, \lambda, -1, 0)$$

α ist ungleich *nous*. Für Satztrennungszeichen wird die Prüfung abgebrochen:

$$(\alpha, S_{TeronsVVS}) \longrightarrow (S_{TeronsFIN}, \lambda, \lambda, 1, 0) \quad \alpha \in A_{22}$$
$$(\alpha, S_{TeronsVVS}) \longrightarrow (S_{TeronsVVS}, \lambda, \lambda, -1, 0) \quad \alpha \in A_{21}$$

Ist das drittletzte Wort erreicht, wird geprüft, ob es sich um *nous* handelt:

$$(\alpha, S_{TeronsVVS}) \longrightarrow (S_{TeronsVVV}{}^{189}, \lambda, \lambda, -4, 0) \quad \alpha \in A_1$$
$$(\alpha\text{nous}, S_{TeronsVVV}) \longrightarrow (S_{TeronsFUT}, \lambda, \lambda, 1, 0) \quad \alpha \in A_2$$

Für alle anderen Ketten wird die Prüfung abgebrochen:

$$(\alpha, S_{TeronsVVV}) \longrightarrow (S_{TeronsFIN}, \lambda, \lambda, 1, 0)$$

183) VPR: Vorwortprüfung.
184) FUT: Die Kette ist als Futurmorphogramm identifiziert worden.
185) VSA: Das Satzzeichen vor dem Vorwort wird untersucht.
186) VVO: Das Vorvorwort wird untersucht.
187) VVP: Das Vorvorwort wird geprüft.
188) VVS: Prüfung des Satzzeichens vor dem Vorvorwort.
189) VVV: Prüfung des Wortes vor dem Vorvorwort.

α ist ungleich der Kette der Satzzeichen+*nous*.

Die dargestellten Instruktionsfolgen erlauben die korrekte Identifizierung funktional differenzierter homographer terminaler Ketten. Tauschen wir in den Subskriptnamen *erons* gegen *tions* aus, so erhalten wir einen Algorithmus zur korrekten Transkription der Terminalkette *tions* . Auch *tions* ist ambig, wie die Beispiele *les éditions, nous éditions* zeigen.[190]

Die Futurmorphogramme *eront, erai* und *erez* werden den Ausgabeketten /ərõF/, /əreF/ und /əreF/ zugeordnet. Auch *era* ist Futurmorphogramm. Es repräsentiert die terminalen Ketten *eras* (2.Pers. Sg.Fut., das Abgeschlossenheitskriterium erlaubt die Verlängerung einer Kette mit dem Pluralmorphogramm *s*) und *era* (3.Pers.Sg.Fut.) und wird durch /əraF/ umschrieben.

Eines der schwierigsten Probleme dieser Arbeit ist die Umschreibung der ambigen terminalen Kette *ent*. Um dieser Kette die korrekte phonemische Form zuzuweisen, müssen Algorithmen zur Differenzierung der syntaktischen Funktion des Wortes, in dem die Kette auftritt, erstellt werden. Die syntaktische Funktion zeigt die phonemische Realisierung von *ent* an.

Die funktionale Bestimmung der Wörter auf *ent* weist partiell Übereinstimmungen mit der der Logogramme der vierten und fünften Gruppe auf. Daher wird der Algorithmus auch syntaxfunktionale Differenzierungen für Logogramme dieser Gruppe durchführen.

Die terminale Kette *ent* tritt in französischen Texten in mannigfachen Formen auf. *ent* ist Morphogramm der dritten Person Plural Präsens, Imperfekt und Konditional (und zusammengesetzter Zeiten). Das Morphogramm der dritten Person Plural mit den phonemischen Realisierungen /ə/ oder /∅/ ist von den anderen Ketten *ent* zu trennen. Die Vielfalt der Erscheinungsformen erschwert die Klassifizierung. Die übrigen Ketten *ent* sind negativ von den Morphogrammen abzusetzen . *ent* in den Formen der dritten Person Singular Präsens der Verben *venir, tenir, mentir, sentir* und Derivationen ist eine zum Verb gehörige Form mit der Umschreibung /ã/. *convient* ist eine ambige Kette. Sie kann von *convenir* oder von *convier* deriviert werden.

Auch Adjektive enden auf *ent*. Beispiele dafür sind *prudent, content* (in Opposition zu *ils content*),*intelligent* etc. Ein

190)s.u.p. 125.

Wort mit einer terminalen Kette *ent* wird distributionell als Adjektiv ermittelt. Adjektive werden attributiv oder prädikativ verwendet. Prädikative Verwendung setzt eine Kopula voraus, attributive Verwendung die Stellung innerhalb einer Nominalphrase. Attributive Adjektive werden prä- oder postponiert. Hinweise auf die syntaxfunktionale Eingliederung eines Wortes auf *ent* geben auch modifizierende Adverbien wie *très, bien, assez*, etc., die ihr Bezugswort als Adjektiv oder Adverb identifizieren.

Auch Adverbien enden sehr häufig auf *ent*. Hier erlaubt jedoch der Wortkontext die syntaktische Identifikation, da *ent* Endstück einer Kette *ement, amment, emment* ist. Analog können Substantive auf *ement* (*changement, évènement*) identifiziert werden. Substantive wie *président, moment, paravent* können jedoch nur in syntaktischen Tests ermittelt werden, da wortkontextuelle Prüfungen versagen.

Einer kleinen Gruppe einsilbiger Wörter (*vent, dent*) wird die Lautung /ã/ zugeordnet.

Wir behandeln die beiden Adverbien *comment* und *souvent* bei den Logogrammen, da es zu aufwendig ist, für diese Wörter einen eigenen Logarithmus zu erstellen.

Die Erstellung der richtigen graphonemischen Relation für die terminale Kette *ent* wird mit Hilfe eines syntaktischen Analyseverfahrens durchgeführt. Andere Lösungsstrategien scheiden aus. Präkodierung lehnen wir prinzipiell ab. Sie würde das Konzept der automatischen Transkription verwässern. Es macht den Reiz der gestellten Aufgabe aus, auch für diffizile Probleme algorithmische Lösungswege zu beschreiten.

Auch ist eine Speicherung aller Formen, die auf /ã/ oder /ə/ oder /Ø/ auslauten, unbefriedigend. Die abgespeicherten Formen entwickeln bei der computativen Realisierung einen sehr großen Speicherplatzbedarf. Darüberhinaus können homographe Formen wie *ils content, il est content, le président, ils président, ils convient, il convient* nicht unterschieden werden.

Vom linguistischen Standpunkt aus vermitteln listenorientierte Lösungsversuche wenig Erkenntnis. Die Wahl zwischen Listenverarbeitung oder Regelsammlung zur Lösung linguistischer Probleme berührt eine prinzipielle Frage linguistischer Algorithmierung: Entweder wird eine Speicherkapazität stark belastet (z.B. das Lexikon oder bei computerorientierter Arbeit der Kernspeicher oder periphere Medien) oder die Regelsammlung sehr erweitert (z.B. die Regeln einer expliziten Grammatik oder das Programm in der Datenverarbeitung). Regelsammlungen sind meist von größerer explikatorischer Kraft als überdimensionierte Lexika, deren Regularitäten unerforscht bleiben.

Unser Lösungsansatz ist regelorientiert. Wir analysieren syntaktische Strukturen mit Hilfe kontextueller Kriterien. Nur in Einzelfällen greifen wir auf speicherungsorientierte Lösungsstrategien zurück.

Das Organigramm zeigt den Entscheidungsmechanismus zur Transkription der Kette *ent*:

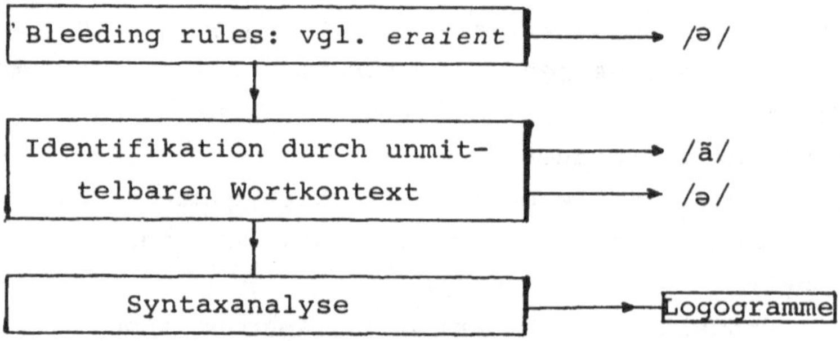

Beipiel für ein bleeding rule, das die Applikation explizit kontextprüfender Umschreibungsregeln überflüssig macht, ist die graphonemische Relation (eraient,ərȩF). Die Kette *ent* wird hier implizit als Morphogramm der dritten Person Plural eines Konditionalmorphogramms identifiziert.

Da Morphogramme der dritten Person Plural invariabel sind, indiziert ein *s* eine durch /ã/ zu umschreibende plurale Form eines Adjektivs oder Substantivs. Weitere Beispiele für die Identifikation der korrekten graphonemischen Relation mit Hilfe des unmittelbaren Wortkontexts sind einsilbige Wörter wie *il sent, le vent, la dent* etc. Geht einer Kette *ent* zur Wortgrenze kein Vokal mehr voran, so wird sie durch /ã/ umschrieben.

Applizieren bleeding rules und wortkontextsensitive Regeln nicht - und dies ist bei der Mehrzahl der ambigen graphonemischen Relationen der Fall - werden syntaktische Instruktionenfolgen abgearbeitet. Die Analyse wird mit Hilfe geschlossener Morphem- oder morphemartiger Klassen durchgeführt. Die endliche Menge der Morpheme ermöglicht die Bestimmung unendlich vieler syntaktischer

Strukturen. Die Analyse bildet Eingabeketten mit *ent* auf eine verbale Struktur mit der Umschreibung /ə/ oder auf eine Struktur mit der Umschreibung /ã/ ab. Da die Bestimmung der Kette *ent* als zu einem Verbalmorphogramm gehörend oder nicht gehörend alleine zu unsicher ist, zielt die syntaktische Analyse auch darauf, Wortklassen wie Adjektiv oder Substantiv zu erkennen.

Zuerst wenden wir uns wortkontextsensitiven Umschreibungsregeln zu. Folgt der Kette *ent* ein Pluralmorphogramm *s*, so ist sie Teilkette eines pluralen Substantivs oder Adjektivs. Nicht nur der nachfolgende, sondern auch der vorangehende Kontext gibt Hinweise auf die Funktion der Kette *ent*. *ent* in einem einsilbigen Wort wird durch /ã/ umschrieben. Einsilbigkeit heißt, daß dem Vokal der Untersuchungskette kein anderer Vokal vorausgeht. Diese Regel gilt auch für Wörter der Kette *ient* , die keine anderen Vokale als *ie* enthalten. Beispiele sind *client, vient, tient. ils chient, ils lient, ils nient, ils scient* jedoch sind von dieser Regel ausgenommen und werden als Logogramme behandelt.

Die Distribution offener und geschlossener Vokale vor der terminalen Kette *ent* gibt Hinweise auf deren Realisierung. /ẹ/ in offener Silbe vor einer terminalen Kette Konsonsonant + *ent* markiert immer eine folgende endungsbetonte Kette. Eine endungsbetonte Kette *ent* wird immer als /ã/ realisiert. Im Französischen wird die Geschlossenheit des vortonigen /ẹ/ u.a. durch den accent aigu markiert (*par conséquent, différent*).

Ein accent grave markiert offenes /ę/. Vor einer Kette Konsonant + *ent* steht /ę/ in haupttoniger Position. Die folgende Kette *ent* in nachtoniger Stellung kann nur als /ə/ umschrieben werden. Beispiele sind *ils soulèvent, ils possèdent.*

Neben den Akzenten werden zur Markierung vokalischer Qualität auch Doppelkonsonantenlettern verwendet. Diese Markierung spiegelt einen archaischen Sprachzustand orthographisch wider. Im Lateinischen folgt ein Langkonsonant häufig einem Kurzvokal. Vokalische und konsonantische Länge unterliegen dem Quantitätenkollaps. Das Merkmal Kürze des Vokals wandelt sich bei Vokalen mit zwei Qualitätsstufen (/e/,/o/) in Offenheit. Der Artikulationsort von Vokalen mit einer Qualität wird gesenkt (Beispiel: /i/). Während die heutige französische Orthographie die vokalischen Quanti- und Qualitätsveränderungen beachtet, spiegelt sie die klassisch lateinischen konsonantischen Qualitäten noch wider. Somit können Doppelkonsonanten zur Markierung lateinischer Vokalkürze noch heute zur Markierung offener Vokalqualität herangezogen werden. Offene Qualität vor einer Kette Konsonant + *ent* kennzeichnet diese Kette wiederum als nachtoniges Morphogramm der dritten Person Plural.[191]

Freilich gilt diese Regularität nur eingeschränkt. Für *rr* und *ss* sind *le torrent* und *il ressent* Gegenbeispiele. Für *ils mettent, ils appellent* trifft die Regel aber zu.

Im Hinblick auf die zum Altfranzösischen erfolgten Diphthongierungen gibt der der terminalen Kette *ent* unmittelbar vorausgehende Kontext Hinweise zur Funktion und somit zur Aussprache. Wir haben bereits darauf verwiesen, daß Nichtakzentuierung der terminalen Kette *ent* Akzentuierung des vorausgehenden Vokals bedingt. In der Entwicklung zum Altfranzösischen werden die vulgärlateinischen akzentuierten Vokale /a/, /ọ/, /ǫ/,/ẹ/, /ę/ in offener Silbe diphthongiert. /a/ entwickelt sich zu protoromanischem /ái/, das schon in altfranzösischer Zeit zu /ę/ vereinfacht wird. Vor Nasal bleibt es jedoch erhalten. /ǫ/ geht in den Diphthong /uó/, /ué/ über, der sich im 13. Jahrhundert in Paris zu /ǫ̈/ vereinfacht. /ọ/ entwickelt sich über /óu/ ebenfalls zu /ǫ̈/. /ę/ entwickelt sich zu /ié/, /ẹ/ über /éi/ und /ói/ zu /u̯é/ und /u̯á/.[192] Die Orthographie bewahrt Zwischenstufen der phonologischen Entwicklung. /ę/ wird als *ai* oder *è* , /ö/ als *eu* , /u̯á/ als *oi* wiedergegeben.

Prozeßphonologische Regeln fassen diese Entwicklungen auch synchron.[193] Geht der Kette *ent* ein Vokalgraphem voraus, das einen altfranzösischen Diphthong wiedergibt, so ist es betont. Ihm kann nur ein nachtoniger Vokal folgen. Die Kette *ent* wird dann als Schwa realisiert.

Freilich führen durch Paradigmenzwang bedingte Regelverluste dazu, auch nichtakzentuierte Formen zu entwickeln, wie *aimer* zeigt, das endungsbetont ist. Bei der Verarbeitung der Kette *ent* bleiben diese Regelverletzungen jedoch unbeachtet, da es kaum Fälle gibt, in denen (historische) graphische Diphthonge vor endbetontem *ent* stehen.[194]

---

191) vgl. Weinrich (1969:175 seqq.).

192) vgl. Brunot, Bruneau (1961:86-89), Weinrich (1969:175-226), Rothe (1972: 132-143), Klausenburger (1974:20 seqq.).

193) s. Schane (1968:20 seqq.).

194) vgl. Juilland (1965:11-46).

Kontextabhängige Regeln identifizieren die Kette *ent* als nicht morphogrammatisch, wenn ihr Ketten der Form *amm, emm* und Präfixe *re, pre* + (Konsonant) + Konsonant (*prudemment, constamment, il ressent, il pressent*) vorausgehen. Hinzu kommt noch die Kette *em*, die Teilkette von *ement* ist und in deverbalen Substantiven und in Adverbien vorkommt (*changement, vêtement, doucement, rapidement*).

Wird eine Kette *emment* identifiziert, so führt diese zu einer Korrektur des durch nonterminale Umschreibungsregeln hervorgerufenen Fehlers bei der Umschreibung des *e* als /ẹ/. Die korrekte Umschreibung der Kette *emment* lautet /amã/.

Der anschaulichen Darstellung wortkontextsensitiver Umschreibungsregeln folgt nun die formale Beschreibung. Trifft das absolute Abgeschlossenheitskriterium nicht zu, wechselt die Maschine in den nicht terminalen Zustand über. Da für die terminale Kette *ient* partiell analoge Instruktionen gelten, greifen wir hier den *i*-terminalen Umschreibungsregeln vor und behandeln *ient* zusammen mit *ent*.

$(\text{(i)ent}, S_{T(i)entXXX}) \longrightarrow (S_{T(i)entFIN}, \lambda, \lambda, 3(4), 0)$

$(\alpha, S_{T(i)entFIN}) \longrightarrow (S_{T(i)entESP}$[195]$, \lambda, \lambda, -3(-4), 0) \quad \alpha \in A_2$

$(\alpha, S_{TentFIN}) \longrightarrow (S_{NTeuillXXX}, \lambda, \lambda, -3, 0) \quad \alpha \in A_1$

$(\alpha, S_{TientFIN}) \longrightarrow (S_{TientKOP}$[196]$, \lambda, \lambda, -4, 0) \quad \alpha \in A_1$

Die Maschine setzt ein Feldmarkierungszeichen und prüft die Einsilbigkeit der Ketten *ent* und *ient*.

$(\text{(i)ent}, S_{T(i)entESP}) \longrightarrow (S_{T(i)entESP}, \S e(\S i), \lambda, -1-0)$

$(\alpha, S_{T(i)entESP}) \longrightarrow (S_{T(i)entESP}, \lambda, \lambda, -1, 0) \quad \alpha \in A_{12}$

Wird ein Vokal gefunden, geht der Lese-Schreibkopf der Maschine zurück zum Feldmarkierungszeichen. Die Prüfung der nächsten wortkontextsensitiven Regel folgt:

$(\alpha, S_{T(i)entESP}) \longrightarrow (S_{T(i)entESE}$[197]$, \lambda, \lambda, 1, 0) \quad \alpha \in A_{11}$

$(\alpha, S_{T(i)entESE}) \longrightarrow (S_{T(i)entESE}, \lambda, \lambda, 1, 0) \quad \alpha \in A_1$

$(\S e, S_{TentESE}) \longrightarrow (S_{TentVQU}$[198]$, \lambda, \lambda, -2, 0)$

$(\S i, S_{TientESE}) \longrightarrow (S_{ientPRF}$[199]$, \lambda, \lambda, -3, 0)$

Wird ein Satzzeichen gefunden, ist eine nicht morphogrammatische Form identifiziert worden. Die Maschine kopiert einen Nasal.

---

195) ESP: Einsilblerprüfung. Analoge Instruktionen sind durch fakultative Klammern gekennzeichnet.

196) KOP: Vorbereitung der Kopie der Kette *ient*.

197) ESE: Einsilblerprüfung.

198) VQU: Prüfung der Vokalqualität.

199) PRF: Prüfung der Präfixe.

$(\alpha, S_{T(i)entESP}) \longrightarrow (S_{T(i)entNMF}{}^{200}, \lambda, \lambda, 1, 0) \quad \alpha \in A_2$

$(\alpha, S_{T(i)entNMF}) \longrightarrow (S_{T(i)entNMF}, \lambda, \lambda, 1, 0) \quad \alpha \in A_1 \cup A_2$

$(\S e, S_{TentNMF}) \longrightarrow (S_{NTeuillXXX}, e, \lambda, 0, 0)$

$(\S i, S_{TientNMF}) \longrightarrow (S_{TientKOP}, i, \lambda, 0, 0)$

é identifiziert eine nicht morphogrammatische Form. Das akzentuierte *é* steht zwei oder drei Felder vor Beginn der Kette *ent* (*différent, conséquent*).

$(é, S_{TentVQU}) \longrightarrow (S_{TentNMF}, \lambda, \lambda, 2, 0)$

$(\alpha, S_{TentVQU}) \longrightarrow (S_{TentVQP}{}^{201}, \lambda, \lambda, -1, 0) \quad \alpha \in A_1 - \{é\}$

$(é, S_{TentVOP}) \longrightarrow (S_{TentNMF}, \lambda, \lambda, 3, 0)$

Für alle anderen Zeichen wird das Eingabeband um ein Feld nach links verschoben:

$(\alpha, S_{TentVQP}) \longrightarrow (S_{TentVKA}{}^{202}, \lambda, \lambda, 1, 0) \quad \alpha \in A_1 - \{é\}$

Diphthonge, Doppelkonsonanten, *è* oder *ê* indizieren morphogrammatische Formen (*ils avaient, ils voient, ils viennent, ils appellent, ils cherchèrent*).

$(\alpha, S_{TentVKA}) \longrightarrow (S_{TentMFG}{}^{203}, \lambda, \lambda, 2, 0)$

α ist Element der im Anhang extensional definierten Menge morphogrammindizierender Buchstabenverbindungen. Das Eingabeband wird bis zur Kette *ent* vorgeschoben:

$(\beta, S_{TentMFG}) \longrightarrow (S_{TentMFG}, \lambda, \lambda, 1, 0) \quad \beta \in A_1 \cup A_2$

$(\S e, S_{TentMFG}) \longrightarrow (S_{TeFIN}{}^{204}, \lambda, \lambda, 0, 0)$

Für Ketten ungleich α gelten folgende Instruktionen:

$(em, S_{TentVKA}) \longrightarrow (S_{TentNMF}, \lambda, \lambda, 2, 0)$

ement (autrement) indiziert nicht verbale Formen. *a* oder *e* vor *mm* weisen auf adverbiale Formen (*constamment, prudemment*).

$(mm, S_{TentVKA}) \longrightarrow (S_{TentADV}{}^{205}, \lambda, \lambda, -1, -2)$

$(\alpha, S_{TentADV}) \longrightarrow (S_{GENXXY}, \alpha mment, am\tilde{a}, 6, 3) \quad \alpha \in \{e, a\}$

$(\beta, S_{TentADV}) \longrightarrow (S_{entPRF}, \lambda, \lambda, 0, 2) \quad \beta \in A_1 - \{e, a\}$

Für Ketten ungleich *em* oder *mm* wird das Eingabeband um ein Feld nach rechts verschoben, um Diphthonge, *è* oder *ê* zu suchen:

$(\gamma, S_{TentVKA}) \longrightarrow (S_{TentDIP}{}^{206}, \lambda, \lambda, -1, 0) \quad \gamma \notin \{m, n\}$

200) NMF: Nach Identifizierung einer Kette geht die Maschine in diesen Zustand, um die nicht morphogrammatische Form zu kopieren.

201) VQP: Vokalqualitätenprüfung.

202) VKA: Vokalakzentuierung.

203) MFG: Morphogrammatische Form.

204) s.u.p.116.

205) ADV: Adverbialform.

206) DIP: Diphthongprüfung.

$(\alpha, S_{TentDIP}) \longrightarrow (S_{TentMFG}, \lambda, \lambda, 3, 0)$

α ist im Anhang extensional definiert. Beispiele sind *ils meurent, ils boivent*. Für alle Ketten ungleich α gilt:

$(\beta, S_{TentDIP}) \longrightarrow (S_{TentPRF}, \lambda, \lambda, 0, 0)$

Es wird geprüft, ob die der terminalen Kette vorausgehende Buchstabenfolge die Bedingungen einer Präfixkette erfüllt. Die Struktur der zu prüfenden Kette ist: Satzzeichen + Präfix (+Konsonant) + Konsonant. Wir gehen von Präfixen der Länge zwei und drei aus.

$(\alpha, S_{T(i)entPRF}) \longrightarrow (S_{T(i)entPZE}$[207]$, \lambda, \lambda, -1, 0)$ $\alpha \in A_1 \cup A_2$

$(\alpha\beta, S_{T(i)entPZE}) \longrightarrow (S_{T(i)entNMF}, \lambda, \lambda, 1, 0)$

$\alpha \in A_2$, β ist Element der im Anhang extensional definierten Menge der Präfixe der Länge 2.

$(\gamma, S_{T(i)entPZE}) \longrightarrow (S_{T(i)entPZD}$[208]$, \lambda, \lambda, -1, 0)$

γ ist ungleich αβ.

$(\alpha\beta, S_{T(i)entPZD}) \longrightarrow (S_{T(i)entNMF}, \lambda, \lambda, 1, 0)$

$\alpha \in A_2$, β ist Element der im Anhang extensional definierten Menge der Präfixe der Länge zwei oder der Menge der Präfixe der Länge drei.

$(\alpha, S_{T(i)entPZD}) \longrightarrow (S_{T(i)entPDD}$[209]$, \lambda, \lambda, 0, 0)$

γ ist ungleich αβ.

$(\alpha\beta, S_{T(i)entPDD}) \longrightarrow (S_{T(i)entNMF}, \lambda, \lambda, 1, 0)$

$\alpha \in A_2$, β ist Element der im Anhang extensional definierten Menge der Präfixe der Länge drei.

$(\gamma, S_{T(i)entPDD}) \longrightarrow (S_{T(i)entSYN}$[210]$, \lambda, \lambda, 4(6), 0)$

γ ist ungleich αβ.

Die wortkontextsensitiven Umschreibungsregeln errechnen für einen Teil der Wörter auf *ent* und *ient* die korrekte graphonemische Relation. Wortkontextsensitive Umschreibungsregeln sind bleeding für syntaxanalysierende Umschreibungsregeln. Die syntaxanalysierenden Umschreibungsregeln applizieren, wenn die Bedingungen der Transkription für die wortkontextsensitiven Regeln nicht erfüllt werden. In diesem Fall kommt den syntaxanalysierenden Regeln entscheidende Bedeutung zu. Sie werden im nächsten Abschnitt dargestellt.

207) PZE: Präfix der Länge zwei vor *ent*.
208) PZD: Präfix der Länge zwei oder drei.
209) PDD: Präfix der Länge drei.
210) SYN: Übergang zur Syntaxprüfung.

Der Syntaxanalysealgorithmus weist graphischen Eingabeketten eine syntaktische Struktur zu. Mit Hilfe der syntaktischen Struktur werden homographe Ketten syntaxfunktional bestimmt. Die Syntaxanalyse zielt auf die automatische Erkennung von syntaktischen Kategorien wie Nomen, Verb und Adjektiv. Verbformen werden in plurale und singulare Formen subklassifiziert. Hilfsmittel der syntaktischen Analyse sind geschlossene Morphem- und morphemartige Klassen. Die syntaktische Distribution der Elemente dieser Klassen gibt Hinweise auf die syntaktische Funktion vorausgehender oder nachfolgender Wörter. Aus der syntaktischen Funktion ergibt sich die grammatische Kategorisierung. Sie determiniert die Zuordnung homographer Formen zu einer der möglichen phonemischen Repräsentationen.

In dem Beispielsatz *les poules les couvent* erlaubt *les* die Klassifizierung von *couvent* als Verb. Der fehlende accord verhindert eine Klassifizierung von *les* als Determinierer zu einem Nomen *couvent*. In dieser Distribution kann *les* nur ein direktes plurales Objekt pronominalisieren. Dem Objektspronomen folgt im Französischen unmittelbar ein Verb oder ein weiteres Pronomen. *couvent* ist damit als plurale Verbform identifiziert.

Andere Formen weisen ambige Ketten eindeutig als Substantive oder Adjektive in Nominalphrasen aus. Dazu gehören Demonstrativ-, Possessiv-, Definit- und Indefinitartikel, Präpositionen etc. *un* klassifiziert beispielsweise *moment* in dem Satz *un moment plus tard* als Substantiv, dessen terminale Kette *ent* durch /ã/ zu transkribieren ist.

Die Syntaxanalyse beginnt mit einfach zu analysierenden Fällen. Die hier zu formulierenden Umschreibungsregeln sind bleeding rules für die komplexeren. Applizieren die einfachen Regeln nicht, werden die Eingabeketten durch die komplexen strukturiert. Der Analysealgorithmus selektiert die Eingabeketten nach dem Grad ihrer Komplexität. Der Analysealgorithmus bearbeitet nicht nur Ketten auf *ent* und *ient*, sondern auch Logogramme der vierten und fünften Gruppe. Im folgenden werden die Schritte des Analysealgorithmus anschaulich beschrieben.

Der Analysealgorithmus zielt darauf ab, eine Unterscheidung zwischen Verb und Nicht-Verb zu treffen. Nicht-Verben sind Substantive und Adjektive. Substantive mit ambiger graphischer Darstellung sind meist maskulin. Folglich verlangen sie singulare maskuline Determinierer. Plurale, durch das Pluralmorphogramm *s* ausgezeichnete Formen werden bereits durch das bleeding rule des Abgeschlossenheitskriteriums umschrieben.

Treten nach Ketten mit doppelter grammatischer Funktion wie *la* oder *les* - sie sind Artikel oder Pronomen - ambige Ketten auf, so sind sie, wie der fehlende accord zu den vorausgehenden Ketten zeigt, verbale Formen. Die vorausgehenden Ketten sind Pronomen. Beipiel ist *Pierre et Paul les content*.

Nach Determinierern wie *un, ce, cet, son, ton* etc. können nur Substantive oder Adjektive stehen. Mit Hilfe dieser Determinierer kann die korrekte graphonemische Relation berechnet werden. Beispiele sind *ce président, son but* (*but* gehört zur vierten Gruppe der Logogramme). Auch Präpositionen werden bei Determinierern eingeordnet.

Schwierigkeiten bereiten *le, leur* und *en*. *le* und *leur* sind Determinierer oder Pronomen. *en* ist Pronomen oder Präposition. Diese Formen können also vor Substantiven, Adjektiven und Verben stehen und erlauben somit die Determinierung ambiger Ketten nicht. Allerdings kennzeichnet eine Präposition vor *le* und *leur* diese beiden Wörter als Determinierer in einer Präpositionalphrase und ihre Bezugswörter als Substantive oder Adjektive. Wird vor *le* oder *leur* keine Präposition gefunden, wird die Analyse unten mit verfeinerten Mitteln fortgesetzt. Dies gilt immer für *en*.

Stimmt das dem Untersuchungswort vorausgehende Wort mit keiner der zum Vergleich herangezogenen Morphemformen überein, wird geprüft, ob das Untersuchungswort Adjektiv ist. Adjektive sind attributiv und prädikativ verwendbar. Attribute wie *assez, bien, fort, très* modifizieren sie. Vorausgehende Attribute klassifizieren eine ambige Form als Adjektiv. Ihr wird eine nicht verbale Form zugeordnet. Beispiele sind *il est assez content, Pierre est très fier* (*fier* ist Logogramm der fünften Gruppe).

Geht dem Untersuchungswort eine Form von *être* voraus, so ist es als prädikativ verwendetes Adjektiv oder als Substantiv identifiziert. Beispiele sind die Sätze *Giscard est président, Dieu est omnipotent*.

Die Adjektivprüfung für nicht modifizierte und nicht prädikative Adjektive ist schwierig durchzuführen; sie wird unten bei der Analyse komplexer Nominalphrasen wieder aufgenommen.

Bei der grammatischen Analyse spielen präponierte Adjektive eine ähnliche Rolle wie Determinierer. Sie indizieren Nominalphrasen. Steht ein präponiertes Adjektiv vor einem Untersuchungswort, so erhält dieses eine nicht verbale Umschrift. Präponierte Adjektive markieren substantivische Formen. Beispiel ist *le grand président*. Freilich muß die Regel verfeinert werden, denn in dieser Form würde sie den Beispielsatz *un homme riche et un homme pauvre président le club* falsch umschreiben. Um zu applizieren, muß dem präponierten Adjektiv ein Determinierer vorausgehen.

Die Regel kann nicht angewendet werden, wenn das präponierte Adjektiv mit einem pluralen *s* oder *x* versehen ist. In diesem Fall kann es die folgende singulare Kette nicht bestimmen. Die Syntaxuntersuchung muß deshalb fortgesetzt werden.

Durch die Spezifizierung der Regeln wird verhindert, daß postponierte Adjektive als präponierte Determinierer ambiger Ketten angesehen werden. Damit wird gewissen Freiheiten in der Wahl der Stellung des attributiven Adjektivs Rechnung getragen.[211]

Für das Logogramm *faits* (Subst.Pl. oder Part.Perf. mit vorangestelltem Pronomen des direkten Objekts) wird die Prüfung hier abgebrochen. Falls die aufgeführten Texts *faits* nicht als Substantiv ausweisen, wird der Kette eine verbale phonemische Realisierung zugeordnet.

Die nächsten Untersuchungen beziehen sich auf die der ambigen Kette folgenden Wörter. Sie prüfen, ob das Untersuchungswort Verb ist. Folgt dem Untersuchungswort eine durch einen Determinierer eingeleitete Nominalphrase, ist das Untersuchungswort Verb. Determinierer sind Zahlwörter, Demonstrativ-, Possessiv-, Definit- und Indefinitartikel. Beispiel ist *Les bergers finissent leurs travaux*. Von diesen Determinierern sind Formen ausgenommen, die auch pronominale Funktion haben (*les, le, la, leur*). Dadurch wird die falsche Transkription eines Satzes *un homme intelligent les instruit* verhindert.

Ketten auf *ient* unterliegen dieser Prüfung nicht. Bei ihnen reicht die Klassifizierung Verb oder Nicht-Verb nicht; vielmehr ist die Bestimmung eines Verbs mit der Bestimmung des Subjekts verbunden. Entscheidend ist, ob es sich um ein plurales oder um ein

211)vgl. Weinrich (1966), dagegen Sciarone (1967).

singulares Subjekt handelt, wie *il convient, ils convient* zeigen.

Das Untersuchungswort ist Substantiv oder Adjektiv, wenn ihm Pronomina oder Adverbien folgen, die unmittelbar vor Verben stehen. Zur Gruppe dieser Wörter gehören *ne, me, te, se, nous, vous, y*. *Le président nous promet monts et merveilles, le paravent ne bouge pas* sind Beispiele.

Bei dem Untersuchungswort handelt es sich um ein Verb, wenn ihm Pronomina des direkten oder indirekten Objekts oder einer Präpositionalphrase vorausgehen. Wörter auf *ient* werden hiervon wieder ausgenommen. Beispiele pronominaindizierter Verbalphrasen sind *les filles lui disent la vérité, les hommes politiques s'y rencontrent*.

Gehen dem Untersuchungswort Pronominalisierungen des Subjekts voraus, handelt es sich beim Untersuchungswort ebenfalls um ein Verb. Eine Prüfung dieser Art erlaubt die Differenzierung pluraler und singularer Verbformen und ist folglich auch für Ketten *ient* anwendbar.

Bei singularem Subjektspronomen wird *ient* als /i̯(i̯)ã/, bei pluralem als /i/ wiedergegeben.

Folgt dem Untersuchungswort ein Bindestrich oder ein auf *s* oder *x* endendes Wort und als erstes Satztrennungszeichen ein Fragezeichen, so handelt es sich um ein plurales Verb im Fragesatz. *Racontent-ils les histoires?* ist ein solcher Fragesatz.

Die bis jetzt dargestellten Prüfungen beziehen sich auf den engeren Kontext des Untersuchungswortes. Das Organigramm stellt die Schritte des Entscheidungsmechanismus schematisch dar:

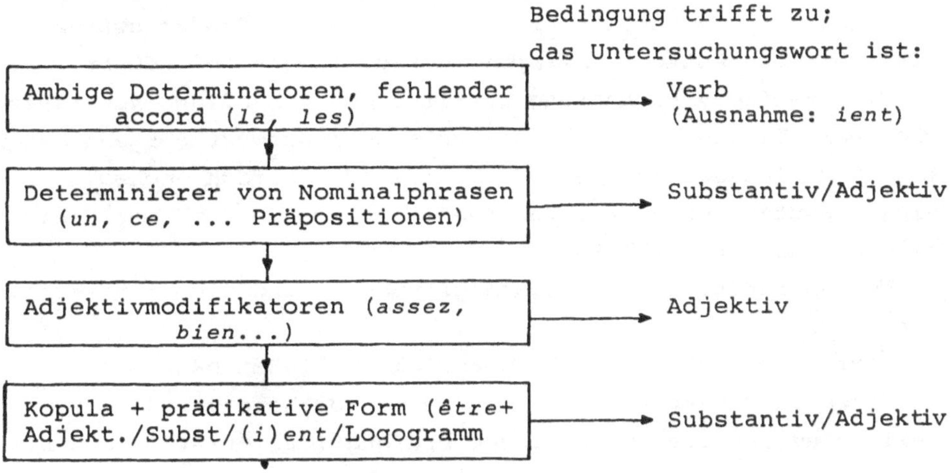

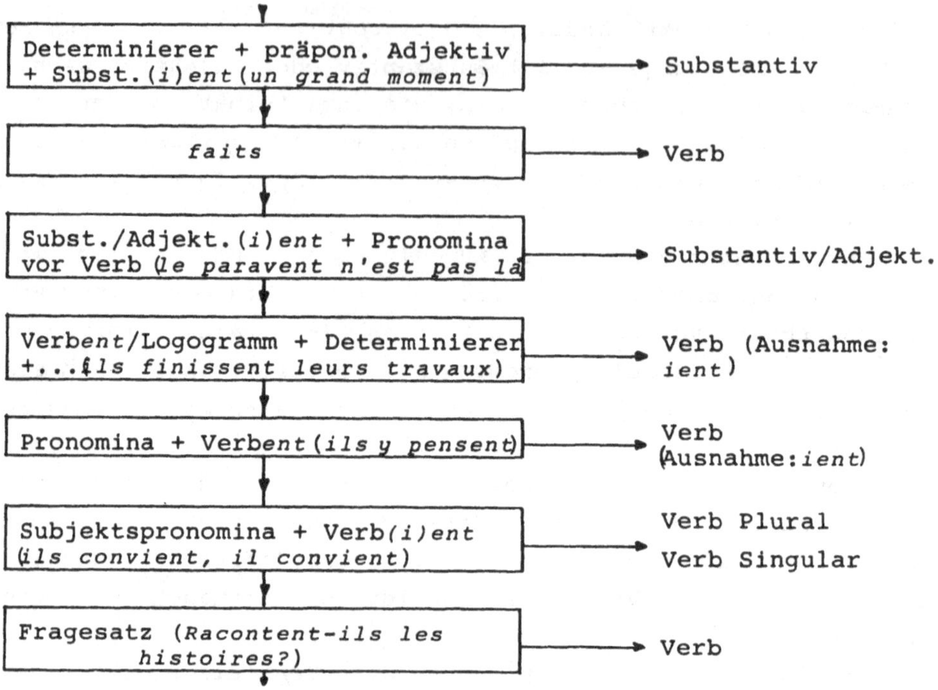

Im folgenden werden die anschaulich beschriebenen Prüfungen formal dargestellt. Dafür vereinbaren wir einige Konventionen: Um die Gültigkeit von Instruktionen für Ketten *ent*, *ient* und Logogramme zu sichern, ohne für gleichlautende Instruktionen jedesmal den Namen der überprüften Kette aufzuführen, notieren wir einen Teil des Subskriptnamens als Variable. Als Variablennamen wählen wir *nam*. *nam* steht z.B. für *ent*, *ient*, für Logogramme wie *faits*, *fait*, *sens*, *but* etc. Diese notationelle Vereinfachung ermöglicht eine übersichtlichere Gestaltung des Algorithmus. Sonderinstruktionen für spezielle Ketten hingegen müssen einzeln aufgeführt werden.

Eine zweite Vereinbarung betrifft die Behandlung von Satzzeichen beim Testen des links des Untersuchungswortes stehenden Textes. Der linksseitig stehende Text wird mehrfach gecheckt. Die bei dieser Syntaxprüfung auftretenden Probleme werden hier einmal in allgemeiner Form gelöst.

Werden Satztrennungszeichen gefunden, wird die nichtverbale Form gewählt.

Kommata, Klammern und Bindestrich schließen häufig eingeschobene Sätze oder Satzteile ein. Diese eingeschobenen Sätze und Satzteile sind für die syntaktische Prüfung irrelevant. Die syntaktische Prüfung wird deshalb vor der eingeschobenen Kette wieder aufgenommen.[212] Wir schreiben in allgemeiner Form:

$(\alpha, S_{TnamD}) \longrightarrow (S_{Tnam\alpha}{}^{213}, \lambda, \lambda, -1, 0) \quad \alpha \in \{,,-\}$

$(), S_{TnamD}) \longrightarrow (S_{TnamDK}{}^{214}, \lambda, \lambda, 1, 0)$

Kommata und Bindestrich können, Klammern müssen links des Einschubs von gleichen Zeichen begleitet werden. Für Klammern wird eine eigene Instruktionenfolge definiert.

Ein Satztrennungszeichen zu Ende des Einschubs wird übersprungen. Andere Satztrennungszeichen führen bei Komma und Bindestrich begrenzten Ketten zum Abbruch der Prüfung und zur Wahl der nichtverbalen Form:

$(\beta, S_{TnamD\alpha}) \longrightarrow (S_{TnamD\alpha}, \lambda, \lambda, -1, 0) \quad \beta \in A_2$

$(\beta, S_{TnamD\alpha}) \longrightarrow (S_{TnamDBK\alpha}{}^{215}, \lambda, \lambda, -1, 0) \quad \beta \in A_1$

$(\beta, S_{TnamDBK\alpha}) \longrightarrow (S_{TnamDBK\alpha}, \lambda, \lambda, -1, 0) \quad \beta \in A_1 \cup A_{21}$

Wird ein identisches Einschübe markierendes Zeichen gefunden, geht die Maschine in den Zustand S_{TnamD} zurück.

$(\alpha, S_{TnamDBK\alpha}) \longrightarrow (S_{TnamD}, \lambda, \lambda, -1, 0) \quad \alpha \in \{,,-\}$

Im Zustand S_{TnamD} wird die syntaktische Prüfung der linksseitigen Kette fortgesetzt. Die aufgeführte Instruktionenfolge appliziert bei einem Satz wie *Les fauteuils bleus - c'est d'une audace! - tranchent sur le vert de la pelouse.*

Die Prüfung wird bei Satztrennungszeichen abgebrochen:

$(\beta, S_{TnamDBK\alpha}) \longrightarrow (S_{TnamNMF}, \lambda, \lambda, 1, 0) \quad \beta \in A_{22}$

Die Instruktionen für Klammern lauten:

$(\alpha, S_{TnamDK}) \longrightarrow (S_{TnamDK}, \lambda, \lambda, -1, 0) \quad \alpha \in A_1 \cup A_2 - \{(\}$

$((, S_{TnamDK}) \longrightarrow (S_{TnamD}, \lambda, \lambda, -1, 0)$

Die erste Syntaxprüfung betrifft die dem Untersuchungswort vorausgehenden Determinierer oder Pronomen (ambige Determinierer). Die Maschine befindet sich im Zustand $S_{TentSYN}$, $S_{TientSYN}$ oder $S_{T(\text{Namen des Logogramms})SYN}$, in allgemeiner Schreibweise im Zustand $S_{TnamSYN}$. Der Anfang des Wortes vor dem Untersuchungswort wird gesucht.

$(\S\delta, S_{TnamSYN}) \longrightarrow (S_{TnamDTR}{}^{216}, \lambda, \lambda, -1, 0)$

δ ist das erste Zeichen der Kette *ent*, *ient* oder eines Logogramms.

---

212) Zu Satzzeichen in automatischer Syntaxanalyse s. Hirschberg (1965).

213) D ist eine Variable für den entsprechenden Subskritpt; α ist Komma, Bindestrich.

214) K erinnert an Klammer.

215) BK erinnert an Bindestrich oder Komma.

216) DTR: Zur Determiniererprüfung wird das Eingabeband nach rechts geschoben.

$(\alpha, S_{TnamDTR}) \longrightarrow (S_{TnamDTR}, \lambda, \lambda, -1, 0) \quad \alpha \in A_1$
$(\alpha, S_{TnamDTR}) \longrightarrow (S_{TnamDTS}$[217]$, \lambda, \lambda, -1, 0) \quad \alpha \in A_{21}$

Für Satztrennungszeichen wird die Prüfung abgebrochen:

$(\alpha, S_{TnamDTS}) \longrightarrow (S_{TnamNMF}, \lambda, \lambda, 1, 0) \quad \alpha \in A_{22} - \{)\}$

Einschubmarkierer werden p. 91 behandelt.

Der Beginn des Vorwortes wird gesucht:

$(\alpha, S_{TnamDTS}) \longrightarrow (S_{TnamDTA}$[218]$, \lambda, \lambda, -1, 0) \quad \alpha \in A_1$
$(\alpha, S_{TnamDTA}) \longrightarrow (S_{TnamDTA}, \lambda, \lambda, -1, 0) \quad \alpha \in A_1$
$(\alpha, S_{TnamDTA}) \longrightarrow (S_{TnamDET}$[219]$, \lambda, \lambda, 1, 0) \quad \alpha \in A_2$
$(\alpha, S_{TnamDET}) \longrightarrow (S_{TnamNMF}, \lambda, \lambda, 1, 0)$

α ist Element der im Anhang extensional definierten Menge der Determinierer. Dazu gehören nicht ambige Ketten mit der Funktion von Artikeln und Präpositionen.

$(\alpha, S_{TentDET}) \longrightarrow (S_{TentMFG}, \lambda, \lambda, 1, 0)$
$(\alpha, S_{T(\text{Name des Logogramms})DET}) \longrightarrow (S_{T(\text{Name des Logogramms})MFG}, \lambda, \lambda, 1, 0)$

α ist ein feminines oder plurales Pronomen des direkten Objekts. Wegen des fehlenden accord wird das Untersuchungswort als Verb identifiziert. Ketten *ient* sind hiervon ausgenommen. α ist Element der im Anhang extensional definierten Menge der Ketten mit Artikel- und Pronomenfunktion.

$(\alpha, S_{TnamDET}) \longrightarrow (S_{TnamPRD}$[220]$, \&\alpha, \lambda, -1, 0)$

α ist Element der Menge ambiger Ketten mit Artikel- und Pronomenfunktion (*le, leur*). Das Feldmarkierungszeichen markiert den Beginn der ambigen Kette. Eine vorausgehende Präposition weist das Untersuchungswort als substantivischen oder adjektivischen Bestandteil einer Präpositionalphrase des Typs Präposition + Determinierer + Adjektiv/Substantiv. Bei der Prüfung dieser Struktur führen Satztrennungszeichen zum Abbruch, Einschubmarkierer werden p. 91 behandelt.

$(\alpha, S_{TnamPRD}) \longrightarrow (S_{TnamPRD}, \lambda, \lambda, -1, 0) \quad \alpha \in A_{21} - \{-\}$
$(\alpha, S_{TnamPRD}) \longrightarrow (S_{TnamNMF}, \lambda, \lambda, -1, 0) \quad \alpha \in A_{22}$

Für die Zustände $S_{TnamNMF}$ und $S_{TnamMFG}$ muß wegen des neu eingeführten Feldmarkierungszeichens & eine spezielle Tilgungsoperation definiert werden:

217) DTS: Die rechts des Determinierers stehenden Satzzeichen werden geprüft.
218) DTA: Der Anfangsbuchstabe des Determinierers wird gesucht.
219) DET: Durchführung der Determiniererprüfung.
220) PRD: Die Präposition vor dem Determinierer wird gecheckt.

$(\&\alpha, S_{TnamNMF}) \longrightarrow (S_{TnamNMF}, \lambda, \lambda, 1, 0) \quad \alpha \in A_1$
$(\&\alpha, S_{TnamMFG}) \longrightarrow (S_{TnamMFG}, \lambda, \lambda, 1, 0) \quad \alpha \in A_1$
$(\alpha, S_{TnamPRD}) \longrightarrow (S_{TnamPDE}$[221]$, \lambda, \lambda, -1, 0) \quad \alpha \in A_1$
$(\alpha, S_{TnamPDE}) \longrightarrow (S_{TnamPDE}, \lambda, \lambda, -1, 0) \quad \alpha \in A_1$
$(\alpha, S_{TnamPDE}) \longrightarrow (S_{TnamPDP}$[222]$, \lambda, \lambda, 1, 0) \quad \alpha \in A_2$
$(\alpha, S_{TnamPDP}) \longrightarrow (S_{TnamNMF}, \lambda, \lambda, 1, 0)$

α ist Element der im Anhang extensional definierten Menge der Präpositionen. Für ß ungleich α geht die Maschine in den Zustand zur Prüfung der zu einer prädikativen Form gehörigen Kopula über:

$(\beta, S_{TnamPDP}) \longrightarrow (S_{TnamKOP}$[223]$, \lambda, \lambda, 0, 0)$

Wurde im Zustand $S_{TnamDET}$ kein Determinierer gefunden, wird geprüft, ob dem Untersuchungswort ein adjektivmodifizierendes Attribut vorausgeht.

$(\alpha, S_{TnamDET}) \longrightarrow (S_{TnamNMF}, \lambda, \lambda, 1, 0)$

α ist Element der im Anhang extensional definierten Menge der Attribute. Für β ungleich α wird die Eingabekette auf eine Kopula hin untersucht:

$(\alpha, S_{TnamDET}) \longrightarrow (S_{TnamNMF}, \lambda, \lambda, 1, 0)$
$(\alpha, S_{TnamKOP}) \longrightarrow (S_{TnamNMF}, \lambda, \lambda, 1, 0)$

α ist Element der im Anhang extensional definierten Menge der Formen von *être*. Für β ungleich α gilt:

$(\beta, S_{TnamKOP}) \longrightarrow (S_{TnamUWO}$[224]$, \lambda, \lambda, 1, 0)$
$(\alpha, S_{TnamUWO}) \longrightarrow (S_{TnamUWO}, \lambda, \lambda, 1, 0) \quad \alpha \in A_1 \cup A_2 \cup \&\alpha$

Das Untersuchungswort wird aufgesucht.

Für den Zustand $S_{TnamDET}$ wird untersucht, ob das dem Untersuchungswort vorausgehende Wort ein durch einen Determinierer bestimmtes präponiertes Adjektiv ist.

$(\alpha, S_{TnamDET}) \longrightarrow (S_{TnamDAD}$[225]$, \lambda, \lambda, -1, 0)$

α ist Element der im Anhang extensional definierten Menge präponierbarer Adjektive.

$(\alpha, S_{TnamDAD}) \longrightarrow (S_{TnamDAD}, \lambda, \lambda, -1, 0) \quad \alpha \in A_{21} - \{-\}$
$(\alpha, S_{TnamDAD}) \longrightarrow (S_{TnamDAA}$[226]$, \lambda, \lambda, -1, 0) \quad \alpha \in A_1$
$(\alpha, S_{TnamDAA}) \longrightarrow (S_{TnamDAA}, \lambda, \lambda, -1, 0) \quad \alpha \in A_1$

---

221) PDE: Prüfung der Struktur Präposition und Determinierer.
222) PDP: s.Anm.221. Der Zustandswechsel bedingt den Namenswechsel.
223) KOP: Kopulaprüfung.
224) UWO: Aufsuchen des Untersuchungswortes.
225) DAD: Untersuchung der Struktur Determinierer und Adjektiv.
226) DAA: Der Anfang der Kette Determinierer + Adjektiv wird gesucht.

$(\alpha, S_{TnamDAA}) \longrightarrow (S_{TnamDAP}{}^{227}, \lambda, \lambda, 1, 0) \quad \alpha \in A_2$

$(\alpha, S_{TnamDAP}) \longrightarrow (S_{TnamNMF}, \lambda, \lambda, 1, 0)$

α ist Element der Mengen der Determinierer, der ambigen Determinierer und der Präpositionen. Für β ungleich α wird das Untersuchungswort aufgesucht:

$(\beta, S_{TnamDAP}) \longrightarrow (S_{TnamUWO}, \lambda, \lambda, 1, 0)$

faits wird als Verb behandelt:

$(\S faits, S_{TfaitsUWO}) \longrightarrow (S_{GenXXY}, faits, fȩ, 5, 2)$

$(\S\alpha, S_{TnamUWO}) \longrightarrow (S_{TnamUVS}{}^{228}, \lambda, \lambda, 1, 0) \quad \alpha \in A_1$

$(\alpha, S_{TnamUVS}) \longrightarrow (S_{TnamUVS}, \lambda, \lambda, 1, 0) \quad \alpha \in A_1$

$(\alpha, S_{TnamUVS}) \longrightarrow (S_{TnamUNW}{}^{229}, \lambda, \lambda, 1, 0) \quad \alpha \in A_{21}$

Für Satztrennungszeichen wird die Untersuchung nachstehender Wörter abgebrochen. Die Maschine geht über zur Prüfung vorangehender Verbdeterminierer:

$(\alpha, S_{TnamUVS}) \longrightarrow (S_{TnamVDR}{}^{230}, \lambda, \lambda, -1, 0) \quad \alpha \in A_{22}$

$(\alpha, S_{TnamUNW}) \longrightarrow (S_{TnamVDR}, \lambda, \lambda, -1, 0) \quad \alpha \in A_{22}$

Zu den Determinierern des direkten Objekts - das selbst wiederum die vorangehende Kette als Verb ausweist - zählen nicht ambige Artikelformen und Zahlwörter. Die Kette *ient* ist von der Prüfung wiederum ausgenommen.

$(\alpha, S_{TentUNW}) \longrightarrow (S_{TentMFR}{}^{231}, \lambda, \lambda, -1, 0)$

$(\alpha, S_{T(\text{Name des Logogramms})UNW}) \longrightarrow (S_{T(\text{Name des Logogramms})MFR}, \lambda, \lambda, -1, 0)$

α ist Element der im Anhang extensional definierten Mengen nicht ambiger Artikel und Zahlwörter. Der Lese-Schreibkopf der Maschine wird zur Untersuchungskette zurückgeführt.

$(\alpha, S_{TnamMFR}) \longrightarrow (S_{TnamMFR}, \lambda, \lambda, -1, 0) \quad \alpha \in A_1 \cup A_2$

$(\&\alpha, S_{TnamMFR}) \longrightarrow (S_{TnamMFG}, \lambda, \lambda, 0, 0) \quad \alpha \in A_1$

Dem Untersuchungswort wird eine substantivische Form zugeordnet, wenn Artikel oder Pronomina folgen oder vorausgehen. Wir setzen eine Struktur Determinierer + Substantiv + Pronomen des direkten Objekts voraus. Der Determinierer ist *le*. Die Prüfung gilt auch für Ketten *ient*.

---

227) DAP: Prüfung des Determinierers vor Adjektiv.

228) UVS: Es wird geprüft, ob das Untersuchungswort Verb oder Substantiv ist.

229) UNW: Untersuchung des nachfolgenden Wortes.

230) VDR: Rechtsverschiebung zur Untersuchung von Verbdeterminierern.

231) MFR: Morphogrammatische Form, Bandbewegung nach rechts.

$(\alpha, S_{TnamUNW}) \longrightarrow (S_{TnamDTP}$[232]$, \lambda, \lambda, -1, 0)$

α ist Element der im Anhang extensional definierten Ketten mit doppelter Funktion (ambige Artikel).

$(\alpha, S_{TnamDTP}) \longrightarrow (S_{TnamDTP}, \lambda, \lambda, -1, 0) \quad \alpha \in A_1 \cup A_2 \cup \&\alpha$

$(\&le, S_{TnamDTP}) \longrightarrow (S_{TnamNMF}, le, \lambda, 2, 0)$

Bei einem Satztrennungszeichen geht der Lese-Schreibkopf wieder zu dem dem Untersuchungswort folgenden Wort zurück:

$(\alpha, S_{TnamDTP}) \longrightarrow (S_{TnamUNL}$[233]$, \lambda, \lambda, 1, 0) \quad \alpha \in A_1 \cup A_{21}$

$(\S\alpha, S_{TnamUNL}) \longrightarrow (S_{TnamUNN}$[234]$, \lambda, \lambda, 1, 0) \quad \alpha \in A_1$

$(\alpha, S_{TnamUNN}) \longrightarrow (S_{TnamUNN}, \lambda, \lambda, 1, 0)$[235] $\quad \alpha \in A_1$

$(\alpha, S_{TnamUNN}) \longrightarrow (S_{TnamUNS}$[236]$, \lambda, \lambda, 1, 0) \quad \alpha \in A_{21}$

$(\alpha, S_{TnamUNS}) \longrightarrow (S_{TnamNMR}$[237]$, \lambda, \lambda, -1, 0)$

$(\alpha, S_{TnamUNW}) \longrightarrow (S_{TnamNMR}, \lambda, \lambda, -1, 0)$

Die α folgenden Wörter sind Verben. Die α vorausgehenden Wörter sind Substantive - somit auch das Untersuchungswort.α ist Element der im Anhang extensional definierten Menge der Wörter, die nachfolgende Wörter als Verben indizieren. Es handelt sich um eine Struktur der Form Substantiv + Verbindikator + Verb.

Die nächste Untersuchung prüft, ob dem Untersuchungswort ein verbindizierendes Pronomen vorausgeht. Der Anfang des Untersuchungswortes wird gesucht.

$(\beta, S_{TnamUNS}) \longrightarrow (S_{TnamVDR}, \lambda, \lambda, -1, 0)$

$(\beta, S_{TnamUNW}) \longrightarrow (S_{TnamVDR}, \lambda, \lambda, -1, 0)$

β ist ungleich obigem α.

$(\alpha, S_{TnamVDR}) \longrightarrow (S_{TnamVDR}, \lambda, \lambda, -1, 0) \quad \alpha \in A_1 \cup A_2$

$(\S\alpha, S_{TnamVDR}) \longrightarrow (S_{TnamVDU}$[238]$, \lambda, \lambda, -1, 0) \quad \alpha \in A_1$

$(\alpha, S_{TnamVDU}) \longrightarrow (S_{TnamVDU}, \lambda, \lambda, -1, 0) \quad \alpha \in A_1$

$(\alpha, S_{TnamVDU}) \longrightarrow (S_{TnamVDS}$[239]$, \lambda, \lambda, -1, 0) \quad \alpha \in A_{21}$

$(\alpha, S_{TnamVDS}) \longrightarrow (S_{TnamVDS}, \lambda, \lambda, -1, 0) \quad \alpha \in A_{21}$

$(\alpha, S_{TnamVDS}) \longrightarrow (S_{TnamVDB}$[240]$, \lambda, \lambda, -1, 0) \quad \alpha \in A_1$

$(\alpha, S_{TnamVDB}) \longrightarrow (S_{TnamVDB}, \lambda, \lambda, -1, 0) \quad \alpha \in A_1$

Ist das Vorwort ambiger Artikel, wird das davorstehende Wort

---

232) DTP: Prüfung der Struktur Determinierer + Untersuchungswort + Pronomen.

233) UNL: Untersuchung des Nachfolgewortes und Bandverschiebung nach links.

234) UNN: Untersuchung des Nachfolgewortes.

235) Das Ende des Untersuchungswortes wird gesucht.

236) UNS: Suche des Anfangs des ersten Worts nach dem Untersuchungswort.

237) NMR: Wahl der nichtmorphogrammatischen Form.

238) VDU: Prüfung der Struktur Verbdeterminierer + Untersuchungswort.

239) VDS: Durchlaufen der dem Verbdeterminierer folgenden Satzzeichen.

240) VDB: Durchlaufen der Buchstaben des Verbdeterminierers.

aufgesucht:

$(\&\alpha, S_{TnamVDB}) \longrightarrow (S_{TnamVDS}, \lambda, \lambda, -1, 0) \quad \alpha \in A_1$

$(\alpha, S_{TnamVDB}) \longrightarrow (S_{TnamVDP}$[241]$, \lambda, \lambda, 1, 0) \quad \alpha \in A_2$

$(\alpha, S_{TentVDP}) \longrightarrow (S_{TentMFG}, \lambda, \lambda, 1, 0)$

α ist Element der Menge der Pronomen verbabhängiger Präpositionalphrasen. Die Menge ist im Anhang extensional definiert. Für Logogramme gilt die analoge Instruktion:

$(\alpha, S_{T(\text{Name des Logogramms})VDP}) \longrightarrow (S_{T(\text{Name des Logogramms})MFG}, \lambda, \lambda, 1, 0)$

Für die Kette *ient* gilt bei singularen Subjektspronomina:

$(\alpha, S_{TientVDP}) \longrightarrow (S_{TientNMF}, \lambda, \lambda, 1, 0)$

α ist Element der im Anhang extensional definierten Menge singularer Subjektspronomia. Analog gilt für Logogramme:

$(\alpha, S_{T(\text{Name des Logogramms})VDP}) \longrightarrow (S_{T(\text{Name des Logogramms})MFG}, \lambda, \lambda, 1, 0)$

Für alle β ungleich des obigen α wird geprüft, ob das Untersuchungswort Verb eines Fragesatzes ist. Zunächst wird das Untersuchungswort aufgesucht:

$(\beta, S_{TnamVDP}) \longrightarrow (S_{TnamFRG}$[242]$, \lambda, \lambda, 1, 0)$

$(\alpha, S_{TnamFRG}) \longrightarrow (S_{TnamFRG}, \lambda, \lambda, 1, 0) \quad \alpha \in A_1 \cup A_2$

$(\&\alpha, S_{TnamFRG}) \longrightarrow (S_{TnamFRG}, \lambda, \lambda, 1, 0) \quad \alpha \in A_1$

$(\S\alpha, S_{TnamFRG}) \longrightarrow (S_{TnamFRU}$[243]$, \lambda, \lambda, 1, 0) \quad \alpha \in A_1$

$(\alpha, S_{TnamFRU}) \longrightarrow (S_{TnamFRU}, \lambda, \lambda, 1, 0) \quad \alpha \in A_1$

Folgt dem Untersuchungswort ein Bindestrich oder ein Wort mit dem Pluralmorphogramm *s* oder *x*, wird geprüft, ob der Satz durch ein Fragezeichen begrenzt wird. Trifft dies zu, ist das Untersuchungswort Verb, dem ein invertiertes oder redupliziertes Subjekt eines Fragesatzes folgt.

$(\alpha, S_{TnamFRU}) \longrightarrow (S_{TnamFBN}$[244]$, \lambda, \lambda, 1, 0) \quad \alpha \in A_{21} - \{-\}$

$(-, S_{TnamFRU}) \longrightarrow (S_{TnamFRZ}$[245]$, \lambda, \lambda, 1, 0)$

Für Satztrennungszeichen wird die Prüfung abgebrochen.

$(\alpha, S_{TnamFRU}) \longrightarrow (S_{TnamFRR}$[246]$, \lambda, \lambda, -1, 0) \quad \alpha \in A_1 \cup A_2$

$(\alpha, S_{TnamFRR}) \longrightarrow (S_{TnamFRR}, \lambda, \lambda, -1, 0) \quad \alpha \in A_1 \cup A_2$

$(\alpha, S_{TnamFBN}) \longrightarrow (S_{TnamFBN}, \lambda, \lambda, 1, 0) \quad \alpha \in A_{21} - \{-\}$

---

241) VDP: Prüfung des Verbdeterminierers.

242) FRG: Fragesatz.

243) FRU: Es wird geprüft, ob das Untersuchungswort Verb in einem Fragesatz ist.

244) FBN: Suche eines dem Fragesatzverb folgenden Bindestrichs.

245) FRZ: Suche des Fragezeichens.

246) FRR: Abbruch der Fragezeichenprüfung, Rechtsverschiebung des Eingabebandes.

$(\alpha, S_{TnamFBN}) \longrightarrow (S_{TnamNWP}$[247]$, \lambda, \lambda, 1, 0) \quad \alpha \in A_1$

$(\alpha, S_{TnamNWP}) \longrightarrow (S_{TnamNWP}, \lambda, \lambda, 1, 0) \quad \alpha \in A_1$

$(\alpha, S_{TnamNWP}) \longrightarrow (S_{TnamNPP}$[248]$, \lambda, \lambda, -1, 0) \quad \alpha \in A_2$

$(\alpha, S_{TnamNWP}) \longrightarrow (S_{TnamFRZ}, \lambda, \lambda, -1, 0) \quad \alpha \in \{s, x\}$

Ist das dem Untersuchungswort folgende Wort nicht durch Pluralmorphogramme gekennzeichnet, kehrt die Maschine zum Untersuchungswort zurück.

$(\alpha, S_{TnamNWP}) \longrightarrow (S_{TnamFRR}, \lambda, \lambda, -1, 0) \quad \alpha \in A_{12} - \{s, x\}$

Das Fragezeichen als rechtes Satzbegrenzungszeichen wird gesucht:

$(\alpha, S_{TnamFRZ}) \longrightarrow (S_{TnamFRZ}, \lambda, \lambda, 1, 0) \quad \alpha \in A_1 \cup A_2$

$(?, S_{TnamFRZ}) \longrightarrow (S_{TnamMFR}, \lambda, \lambda, -1, 0)$

Für alle anderen Satztrennungszeichen wird die Prüfung abgebrochen:

$(\alpha, S_{TnamFRZ}) \longrightarrow (S_{TnamFRR}, \lambda, \lambda, -1, 0) \quad \alpha \in A_{21} - \{?\}$

Für die nun folgenden Untersuchungen muß der Lese-Schreibkopf der Maschine auf den Beginn des Untersuchungswortes gerichtet werden. Das Feldmarkierungszeichen wird gesucht:

$(\alpha, S_{TnamFRR}) \longrightarrow (S_{TnamFRR}, \lambda, \lambda, -1, 0) \quad \alpha \in A_1 \cup A_2$

$(\S\alpha, S_{TnamFRR}) \longrightarrow (S_{TnamSBR}$[249]$, \lambda, \lambda, -1, 0) \quad \alpha \in A_1$

$(\alpha, S_{TnamSBR}) \longrightarrow (S_{TnamSBR}, \lambda, \lambda, -1, 0) \quad \alpha \in A_1$

$(\alpha, S_{TnamSBR}) \longrightarrow (S_{TnamSBZ}$[250]$, \lambda, \lambda, -1, 0) \quad \alpha \in A_{21}$

Der Lesekopf der Maschine befindet sich nun unmittelbar vor dem Beginn des Untersuchungswortes. Wir beschreiben die folgenden Prüfungen erst anschaulich.

Die Tests erstrecken sich über den gesamten Satz, nicht lediglich über den engeren Kontext des Untersuchungswortes.

Ist das Untersuchungswort eine plurale Verbform, hängt von ihm ein plurales Subjekt ab. Das plurale Subjekt steht links der Untersuchungskette, es endet mit dem Pluralmorphogramm *s* oder *x* und wird von einem pluralen Determinierer bestimmt. Die letzte Bedingung erhöht die Sicherheit der Analyse, da *s* oder *x* alleine nicht notwendigerweise Pluralmorphogramme sind, wie *le temps, le corps* zeigen. Wir setzen eine Struktur Determinierer(pl.) + Nomen(Pl.)+ Verb(*i*)*ent* zur Prüfung an. Werden keine pluralen Formen gefunden, wird die Prüfung unten fortgesetzt. Wird kein pluraler Determinie-

247) NWP: Nachwortprüfung.

248) NPP: Nachwortpluralprüfung.

249) SBR: Subjektprüfung, Rechtsverschiebung des Eingabebandes.

250) SBZ: Satzzeichen zwischen Untersuchungswort und Subjekt werden durchlaufen.

rer gefunden, wohl aber zwei auf *s* oder *x* auslautende Wörter, wird versucht, der Eingabekette die Struktur Determinierer(Pl.) + (Attribut +) Adjektiv(Pl.) (Substantiv(Pl.)) + Substantiv(Pl.) (Adjektiv(Pl.)) + Verb(*i*)*ent* oder Konjunktion + Substantiv(Pl.) (Adjektiv(Pl.)) + Adjektiv(Pl.) (Substantiv(Pl.)) + Verb(*i*)*ent* zuzuweisen. Beipiele dafür sind die Sätze: *les grandes personnes aiment voyager en avion, ces faits importants manifestent le progrès économique, gauchistes et groupements radicaux protestent contre la répression politique, les grands et célèbres peintres réclament le droit de la liberté de l'art.*

Darüberhinaus können Strukturen des Typs Substantiv(Pl.) + Präposition + Attribut + Adjektiv(Pl.) + Substantiv(Pl.) + Verb(*i*)*ent* und der entsprechende Typ mit postponiertem Adjektiv analysiert werden (Beispiel:*les idées avec conséquences assez importantes restent rarement inchangées*).

Kann dem Eingabesatz keine dieser Strukturen zugeordnet werden, wird unten eine zum Satzanfang orientierte Prüfung zur Ermittlung des pluralen Subjekts durchgeführt.

Das Organigramm skizziert den Entscheidungsablauf:

Bedingung nicht oder nur teilweise erfüllt: Bedingung erfüllt:

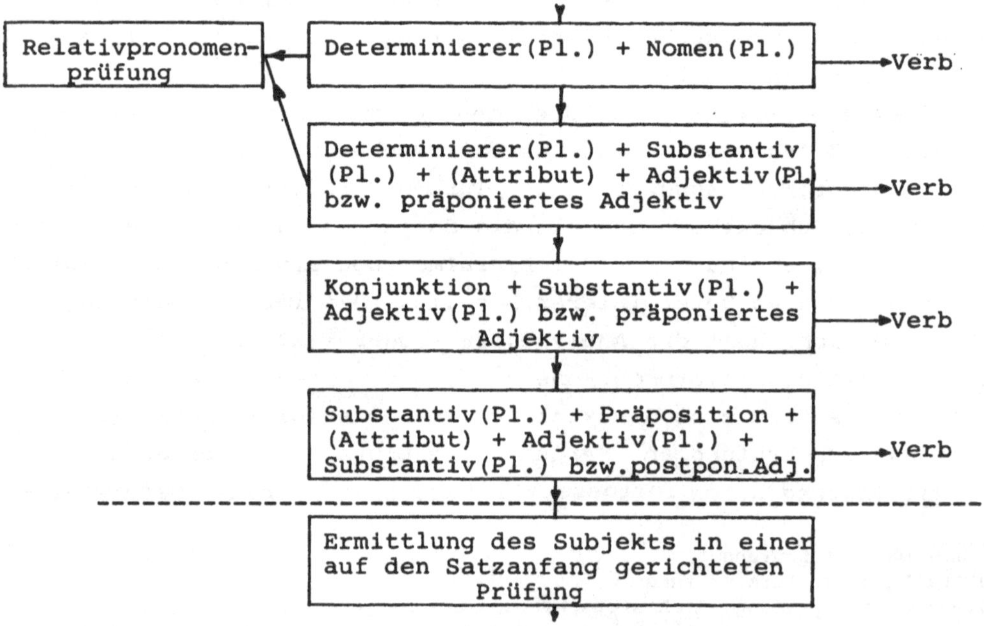

Zunächst wird das Wort vor dem Untersuchungswort geprüft. Handelt es sich dabei um eine Kette mit möglicher Artikel- bzw. Pronominalfunktion, so wird sie übersprungen. Dann wird das davor stehende Wort untersucht. Trägt es keine Pluralmarkierung, wird der Untersuchungsprozeß an anderer Stelle mit der Prüfung von Relativpronomina fortgesetzt.

Die formale Darstellung folgt.

$(\alpha, S_{TnamSBZ}) \longrightarrow (S_{TnamSBZ}, \lambda, \lambda, -1, 0) \quad \alpha \in A_{21}$

$(\alpha, S_{TnamSBZ}) \longrightarrow (S_{TnamARP}$[251] $, \lambda, \lambda, -1, 0) \quad \alpha \in A_1 - \{s, x\}$

Es wird geprüft, ob zwischen pluralem Subjekt und Verb ein Pronomen ambigen Typs steht.

$(\alpha, S_{TnamARP}) \longrightarrow (S_{TnamARP}, \lambda, \lambda, -1, 0) \quad \alpha \in A_1$

$(\alpha, S_{TnamARP}) \longrightarrow (S_{TnamAPP}$[252] $, \lambda, \lambda, 1, 0) \quad \alpha \in A_2$

$(\alpha, S_{TnamAPP}) \longrightarrow (S_{TnamSUJ}$[253] $, \lambda, \lambda, -1, 0)$

α ist Element der im Anhang extensional definierten Menge der Ketten mit Funktion von Artikeln oder Pronomen. Für alle Ketten β ungleich α geht die Maschine zur Prüfung von Relativpronomen über:

$(\beta, S_{TnamAPP}) \longrightarrow (S_{TnamREL}$[254] $, \lambda, \lambda, 0, 0)$

Ist ein ambiger Artikel gefunden worden, wird geprüft, ob das ihm vorausgehende Wort mit einem Pluralmorphogramm endet.

$(\alpha, S_{TnamSUJ}) \longrightarrow (S_{TnamSUJ}, \lambda, \lambda, -1, 0) \quad \alpha \in A_{21} - \{-\}$

Für Satztrennungszeichen wird die Prüfung zugunsten der substantivischen Form abgebrochen:

$(\alpha, S_{TnamSUJ}) \longrightarrow (S_{TnamNMF}, \lambda, \lambda, 1, 0) \quad \alpha \in A_{22}$

Einschubmarkierer werden p. 91 behandelt.

$(\alpha, S_{TnamSUJ}) \longrightarrow (S_{TnamSJE}$[255] $, \lambda, \lambda, -1, 0) \quad \alpha \in \{s, x\}$

Die Maschine M_2 geht ebenfalls in den Zustand $S_{TnamSJE}$, wenn sie im Zustand $S_{TnamSBZ}$ ein *s* oder *x* findet.

$(\alpha, S_{TnamSBZ}) \longrightarrow (S_{TnamSJE}, \lambda, \lambda, -1, 0) \quad \alpha \in \{s, x\}$

Der Anfang des Wortes wird gesucht:

$(\alpha, S_{TnamSJE}) \longrightarrow (S_{TnamSJE}, \lambda, \lambda, -1, 0) \quad \alpha \in A_1$

Ist der Anfang gefunden, wird das davorstehende Wortende gesucht:

$(\alpha, S_{TnamSJE}) \longrightarrow (S_{TnamSJK}$[256] $, \lambda, \lambda, -1, 0) \quad \alpha \in A_{21} - \{-\}$

Für Einschübe gelten die üblichen Instruktionen p. 91.

251) ARP: Prüfung der ambigen Kette auf Artikel oder Pronomenfunktion.
252) APP: Artikel- oder Pronomenprüfung.
253) SUJ: Prüfung auf plurales Subjekt.
254) REL: Relativpronomenprüfung.
255) SJE: Subjektprüfung. Im folgenden erinnert SJ an die Subjektprüfung.
256) vgl. Anm. 255.

Die Prüfung wird für Satztrennungszeichen abgebrochen:

$(\alpha, S_{TnamSJK}) \longrightarrow (S_{TnamNMF}, \lambda, \lambda, 1, 0) \quad \alpha \in A_{22} - \{,,)\}$

$(\alpha, S_{TnamSJK}) \longrightarrow (S_{TnamSJK}, \lambda, \lambda, -1, 0) \quad \alpha \in A_{21} - \{-\}$

$(\alpha, S_{TnamSJK}) \longrightarrow (S_{TnamSJT}$[257]$, \lambda, \lambda, -1, 0) \quad \alpha \in \{s, x\}$

Endet das davorstehende Wort nicht auf *s* oder *x*, wird geprüft, ob es Attribut zu einem Adjektiv ist:

$(\alpha, S_{TnamSJK}) \longrightarrow (S_{TnamSAT}$[258]$, \lambda, \lambda, -1, 0) \quad \alpha \in A_1 - \{s, x\}$

$(\alpha, S_{TnamSAT}) \longrightarrow (S_{TnamSAT}, \lambda, \lambda, -1, 0) \quad \alpha \in A_1$

$(\alpha, S_{TnamSAT}) \longrightarrow (S_{TnamSAP}$[259]$, \lambda, \lambda, 1, 0) \quad \alpha \in A_2$

$(\alpha, S_{TnamSAT}) \longrightarrow (S_{TnamMFG}, \lambda, \lambda, 1, 0)$

α ist Element der im Anhang extensional definierten Menge der Attribute. Für alle Ketten β ungleich α wird das hinter der Untersuchungskette liegende Wort gesucht, um mit der Prüfung der Relativpronomina zu beginnen:

$(\beta, S_{TnamSAP}) \longrightarrow (S_{TnamRLP}$[260]$, \lambda, \lambda, 1, 0)$

$(\alpha, S_{TnamRLP}) \longrightarrow (S_{TnamRLP}, \lambda, \lambda, 1, 0) \quad \alpha \in A_1$

$(\alpha, S_{TnamRLP}) \longrightarrow (S_{TnamREP}$[261]$, \lambda, \lambda, 1, 0) \quad \alpha \in A_{21}$

$(\alpha, S_{TnamREP}) \longrightarrow (S_{TnamREP}, \lambda, \lambda, 1, 0) \quad \alpha \in A_{21}$

$(\alpha, S_{TnamREP}) \longrightarrow (S_{TnamREL}, \lambda, \lambda, 0, 0) \quad \alpha \in A_1$

Wird im Zustand $S_{TnamSJK}$ ein terminales Pluralmorphogramm gefunden, wird geprüft, ob es einem pluralen Determinierer angehört.

$(\alpha, S_{TnamSJT}) \longrightarrow (S_{TnamSJT}, \lambda, \lambda, -1, 0) \quad \alpha \in A_1$

$(\alpha, S_{TnamSJT}) \longrightarrow (S_{TnamSJP}$[262]$, \lambda, \lambda, 1, 0) \quad \alpha \in A_2$

$(\alpha, S_{TnamSJP}) \longrightarrow (S_{TnamMFG}, \lambda, \lambda, 1, 0)$

α ist ein Element der im Anhang extensional definierten Menge pluraler Determinierer. Wird kein pluraler Determinierer gefunden, wird geprüft, ob ein plurales Adjektiv durch eine plurale Form (z.B. eines Determinierers) oder durch ein Attribut ergänzt wird.

$(\beta, S_{TnamSJP}) \longrightarrow (S_{TnamAPS}$[263]$, \lambda, \lambda, -1, 0)$

β ist ungleich obigem α.

$(\alpha, S_{TnamAPS}) \longrightarrow (S_{TnamAPS}, \lambda, \lambda, -1, 0) \quad \alpha \in A_{21} - \{-\}$

Für Satztrennungszeichen wird die Prüfung abgebrochen:

---

257) vgl.Anm.255.

258) SAT: Prüfung der Struktur Substantiv + Attribut + Adjektiv.

259) SAP: Subjekt + Attribut-Prüfung.

260) RLP: Relativpronomenprüfung.

261) REP: vgl.Anm.260. Auch hier bedingt der Zustandswechsel den Namenwechsel.

262) SJP: vgl.Anm.255.

263) APS: Untersuchung der Attribut oder pluraler Form folgenden Satzzeichen.

$(\alpha,S_{TnamAPS}) \longrightarrow (S_{TnamNMF},\lambda,\lambda,1,0) \quad \alpha \in A_{22} - \{)\}$

Für Einschubmarkierer gelten die Instruktionen p.91.

Endet das drei oder vier Wörter vor dem Untersuchungswort stehende Wort mit Pluralmorphogrammen *s* oder *x*, wird die verbale Form gewählt.

$(\alpha,S_{TnamAPS}) \longrightarrow (S_{TnamMFG},\lambda,\lambda,1,0) \quad \alpha \in \{s,x\}$

Für andere Buchstaben wird geprüft, ob es sich um ein Attribut oder um eine Konjunktion handelt. Der Wortanfang wird aufgesucht:

$(\alpha,S_{TnamAPS}) \longrightarrow (S_{TnamAKB}$[264]$,\lambda,\lambda,-1,0) \quad \alpha \in A_1 - \{s,x\}$

$(\alpha,S_{TnamAKB}) \longrightarrow (S_{TnamAKB},\lambda,\lambda,-1,0) \quad \alpha \in A_1$

$(\alpha,S_{TnamAKB}) \longrightarrow (S_{TnamAKP}$[265]$,\lambda,\lambda,1,0) \quad \alpha \in A_2$

$(\alpha,S_{TnamAKP}) \longrightarrow (S_{TnamDRS}$[266]$,\lambda,\lambda,-1,0)$

α ist Element der im Anhang extensional definierten Menge der Adjektiv spezifizierenden Attribute.

$(et\sqcup,S_{TnamAKP}) \longrightarrow (S_{TnamMFG},\lambda,\lambda,1,0)$

Für Ketten ungleich obigem α und ungleich *et* wird die Prüfung unten mit der Suche eines pluralen Subjekts am Satzanfang fortgesetzt. Für β gilt:

$(\beta,S_{TnamAKP}) \longrightarrow (S_{TnamSSA}$[267]$,\lambda,\lambda,-1,0)$

Hier wird nun geprüft, ob dem Attribut ein pluraler Determinierer vorausgeht. Für Satztrennungszeichen wird, wegen der größeren Wahrscheinlichkeit nach zwei plural markierten Formen, die Verbform gewählt.

$(\alpha,S_{TnamDRS}) \longrightarrow (S_{TnamMFG},\lambda,\lambda,1,0) \quad \alpha \in A_{22} - \{)\}$

Für Einschubmarkierer gelten die Instruktionen p.91.

Für andere Satzzeichen gilt:

$(\alpha,S_{TnamDRS}) \longrightarrow (S_{TnamDRS},\lambda,\lambda,-1,0) \quad \alpha \in A_{21} - \{-\}$

$(\alpha,S_{TnamDRS}) \longrightarrow (S_{TnamDRB}$[268]$,\lambda,\lambda,-1,0) \quad \alpha \in A_1$

$(\alpha,S_{TnamDRB}) \longrightarrow (S_{TnamDRB},\lambda,\lambda,-1,0) \quad \alpha \in A_1$

$(\alpha,S_{TnamDRB}) \longrightarrow (S_{TnamDRP}$[269]$,\lambda,\lambda,1,0) \quad \alpha \in A_2$

$(\alpha,S_{TnamDRP}) \longrightarrow (S_{TnamMFG},\lambda,\lambda,1,0)$

α ist Element der im Anhang extensional definierten Menge pluraler Determinierer.

---

264) AKB: Untersuchung der Buchstaben vor Attribut oder Konjunktion.

265) AKP: Prüfung von Attribut oder Konjunktion.

266) DRS: Prüfung der Satzzeichen nach Determinierer.

267) SSA: Subjekt am Satzanfang.

268) DRB: Prüfung der Buchstaben des Determinierers.

269) DRP: Determiniererprüfung.

$(\alpha, S_{TnamDRP}) \longrightarrow (S_{TnamPPH}$[270]$, \lambda, \lambda, -1, 0)$

α ist Element der im Anhang extensional definierten Menge der Präpositionen. Für Ketten β ungleich α wird unten die Prüfung eines pluralen Subjekts am Satzanfang durchgeführt:

$(\beta, S_{TnamDRP}) \longrightarrow (S_{TnamSSA}, \lambda, \lambda, 0, 0)$

Im Zustand $S_{TnamPPH}$ wird bei Auffinden von Satztrennungszeichen wiederum die verbale Form gewählt:

$(\alpha, S_{TnamPPH}) \longrightarrow (S_{TnamMFG}, \lambda, \lambda, 1, 0) \quad \alpha \in A_{22} - \{)\}$

Für Einschubmarkierer gelten die üblichen Regeln p. 91.

Das Ende des vorausgehenden Wortes wird gesucht. Ist es durch plurale Morphogramme gekennzeichnet, identifizieren wir es als plurales Subjekt, dem eine Präpositionalphrase untergeordnet ist. Anderenfalls wird unten ein plurales Subjekt am Satzanfang gesucht.

$(\alpha, S_{TnamPPH}) \longrightarrow (S_{TnamPPH}, \lambda, \lambda, -1, 0) \quad \alpha \in A_{21} - \{-\}$

$(\alpha, S_{TnamPPH}) \longrightarrow (S_{TnamMFG}, \lambda, \lambda, 1, 0) \quad \alpha \in \{s, x\}$

$(\alpha, S_{TnamPPH}) \longrightarrow (S_{TnamSSA}, \lambda, \lambda, 4, 0) \quad \alpha \in A_1 - \{s, x\}$

Diese Instruktionen schließen den zweiten Teil des syntaxanalysierenden Algorithmus ab. Der dritte Teil wird zunächst wiederum anschaulich, dann formal beschrieben.

Im dritten Teil des Syntaxanalysealgorithmus werden komplexe Syntagmen analysiert. Die erste Prüfung zielt auf Relativpronomina. Ein Relativpronomen als Subjekt eines Relativsatzes determiniert die folgende Untersuchungskette als Verb. Die zugrundeliegende Struktur Relativpronomen + (Pronomen +) + Verb(*i*)*ent* wird durch einen Beispielsatz erläutert: *les vaches qui mangent les herbes donnent du lait*. Für Ketten auf *ient* wird, um den Numerus des Relativpronomens zu ermitteln, das Wort untersucht, auf das sich das Relativpronomen bezieht. Die Maschine sucht Pluralmorphogramme.

Die verbale Form wird auch bei relativischem *que* gewählt: *c'est une rampe que dévalent des jeeps et des policiers*.

Werden keine Relativpronomina gefunden, werden koordinierte Strukturen zur Prüfung angesetzt. Folgende Syntagmen werden überprüft: Verb(*ent*, *ont*) + *et* + (Pronomen) + Verb(*i*)*ent* (*les hommes le détestent et l'aiment en même temps*), Adjektiv(*ent*) + *et* + (Determinierer +) Adjektiv(*ent*) (*un homme intelligent et prudent*), Substantiv(*ent*) + *et* + (Determinierer +) Substantiv(*ent*) (*le*

---

270) PPH: Untersuchung eines Syntagmas mit Präpositionalphrase.

continent et le président), Adjektiv + *et* + Adjektiv(*ent*) (*un homme rusé et intelligent*). Analoge Strukturen gelten für Ketten auf *ient* und für Logogramme. Bereits vorher identifizierte Ketten erhalten eine Markierung, so daß im Satz *le continent et le président* die erste Kette *ent* bei der Untersuchung des Wortes *président* bereits als nicht morphogrammatisch gekennzeichnet ist. Bei jeder Untersuchung wird als erstes nach Auffinden einer Konjunktion geprüft, ob eine gekennzeichnete Kette vorausgeht. Ist sie verbal, ist auch das Untersuchungswort Verb, ist sie es nicht, so auch das Untersuchungswort.

Geht keine gekennzeichnete Kette voraus, wird geprüft, ob links der Konjunktion ein plurales Subjekt steht. Eine koordinierte Struktur des Typs Substantiv(Pl.) + Verb + Objekt + *et* + (Determinierer +) Verb(*i*)*ent* wird angesetzt (*Ils regardent les animaux et leur donnent du lait*).

Werden keine Pluralmorphogramme gefunden, geht die Maschine zur Prüfung des drittletzten Wortes vor dem Untersuchungswort über. Endet dieses Wort mit einer als Verb gekennzeichneten Kette *ent*, so ist das Untersuchungswort Verb, endet es mit einer als Substantiv markierten Kette, so ist das Untersuchungswort Substantiv. Die Analyse beruht auf durch *et* koordinierten Wörtern mit identischer grammatischer Funktion. Die gleichen Regeln gelten, wenn das viert- oder fünftletzte Wort auf *ent* ausgeht. Wird keine solche Kette gefunden, so wird unten die Suche nach einem pluralen Subjekt am Satzanfang fortgesetzt.

Das hier dargestellte Analyseverfahren erwies sich in praktischer computativer Realisierung als sehr wirksam.

Geht dem Untersuchungswort keine Koordination voraus, prüft die Maschine die Strukturen Determinierer(mask.sing.) + Substantiv(Adjektiv)*ent* + Adjektiv(Substantiv)*ent* (*un homme intelligent, un bel homme intelligent*) und Determinierer(fem.sing.) + Substantiv + Verb*ent* (*le commissaire et le chef de la police regardent les manifestants avec dédain*). Im ersten Beispiel kann an der Stelle des Determinierers auch ein präponierbares Adjektiv stehen. In der zweiten Struktur indiziert der fehlende accord zwischen femininem Artikel (und femininem Substantiv als Nomen einer Nominalphrase) und Untersuchungswort dessen verbale Funktion.

Die Prüfung postponierter Adjektive auf *ent* wird erst hier durchgeführt, damit vorher Regeln mit größerer Entscheidungskapazität und höherer Applikationsfrequenz angewendet werden können.

Der Geltungsbereich der erstgenannten Struktur muß noch eingeschränkt werden. Das Untersuchungswort ist nur dann einer nicht verbalen Form zuzuordnen, wenn ihm ein nicht einschubmarkierendes Satztrennungszeichen vorausgeht. Folgt der Determinierer einer Präposition, erhält die Untersuchungskette für satzinitiale Stellung der Präposition die nicht verbale Form.

Leitet nicht ein Determinierer, sondern eine Präposition die oben angeführte Struktur ein, so gelten dafür die gleichen Bedingungen wie für Strukturen mit Präposition und Determinierer.

Leitet die Präposition eine von einem pluralen Nomen in Subjektsfunktion dominierte Präpositionalphrase ein, ist das Untersuchungswort Verb (*les voitures de sport coûtent très cher)*.

Werden weder Determinierer noch Präpositionen gefunden, wird am Satzanfang nach pluralem Subjekt gesucht.

Wird vor dem Determinierer keine Präposition gefunden, wird geprüft, ob der Satz ein plurales Subjekt in Gestalt singularer koordinierter Nomen hat. Dazu wird beim dritt-, viert- und fünftletzten Wort nach der Konjunktion *et* gesucht (*Pierre et son ami Paul amusent le public, le général et le sécrétaire d'état réculent devant l'agitation pacifique)*. Die zugrundeliegenden Strukturen sind (Determinierer +) Substantiv + *et* + (Determinierer +) Substantiv + (Präposition + Artikel + Substantiv +) Verb(*i*)*ent*.

Das Organigramm symbolisiert den Entscheidungsablauf:

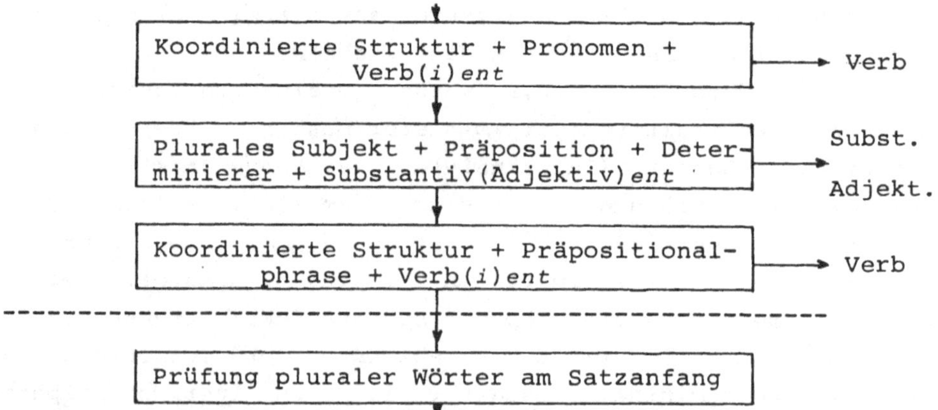

Zunächst werden die Prüfungen von Relativpronomen durchgeführt:

$(que,S_{TnamREL}) \longrightarrow (S_{TnamMFG},\lambda,\lambda,1,0)$

Bei *qui* wird eine auf Pluralmorpheme zielende Prüfung für Ketten auf *ient* durchgeführt:

$(qui,S_{TentREL}) \longrightarrow (S_{TentMFG},\lambda,\lambda,1,0)$

$(qui,S_{T(\text{Name des Logogramms})REL}) \longrightarrow (S_{T(\text{Name des Logogramms})MFG},\lambda,\lambda,1,0)$

$(qui,S_{TientREL}) \longrightarrow (S_{TientRES}$[271] $,\lambda,\lambda,-1,0)$

Es wird untersucht, ob das *qui* vorausgehende Wort mit Pluralmorphogrammen endet. Satztrennungszeichen führen zum Abbruch der Prüfung, Einschubmarkierer werden p.91 behandelt.

$(\alpha,S_{TientRES}) \longrightarrow (S_{TientRES},\lambda,\lambda,-1,0) \quad \alpha \in A_{21} - \{-\}$

$(\alpha,S_{TientRES}) \longrightarrow (S_{TientNMF},\lambda,\lambda,1,0) \quad \alpha \in A_{22} - \{)\}$

Für Pluralmorphogramme wird die Verbform gewählt:

$(\alpha,S_{TientRES}) \longrightarrow (S_{TientMFG},\lambda,\lambda,1,0) \quad \alpha \in \{s,x\}$

Für alle anderen Buchstaben wird unten eine zum Satzanfang orientierte Prüfung zur Ermittlung eines pluralen Subjekts gemacht:

$(\alpha,S_{TientRES}) \longrightarrow (S_{TientSSA},\lambda,\lambda,0,0) \quad \alpha \in A_1 - \{s,x\}$

Die Maschine geht zur Prüfung koordinierter Strukturen über, wenn sie keine Relativpronomen findet.

$(et,S_{TnamREL}) \longrightarrow (S_{TnamKOS}$[272]$,\lambda,\lambda,-1,0)$

Geht eine verbal markierte Form voraus, ist das durch *et* verbundene Untersuchungswort Verb, geht eine substantivisch markierte Form voraus, ist das Untersuchungswort Substantiv. Die Untersuchung endet am viertletzten Wort.

$(\alpha,S_{TnamKOS}) \longrightarrow (S_{TnamKOS},\lambda,\lambda,-1,0) \quad \alpha \in A_{21} - \{-\}$

$(\alpha,S_{TnamKOS}) \longrightarrow (S_{TnamNMF},\lambda,\lambda,1,0) \quad \alpha \in A_{22} - \{)\}$

Für Einschubmarkierer gelten die p. 91 beschriebenen Instruktionen.

$(\alpha,S_{TnamKOS}) \longrightarrow (S_{TnamKOV}$[273]$,\lambda,\lambda,-2,0) \quad \alpha \in A_1$

$(xxx,S_{TnamKOV}) \longrightarrow (S_{TnamMFG},\lambda,\lambda,1,0)$ [274]

$(yyy,S_{TnamKOV}) \longrightarrow (S_{TnamNMF},\lambda,\lambda,1,0)$ [275]

Für alle Ketten ungleich *xxx* und *yyy* wird geprüft, ob der

---

271) RES: Die Satzzeichen vor dem Relativpronomen werden untersucht.
272) KOS: Die Satzzeichen vor der Konjunktion werden durchlaufen.
273) KOV: Es wird geprüft, ob der Konjunktion ein Verb vorausgeht.
274) *xxx* markiert Verbformen. s.a.u.p.113.
275) *yyy* markiert Substantivformen. s.a.u.p.113.

letzte Buchstabe des gerade untersuchten Wortes ein Pluralmorphogramm ist:

$(\alpha, S_{TnamKOV}) \longrightarrow (S_{TnamKPL}$[276]$, \lambda, \lambda, 2, 0)$

α ist eine Kette ungleich *xxx* und *yyy*.

$(\alpha, S_{TnamKPL}) \longrightarrow (S_{TnamMFG}, \lambda, \lambda, 1, 0) \quad \alpha \in \{s, x\}$

Für alle anderen Ketten β ungleich α, *xxx* und *yyy* wird das Vorwort aufgesucht:

$(\beta, S_{TnamKPL}) \longrightarrow (S_{TnamKOR}$[277]$, \lambda, \lambda, -1, 0)$

$(\alpha, S_{TnamKOR}) \longrightarrow (S_{TnamKOR}, \lambda, \lambda, -1, 0) \quad \alpha \in A_1$

$(\alpha, S_{TnamKOR}) \longrightarrow (S_{TnamKSR}$[278]$, \lambda, \lambda, 0, 0) \quad \alpha \in A_2$

$(\alpha, S_{TnamKSR}) \longrightarrow (S_{TnamNMF}, \lambda, \lambda, 1, 0) \quad \alpha \in A_{22} - \{)\}$

$(\alpha, S_{TnamKSR}) \longrightarrow (S_{TnamKSR}, \lambda, \lambda, -1, 0) \quad \alpha \in A_{21} - \{-\}$

Für Einschubmarkierer gelten die Instruktionen p.91.

$(\alpha, S_{TnamKSR}) \longrightarrow (S_{TnamKBR}$[279]$, \lambda, \lambda, -2, 0) \quad \alpha \in A_1$

$(xxx, S_{TnamKBR}) \longrightarrow (S_{TnamMFG}, \lambda, \lambda, 1, 0)$

$(yyy, S_{TnamKBR}) \longrightarrow (S_{TnamNMF}, \lambda, \lambda, 1, 0)$

$(\alpha, S_{TnamKBR}) \longrightarrow (S_{TnamKZR}$[280]$, \lambda, \lambda, 2, 0)$

α ist ungleich *xxx* und *yyy*.

$(\alpha, S_{TnamKZR}) \longrightarrow (S_{TnamKZR}, \lambda, \lambda, -1, 0) \quad \alpha \in A_1$

$(\alpha, S_{TnamKZR}) \longrightarrow (S_{TnamKDS}$[281]$, \lambda, \lambda, 0, 0) \quad \alpha \in A_2$

$(\alpha, S_{TnamKDS}) \longrightarrow (S_{TnamKDS}, \lambda, \lambda, -1, 0) \quad \alpha \in A_{21} - \{-\}$

$(\alpha, S_{TnamKDS}) \longrightarrow (S_{TnamNMF}, \lambda, \lambda, 1, 0) \quad \alpha \in A_{22} - \{)\}$

Für Einschubmarkierer gelten die Instruktionen p. 91.

$(\alpha, S_{TnamKDS}) \longrightarrow (S_{TnamKDP}$[282]$, \lambda, \lambda, -2, 0) \quad \alpha \in A_1$

$(xxx, S_{TnamKDP}) \longrightarrow (S_{TnamMFG}, \lambda, \lambda, 1, 0)$

$(yyy, S_{TnamKDP}) \longrightarrow (S_{TnamNMF}, \lambda, \lambda, 1, 0)$

$(\alpha, S_{TnamKDP}) \longrightarrow (S_{TnamKDB}$[283]$, \lambda, \lambda, 2, 0)$

α ist ungleich *xxx* und *yyy*.

$(\alpha, S_{TnamKDB}) \longrightarrow (S_{TnamKDB}, \lambda, \lambda, -1, 0) \quad \alpha \in A_1$

$(\alpha, S_{TnamKDB}) \longrightarrow (S_{TnamKVS}$[284]$, \lambda, \lambda, 0, 0) \quad \alpha \in A_2$

$(\alpha, S_{TnamKVS}) \longrightarrow (S_{TnamKVS}, \lambda, \lambda, -1, 0) \quad \alpha \in A_{21} - \{-\}$

$(\alpha, S_{TnamKVS}) \longrightarrow (S_{TnamNMF}, \lambda, \lambda, 1, 0) \quad \alpha \in A_{22} - \{)\}$

---

276) KPL: Vor der Konjunktion werden Pluralmorphogramme gesucht.

277) KOR: Prüfung der koordinierten Struktur, Bandverschiebung nach rechts.

278) KSR: Prüfung von Satzzeichen in der koordinierten Struktur, Rechtsbewegung.

279) KBR: Koordinierte Struktur, Buchstabenprüfung und Rechtsverschiebung.

280) KZR: Prüfung des zweiten Wortes der koordinierten Struktur, Rechtsbewegung.

281) KDS: Prüfung der Satzzeichen hinter dem dritten Wort links der Prüfungskette.

282) KDP: Prüfung des dritten Wortes der koordinierten Struktur.

283) KDB: Bearbeitung der Buchstaben des drittletzten Wortes vor der Konjunktion.

284) KVS: Die Satzzeichen nach dem viertletzten Wort vor der Konjunktion werden bearbeitet.

Für Einschubmarkierer gelten die Instruktionen p. 91.

$(\alpha, S_{TnamKVS}) \longrightarrow (S_{TnamKVP}$[285]$, \lambda, \lambda, -1, 0) \quad \alpha \in A_1$

$(xxx, S_{TnamKVP}) \longrightarrow (S_{TnamMFG}, \lambda, \lambda, 1, 0)$

$(yyy, S_{TnamKVP}) \longrightarrow (S_{TnamNMF}, \lambda, \lambda, 1, 0)$

Für alle Ketten β ungleich *xxx* und *yyy* wird unten eine Prüfung des am Satzanfang stehenden Subjekts durchgeführt.

$(\beta, S_{TnamKVP}) \longrightarrow (S_{TnamSSA}, \lambda, \lambda, 2, 0)$

β ist ungleich *xxx* und *yyy*. Die Instruktionen haben die vier vor der Konjunktion *et* stehenden Wörter bearbeitet und geprüft, ob die Konjunktion verbale oder nicht verbale Satzteile verbindet.

Logogramme werden von den folgenden Prüfungen ausgeschlossen. Die Instruktion

$(\alpha, S_{T(\text{Name des Logogramms})REL}) \longrightarrow (S_{T(\text{Name des Logogramms})MFG}, \lambda, \lambda, 1, 0)$

mit α ungleich Relativpronomen und Konjunktion *et* ordnet ambigen Logogrammen verbale Formen zu.

Die folgende Artikelprüfung wird bei vorausgehenden ambigen Artikeln übersprungen, da es keine Strukturen des Typs Determinierer + Determinierer oder Determinierer + Pronomen gibt. Untersuchungswörter mit ambigen Artikeln werden sofort zur Präpositionenprüfung weitergeleitet.

Wir prüfen zunächst, ob dem Untersuchungswort ein ambiger, durch & markierter Artikel vorausgeht. Die augenblickliche Position des Lese-Schreibkopfes wird durch ein $ markiert:

$(\alpha, S_{TnmeREL})$[286] $\longrightarrow (S_{TnmeAML}$[287]$, \$\alpha, \lambda, 1, 0)$

α ist ungleich Relativpronomen und Konjunktion *et*.

$(\alpha, S_{TnmeAML}) \longrightarrow (S_{TnmeAML}, \lambda, \lambda, 1, 0) \quad \alpha \in A_1 \cup A_2$

Wird ein Zeichen & gefunden, geht dem Untersuchungswort eine ambige Kette voraus. Die Präpositionenprüfung beginnt sofort:

$(\&\alpha, S_{TnmeAML}) \longrightarrow (S_{TnmeAMR}$[288]$, \lambda, \lambda, -1, 0) \quad \alpha \in A_1$

$(\alpha, S_{TnmeAMR}) \longrightarrow (S_{TnmeAMR}, \lambda, \lambda, -1, 0) \quad \alpha \in A_1 \cup A_2$

$(\$\alpha, S_{TnmeAMR}) \longrightarrow (S_{TnmePRP}$[289]$, \alpha, \lambda, 0, 0) \quad \alpha \in A_1$

Wird das das Untersuchungswort markierende Zeichen § gefunden,

---

285) KVP: Prüfung des viertletzten Worts vor der Konjunktion.

286) nme ist eine Variable für die Ketten *ent* und *ient*.

287) AML: Linksverschieben der ambigen Kette.

288) AMR: Rechtsverschieben bei Auffinden der ambigen Kette.

289) PRP: Präpositionenprüfung.

wird, da dem Untersuchungswort keine ambige Kette vorausgeht, die Artikelprüfung durchgeführt.

$(\S\alpha, S_{TnmeAML}) \longrightarrow (S_{TnmeARR}{}^{290}, \lambda, \lambda, -1, 0) \quad \alpha \in A_1$

$(\alpha, S_{TnmeARR}) \longrightarrow (S_{TnmeARR}, \lambda, \lambda, -1, 0) \quad \alpha \in A_1 \cup A_2$

$(\&\alpha, S_{TnmeARR}) \longrightarrow (S_{TnmeARP}{}^{291}, \alpha, \lambda, 0, 0) \quad \alpha \in A_1$

Bei femininem Determinierer ist das Untersuchungswort wegen des fehlenden accord Verb:

$(\alpha, S_{TnmeARP}) \longrightarrow (S_{TnmeMFG}, \lambda, \lambda, 1, 0)$

α ist Element der im Anhang extensional definierten Menge femininer Determinierer.

$(\alpha, S_{TnmeARP}) \longrightarrow (S_{TnmePAR}{}^{292}, \lambda, \lambda, -1, 0)$

α ist Element der im Anhang extensional definierten Menge maskuliner singularer Determinierer. Für alle β ungleich der definierten α geht die Maschine zur Präpositionenprüfung über:

$(\beta, S_{TnmeARP}) \longrightarrow (S_{TnmePRP}, \lambda, \lambda, 0, 0)$

Geht dem Artikel ein Punkt voran, ist das Untersuchungswort kein Verb:

$(\alpha, S_{TnmePAR}) \longrightarrow (S_{TnmePAR}, \lambda, \lambda, -1, 0) \quad \alpha \in A_{21} - \{-\}$

$(\alpha, S_{TnmePAR}) \longrightarrow (S_{TnmeNMF}, \lambda, \lambda, 1, 0) \quad \alpha \in A_{22} - \{)\}$

Für Einschubmarkierer gelten die Instruktionen p. 91.

Der erste Buchstabe des vorangehenden Wortes wird gesucht:

$(\alpha, S_{TnmePAR}) \longrightarrow (S_{TnmePAB}{}^{293}, \lambda, \lambda, -1, 0) \quad \alpha \in A_1$

$(\alpha, S_{TnmePAB}) \longrightarrow (S_{TnmePAB}, \lambda, \lambda, -1, 0) \quad \alpha \in A_1$

$(\alpha, S_{TnmePAB}) \longrightarrow (S_{TnmePAP}{}^{294}, \lambda, \lambda, -1, 0) \quad \alpha \in A_2$

$(\alpha, S_{TnmePAB}) \longrightarrow (S_{TnmePNP}{}^{295}, \lambda, \lambda, -1, 0)$

α ist Element der im Anhang extensional definierten Menge der Präpositionen. Wird an der Stelle des Artikels eine Präposition gefunden, so geht die Maschine ebenfalls in den Zustand $S_{TnmePNP}$ über, um vor der Präposition ein plurales Nomen zu suchen, das einen Präpositionalsatz dominiert.

$(\alpha, S_{TnmePRP}) \longrightarrow (S_{TnmePNP}, \lambda, \lambda, -1, 0)$

α ist Element der im Anhang extensional definierten Menge der Präpositionen. Für alle Ketten β ungleich α wird am Satzanfang

290) ARR: Zur Artikelprüfung wird das Eingabeband nach rechts verschoben.

291) ARP: Artikelprüfung.

292) PAR: Die Präposition vor dem Artikel wird gesucht.

293) PAB: Prüfung der Buchstaben der dem Artikel vorangehenden Präposition.

294) PAP: Prüfung der dem Artikel vorangehenden Präposition.

295) PNP: Untersuchung des pluralen Nomens einer Präpositionalphrase.

nach einem pluralen Subjekt gesucht:

$(\beta, S_{TnmePRP}) \longrightarrow (S_{TnmeSSA}, \lambda, \lambda, -1, 0)$

Im Zustand $S_{TnmePNP}$ wird untersucht, ob der Untersuchungskette ein plurales Nomen vorausgeht. Plurale Nomen sind durch Pluralmorphogramme gekennzeichnet oder es sind koordinierte singulare oder plurale Formen. Das der Präposition vorausgehende Wort wird in der folgenden Prüfung auf Pluralmorphogramme untersucht:

$(\alpha, S_{TnmePNP}) \longrightarrow (S_{TnmePNP}, \lambda, \lambda, -1, 0) \quad \alpha \in A_{21} - \{-\}$

Für Satztrennungszeichen wird die nichtverbale Form gewählt, für Einschubmarkierer die Instruktionen p. 91 durchlaufen.

$(\alpha, S_{TnmePNP}) \longrightarrow (S_{TnmeNMF}, \lambda, \lambda, 1, 0) \quad \alpha \in A_{22} - \{)\}$

Der Beginn des vor der Präposition stehenden Worts wird aufgesucht, wenn das Wortende durch ein Pluralmorphogramm gekennzeichnet ist.

$(\alpha, S_{TnmePNP}) \longrightarrow (S_{TnmePLS}$[296]$, \lambda, \lambda, -1, 0) \quad \alpha \in \{s, x\}$

Für alle Buchstaben ungleich den Pluralmorphogrammen *s,x* wird der Beginn des gerade untersuchten Worts gesucht und geprüft, ob es sich um die Konjunktion *et* handelt.

$(\alpha, S_{TnmePNP}) \longrightarrow (S_{TnmeKNB}$[297]$, \lambda, \lambda, -1, 0) \quad \alpha \in A_1 - \{s, x\}$

$(\alpha, S_{TnmeKNB}) \longrightarrow (S_{TnmeKNB}, \lambda, \lambda, -1, 0) \quad \alpha \in A_1$

$(\alpha, S_{TnmeKNB}) \longrightarrow (S_{TnmeKNP}$[298]$, \lambda, \lambda, 1, 0) \quad \alpha \in A_2$

Die Maschine geht ebenfalls in den Zustand $S_{TnmeKNP}$, wenn vor dem Artikel keine Präposition steht:

$(\alpha, S_{TnmePAP}) \longrightarrow (S_{TnmeKNP}, \lambda, \lambda, 0, 0)$

α ist eine Kette ungleich der im Anhang extensional definierten Menge der Präpositionen.

Indiziert die Konjunktion *et* eine plurale Nominalstruktur, so wird die Verbform gewählt:

$(et, S_{TnmeKNP}) \longrightarrow (S_{TnmeMFG}, \lambda, \lambda, 1, 0)$

Für alle anderen Ketten wird die davorstehende Kette untersucht. Handelt es sich dabei um eine Konjunktion, wird die Verbform gewählt. Anderenfalls wird ein plurales Subjekt am Satzanfang gesucht.

$(\alpha, S_{TnmeKNP}) \longrightarrow (S_{TnmeKNS}$[299]$, \lambda, \lambda, -1, 0)$

α ist ungleich *et*.

---

296) PLS: Suche des pluralen Subjekts.
297) KNB: Durchlaufen von Buchstaben zur Suche der Konjunktion.
298) KNP: Konjunktionsprüfung.
299) KNS: Die Satzzeichen nach der Konjunktion werden durchlaufen.

$(\alpha,S_{TnmeKNS}) \longrightarrow (S_{TnmeKNS},\lambda,\lambda,-1,0) \qquad \alpha \in A_{21} - \{-\}$
$(\alpha,S_{TnmeKNS}) \longrightarrow (S_{TnmeNMF},\lambda,\lambda,1,0) \qquad \alpha \in A_{22} - \{)\}$

Für Satztrennungszeichen findet die nicht verbale Form Anwendung. Einschubmarkierer werden p. 91 behandelt.

$(\alpha,S_{TnmeKNS}) \longrightarrow (S_{TnmeKOB}$[300]$,\lambda,\lambda,-1,0) \qquad \alpha \in A_1$
$(\alpha,S_{TnmeKOB}) \longrightarrow (S_{TnmeKOB},\lambda,\lambda,-1,0) \qquad \alpha \in A_1$
$(\alpha,S_{TnmeKOB}) \longrightarrow (S_{TnmeKON}$[301]$,\lambda,\lambda,1,0) \qquad \alpha \in A_2$
$(et,S_{TnmeKON}) \longrightarrow (S_{TnmeMFV}$[302]$,\lambda,\lambda,1,0)$
$(\alpha,S_{TnmeKON}) \longrightarrow (S_{TnmeSSA},\lambda,\lambda,0,0)$

α ist eine Kette ungleich *et*.

Gehen der Präposition zwei Wörter mit Pluralmorphogrammen voraus, so werden sie als Subjekt des verbalen Untersuchungswortes angesetzt.

Im Zustand $S_{TnmePLS}$ ist bereits ein Pluralmorphogramm identifiziert worden. Um die Sicherheit der Analyse zu erhöhen, wird ein zweites gesucht.

$(\alpha,S_{TnmePLS}) \longrightarrow (S_{TnmePLS},\lambda,\lambda,-1,0) \qquad \alpha \in A_1$
$(\alpha,S_{TnmePLS}) \longrightarrow (S_{TnmePSS}$[303]$,\lambda,\lambda,0,0) \qquad \alpha \in A_2$
$(\alpha,S_{TnmePSS}) \longrightarrow (S_{TnmeNMF},\lambda,\lambda,1,0) \qquad \alpha \in A_{22} - \{)\}$

Für Satztrennungszeichen wird die Untersuchung abgebrochen. Für Einschubmarkierer gelten die Instruktionen p. 91.

$(\alpha,S_{TnmePSS}) \longrightarrow (S_{TnmePSS},\lambda,\lambda,-1,0) \qquad \alpha \in A_{21} - \{-\}$
$(\alpha,S_{TnmePSS}) \longrightarrow (S_{TnmeMFV},\lambda,\lambda,1,0) \qquad \alpha \in \{s,x\}$
$(\alpha,S_{TnmePSS}) \longrightarrow (S_{TnmeKJP}$[304]$,\lambda,\lambda,-1,0) \qquad \alpha \in A_1 - \{s,x\}$

Wird kein zweites Pluralmorphogramm gefunden, wird das Eingabeband zum Beginn der gerade untersuchten Kette zurückgespult, um eine Konjunktion zu suchen:

$(\alpha,S_{TnmeKJP}) \longrightarrow (S_{TnmeKJP},\lambda,\lambda,-1,0) \qquad \alpha \in A_1$
$(\alpha,S_{TnmeKJP}) \longrightarrow (S_{TnmeKON},\lambda,\lambda,1,0) \qquad \alpha \in A_2$

Mit diesen Instruktionen schließt der dritte Teil des syntaxanalysierenden Algorithmus.

Im vierten und letzten Teil des Syntaxalgorithmus werden zwei Operationen durchgeführt. Zunächst werden die beiden Wörter in

---

300) KOB: Die Buchstaben der Konjunktion werden durchlaufen.
301) KON: Konjunktionsprüfung.
302) MFV: Morphogrammatische Form, die nach Anwendung projektiver Regeln kopiert wird. s.a.u.p. 112.
303) PSS: Suche des pluralen Subjekts.
304) KJP: Vorbereitung der Konjunktionsprüfung.

satzinitialer Stellung auf Pluralmorphogramme untersucht. Das Untersuchungswort ist Verb, wenn Pluralmorphogramme, die zum Subjekt gehören, gefunden werden. Dann werden einige für die Umschreibung der Kette *ent* relevante Regeln angewendet. Diese Regeln sind in gewisser Weise projektiv, insofern sie Ketten betreffen, die noch zu umschreiben sind. Wir können sie auch als bleeding für zu applizierende Transkriptionsregeln bezeichnen.

Folgt einem Verb auf *ent* eine Kette *et ...ent*, so handelt es sich um eine koordinierte Verbalphrasenstruktur. Das zweite terminale *ent* wird bis auf *e* gelöscht, so daß die Kette später durch eine einfache Regel umschrieben werden kann. Der komplexe Algorithmus zur Bestimmung der grammatischen Funktion braucht dann nur einmal zur funktionalen Analyse des ersten Untersuchungswortes herangezogen werden.

Folgt dem Verb auf *ent* ein Artikel eines direkten Objekts, so wird die Kette zu *en* gekürzt, wenn das direkte Objekt auf *ent* endet. *en* wird später durch einfache Umschreibungsregeln in /ã/ transkribiert.

Die beiden projektiven Regeln verhindern die mehrfache Applikation komplexer Analyseverfahren und sorgen damit bei der computativen Realisierung des Algorithmus für ein rasches Arbeiten der Rechenanlage.

Das Organigramm skizziert den Entscheidungsablauf:

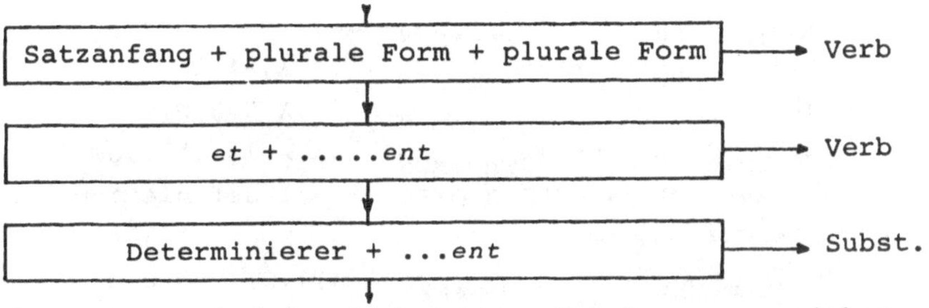

Im Zustand $S_{TnmeSSA}$ wird das linksseitige Satztrennungszeichen gesucht.

$(\alpha, S_{TnmeSSA}) \longrightarrow (S_{TnmeSSA}, \lambda, \lambda, -1, 0) \quad \alpha \in A_1 \cup A_{21} \cup \{(,)\}$

$(\alpha, S_{TnmeSSA}) \longrightarrow (S_{TnmePLD}, \lambda, \lambda, 1, 0) \quad \alpha \in A_{22} - \{(,)\}$ [305]

$(\alpha, S_{TnmePLD}) \longrightarrow (S_{TnmePLD}, \lambda, \lambda, 1, 0) \quad \alpha \in A_{21} \cup \{(,)\}$

---

305) PLD: Suche des pluralen Determinierers.

$(\alpha, S_{TnmePLD}) \longrightarrow (S_{TnmePDB}{}^{306}, \lambda, \lambda, 1, 0) \quad \alpha \in A_1$
$(\alpha, S_{TnmePDB}) \longrightarrow (S_{TnmePDB}, \lambda, \lambda, 1, 0) \quad \alpha \in A_1$
$(\alpha, S_{TnmePDB}) \longrightarrow (S_{TnmePDP}{}^{307}, \lambda, \lambda, -1, 0) \quad \alpha \in A_2$
$(\alpha, S_{TnmePDP}) \longrightarrow (S_{TnmePNS}{}^{308}, \lambda, \lambda, 1, 0) \quad \alpha \in \{s,x\}$

Werden keine Pluralmorphogramme gefunden, wird die Prüfung mit der Wahl der substantivischen Form beendet:

$(\alpha, S_{TnmePDP}) \longrightarrow (S_{TnmeNMF}, \lambda, \lambda, 1, 0) \quad \alpha \in A_1 - \{s,x\}$

Für ein Wort mit Pluralmorphogramm wird ein zweites mit Pluralmorphogramm gesucht:

$(\alpha, S_{TnmePNS}) \longrightarrow (S_{TnmePNS}, \lambda, \lambda, 1, 0) \quad \alpha \in A_2$
$(\alpha, S_{TnmePNS}) \longrightarrow (S_{TnmePNB}{}^{309}, \lambda, \lambda, 1, 0) \quad \alpha \in A_1$
$(\alpha, S_{TnmePNB}) \longrightarrow (S_{TnmePNB}, \lambda, \lambda, 1, 0) \quad \alpha \in A_1$
$(\alpha, S_{TnmePNB}) \longrightarrow (S_{TnmePNP}{}^{310}, \lambda, \lambda, -1, 0) \quad \alpha \in A_2$
$(\alpha, S_{TnmePNP}) \longrightarrow (S_{TnmeMFV}, \lambda, \lambda, 1, 0) \quad \alpha \in \{s,x\}$

Für alle anderen Zeichen wird die nichtverbale Form gewählt:

$(\alpha, S_{TnmePNP}) \longrightarrow (S_{TnmeNMF}, \lambda, \lambda, 1, 0) \quad \alpha \in A_1 - \{s,x\}$

Im Zustand $S_{TnmeMFV}$ werden projektive Regeln angewendet. Die Maschine sucht zunächst das Untersuchungswort:

$(\alpha, S_{TnmeMFV}) \longrightarrow (S_{TnmeMFV}, \lambda, \lambda, 1, 0) \quad \alpha \in A_1 \cup A_2$
$(\&\alpha, S_{TnmeMFV}) \longrightarrow (S_{TnmeMFV}, \lambda, \lambda, 1, 0) \quad \alpha \in A_1$
$(\S\alpha, S_{TnmeMFV}) \longrightarrow (S_{TnmeMFK}{}^{311}, \alpha, \lambda, lg((i)ent), 0) \quad \alpha \in \{i,e\}$

Folgen die Konjunktion *et* oder Determinierer, wird die Prüfung fortgesetzt, anderenfalls abgebrochen:

$(\alpha, S_{TnmeMFK}) \longrightarrow (S_{TnmeMFK}, \lambda, \lambda, 1, 0) \quad \alpha \in A_{21}$
$(\alpha, S_{TnmeMFK}) \longrightarrow (S_{TnmeMFR}{}^{312}, \lambda, \lambda, -1, 0)$
$(et\llcorner, S_{TnmeMFK}) \longrightarrow (S_{TnmeMKV}{}^{313}, \lambda, \lambda, 3, 0)$
$(\alpha, S_{TnmeMFK}) \longrightarrow (S_{TnmeMDS}{}^{314}, \lambda, \lambda, lg(\alpha)+1, 0)$

α ist Element der im Anhang extensional definierten Menge der Determinierer.

$(\alpha, S_{TnmeMKV}) \longrightarrow (S_{TnmeMKV}, \lambda, \lambda, 1, 0) \quad \alpha \in A_{21}$

---

306) PDB: Die Buchstaben des pluralen Determinierers werden durchlaufen.
307) PDP: Prüfung des pluralen Determinieres.
308) PNS: Die Satzzeichen vor dem pluralen Nomen werden durchlaufen.
309) PNB: Die Buchstaben des pluralen Nomens werden durchlaufen.
310) PNP: Prüfung des pluralen Nomens.
311) MFK: Prüfung der Konjunktion vor morphogrammatischer Form.
312) MFR: vgl. Anm. 231 p.94.
313) MKV: Morphogrammatische Form, Konjunktion plus Verb.
314) MDS: Morphogrammatische Form, Determinierer plus Substantiv.

$(\alpha, S_{TnmeMDS}) \longrightarrow (S_{TnmeMDS}, \lambda, \lambda, 1, 0) \quad \alpha \in A_{21}$
$(\alpha, S_{TnmeMKV}) \longrightarrow (S_{TnmeMFR}, \lambda, \lambda, -1, 0) \quad \alpha \in A_{22}$
$(\alpha, S_{TnmeMDS}) \longrightarrow (S_{TnmeMFR}, \lambda, \lambda, -1, 0) \quad \alpha \in A_{22}$
$(\alpha, S_{TnmeMKV}) \longrightarrow (S_{TnmeMVB}$[315]$, \lambda, \lambda, 1, 0) \quad \alpha \in A_1$
$(\alpha, S_{TnmeMDS}) \longrightarrow (S_{TnmeMSB}$[316]$, \lambda, \lambda, 1, 0) \quad \alpha \in A_1$
$(\alpha, S_{TnmeMVB}) \longrightarrow (S_{TnmeMVB}, \lambda, \lambda, 1, 0) \quad \alpha \in A_1$
$(\alpha, S_{TnmeMSB}) \longrightarrow (S_{TnmeMSB}, \lambda, \lambda, 1, 0) \quad \alpha \in A_1$
$(\alpha, S_{TnmeMVB}) \longrightarrow (S_{TnmeMVP}$[317]$, \lambda, \lambda, -3, 0) \quad \alpha \in A_2$
$(\alpha, S_{TnmeMSB}) \longrightarrow (S_{TnmeMSP}$[318]$, \lambda, \lambda, -3, 0) \quad \alpha \in A_2$
$((i)ent, S_{TnmeMVP}) \longrightarrow (S_{TnmeMFR}, (i)e\sqcup, \lambda, -1, 0)$
$((i)ent, S_{TnmeMSP}) \longrightarrow (S_{TnmeMFR}, (i)en\sqcup, \lambda, -1, 0)$

Für alle anderen Ketten wird die Prüfung abgebrochen:

$(\alpha, S_{TnmeMVP}) \longrightarrow (S_{TnmeMFR}, \lambda, \lambda, -1, 0)$
$(\alpha, S_{TnmeMSP}) \longrightarrow (S_{TnmeMFR}, \lambda, \lambda, -1, 0)$

α ist ungleich (*i*)*ent*.

Die Transkription ambiger Ketten wird durch Kopierinstruktionen abgeschlossen. Hier gilt es jedoch zu berücksichtigen, daß die verbale Kette *ent* durch /ə/ oder durch /ø/ wiedergegeben werden kann. Die Wahl der Form hängt vom Kontext ab. Für substantivisches *ient* gibt es ebenfalls zwei Umschreibungsformen, /iḭã/ und /i̭ã/. Da diese Probleme auch für terminale Ketten *es* und *e* und für Ketten *i* + Vokal gelten, werden sie u.[319] in allgemeiner Form gelöst.

Zunächst schreiben wir aber die Instruktionen für die eindeutigen ambigen Ketten zur Kopie ihres phonematischen Gegenstücks:

$(\S ient, S_{TientMFG}) \longrightarrow (S_{TGENXXY}, xxx$[320]$, i, 4, 1)$
$(\S ent, S_{TentNMF}) \longrightarrow (S_{TgenXXY}, yyy, \tilde{a}, 3, 1)$
$(\alpha, S_{T(\text{Name des Logogramms})MFG}) \longrightarrow (S_{TGENXXY}, xxx, f(\alpha), l(\alpha), l(f(\alpha)))$
$(\alpha, S_{T(\text{Name des Logogramms})NMF}) \longrightarrow (S_{TGENXXY}, yyy, f(\alpha), l(\alpha), l(f(\alpha)))$

Diese Instruktionen schließen die Berechnung der phonemischen Form ambiger Ketten ab. In der computativen Realisierung hat sich der syntaxanalysierende Algorithmus durch die hohe Sicherheit sei-

---

315) MVB: Die Buchstaben des Verbs werden durchlaufen.
316) MSB: Die Buchstaben des Substantivs werden durchlaufen.
317) MVP: Verbprüfung.
318) MSP: Substantivprüfung.
319) s.u.p. 120 seqq.
320) *xxx* und *yyy* indizieren verbale bzw. substantivische Ketten. s.a.p. 105.

ner Berechnungen bewährt.

Die Realisierung einer als verbales Morphogramm identifizierten Kette *ent* hängt wie die der Ketten *es* und *e* (*es* und *e* muß mehr als ein einziges alphabetisches Zeichen vorangehen, denn für Ketten *mes*,*les* ,*ces* und *te*, *je*, *le* etc. gelten spezielle Umschreibungsregeln) vom nachfolgenden Kontext ab. In der zweiten Transformation bleibt Schwa vor h aspiré, konsonantischem Anlaut und im Satzauslaut erhalten. Vor vokalischem Anlaut wird Schwa elidiert.

Diese Regelung ermöglicht in der dritten Transformation die korrekte Behandlung des Schwa. Dort bleibt Schwa vor Vokal erhalten. Vokalischer Anlaut nach Schwa gilt als elisionsfeindlich (h aspiré).

Aus Gründen notationeller Ökonomie beschreiben wir den Algorithmus zur Behandlung von Ketten mit der Realisation /ə/ oder /∅/ in allgemeiner Form, so daß er für die Ketten *ent*, *es* und *e* gemeinsam gilt. Hinzu kommt noch die Kette ε von Logogrammen, die nicht den Tilgungsregeln der dritten Transformation unterliegt.

$(\S ent, S_{TentMFG}) \longrightarrow (S_{TentELL}$[321]$, xxx$[322]$, \lambda, 3, 0)$

$(es, S_{TesELI}) \longrightarrow (S_{TesELL}, \lambda, \lambda, 2, 0)$

$(es, S_{TGEN\varepsilon XY}) \longrightarrow (S_{T\varepsilon ELL}, \lambda, \lambda, 2, 0)$[323]

$(e, S_{TeELI}) \longrightarrow (S_{TeLL}, \lambda, \lambda, 1, 0)$

$(e, s_{TGEN\varepsilon XY}) \longrightarrow (S_{T\varepsilon ELL}, \lambda, \lambda, 1, 0)$

Wir fahren in allgemeiner Schreibweise fort:

$(\alpha, S_{TvarELL}) \longrightarrow (S_{TvarKPE}$[324]$, \lambda, \lambda, -1, 0) \quad \alpha \in A_{22}$

$(\alpha, S_{TvarELL}) \longrightarrow (S_{TvarELL}, \lambda, \lambda, 1, 0) \quad \alpha \in A_{21}$

$(\alpha, S_{TvarELL}) \longrightarrow (S_{TvarASP}$[325]$, \lambda, \lambda, 0, 0) \quad \alpha \in A_1$

$(\alpha, S_{TvarASP}) \longrightarrow (S_{TvarKPE}, \lambda, \lambda, -1, 0)$

α ist Element der im Anhang extensional definierten Menge der Wörter mit initialem h aspiré.

$(\beta, S_{TvarASP}) \longrightarrow (S_{TvarKPE}, \lambda, \lambda, -1, 0)$

$\beta \in A_{12}$ für Ketten ungleich α.

$(\beta, S_{TvarASP}) \longrightarrow (S_{TvarELE}$[326]$, \lambda, \lambda, -1, 0)$

$\beta \in A_{11}$ für Ketten ungleich α.

Das Eingabeband wird bis zum Ende des Wortes, dessen terminale

321) ELL: Zur Elisionsprüfung wird das Eingabeband nach links verschoben.
322) *xxx* indiziert die verbale Form, s.p. 105.
323) Zu ε s.p.46 seq., 156.
324) KPE:Kopie des e caduc.
325) ASP:Prüfung des folgenden Wortes auf h aspiré.
326) Elision des Schwa.

Kette umschrieben wird, zurückgeschoben:

$(\alpha, S_{TvarELE}) \longrightarrow (S_{TvarELE}, \lambda, \lambda, -1, 0) \quad \alpha \in A_{21}$
$(\alpha, S_{TvarKPE}) \longrightarrow (S_{TvarKPE}, \lambda, \lambda, -1, 0) \quad \alpha \in A_{21}$

Die Kopierinstruktionen werden für die einzelnen Ketten spezifiziert:

$(x, S_{TentKPE}) \longrightarrow (S_{GENXXY}, \lambda, ə, 1, 1)$[327]
$(x, S_{TentELE}) \longrightarrow (S_{GENXXY}, \lambda, \lambda, 1, 0)$
$(s, S_{TentKPE}) \longrightarrow (S_{GENXXY}, \lambda, ə, 1, 1)$
$(s, S_{TentELE}) \longrightarrow (S_{GENXXY}, \lambda, \lambda, 1, 0)$
$(s, S_{T\varepsilon KPE}) \longrightarrow (S_{GENXXY}, \lambda, ə, 1, 1)$
$(s, S_{T\varepsilon ELE}) \longrightarrow (S_{GENXXY}, \lambda, \lambda, 1, 0)$
$(e, S_{TeKPE}) \longrightarrow (S_{GENXXY}, \lambda, ə, 1, 1)$
$(e, S_{TeELE}) \longrightarrow (S_{GENXXY}, \lambda, \lambda, 1, 0)$
$(e, S_{T\varepsilon KPE}) \longrightarrow (S_{GENXXY}, \lambda, ə, 1, 1)$
$(e, S_{T\varepsilon ELE}) \longrightarrow (S_{GENXXY}, \lambda, \lambda, 1, 0)$

In allgemeiner Form haben wir die Umschreibung spezieller terminaler Ketten mit zwei möglichen phonemischen Realisierungen dargestellt. Dieses Problem stellte sich im Anschluß an die Umschreibung der verbalen Form der terminalen Kette *ent* und konnte mit der Umschreibung anderer Ketten verknüpft werden.

Im folgenden werden die restlichen terminalen Ketten auf -e umschrieben.

Die terminale Kette *er* wird normalerweise als /ẹ/ wiedergegeben. In einsilbigen Wörtern wird sie jedoch durch /ę̄r/ umschrieben (*louer, chercher, boulanger; mer, fer, vers*). Die Instruktionen prüfen erst die Abgeschlossenheit, dann die Einsilbigkeit des Wortes, dessen Endstück *er(s)* ist.

$(er, S_{TerXXY}) \longrightarrow (S_{TerFIN}, \lambda, \lambda, 2, 0)$
$(\alpha, S_{TerFIN}) \longrightarrow (S_{TerESK}$[328]$, \lambda, \lambda, -3, 0) \quad \alpha \in A_2$
$(s, S_{TerFIN}) \longrightarrow (S_{TerFIS}$[329]$, \lambda, \lambda, 1, 0)$
$(\alpha, S_{TerFIS}) \longrightarrow (S_{TerESK}, \lambda, \lambda, -4, 0) \quad \alpha \in A_2$
$(\alpha, S_{TerFIN}) \longrightarrow (S_{NTeuillXXY}, \lambda, \lambda, -3, 0) \quad \alpha \in A_1 - \{s\}$
$(\alpha, S_{TerFIS}) \longrightarrow (S_{NTeuillXXY}, \lambda, \lambda, -3, 0) \quad \alpha \in A_1$

Im Zustand S_{TerESK} wird die Einsilbigkeit des Wortes geprüft. Links der Kette *er* darf bis zur Wortgrenze kein Vokal vorkommen.

327) Das *x* auf dem Eingabeband stammt von der die Verbform markierenden Kette.
328) ESK: Einsilbigkeitsprüfung.
329) FIS: Suche des finalen Pluralmorphogramms *s*.

$(\alpha, S_{TerESK}) \longrightarrow (S_{TerESK}, \lambda, \lambda, -1, 0) \quad \alpha \in A_{12}$

Wird ein Vokal gefunden, wird /ẹ̜/ kopiert.

$(\alpha, S_{TerESK}) \longrightarrow (S_{TerEKO}$[330]$, \lambda, \lambda, 1, 0) \quad \alpha \in A_{11}$

$(\alpha, S_{TerEKO}) \longrightarrow (S_{TerEKO}, \lambda, \lambda, 1, 0) \quad \alpha \in A_{12}$

$(e, S_{TerEKO}) \longrightarrow (S_{TerEGENXXY}, \lambda,$ ẹ̜$, 1, 1)$

Wird eine Wortgrenze gefunden, handelt es sich um ein einsilbiges Wort. Die Maschine geht zurück zur Untersuchungskette, um diese in einem nicht terminalen Prüfungszustand zu umschreiben.

$(\alpha, S_{TerESK}) \longrightarrow (S_{TerESB}$[331]$, \lambda, \lambda, 1, 0) \quad \alpha \in A_{2}$

$(\alpha, S_{TerESB}) \longrightarrow (S_{TerESB}, \lambda, \lambda, 1, 0) \quad \alpha \in A_{12}$

$(e, S_{TerESB}) \longrightarrow (S_{NTeuillXXY}, \lambda, \lambda, 0, 0)$

Die terminale Kette *es* erhält die Umschrift /ę/, wenn sie Endstück eines einsilbigen Worts ist.

$(es, S_{TesXXY}) \longrightarrow (S_{TesFIN}, \lambda, \lambda, 2, 0)$

$(\alpha, S_{TesFIN}) \longrightarrow (S_{TesESK}, \lambda, \lambda, -3, 0) \quad \alpha \in A_{2}$

$(\alpha, S_{TesFIN}) \longrightarrow (S_{TeuillXXY}, \lambda, \lambda, -2, 0) \quad \alpha \in A_{1}$

$(\alpha, S_{TesESK}) \longrightarrow (S_{TesEKO}, \lambda, \lambda, 1, 0) \quad \alpha \in A_{2}$

$(\alpha, S_{TesESK}) \longrightarrow (S_{TesESK}, \lambda, \lambda, -1, 0) \quad \alpha \in A_{12}$

$(\alpha, S_{TesESK}) \longrightarrow (S_{TesECD}$[332]$, \lambda, \lambda, 1, 0) \quad \alpha \in A_{11}$

$(\alpha, S_{TesECD}) \longrightarrow (S_{TesECD}, \lambda, \lambda, 1, 0) \quad \alpha \in A_{12}$

$(e, S_{TesECD}) \longrightarrow (S_{TesELI}, \lambda, \lambda, 0, 0)$[333]

$(\alpha, S_{TesEKO}) \longrightarrow (S_{TesEKO}, \lambda, \lambda, 1, 0) \quad \alpha \in A_{12}$

$(e, S_{TesEKO}) \longrightarrow (S_{GENXXY}, \lambda,$ ẹ$, 2, 1)$

Die terminale Kette *et* erhält die Umschrift /ę/ (*bonnet, et* ist eine Ausnahme, die sich bei den Logogrammen findet).

ez wird durch /ẹ/ umschrieben (*nez, chez, vous allez*).

en erhält nach *é* und *y* die Umschrift /ẽ/ (*européen, moyen*).

Für terminales *e* wird die Einsilblerprüfung vorgenommen. Schwa in Einsilblern wie *je, me, le* wird immer durch /ə/ umschrieben, während die Umschrift bei mehrsilbigen Wörtern vom Kontext abhängt.

$(e, S_{TeXXY}) \longrightarrow (S_{TeFIN}, \lambda, \lambda, 1, 0)$

$(\alpha, S_{TeFIN}) \longrightarrow (S_{TeESK}, \lambda, \lambda, -2, 0) \quad \alpha \in A_{2}$

Für nachfolgende Buchstaben wechselt die Maschine in einen nonterminalen Prüfungszustand.

330) EKO: Kopie des /ẹ/.
331) ESB: Einsilbigkeitsbedingung erfüllt.
332) ECD: Prüfung des e caduc.
333) ELI: s.p.114.

$(\alpha, S_{TeFIN}) \longrightarrow (S_{NTeuillXXY}, \lambda, \lambda, -1, 0) \quad \alpha \in A_1$
$(\alpha, S_{TeESK}) \longrightarrow (S_{TeESK}, \lambda, \lambda, -1, 0) \quad \alpha \in A_{12}$
$(\alpha, S_{TeESK}) \longrightarrow (S_{TeEKP}$[334]$, \lambda, \lambda, 1, 0) \quad \alpha \in A_2$
$(\alpha, S_{TeEKP}) \longrightarrow (S_{TeEKP}, \lambda, \lambda, 1, 0) \quad \alpha \in A_{12}$
$(e, S_{TeEKP}) \longrightarrow (S_{GENXXY}, \lambda, \ , 1, 1)$

Es handelt sich um ein mehrsilbiges Wort, wenn ein Vokal gefunden wird:

$(\alpha, S_{TeESK}) \longrightarrow (S_{TeECD}$[335]$, \lambda, \lambda, 1, 0) \quad \alpha \in A_{11}$
$(\alpha, S_{TeECD}) \longrightarrow (S_{TeECD}, \lambda, \lambda, 1, 0) \quad \alpha \in A_{21}$
$(e, S_{TeECD}) \longrightarrow (S_{TeELI}$[336]$, \lambda, \lambda, 0, 0)$

Im Zustand S_{TeELI} wird geprüft, ob terminales *e* einer mehrsilbigen Kette als /ə/ oder als /Ø/ wiedergegben wird.

Nonterminale Ketten

Die graphonemische Relation (euill,ϙ̈i̯) enthält eine implizite Kontextspezifikation. Die Relation ist bleeding für *eill, ille* etc. Beispiel ist *feuille.*

eill(merveille) wird durch /ę̯i̯/ umschrieben.

euil mit der Transkription /ϙ̈i̯/ ist bleeding für *il.* In *seuil* ist die Kette Endstück.

Die Umschreibung von *eoi(asseoir)* ist /u̯a/.

Die Kette *ein* unterliegt den Nasalisationsinstruktionen p.73 Erfüllt sie die Nasalisationsbedingungen, erhält sie die Umschrift /ẽ/. Beispiele sind *sein, teint.*

emm wird durch /ãm/ umschrieben. Beispiele sind *emmener, emmagasiner, emmerder. femme* ist Logogramm. Adverbienindizierende Ketten (etwa in *prudemment*) werden bei der Prüfung der terminalen Kette *ent* korrekt wiedergegeben.[337]

Für *en* sind die Wörter *en, tenter, rendre, cendre,* für *em* die Wörter *sembler, temple* Beispiel. Sie erfüllen die Nasalisationsbedingungen p. 73 . Ihre Umschrift ist /ã/.

ei (treize, peigner) wird durch /ę/ transkribiert.

Die Umschrift von *é* ist /ẹ/. Beispiele sind leicht zu finden, z.B. *école, été.*

è wird /ę/ umschrieben *(zèle)*.

---

334)EKP: Das e caduc wird auf das Ausgabeband kopiert.
335)ECD: vgl.p. 116.
336)ELI: vgl.p. 114.
337)vgl.p. 84.

ê wird durch /ę̄/phonematisiert. Beispiel ist *fête* oder *tête*. In der dritten Transformation werden unbetonte Längen gekürzt. *têtu* erhält dort ein /ę/ zugewiesen.

Die Kette *ex* erhält eine Sonderbehandlung. Sie wird in initialer Stellung oder nach initialem *h* als /ęgz/ realisiert (*examen*, *hexamètre*), sonst aber als /ęks/ (*sexe*). Es gelten folgende Instruktionen:

$(ex, S_{NTexXXY}) \longrightarrow (S_{NTexINI}, \lambda, \lambda, -2, 0)$ [338]
$(\alpha, S_{NTexINI}) \longrightarrow (S_{NTexFIN}, \lambda, \lambda, 3, 0) \quad \alpha \in A_2$ [339]
$(h, S_{NTexINI}) \longrightarrow (S_{NTexINH}, \lambda, \lambda, -1, 0)$ [340]
$(\alpha, S_{NTexINH}) \longrightarrow (S_{NTexFIN}, \lambda, \lambda, 4, 0) \quad \alpha \in A_2$
$(\alpha, S_{NTexINI}) \longrightarrow (S_{NTeXXY}, \lambda, \lambda, 1, 0) \quad \alpha \in A_1 - \{h\}$
$(\alpha, S_{NTexINH}) \longrightarrow (S_{NTeXXY}, \lambda, \lambda, 2, 0) \quad \alpha \in A_1$

Im Zustand $S_{NTexFIN}$ wird der der Untersuchungskette folgende Buchstabe untersucht. Ist er Vokal, erhält die Kette die Umschrift /ęgz/, andernfalls erhält sie die Umschrift /ęks/. Beispiele sind *exemple* und *exception*.

$(\alpha, S_{NTexFIN}) \longrightarrow (S_{TGENXXY}, \lambda, ęgz, 0, 3) \quad \alpha \in A_{11}$
$(\alpha, S_{NTexFIN}) \longrightarrow (S_{NTeXXY}, \lambda, \lambda, -2, 0) \quad \alpha \in A_{12} \cup A_2$

eu wird immer durch /ö̜/ umschrieben. Die prozeßphonologischen Regeln der dritten Transformation können eine Hebung nach /ö̩/ bewirken.

Zur Umschreibung des Buchstabens *e* bleiben noch zwei Möglichkeiten. In offener Silbe wird *e* durch Schwa, in geschlossener Silbe durch /ẹ/ umschrieben. Silbische Offenheit oder Geschlossenheit betrachten wir hier im historischen oder, wegen des Konservativismus der französischen Orthographie, im graphischen Sinne und bezeichnen eine Kette, die auf stummen Konsonanten endet, als silabisch geschlossen, wenn ein Vokal vorausgeht, z.B. *fer*.

Eine Silbe der Struktur Vokal + Konsonant + Vokal ist offen, wenn der letzte Vokal nichtterminal ist oder wenn er in finaler Position stehend nicht zu einer als Schwa realisierten Kette gehört (*tu aimes* enthält /ę/ in geschlossener Silbe). Eine Silbe der Struktur Vokal + Konsonant + Konsonant ist offen, wenn die Konsonanten einer Delattreschen Gruppe angehören und wenn eine Kette folgt, die nicht als Schwa realisiert wird. Delattresche Gruppen

338) INI: Prüfung der initialen Stellung der Untersuchungskette.
339) FIN: Prüfung der finalen Stellung der Untersuchungskette.
340) INH: Prüfung des initialen *h*.

sind Kombinationen von Konsonanten in wort- und silbenanlautender Position. Diese Kombinationen sind im Anhang extensional definiert. Sie ermöglichen es, silbische Offenheit zu erkennen.[341] *e* vor diesen Gruppen wird als Schwa realisiert, z.B. in *refrain, retraite, entreprise*.

Eine Silbe ist geschlossen, wenn ein (auch stummer) terminaler Konsonant, ein Konsonant vor einer als Schwa realisierten Kette, Doppelkonsonanten oder Konsonantenverbindungen ungleich Delattrescher Gruppen folgen (z.B. *bonnet, ils appellent, svelte, perte, perdrix*).

Da bei einer nachfolgenden Kette *ent* nicht entschieden werden kann, ob diese Kette als Schwa oder als betonter Nasal realisiert wird, entscheiden wir uns hier für Schwa, lassen aber die Möglichkeit der Korrektur im syntaxanalysierenden Algorithmus zur Disambiguierung der Kette *ent* offen, mögliche Fehler vor einer substantivischen Endung /ã/ zu korrigieren.

Da *ss* nicht immer silbische Geschlossenheit, sondern auch Stimmlosigkeit allein in intervokalischer Position anzeigt (*fesse*, aber *ressembler*), konstruieren wir einen Algorithmus, der die unterschiedliche Funktion von *ss* berücksichtigt.[342]

Wir definieren folgende Instruktionen:

$(e, S_{NTeXXY}) \longrightarrow (S_{NTeGSS}$[343]$, \lambda, \lambda, 2, 0)$

$(\alpha\beta, S_{NTeGSS}) \longrightarrow (S_{TGENXXY}, \text{ę}, \lambda, -1, 1)$ $\alpha \in \{ent, es, e\}$
$\beta \in A_2$

$(\gamma, S_{NTeGSS}) \longrightarrow (S_{TGENXXY}, \text{ə}, \lambda, -1, 1)$

$\gamma \in A_1$, die Kette, deren Anfangsstück γ ist, ist ungleich obigem α.

$(\alpha, S_{NTeGSS}) \longrightarrow (S_{TGENXXY}, \text{ę}, \lambda, -1, 1)$ $\alpha \in A_2$

Zur Identifizierung von Gemminaten und Delattreschen Gruppen wird das Eingabeband um ein Feld nach links verschoben:

$(\delta, S_{NTeGSS}) \longrightarrow (S_{NTeGDG}, \lambda, \lambda, -1, 0)$

δ ist ungleich obigen α und γ.

---

341) Delattre (1966:168 seqq.) hat Gruppen von Okklusiven oder Frikativen und Liquiden zusammengestellt, um Bedingungen der Elision des Schwa zu ermitteln. Der Ansatz stimmt im Ergebnis mit dem Weinrichs (1961) nahezu überein. Delattre beschreibt die für das Französische geltenden Kombinationsregeln im Wort- und Silbenanlaut analytisch-explizit, während sie Weinrich in einem synthetischen Ansatz implizit aus den Kombinationen im französischen Wortan- und Auslaut ableitet. Der Versuch Delattres zur Elision ist kritisiert worden (s.Dell(1973:177 seqq.)), für Fragen der Silbenstruktur aber sehr nützlich.

342) s.u.p. 127.

343) GSS erinnert an geschlossene Silbe.

$(\alpha\alpha, S_{NTeGDG}) \longrightarrow (S_{TGENXXY}, \lambda, ę, 0, 1) \quad \alpha \varepsilon A_{12}$

$(\beta, S_{NTeGDG}) \longrightarrow (S_{TGENXXY}, \lambda, ə, 0, 1)$

β ist Element der im Anhang extensional definierten Menge Delattrescher Gruppen. Für alle Ketten ungleich β gilt:

$(\gamma, S_{NTeGDG}) \longrightarrow (S_{TGENXXY}, \lambda, ę, 0, 1)$

γ ist ungleich den Gemminaten und den Delattreschen Gruppen.

Diese Instruktion beendet die Umschreibung der Ketten auf -e. Diese Ketten stellten die größten Probleme und erforderten die umfangreichsten Algorithmen im Rahmen der zweiten Transformation.

4.3.6.4. Ketten der Gruppe u-

Terminale Ketten

um und *ue* sind terminale Ketten der Gruppe u- mit der Umschrift /ǫm/ und /ü/ (*aquarium, rue*). Die Endung *um* findet sich in mots savants, bei den Logogrammen sind Ausnahmen notiert (*parfum*).

Nonterminale Ketten

Die längste der nonterminalen Ketten ist das nicht sehr frequente *ueill*. Es steht in bleeding Relation zu *eill*. Die Transkription ist /ö̧i̭/, z.B. *recueillir*.

ueil findet sich in *recueil*; es erhält die Umschrift /ö̧i̭/.

Für *un* und *um* (*emprunter, humble*) gelten die p. 73 beschriebenen Nasalisationsinstruktionen. In nasalierter Stellung erhalten beide Ketten die Umschrift /ö̃/.

ui (*bruit*) wird durch /ṷ̈i/ wiedergegeben.

Für *uy* gelten die gleichen Zusatzinstruktionen bezüglich der Realisierung des *y* wie für *ay*. In Abhängigkeit vom Kontext werden diese Ketten als /üi/ (*Hui*) oder als /üii̭/ (*bruyère*) wiedergegeben.

û findet sich in *fût* oder *mûr*. Die Umschrift ist /ü/.

u wird ebenfalls durch /ü/ umschrieben (*fumer*).

4.3.6.5. Ketten der Gruppe i-

Terminale Ketten

Die längste der mit *i* beginnenden Ketten ist *ient*. Dieser Kette kann eine verbale und eine nonverbale Form zugewiesen werden. Den Algorithmus zur Berechnung der korrekten phonemischen Umschrift haben wir im Zusammenhang mit der Kette *ent* p.78 beschrieben. Die nichtverbalen Formen dieser Kette können je nach Kontext als /ii̭ã/ oder als /i̭ã/ realisiert werden. Nach Delattreschen Gruppen wird die erste Form, sonst die zweite gewählt. Da für die Kette *ient* ähnliche Bedingungen gelten wie für *ien*, behandeln wir beide Ketten zusammen.

$(\S ient, S_{TientNMF}) \longrightarrow (S_{TientHVI}{}^{344}, ient, \lambda, -2, 0)$

$(ien, S_{TienFIN}) \longrightarrow (S_{TienHVI}, \lambda, \lambda, -5, 0)$

$(\alpha, S_{TientHVI}) \longrightarrow (S_{TGENXXY}, \lambda, i\hat{i}\tilde{a}, 6, 3)$

$(\alpha, S_{TienHVI}) \longrightarrow (S_{TGENXXY}, \lambda, i\hat{i}\tilde{e}, 5, 3)$

α ist Element der im Anhang extensional definierten Menge Delattrescher Gruppen. Für alle Ketten β ungleich α gilt:

$(\beta, S_{TientHVI}) \longrightarrow (S_{TGENXXY}, \lambda, \hat{i}\tilde{a}, 6, 2)$

$(\beta, S_{TienHVI}) \longrightarrow (S_{TGENXXY}, \lambda, i\tilde{e}, 5, 2)$

en wird in terminaler Position nach *i* als /ẽ/ umschrieben (*rien)*.

ing erhält die Umschrift /iŋ/. Beispiel ist *camping.*

Nonterminale Ketten

ign (*signe*) erhält die Umschrift /iñ/.

Für die Kette *ill* formulieren wir spezielle Bedingungen. *ill* im Anlaut wird durch /il/, im Inlaut durch /ii̭/ wiedergegeben. Beispiele sind *illettré* einerseits und *fille* andererseits. *ville* und *mille* sind Logogramme.

Die Instruktionen unterscheiden initiale und nicht initiale Ketten:

$(ill, S_{NTillXXY}) \longrightarrow (S_{NTillINI}{}^{345}, \lambda, \lambda, -1, 0)$

$(\alpha, S_{NTillINI}) \longrightarrow (S_{GENXXY}, \lambda, il, 4, 2) \quad \alpha \in A_2$

$(\alpha, S_{NTillINI}) \longrightarrow (S_{TGENXXY}, \lambda, i\hat{i}, 4, 2) \quad \alpha \in A_1$

în, in und *im* (*nous tînmes, fin, impossible*) werden nach Anwendung der Nasalisationsinstruktionen p. 73 durch /ẽ/ wiedergegeben.

î erhält die Transkription /i/ (*gît*).

Für *i* gelten spezielle Bedingungen. Vor einer vokalischen Kette ungleich *e, es* wird es als /i̭/ bzw. nach Delattreschen Gruppen als /ii̭/ wiedergegeben.

$(i, S_{NTiXXY}) \longrightarrow (S_{NTiFIN}, \lambda, \lambda, 1, 0)$

$(\alpha, S_{NTiFIN}) \longrightarrow (S_{TGENXXY}, \lambda, i, 1, 0) \quad \alpha \in A_{12}, \ \alpha \notin \{es\beta, e\beta\}, \beta \in A_2$

Für alle anderen Zeichen γ ungleich esβ, eβ, β ε A_2 gilt:

$(\gamma, S_{NTiFIN}) \longrightarrow (S_{NTiINI}, \lambda, \lambda, -3, 0)$

$(\alpha, S_{NTiINI}) \longrightarrow (S_{TGENXXY}, \lambda, i\hat{i}, 2, 2)$

---

344) HVI: Es wird geprüft, ob das initiale *i* halbvokalisch ist.

345) INI: Der initiale Teil der Kette wird geprüft.

α ist Element der im Anhang extensional definierten Menge der Delattreschen Gruppen. Für alle Ketten β ungleich α gilt:

$(\beta, S_{NTiINI}) \longrightarrow (S_{TGENXXY}, \lambda, \text{i̯}, 2, 1)$

4.3.6.6. Ketten der Gruppe o-

Terminale Ketten

Die von *o* angeführten terminalen Ketten werden ohne explizite Regeln direkt umschrieben. *otion* (*dévotion*) steht in einer bleeding Relation zu *o*. Die Kette wird durch /ọsi̯õ/ (nicht:/ǫsi̯õ/) umschrieben.

omb mit der Umschrift /õ/ (*plomb*) enthält eine implizite Regel zur Umschreibung des terminalen *b*, das normalerweise erhalten bleibt (*baobab*).

Nonterminale Ketten

ouill ist bleeding für *ill* und wird durch /ui̯/ (*houille*) umschrieben.

œil wird /ọ̈i̯/ umschrieben (*œil*).

oé und *oè* (*poésie, poète*) erhalten ein /ọ/. Die Restkette wird bei der Gruppe e- umschrieben.

Für *on* (*ton, son*) und *om* (*tomber*) gelten die Nasalisationsregeln p. 73 . Die Umschrift der nasalierten Form ist /õ/.

oi erfordert einige explizite Bedingungen. Folgt ein Nasal, transkribiert die Maschine den Buchstaben *o* der Kette als /u̯/. Sie verschiebt das Eingabeband um ein Feld, um dann das nasalierte *i* bei den Ketten der Gruppe i- zu umschreiben (*coin, soin*). In allen anderen Fällen wird *oi* durch /u̯a/ umschrieben (*soit, il boit*).

$(oi, S_{NToiXXY}) \longrightarrow (S_{NToiFIN}, \lambda, \lambda, 2, 0)$

$(\alpha, S_{NZoiFIN}) \longrightarrow (S_{NToiNAS}$[346]$, \lambda, \lambda, 1, 0)$ $\quad \alpha \varepsilon \{n,m\}$

$(\alpha, S_{NToiFIN}) \longrightarrow (S_{TGENXXY}, \lambda, \text{u̯a}, 0, 2)$ $\quad \alpha \varepsilon A_1 \cup A_2 - \{n,m\}$

$(\alpha, S_{NToiNAS}) \longrightarrow (S_{TGENXXY}, \lambda, \text{u̯a}, -1, 2)$ $\quad \alpha \varepsilon A_{11}$

$(\alpha, S_{NToiNAS}) \longrightarrow (S_{TGENXXY}, \lambda, \text{u̯}, -2, 1)$ $\quad \alpha \varepsilon A_{12} \cup A_2$

oy erhält die Umschrift /u̯a/. Das Eingabeband wird um ein Feld verschoben. Beispiel ist *vous croyez*.

$(oy, S_{NToyXXY}) \longrightarrow (S_{TGENXXY}, \lambda, \text{u̯a}, 1, 2)$

Folgen der Kette *ou* Konsonanten, Satzzeichen oder die Ketten *e, es* und *ent* (*pour, trou, il loue, tu loues, ils louent*), erhält

---

346) NAS: Nasalierung.

sie die Umschrift /u/. Gehen keine Delattreschen Gruppen voraus, erhält sie die Umschrift /u̯/ (*souhait, il loua*).

$(ou, S_{NTouXXX}) \longrightarrow (S_{NTouFIN}, \lambda, \lambda, 2, 0)$

$(\alpha, S_{NTouFIN}) \longrightarrow (S_{TGENXXY}, \lambda, u, 0, 1)$ $\alpha \varepsilon A_{12} \cup A_2 \cup \{e, es, ent\}$

$(\beta, S_{NTouFIN}) \longrightarrow (S_{NTouDGR}{}^{347}, \lambda, \lambda, -4, 0)$

$\beta \varepsilon A_{11}$ ungleich obigem α.

$(\alpha, S_{NTouDGR}) \longrightarrow (S_{TGENXXY}, \lambda, u, 4, 1)$

α ist Element der im Anhang extensional definierten Menge Delattrescher Gruppen. Für alle β ungleich α gilt:

$(\beta, S_{BTouDGR}) \longrightarrow (S_{TGENXXY}, \lambda, u̯, 4, 1)$

oî (il croît) wird durch /u̯a/ umschrieben.

ô erhält die Umschrift /ọ/(*le clôt*).

o wird immer als /ǫ/ umschrieben (*fort, tort, mort*). Auch *rose* erhält diese Umschrift. /ǫ/ wird in dieser Position in der dritten Transformation nach /ọ/ gehoben.

4.3.6.7. Ketten der Gruppe y-

Für *y* gibt es nur nonterminale Zustände.

$(y, S_{TyXXX}) \longrightarrow (S_{NTyXXX}, \lambda, \lambda, 0, 0)$

Für *yn* und *ym* (*larynx, thym*) gelten die üblichen Nasalisationsinstruktionen p. 73 . Die Ketten werden durch /ẽ/ wiedergegeben.

y wird bei nachfolgendem Satzzeichen, Konsonant oder terminaler Ketten *ent, es, e* etc. (vgl.Anhang) durch /Ø/, sonst durch /i̯/ wiedergegeben. Beispiel ist *tu grasseyes* und *grasseyer*.

$(y, S_{NTyXXX}) \longrightarrow (S_{NTyFIN}, \lambda, \lambda, 1, 0)$

$(\alpha, S_{NTyFIN}) \longrightarrow (S_{TGENXXY}, \lambda, \lambda, 0, 0)$ $\alpha \varepsilon A_{12} \cup A_2 \cup \{e, es, ent..\}$

$(\alpha, S_{NTyFIN}) \longrightarrow (S_{TGENXXY}, \lambda, i̯, 0, 0)$ $\alpha \varepsilon A_{11} - \{e, es, ent..\}$

4.3.6.8. Ketten der Gruppe h-

h wird durch folgende Instruktion umschrieben:

$(h, S_{NThXXX}) \longrightarrow (S_{TGENXXY}, \lambda, \lambda, 1, 0)$

4.3.6.9. Ketten der Gruppe c-

Terminale Ketten

c' erhält die Umschrift /s/ (*c'est...*), *ct* und *c* (*respect, escroc*) werden getilgt.

---

347) DGR erinnert an die Prüfung Delattrescher Gruppen.

Nonterminale Ketten

Die längste Kette ist *cqu*. Sie wird durch /k/ umschrieben (*acquérir, acquitter*).

chr wird mit /kr/ umschrieben (*chrétien*).

chl wird /kl/ zugeordnet (*chloroforme*).

Für *cc* gelten Sonderbedingungen. Vor vorderem Vokalgraphem wird es als /ks/, sonst als /k/ realisiert (*accepter, accumuler, accroître*).

$(cc, S_{NTccXXX}) \longrightarrow (S_{NTccFIN}, \lambda, \lambda, 2, 0)$

$(\alpha, S_{NTccFIN}) \longrightarrow (S_{TGENXXY}, \lambda, ks, 0, 2) \quad \alpha \in \{e, i, y\}$

$(\alpha, S_{NTccFIN}) \longrightarrow (S_{TGENXXY}, \lambda, k, 0, 1) \quad \alpha \in A_1 \cup A_2 - \{e, i, y\}$

ck tritt in Fremdwörtern auf und wird als /k/ umschrieben (*bock*).

ch wird durch /š/ ersetzt (*chant, champ*).

ç (*façade, ça*) ergibt /s/.

c wird vor vorderen Vokalen durch /s/, sonst durch /k/ ersetzt (*ciel, cendre, cygogne, col, cul, croire, sec*).

$(c, S_{NTcXXX}) \longrightarrow (S_{NTcFIN}, \lambda, \lambda, 1, 0)$

$(\alpha, S_{NTcFIN}) \longrightarrow (S_{TGENXXY}, \lambda, s, 0, 1) \quad \alpha \in \{e, i, y\}$

$(\alpha, S_{NTcFIN}) \longrightarrow (S_{TGENXXY}, \lambda, k, 0, 1) \quad \alpha \in A_1 \cup A_2 - \{e, i, y\}$

4.3.6.10. Ketten der Gruppe d-

Terminale Ketten

d' wird /d/ umschrieben (*pas d' eau, un petit bout d'homme*).

d (*nid*) wird elidiert.

Nonterminale Ketten

Die Regel (dess,dəs) ist eine bleeding Regel für die Umschreibung von *e* vor Gemminaten. Doppel *s* indiziert hier nur intervokalische Stimmlosigkeit, nicht Öffnung von *e* in geschlossener Silbe. Die Kette *dess* muß in initialer Position stehen (*dessous, dessus*).

$(dess, S_{NTdessXXX}) \longrightarrow (S_{NTdessINI}, \lambda, \lambda, -1, 0)$

$(\alpha, S_{NTdessINI}) \longrightarrow (S_{TGENXXY}, \lambda, dəs, 5, 3) \quad \alpha \in A_2$

$(\alpha, S_{NTdessINI}) \longrightarrow (S_{TGENXXY}, \alpha, dęs, 5, 3) \quad \alpha \in A_1$

dd und *d* (*addition, étudier*) werden durch /d/ wiedergegeben.

4.3.6.11. Ketten der Gruppe n-

Die Transkription der Ketten *nn* und *n* ist /n/ (*année, chaine*).

4.3.6.12. Ketten der Gruppe p-

Die terminalen Ketten *pt*(*il rompt*) und *p* (*coup, trop*) werden elidiert.

Nonterminale Ketten sind *ph* mit der Lautung /f/ (*pharmacie, philologie*), *pp* mit der Lautung /p/ und *p* mit der gleichen Lautung (*apporter, pierre*).

4.3.6.13. Ketten der Gruppe r-

Für die initiale Kette *ress* gelten die gleichen Regeln wie für *dess*. Beispiele sind *ressembler, ressort*.

$$(\mathrm{ress}, S_{\mathrm{NTressXXX}}) \longrightarrow (S_{\mathrm{NTressINI}}, \lambda, \lambda, -1, 0)$$
$$(\alpha, S_{\mathrm{NTressINI}}) \longrightarrow (S_{\mathrm{TGENXXY}}, \lambda, \mathrm{rəs}, 5, 3) \quad \alpha \in A_2$$
$$(\alpha, S_{\mathrm{NTressINI}}) \longrightarrow (S_{\mathrm{TGENXXY}}, \lambda, \mathrm{ręs}, 5, 3) \quad \alpha \in A_1$$

rrh, rh, rr und *r* erhalten die Umschrift /r/.

4.3.6.14. Ketten der Gruppe t-

Die terminale Kette *tions* ist ambig. Als integraler Bestandteil eines Wortes (*les éditions*) erhält sie die Umschrift /siõ/, als Morphogramm der ersten Person Plural Präsens Konjunktiv (*nous éditions*) die Umschrift /ti̯õ/. Die Kette wird für den p.75seqq zur Disambiguierung der Kette *erons* konstruierten syntaxanalysierenden Algorithmus umschrieben.

t' erhält die Umschrift /t/ (*il t'aime*).

t (*bonnet, net, lait*) wird elidiert.

Bei den nonterminalen Ketten verursacht *ti* Schwierigkeiten. Ähnlich wie bei der Umschreibung der Kette *tions* kann auch als /t/ und als /s/ umschrieben werden. Die Bedingungen der Zuordnung sind meist aus dem Kontext ableitbar. Die Prüfungen erstrecken sich über den Wortkontext.

Geht der Kette ein Satzzeichen voraus, wird ihr ein /t/ zugewiesen (*tiens!, tirer, tiers*). Geht dem *t* ein *s* oder *x* voraus, schreibt die Maschine /t/ auf das Ausgabeband (*question, gestion, mixtion*). Gleiches gilt für dem *i* folgende Konsonanten oder Satzzeichen (*partir, parti*). Folgen der Kette *ti* *a* oder *o*, schreiben wir /s/ (*solution, insatiable*). Folgt *e*, sind weitere Prüfungen zu machen. *ti* im Kontext *ntiel* wird /s/zugeordnet (*essentiel, existentiel*). Gehen *n, r, y* oder *â* voraus, lautet die Transkription /t/ (*garantie, partie, presbytie, bâtie*). Folgt *u*, schreiben wir /s/ (*ambitieux*). Folgt dem *i* der Kette *ti* *è* oder *é*, schreiben wir /t/ (*pitié, amitié, septième*). Folgt der Kette *tie* ein *n* und geht ihr ein *é* oder *u* voraus, schreiben wir /t/ (*chrétien, soutien*). Für alle anderen Fälle lautet die Umschrift /s/. Ausnahmen finden sich wie üblich bei den Logogrammen. Die Instruktionen lauten:

$(ti,S_{NTtiXXX}) \longrightarrow (S_{NTiINI},\lambda,\lambda,-1,0)$

$(\alpha,S_{NTtiINI}) \longrightarrow (S_{TGENXXY},\lambda,t,2,1) \quad \alpha \in \{s,x\}$

$(\alpha,S_{NTtiINI}) \longrightarrow (S_{NTtiFIN},\lambda,\lambda,3,0) \quad \alpha \in A_1 - \{s,x\}$

$(\alpha,S_{NTtiFIN}) \longrightarrow (S_{TGENXXY},\lambda,t,-1,0) \quad \alpha \in A_2 \cup A_{12}$

$(\alpha,S_{NTtiFIN}) \longrightarrow (S_{TGENXXY},\lambda,s,-1,1) \quad \alpha \in A_{11} - \{e,é,è\}$

$(e,S_{NTtiFIN}) \longrightarrow (S_{NTtiANF}$[348]$,\lambda,\lambda,-3,0)$

$(ntiel,S_{NTtiANF}) \longrightarrow (S_{TGENXXY},\lambda,s,2,1)$

$(\alpha,S_{NTtiANF}) \longrightarrow (S_{TGENXXY},\lambda,t,2,1) \quad \alpha \in \{n,r,y,â\}$

$(\alpha,S_{NTtiANF}) \longrightarrow (S_{NTtiEND}$[349]$,\lambda,\lambda,4,0) \quad \alpha \in A_1 - \{n,r,y,â\}$

$(u,S_{NTtiEND}) \longrightarrow (S_{TGENXXY},\lambda,s,-2,1)$

$(n,S_{NTtiEND}) \longrightarrow (S_{NTtiANV}$[350]$,\lambda,\lambda,-4,0)$

$(\alpha,S_{NTtiEND}) \longrightarrow (S_{TGENXXY},\lambda,s,-2,1) \quad \alpha \in A_1 - \{u,n\}$

$(é,S_{NTtiANV}) \longrightarrow (S_{TGENXXY},\lambda,t,2,1)$

$(u,S_{NTtiANV}) \longrightarrow (S_{TGENXXY},\lambda,t,2,1)$

$(\alpha,S_{NTtiANV}) \longrightarrow (S_{TGENXXY},\lambda,s,2,1) \quad \alpha \in A_1 - \{u,é\}$

Für *tt* und *t* schreibt die Maschine /t/ (*mettre, lettre, trois*).

4.3.6.15. Ketten der Gruppe s-

Die terminalen Ketten *s'* (*s'égarer*), *st* (*test*) und *s* (*trois, garçons, tu fais*) werden /s/, /st/ und /Ø/ umschrieben.

Die Aussprache des nonterminalen *s* hängt vom Kontext ab. *ss* markiert stimmloses /s/, *sc* wird vor vorderen Vokalen als /s/, sonst als /sk/ realisiert (*descendre, description*). Die Instruktionen sind denen der Kette *cc* ähnlich:

$(sc,S_{NTscXXX}) \longrightarrow (S_{NTscFIN},\lambda,\lambda,2,0)$

$(\alpha,S_{NTscFIN}) \longrightarrow (S_{TGENXXY},\lambda,s,0,2) \quad \alpha \in \{e,i,y\}$

---

348) ANF: Der Anfang der Kette wird gesucht.
349) END: Das Ende der Kette wird gesucht.
350) ANV: Anfangsvokal.

$(\alpha, S_{NTscFIN}) \longrightarrow (S_{TGENXXY}, \lambda, sk, 0, 2) \quad \alpha \in A_1 - \{e,i,y\}$

sh wird durch /š/ umschrieben (*flash*).

Intervokalisches *s* ist stimmhaft:

$(s, S_{NTsXXX}) \longrightarrow (S_{NTsINI}, \lambda, \lambda, -1, 0)$

$(\alpha, S_{NTsINI}) \longrightarrow (S_{NTsFIN}, \lambda, \lambda, 2, 0) \quad \alpha \in A_{11}$

$(\alpha, S_{NTsINI}) \longrightarrow (S_{TGENXXY}, \lambda, s, 2, 1) \quad \alpha \in A_{12} \cup A_2$

$(\alpha, S_{NTsFIN}) \longrightarrow (S_{TGENXXY}, \lambda, z, 2, 1) \quad \alpha \in A_{11}$

$(\alpha, S_{NTsFIN}) \longrightarrow (S_{TGENXXY}, \lambda, s, 0, 1) \quad \alpha \in A_{12}$

4.3.6.16. Ketten der Gruppe x-

Terminales *x* verstummt: *paix, houx, chevaux, châteaux.*

Die nonterminale Kette *xc* wird vor vorderen Vokalen als /ks/, sonst als /ksk/ realisiert: *exciter, excuser.*

$(xc, S_{NTxcXXX}) \longrightarrow (S_{NTxcFIN}, \lambda, \lambda, 2, 0)$

$(\alpha, S_{NTxcXXX}) \longrightarrow (S_{TGENXXY}, \lambda, ks, 0, 2) \quad \alpha \in \{e,i,y\}$

$(\alpha, S_{NTxcXXX}) \longrightarrow (S_{TGENXXY}, \lambda, ksk, 0, 3) \quad \alpha \in A_1 - \{e,i,y\}$

x erhält die Umschrift /ks/ (*sexe, flexion*).

4.3.6.17. Ketten der Gruppe z-

Terminales *z* verstummt: *raz, nez, chez.*

Nichtterminale Ketten *zz* und *z* werden durch /z/ umschrieben: *jazz, blizzard, zèle,zéro.*

4.3.6.18. Ketten der Gruppe b-.

bb und *b* werden durch /b/ umschrieben (*abbé, balle, abolir*).

4.3.6.19. Ketten der Gruppe f-

ff und *f* erhalten die Umschrift /f/ (*affaire, nef, flic*).

4.3.6.20. Ketten der Gruppe g-

Die terminale Kette *guë* (*aiguë*) wird /gü/ umschrieben.

g verstummt im Auslaut (*long*).

gu umschreiben wir mit /g/, wenn ein Vokal folgt (*guérir*), mit /gü/, wenn kein Vokal folgt(*aigu*).

$(gu, S_{NTguXXX}) \longrightarrow (S_{NTguFIN}, \lambda, \lambda, 2, 0)$

$(\alpha, S_{NTguFIN}) \longrightarrow (S_{TGENXXY}, \lambda, g, 0, 1) \quad \alpha \in A_{11}$

$(\alpha, S_{NTguFIN}) \longrightarrow (S_{TGENXXY}, \lambda, gü, 0, 2) \quad \alpha \in A_{12} \cup A_2$

Vor vorderen Vokalen wird *g* durch /ž/, sonst durch /g/ umschrieben (*suggestion, agglomération*).

$(gg, S_{NTggXXX}) \longrightarrow (S_{NTggFIN}, \lambda, \lambda, 2, 0)$

$(\alpha, S_{NTggFIN}) \longrightarrow (S_{TGENXXY}, \lambda, \check{z}, 0, 1) \quad \alpha \in \{e,i,y\}$

$(\alpha, S_{NTggFIN}) \longrightarrow (S_{TGENXXY}, \lambda, g, 0, 1) \quad \alpha \in A_1 \cup A_2 - \{e,i,y\}$

Initiales *gn* umschreibt die Maschine durch /gn/, sonst wird /ñ/ gesetzt: *gnome, signe*.

$(gn, S_{NTgnXXY}) \longrightarrow (S_{NTgnINI}, \lambda, \lambda, -1, 0)$

$(\alpha, S_{NTgnINI}) \longrightarrow (S_{TGENXXY}, \lambda, gn, 3, 2) \quad \alpha \in A_2$

$(\alpha, S_{NTgnINI}) \longrightarrow (S_{TGENXXY}, \lambda, \tilde{n}, 3, 1)$

Für *g* gelten die gleichen Regeln wie für *gg*.

$(g, S_{NTgXXX}) \longrightarrow (S_{NTgFIN}, \lambda, \lambda, 1, 0)$

$(\alpha, S_{NTgFIN}) \longrightarrow (S_{TGENXXY}, \lambda, \check{z}, 0, 1) \quad \alpha \in \{e,i,y\}$

$(\alpha, S_{NTgFIN}) \longrightarrow (S_{TGENXXY}, \lambda, g, 0, 1) \quad \alpha \in A_1 \cup A_2 - \{e,i,y\}$

Beispiele sind *gestion, gronder*.

4.3.6.21. Ketten der Gruppe j-

j wir durch /ž/ ersetzt (*je, Jésus*).

4.3.6.22. Ketten der Gruppe k-

k wird durch /k/ ersetzt (*kilo*).

4.3.6.23. Ketten der Gruppe m-

mm umschreiben wir durch /m/ (*immense, commenter*), *mn* durch /n/ (*indemne*) und *m* durch /m/(*mot, fumer*).

4.3.6.24. Ketten der Gruppe q-

qu und *q* erhalten die Umschrift /k/ (*conquérir, coq, cinq*).

4.3.6.25. Ketten der Gruppe v-

Die Umschrift von *v* ist /v/: *avoine, vrai*.

4.3.6.26. Ketten der Gruppe w-

Die Umschrift von *w* ist /v/ (*wagon*).

Wir haben für alle Buchstaben des Alphabets Transkriptionsregeln definiert. Die Regeln sind anschaulich beschrieben und formal dargestellt worden. Die computative Realisierung simuliert die Maschine M_2 und ihre Instruktionen und objektiviert die Leistungen des Modells. Die Maschine M_2 liefert die Eingabesätze der dritten Transformation.

4.4. Die Funktion h

4.4.1. Aufgabe

Die dritte Transformationsfunktion h hat die Aufgabe, zugrundeliegende phonologische Strukturen auf Oberflächenstrukturen abzubilden. Die zugrundeliegenden phonologischen Strukturen werden durch die Sprache L_{P_O}, der Menge der Sätze über dem provisorischen Alphabet P_O, definiert. Den Sätzen aus L_{P_O} werden Sätze aus vier verschiedenen Oberflächensprachen zugewiesen. Diese vier Sprachen berücksichtigen faktische sprachliche Variationen und sprachwissenschaftstheoretisch bedingte deskriptive Differenzierungen.[351]

Die Oberflächensprache L_{P_1} ist über dem Alphabet P_1, L_{P_2} über P_2, L_{P_3} über P_3 und L_{P_4} über P_4 definiert.

Um Sätzen der Sprache L_{P_O} jeweils Sätze der Sprachen L_{P_1}, L_{P_2}, L_{P_3} und L_{P_4} zuzuordnen, benötigen wir vier Varianten der Funktion h, nämlich h_1, h_2, h_3 und h_4. Die Funktionen h_1, h_2 und h_3 werden in zwei Versionen aufgespalten, in h_{11}, h_{12}, h_{21}, h_{22}, h_{31} und h_{32}. Die jeweils erste Funktion transformiert mit Hilfe obligatorischer, die jeweils zweite mit Hilfe obligatorischer und fakultativer prozeßphonologischer Regeln. Diese Trennung ermöglicht eine weitere Differenzierung der Oberflächenketten und die wirklichkeitsnahe Simulierung gesprochenen Französischs.

4.4.2. Lösungsstrategie

Zur Beschreibung der Funktion h konstruieren wir wiederum einen Automaten. Er arbeitet analog dem p. 51 beschriebenen.

Über dem Eingabeband befindet sich der Lese-Schreibkopf der Maschine, über dem Ausgabeband der Schreibkopf. Auf dem Eingabeband stehen Sätze aus L_{P_O}, auf dem Ausgabeband Sätze aus L_{P_1}, L_{P_2}, L_{P_3} oder L_{P_4}. Die Maschine liest Zeichenketten über dem Alphabet P_O, dem Hilfszeichenalphabet P_M und dem Alphabet der Satzzeichen A_2. Die Maschine schreibt Zeichenketten über P_1, P_2, P_3 oder P_4 vereint mit dem Alphabet der Satzzeichen A_2 auf das Ausgabeband.

Eine Menge wohldefinierter Instruktionen ordnet den Eingabesätzen aus L_{P_O} Ausgabesätze aus L_{P_1}, L_{P_2}, L_{P_3} oder L_{P_4} zu. Die Anzahl der Instruktionen (die Mächtigkeit der Menge der Instruktionen) kann variiert werden. So können den Eingabesätzen für die

---

351) vgl. p. 13 seqq.

Sprachen L_{P1}, L_{P2}, L_{P3} differenzierte Sätze zugeordnet werden. Die Differenzierung ergibt sich aus der Anwendung obligatorischer oder obligatorischer und fakultativer phonologischer Regeln.

Die Maschine M_3 ist ein Quintupel:

$M_3 = ((A_2 \cup P_o \cup P_M)^*, Z, (P_n \cup A_2)^*, N_E, N_A)$ mit $n=1,\ldots,4$

P_o ist das provisorische phonemische Alphabet, P_M ein Alphabet von Markierungszeichen mit Zeichen $\S\alpha$ mit α aus P_o. Z ist eine Menge von Zuständen. P_n steht für die Alphabete P_1, P_2, P_3 und P_4. N_E und N_A sind Mengen ganzer Zahlen, die die Verschiebingsweiten von Ein- und Ausgabeband angeben.

Die Instruktionen haben die bekannte Form:

$(\alpha, S_i) \longrightarrow (S_j, \beta, \gamma, n, m)$

α ist Element aus $(P_o \cup P_M \cup A_2)^*$, S_i und S_j sind Elemente aus Z, β ist aus $(P_o \cup P_M \cup A_2)^*$, γ ist aus $(P_x \cup A_2)^*$, mit $x=1,\ldots 4$, n ist aus N_E und m aus N_A.

Da die Funktion h einen Teil einer französischen generativen Phonologie simuliert und da generative Phonologien Sätze transformieren, ergibt sich auch hier die Notwendigkeit, den Satz als Ebene der Transkription zu wählen.

4.4.3. Die Funktion h_1

Wir definieren die Funktion h_1 als Algorithmus, der Sätzen der Sprache L_{Po} Sätze der Sprache L_{P1} errechnet. Die minimalen Einheiten der Sprache L_{Po} sind funktionalphonologisch relevante oder möglicherweise relevante Zeichen des Alphabets P_o. Die minimalen Einheiten der Sprache L_{P1} sind distinkte phonische Zeichen.[352] Der Algorithmus zur Definition der Funktion h_1 erfüllt zwei Aufgaben:

1) Er markiert distributionell bedingte Vokallängen und -kürzen,

2) er simuliert die zwischen zugrundeliegender phonologischer Struktur und Oberflächenstruktur wirksamen Prozesse.

Der zweite Punkt betrifft die phonologische Dynamik des Schwa, der Vokalharmonien und der konsonantischen Assimilationen.

Obligatorisch und fakultativ applizierende generativ-phonologische Regeln veranlassen hier die Aufspaltung der Funktionen in zwei Versionen. Die erste Version der Funktion ist Teilmenge der zweiten, die noch fakultative Regeln neben den obligatorischen ent-

---

352) vgl.p. 13 seqq.

hält. Dies betrifft auch die Varianten der Funktionen h_2 und h_3, so daß dafür auch der Algorithmus der Funktion h_1 gilt.

4.4.3.1. Satzzeichen

Die Maschine beginnt die Transkription eines Satzes im initialen Zustand S_I. Findet sie in diesem Zustand ein Satztrennungszeichen, wechselt sie in den Zustand S_{GENXXX} über. Findet sie in diesem Zustand ein Satztrennungszeichen, geht sie in den finalen Zustand S_F, um dann ihre Arbeit einzustellen. Nicht trennende Satzzeichen werden im Zustand S_{GENXXX} auf das Ausgabeband kopiert.

$(\alpha, S_I) \longrightarrow (S_{GENXXX}, \lambda, \lambda, 1, 1) \quad \alpha \in A_{22}$
$(\alpha, S_{GENXXX}) \longrightarrow (S_{GENXXX}, \lambda, \alpha, 1, 1) \quad \alpha \in A_{21}$
$(\alpha, S_{GENXXX}) \longrightarrow (S_F, \lambda, \lambda, 1, 1) \quad \alpha \in A_{22}$

4.4.3.2. Vokalquantitäten

Im Französischen sind unbetonte Vokale immer kurz. Betonte Vokale werden vor finalem /r/, /z/, /v/, /ž/ und /vr/ gedehnt. /α/, /ọ/ und /ọ̈/ und die Nasale /ẽ/, /ã/, /ö̃/ und /õ/ werden vor jedem folgenden terminalen Konsonanten gelängt.[353]

Findet der Lese-Schreibkopf auf dem Eingabeband einen Vokal, wird geprüft, ob er in akzentuierter Stellung steht. Alle Auslautvokale außer Schwa stehen in akzentuierter Stellung. Einem akzentuierten Vokal darf kein vokalisches Zeichen (terminales Schwa ausgenommen) folgen.

/ǫ̈/ und /ǫ/ werden zunächst von dieser Prüfung ausgenommen, da erst ihre vokalische Qualität ermittelt werden muß.

$(\alpha, S_{GENXXX}) \longrightarrow (S_{VOKQAL}$[354]$, \lambda, \lambda, 1, O) \quad \alpha \in P_{O1} - \{ə, ö, o\}$[355]
$(\alpha, S_{VOKQAL}) \longrightarrow (S_{VOKQAL}, \lambda, \lambda, 1, O) \quad \alpha \in P_{O2} \cup \{ə\}$

Wird ein Vokal gefunden, wird das Eingabeband zum Untersuchungsvokal zurückgespult. Handelt es sich bei dem als nicht tonig identifizierten Vokal um /α/ oder /ę̄/, so erhalten sie die Umschrift

---

353) vgl. Durand (1946), Straka (1950:280), Fouché (1956:XXVII), Sten (1956), Delattre (1966:105 seqq.), Léon (1966:18 seqq.), Klein (1968:46 seqq.), Schane (1968:54 seqq.), Landschultz (1971), Hammarström (1972:93 seqq.), Carton (1974:105 seq.).

354) VOKQAL: Prüfung der Vokalqualität.

355) Für P_O gilt: $P_O = P_{O1} \cup P_{O2}$; P_{O1} umfaßt die vokalischen Zeichen aus P_O, P_{O2} die nichtvokalischen Zeichen.

/a/ oder /ẹ̄/ (Beispiel: *pâture, nous fêtons*). Die anderen Vokale werden unverändert auf das Ausgabeband kopiert.

$(\alpha, S_{VOKQAL}) \longrightarrow (S_{VOKQAR}$[356]$, \lambda, \lambda, -1, 0) \quad \alpha \in P_{O1} - \{ə\}$

$(\alpha, S_{VOKQAR}) \longrightarrow (S_{VOKQAR}, \lambda, \lambda, -1, 0) \quad \alpha \in P_{O2} \cup \{ə\}$

$(\alpha, S_{VOKQAR}) \longrightarrow (S_{GENXXX}, \lambda, \lambda, 1, 1) \quad \alpha \in P_{O2} - \{ə, \alpha, \bar{ẹ}\}$

$(\bar{\alpha}, S_{VOKQAR}) \longrightarrow (S_{GENXXX}, \lambda, a, 1, 1)$

$(\bar{ẹ}, S_{VOKQAR}) \longrightarrow (S_{GENXXX}, \lambda, ẹ, 1, 1)$

Wird ein Satzzeichen gefunden, spult die Maschine das Eingabeband zurück zum Untersuchungsvokal und prüft den Kontext.

$(\alpha, S_{VOKQAL}) \longrightarrow (S_{VOKAKZ}, \lambda, \lambda, -1, 0) \quad \alpha \in A_2$

$(\alpha, S_{VOKAKZ}) \longrightarrow (S_{VOKAKZ}, \lambda, \lambda, -1, 0) \quad \alpha \in P_{O2} \cup \{ə\}$

Die langen Vokale /ọ̄/, /ā/, /ẹ̄/ und /ọ̈̄/ werden ausgeschrieben:

$(\alpha, S_{VOKAKZ}) \longrightarrow (S_{GENXXX}, \lambda, \alpha, 1, 1) \quad \alpha \in \{\bar{ọ}, \bar{a}, \bar{ẹ}, \bar{ọ̈}\}$

Nasale vor Konsonanten werden gedehnt:

$(\alpha, S_{VOKAKZ}) \longrightarrow (S_{NASAKZ}$[357]$, \lambda, \alpha, 1, 0) \quad \alpha \in \{\tilde{e}, \tilde{a}, \tilde{o}, \tilde{ö}\}$

$(\alpha, S_{NASAKZ}) \longrightarrow (S_{NASLAN}$[358]$, \lambda, \lambda, -1, 0) \quad \alpha \in P_{O2}$

$(\alpha, S_{NASAKZ}) \longrightarrow (S_{NASKUR}$[359]$, \lambda, \lambda, -1, 0) \quad \alpha \in A_2$

$(\alpha, S_{NASLAN}) \longrightarrow (S_{GENXXX}, \lambda, \bar{\alpha}, 1, 1) \quad \alpha \in \{\tilde{e}, \tilde{a}, \tilde{o}, \tilde{ö}\}$

$(\alpha, S_{NASKUR}) \longrightarrow (S_{GENXXX}, \lambda, \alpha, 1, 1) \quad \alpha \in \{\tilde{e}, \tilde{a}, \tilde{o}, \tilde{ö}\}$

Für die anderen akzentuierten Vokale wird der Kontext geprüft:

$(\alpha, S_{VOKAKZ}) \longrightarrow (S_{VOKKON}$[360]$, \lambda, \lambda, 1, 0)$

$\alpha \in P_{O1} - \{ə, \alpha, ẹ, ọ̈, ọ, \tilde{e}, \tilde{a}, \tilde{o}, \tilde{ö}\}$

$(\alpha\beta, S_{VOKKON}) \longrightarrow (S_{VOKLAN}$[361]$, \lambda, \lambda, -1, 0)$

$\alpha \in \{r, z, v, ž, r, vr\}, \; \beta \in \{\gamma, ə\gamma\}, \; \gamma \in A_2$

Für alle anderen Ketten δ ungleich αβ gilt:

$(\delta, S_{VOKKON}) \longrightarrow (S_{VOKKUR}$[362]$, \lambda, \lambda, -1, 0)$

$(\alpha, S_{VOKLAN}) \longrightarrow (S_{GENXXX}, \lambda, \bar{\alpha}, 1, 1)$

$(\alpha, S_{VOKKUR}) \longrightarrow (S_{GENXXX}, \lambda, \lambda, 1, 1)$

$\alpha \in P_{O1} - \{ə, \bar{\alpha}, \bar{ẹ}, \bar{ọ̈}, \bar{ọ}, \bar{\tilde{e}}, \bar{\tilde{a}}, \bar{\tilde{o}}, \bar{\tilde{ö}}\}$

4.4.3.3. Vokalqualitäten

Wir haben /ọ̈/ und /ọ/ von den Regeln der Vokallängung ausgenommen. Zuerst muß die Qualität dieser Laute ermittelt werden. Die

356) VOKQAR: Zur Vokalquantitätenprüfung wird das Eingabeband nach rechts gerückt.
357) NASAKZ: Prüfung des akzentuierten Nasals.
358) NASLAN: Längung des Nasals.
359) NASKUR: Kürzung des Nasals.
360) VOKKON: Prüfung des Vokalkontexts.
361) VOKLAN: Kopie des langen Vokals.
362) VOKKUR: Kopie des kurzen Vokals.

zweite Transformationsfunktion umschreibt Ketten *eu* und *o*, die nicht von bleeding rules erfaßt werden, durch /ǫ̈/ und /ǫ/. Es wird geprüft, ob der Kontext eine Hebung nach /ọ̈/ und /ọ/ erfordert.

Haupttoniges /ǫ̈/ wird vor /t/, /k/, /d/, /z/, /ž/, /m/, vor Wortgrenze und vor Schwa plus Wortgrenze nach /ọ̈/ gehoben. /ǫ̈/ ist haupttonig, wenn kein Vokal außer Schwa folgt.

Nebentoniges /ǫ̈/ wird in offener Silbe und in geschlossener Silbe vor /s/ in /ọ̈/ umgeformt. Ein Vokal ist nebentonig, wenn zur Wortgrenze Vokale ungleich Schwa folgen. Eine Silbe ist offen, wenn dem Vokal ein nonterminaler Konsonant oder eine nonterminale Konsonantenverbindung bestehend aus einem Okklusiv oder einem Frikativ und einem Liquid folgt.[363]

(ǫ̈, S_{GENXXX}) ⟶ (S_{OEAKZP}[364], λ, λ, 1, 0)
(α, S_{OEAKZP}) ⟶ (S_{GENXXX}, λ, ọ̈, 0, 1) $\alpha \in A_2$
(α, S_{OEAKZP}) ⟶ (S_{GENXXX}, λ, ọ̈, 0, 1) $\alpha \in A_2$
(α, S_{OEAKZP}) ⟶ (S_{NONAKZ}[365], λ, λ, 0, 0) $\alpha \in P_o - \{t,k,d,z,ž,m\}$
(α, S_{OEAKZP}) ⟶ (S_{OEAKZL}[366], λ, λ, 1, 0) $\alpha \in \{t,k,d,z,ž,m\}$
(α, S_{OEAKZL}) ⟶ (S_{VOKQAL}, ọ̈, λ, -2, 0) $\alpha \in A_2$
(əα, S_{OEAKZL}) ⟶ (S_{VOKQAL}, ọ̈, λ, -2, 0) $\alpha \in A_2$

Das /ọ̈/ wird auf das Eingabeband geschrieben. Im Zustand S_{VOKQAL} führt die Maschine die Quantitätenprüfung durch.

Für Ketten ungleich Satzzeichen oder Schwa plus Satzzeichen prüft die Maschine im Zustand S_{OEAKZL}, ob /ǫ̈/ in nichtakzentuierter Stellung steht.

(α, S_{OEAKZL}) ⟶ (S_{NONAKZ}, λ, λ, 0, 0) $\alpha \in P_{o1} - \{ə\}$
(α, S_{NONAKZ}) ⟶ (S_{NONAKZ}, λ, λ, 1, 0) $\alpha \in P_{o2} \cup \{ə\}$
(α, S_{NONAKZ}) ⟶ (S_{NONAKR}[367], λ, λ, -1, 0) $\alpha \in A_2 \cup \{ə\}$
(α, S_{NONAKR}) ⟶ (S_{NONAKR}, λ, λ, -1, 0) $\alpha \in P_{o2}$
(ǫ̈, S_{NONAKR}) ⟶ (S_{VOKQAL}, λ, λ, 1, 0)
(α, S_{OEAKZL}) ⟶ (S_{NIAKZR}[368], λ, λ, -1, 0) $\alpha \in P_{o1} - \{ə\}$
(α, S_{NONAKZ}) ⟶ (S_{NIAKZR}, λ, λ, -1, 0) $\alpha \in P_{o1} - \{ə\}$
(α, S_{NIAKZR}) ⟶ (S_{NIAKZR}, λ, λ, -1, 0) $\alpha \in P_{o2} \cup \{ə\}$

363)Dies ist die strukturelle Beschreibung einer Delattreschen Gruppe.
364)OEAKZP: Akzentprüfung bei /ö/.
365)NONAKZ: Prüfung in nicht akzentuierter Stellung.
366)OEAKZL: Linksverschieben des Eingabebandes.
367)NONAKR: Rechtsverschiebung des Eingabebandes bei nicht akzentuierten Lauten.
368)NIAKZR: Nicht akzentuierte Stellung, Rechtsschub des Eingabebandes.

(ǫ̈, S_{NIAKZR}) ⟶ (S_{NIAKZL}[369], λ, λ, 1, 0)
(α, S_{NIAKZL}) ⟶ (S_{GENXXX}, λ, ọ̈, 0, 1)

α ist eine Kette der Struktur Konsonant + Vokal, /s/ + Konsonant oder Okklusiv bzw. Frikativ + Liquid. Für alle β ungleich α gilt:

(β, S_{NIAKZL}) ⟶ (S_{GENXXX}, λ, ọ̈, 0, 1)

Beispiele für /ọ̈/ in den aufgeführten Positionen sind *feu, peu, queue, émeute, merveilleuse,* für nicht akzentuiertes /ọ̈/ *heureux, Eustache, eucalyptus.*

/ǫ/ wird vor /z/ und der Wortgrenze nach /ọ/ gehoben:

(ǫ, S_{GENXXX}) ⟶ (S_{OKONTX}[370], λ, λ, 1, 0)
(α, S_{OKONTX}) ⟶ (S_{VOKQAL}, λ, λ, -1, 0) $\alpha \in P_o - \{z\}$
(α, S_{OKONTX}) ⟶ (S_{GENXXX}, λ, ọ, 0, 1) $\alpha \in A_2$
(z, S_{OKONTX}) ⟶ (S_{OKTEXR}[371], λ, λ, -1, 0)
(ǫ, S_{OKTEXR}) ⟶ (S_{VOKQAL}, λ, ọ, 1, 0)

Beispiele sind *numéro, rose, arroser.* Im Zustand S_{VOKQAL} können Längen markiert werden.

4.4.3.4. Schwa

Zahlreiche phonetische und phonologische Arbeiten behandeln das Schwa. Sein Status ist im Rahmen einer funktional orientierten Lautlehre umstritten. Phonologische Relevanz wird ihm nur eingeschränkt zuerkannt.[372] Die Schwierigkeiten der funktionalen Einordnung spiegeln sich in den widersprüchlichen Darstellungen taxonomischer Phonologen wider. Schon die verschiedenen Bezeichnungen des Phänomens verraten Unsicherheit, zeigen aber auch die mannigfachen Aspekte an, unter denen das Schwa auftritt.[373]

Die Schwierigkeiten taxonomischer Beschreibungen liegen in der Statik des taxonomischen Modells begründet. Ziel der taxonomischen

---

369) NIAKZL: vgl. Anm.368, L bedeutet Linksbewegung des Eingabebandes.
370) OKONTX: Prüfung des Kontexts von /ǫ/.
371) OKTEXR: Nach der Kontextprüfung des /ǫ/ wird das Band nach rechts geschoben.
372) Martinet (1974:209 seqq.) beschränkt den distinktiven Wert des Schwa auf vorvokalische Stellung (Problem des h aspiré, Beispiel: *l'être, le hêtre*). Er schlägt vor, Schwa nur in distinktiven Positionen zu notieren. Die syntagmatische Notation hängt dann direkt von der paradigmatischen Opposition ab, in die die gerade untersuchte phonische Kette gesetzt werden kann. Würde dieses Verfahren auf alle anderen Zeichen der chaîne parlée angewendet, so dürfte nur dann von Phonemen gesprochen werden, wenn ein jeder Laut kommutierbar wäre - und es blieben nur noch ziemlich wenige. Mit Zwanenburg (1968) geben wir paradigmatisch gesicherten Lauten auch syntagmatischen Status.
373) Namen sind e muet, e caduc, e instable, labiles e, Schwa.

Beschreibung ist nicht die Klassifizierung der chaîne parlée, sondern die Klassifizierung der Sprache als paradigmatisch-oppositionelles System. Das Schwa ist jedoch auch ein syntagmatisches Phänomen. Es hat eine gewisse, wenn auch positionell beschränkte paradigmatische Relevanz. Syntagmatisch tritt es als kombinatorische Variante auf.

Ähnlich wie wir das syntagmatische Auftreten des Lautes /a/ notieren (z.B. in /la mẹzõ/, aber nicht in /l ami/), so notieren wir auch das Schwa. Freilich ist sein Verhalten schwieriger zu beschreiben als das von /a/.

Für diese Arbeit sind die Versuche von Delattre, Weinrich und Léon weniger geeignet. Im Hinblick auf die spezielle Situation dieser Untersuchung sind sie zu stark kontextuell-distributionell orientiert. Wegen der Vernachlässigung der Syntax weisen sie Schwächen auf. Für diese Arbeit ist es nachteilig, daß sie wenig Bindung zur französischen Orthographie haben und keinen Unterschied zwischen fakultativer und obligatorischer Elision machen. Obligatorische und fakultative Elisionsregeln aber ermöglichen die Herleitung sprachschichtendifferenzierter Oberflächen.[374]

Für unsere Zwecke eignen sich generativ-phonologische Grammatiken bessser. Der Lösungsansatz hier simuliert ein Fragment einer französischen generativen Phonologie. Der Input dieses Fragments ist dem Output der zweiten Transformation ziemlich ähnlich, so daß das Grammatikfragment nur wenig modifiziert werden muß.[375]

Auch wird eine generative Phonologie dem paradigmatischen und dem syntagmatischen Aspekt des Schwa am meisten gerecht. Der paradigmatische Aspekt betrifft die Einheiten der Tiefenstruktur, der syntagmatische die Oberflächenstruktur und die Serialisierung ihrer Einheiten. Mit Hilfe obligatorischer und fakultativer Regeln erfaßt der generative Ansatz das Spiel des Schwa am besten.

Wir modifizieren generative Phonologien in zwei Punkten:

---

374) Die Literatur zum Schwa ist umfangreich; wir beschränken uns auf Grammont (1950:252 seqq.), Fouché (1956:91 seqq.), Weinrich (1958:248-260), Baldinger (1958:471 seqq.), Weinrich (1961:4-18), Delattre (1966:17-35). Die Ergebnisse von Weinrich und Delattre stimmen weitgehend überein, vgl.dazu a. Rothe (1972:82 seq.). Delattre wird Normativität vorgeworfen. Léon (1966) brücksichtigt, auf Delattre aufbauend, die Satzakzentuierung der Silbe, die dem Schwa folgt.

375) Auf Ähnlichkeiten zwischen phonologischer Tiefenstruktur und Orthographie haben wir bereits verwiesen.

Die Regeln der hier realisierten generativen Phonologie applizieren nicht über Merkmalmatrizes, sondern über Phonemketten. Darüberhinaus applizieren sie nicht simultan auf dem Eingabesatz, sondern segmentsequentiell von links nach rechts.[376] Für alle Segmente wird geprüft, ob sie die Strukturbeschreibungen der Regeln erfüllen.

Unser Phonologiemodell orientiert sich an der Darstellung der Elision des Schwa bei F. Dell[377]. Wir behandeln obligatorische und fakultative Regeln gemeinsam, zeigen jedoch stets die Version an, zu der eine Regel gehört.

Die erste Regel tilgt Schwa in Futur- und Konditionalmorphemen, wenn keine Verbindung des Typs Obstruent + Liquid vorausgeht. Futur- und Konditionalmorpheme erhalten in der zweiten Transformation ihrer Funktion entsprechende Kennzeichnungen.[378] Die erste Regel ist zweiteilig:

1) ə $\longrightarrow$ ə /OL_(Futurmorphem)(Konditionalmorphem)

2) ə $\longrightarrow$ $\emptyset/C_{o}$_(Futurmorphem)(Konditionalmorphem)

Die erste Teilregel ist obligatorisch; folgt das Futur- oder Konditionalmorphem einer Obstruent-Liquid-Kombination, wird die Prüfung abgebrochen. Das Schwa bleibt erhalten. Die Maschine, durch die wir die dritte Funktion definieren, geht zur Verarbeitung des nächsten Segments über.

Die zweite Teilregel ist fakultativ. Die erste Teilregel steht in einer bleeding Relation zu ihr, sie sondert gewisse Kontexte aus. Die zweite Teilregel elidiert Schwa nach Futur- oder Konditionalmorphemen nach Vokal oder Konsonanten ungleich Obstruent-Liquid-Kombinationen. Beispiele für die erste Regel sind *il rentrera, il donnøra.*

Die zweite Regel ist obligatorisch. Sie tilgt Schwa nach Vokal:

ə $\longrightarrow$ $\emptyset$/V_

Beispiele sind *remerciøment, il avouø.*

---

376) Simultane Applikation bei Chomsky, Halle (1968:344):" To apply a rule, the entire string is first scanned for segments that satisfy the environmental constraints of the rule. After all such segments have been identified in the string, the changes required by the rule are applied simultaneously". Wir zeigen noch, daß für unsere Arbeit die segmentsequentielle Verfahrensweise notationelle Vereinfachungen beinhaltet. Sie fügt sich gut in das Modell ein und ist computativ günstig zu verwirklichen.

377) Dell (1973:177-256).

378) vgl.z.B.p. 75.

Auch die dritte Regel wird obligatorisch angewendet. Sie tilgt Schwa nach einem von midestens einem Konsonanten gefolgten Vokal vor einer Pause. Wir interpretieren eine Pause als Satztrennungszeichen.

$ə \longrightarrow Ø/VC_1\_§$[379]

Beispiele sind *elle est grand∉, un homme illustr∉, une affaire pervers∉*. Der environmental constraint der Regel schließt Einsilbler wie *le* und *ce* aus.

Die vierte, obligatorische Regel erhält das finale Schwa eines akzentuierten Einsilblers. Die Regel ist bleeding für die folgenden, da sie die Elisionsprüfung zum Abbruch bringt und zur Untersuchung der folgenden Segmente überleitet.

$ə \longrightarrow ə//C\_ // //$

// markiert eine Wortgrenze, // // eine doppelte Wortgrenze, die Elisionen und Liaisons verhindert. Die doppelte Wortgrenze spiegelt eine syntaktische Operation wider, hier die Pronominalisierung des direkten Objekts. Akzentuierte Pronominalisierungen treten in Befehlssätzen auf. Sie sind, orthographisch gesprochen, durch Bindestriche ans Verb gehängt. Bei Imperativsätzen folgt als rechtes Satztrennungszeichen ein Ausrufezeichen. Da wir Satzzeichen in allen Funktionen kopieren, greifen wir hier bei der syntaktischen Analyse darauf zurück. Die vierte Regel erhält das Schwa im Beispielsatz *Faites-l<u>e</u> pour vos amis!*

Die fünfte, obligatorische Regel, bleeding für die folgenden Regeln, erhält Schwa ebenfalls:

$ə \longrightarrow ə/\_V$

Diese Regel erhält Schwa vor Vokal, orthographisch gesprochen vor h aspiré:*d<u>e</u>hors*.

Die sechste, obligatorische Regel erhält finales Schwa vor vokalisch anlautendem Wort, wenn dieses weniger als zwei Vokale enthält:

$ə \longrightarrow ə//\_ // VC_0(ə) //$

Die siebte Regel tilgt Schwa, wenn das folgende Wort mehr als einen Vokal enthält:

$ə \longrightarrow Ø/\_//VC_0 V$ ... mit V ungleich ə.

---

379) § markiert eine Pause. Bei Dell (1973:258 seq.) ist die kontextuelle Beschränkung VC_0 der Regel PAUS wegen der Regel V-E redundant. Wir schreidaher VC_1.

Auch die siebte Regel ist obligatorisch. Die sechste und die siebte Regel zeigen sehr deutlich die Funktion des h aspiré als therapeutisches Grenzsignal zur Erhaltung kurzer Wortkörper. Denn während Schwa in *une honte* erhalten bleibt, wird es in *littératurø hongroise* elidiert. Die beiden Regeln machen deutlich, warum in der zweiten Transformation ein Vergleich der terminalem Schwa folgenden Wörter mit der Gruppe der Wörter auf h aspiré vorgenommen wird. Der Vergleich ermöglicht hier die korrekte Behandlung von Schwa vor vokalischen Anlauten.

Die achte, obligatorische Regel elidiert finales Schwa nach einer Gruppe Vokal + Konsonant:

ə ⟶ Ø/VC_//

Diese Regel erfaßt die Schwa im Beispielsatz *unø grandø damø...*

Die neunte Regel erhält Schwa entweder fakultativ oder dient als bleeding rule für Schwaprüfungen in folgenden Regeln. Die neunte Regel appliziert nach zwei Konsonanten bei finalem Schwa, Erhält sie Schwa, lautet sie:

ə ⟶ ə/CC_//

Kann Schwa elidiert werden, wird zunächst in der obligatorischen zehnten Regel geprüft, ob ein Wort mit h aspiré folgt. In diesem Fall bleibt Schwa erhalten. Die Prüfung wird dann abgebrochen:

ə ⟶ ə/CC_// V

Die elfte Regel erhält Schwa vor betontem Vokal. Wir unterscheiden wort- und satzphonetisch betonte Vokale und arbeiten in der formalen Darstellung Bedingungen zur automatischen Identifikation beider Betonungstypen heraus. Beispiele für die elfte, obligatorische Regel sind *porte-plume, gardø-malade, donne-moi ta veste rouge!*[380] Die elfte Regel hat die Form:

ə ⟶ ə/CC_//C(C)V́

Trifft die Regel zu, bleibt Schwa erhalten; die Elisionsprüfung wird abgebrochen.

Schwa bleibt ebenfalls erhalten, wenn als erstes nichtkonsonantisches Zeichen ein Halbvokal folgt. Die strukturelle Beschreibung der zwölften Regel ist:

---

380) Léon (1966) weist auf die wortphonetische Erscheinung hin und modifiziert den Ansatz von Weinrich und Delattre. Schon in Leray (1930:170) finden sich Bemerkungen über das Verhalten von Schwa unter dem Satzakzent.

ə ⟶ ə/CC_//CS

Beispiel ist *une énorme̲ chouette*. Dagegen kann Schwa in *une énorm∅ brouette* getilgt werden.

Treffen die Strukturbedingungen der Schwa erhaltenden Regeln nicht zu, kann Schwa durch die 13. Regel elidiert werden:

ə ⟶ ∅/CC_//

Die 13. Regel steht in feeding order zur 14. Diese tilgt Liquide nach Konsonant:

L ⟶ ∅/CL_//

Beispiele sind *un aut' type, une pauv' fille*.Wörter wie *moindre* werden von den Tilgungsregeln des Schwa nach Konsonant und Liquid ausgenommen. In der zweiten Transformation haben wir solche Wörter als Logogramme gekennzeichnet. Das Schwa dieser Wörter wird durch das Zeichen /ɛ/ wiedergegeben. Es unterliegt den Elisionsregeln nicht. Oberflächlich wird es durch normales Schwa dargestellt. Mit dem Eintrag dieser Wörter in ein Lexikon ahmen wir ein in der formalen Sprachwissenschaft übliches Verfahren nach: Ausnahmen von Regeln werden im Lexikon speziell markiert.[381]

Die Verneinungspartikel *ne* stellt besondere Probleme. François Dell formuliert eine Regel, die eine Tilgungspräferenz des Schwa von *ne* vor benachbarten Schwa in gleicher struktureller Umgebung ausdrückt . Seine Regel NE-EX lautet:

$$ə \longrightarrow \left\{ \begin{array}{l} \text{- règle INI} \quad / \quad \_//nə// \\ \text{- règle } VCE_1 \quad / \quad \bar{V}//nə//C\_ \end{array} \right\}$$

Die Regel bewirkt, daß erst die Regeln INI und VCE_1 auf das Schwa von *ne* angewendet werden, bevor sie für benachbarte Schwa applizieren.[382]

Da in unserem Modell Regeln segmentsequentiell von links nach rechts applizieren, können wir die *ne* betreffende Regel einfacher gestalten. Aus dem Vorgehen von links nach rechts ergibt sich, daß das Schwa der Verneinungspartikel vor jedem weiter rechts stehenden Schwa bearbeitet wird. Damit können wir auf den environmental constraint der Regel NE-EX von Dell verzichten. Lediglich der linke

---

381)s.Dell (1973:233). Bei finalem Schwa nach Konsonant sind davon superlativische Wörter wie *moindre̲,* Präpositionen wie *contre̲, entre̲* und auf /lk/ endende Wörter wie *quelque̲* betroffen. Nichtauslautendes Schwa kann auch von Elisionsregeln ausgenommen werden, z.B. in *se̲ringue*.

382)s. Dell (1973), p.225 seqq., zur Regelordnung p. 258 seqq., zu den Regeln INI und VCE_1pp. 227,230,257.s. besonders die Beispiele p. 255 seq.

Kontext des Schwa von *ne* braucht beachtet zu werden. Die 15. Regel berücksichtigt dies:

ə ⟶ -Regel 18 /_//nə //

Nach der Anwendung der 15. Regel kann das Schwa der Verneinungspartikel der sechsten, der siebten (die anderen Regeln erfüllen die Strukturbeschreibung von *ne* nicht und brauchen deshalb nicht angwendet zu werden), der 16. und der 17. Regel unterworfen werden. Danach arbeitet die Maschine die Regeln 16ff. für das der Verneinungspartikel vorausgehende Schwa ab. Regel 15 ist obligatorisch. Der Satz *si je nø dis rien* illustriert ihre Wirkung. Wiewohl *je* und *ne* gleiche Kontextbedingungen haben, wird das Schwa der Verneinungspartikel mit Vorzug elidert. Dadurch wird die falsche Form *si jø ne dis rien* verhindert.

Die 16. Regel ist bleeding für die 17. Regel. Sie betrifft wortinitiales Schwa in interokklusiver Position. Regel 16 ist obligatorisch:

ə ⟶ - Regel 17 /okklusiv _$//_{0}$ okklusiv

Die Regel erhält Schwa in Wörtern und Syntagmen wie *dedans, debout, de ta part, je te casse la tête*.

Hingegen kann Schwa durch die fakultative Regel 17 nach Pause getilgt werden (§*dømain*,§*vønez*,§*jø t'aime*):

ə ⟶ Ø/§C_

Die 18., fakultative Regel tilgt Schwa in vokalinitialer, interkonsonantischer Position nach vokalischem Wortauslaut:

ə ⟶ Ø/V$//_{1}$C_ (//)C

Strukturen dieser Art finden sich in *pas dø scrupule, bassin dø piscine*. Allerdings sind Schwankungen des Gebrauchs zu beobachten.[383]

Die 19., obligatorische Regel erhält Schwa vor Liquid plus Halbvokal. Sie ist bleeding für die 20. Regel:

ə ⟶ ə/_LS

chandelier, bachelier, céderiez sind Beispiele.

Die 20., obligatorische Regel tilgt Schwa in interner Position nach Vokal plus Konsonant. Ihr environmental constraint ist schwach, da sie in der Regelordnung an letzter Stelle aufgeführt wird:

ə ⟶ Ø/VC_

---

383) s.Haden (1965:166 seqq.), Dell (1973:229 seq.).

Diese Regel tilgt Schwa in *Danømark*, *cimøtière*[384], *cassørole*, *achøter*, *feuilløter*, *promøner*. Ausnahmen sind wenig frequent, sie finden sich bei den durch ε markierten Logogrammen: *att<u>e</u>nant*, *champ<u>e</u>nois*.

Die 20 Regeln zur Behandlung des Schwa werden nun formal beschrieben.

Die erste Regel behandelt Futur- und Konditionalmorpheme.

$(\alpha F, S_{GENXXX}) \longrightarrow (S_{FUTXXX}$[385]$, \lambda, \lambda, -2, 0)$

α ist Element der im Anhang extensional definierten Menge der Futur- und Konditionalmorpheme.

$(\alpha, S_{FUTXXX}) \longrightarrow (S_{ASSEXXX}$[386]$, \lambda, \text{ə}, 2, 0)$

α ist ein Nexus von Konsonant und Liquid. Für alle β ungleich α gilt:

$(\beta, S_{FUTXXX}) \longrightarrow (S_{ASSVXX}, \lambda, \lambda, 3, 0)$

Werden nur obligatorische Regeln angewendet, gilt:

$(\alpha, S_{FUTXXX}) \longrightarrow (S_{ASSEXX}, \lambda, \text{ə}, 2, 0)$

α ist eine beliebige Kette der Länge 2.

Die zweite Regel findet Anwendung, wenn in der ersten Instruktion kein Futur- oder Konditionalmorphem gefunden wird.

$(\text{ə}, S_{GENXXX}) \longrightarrow (S_{VEXXXX}$[387]$, \lambda, \lambda, -1, 0)$

$(\alpha, S_{VEXXXX}) \longrightarrow (S_{GENXXX}, \lambda, \lambda, 2, 0) \quad \alpha \in \text{Vok}$[388]

$(\alpha, S_{VEXXXX}) \longrightarrow (S_{PAUSXX}$[389]$, \lambda, \lambda, -1, 0) \quad \alpha \in \text{Kons}$

Wird kein Vokal gefunden, geht die Maschine zur Prüfung der dritten Regel über.

$(\alpha, S_{PAUSXX}) \longrightarrow (S_{PAUFIN}$[390]$, \lambda, \lambda, 3, 0) \quad \alpha \in \text{Kon} \cup \text{Vok}$

$(\alpha, S_{PAUSXX}) \longrightarrow (S_{AKZXXX}$[391]$, \lambda, \lambda, 0, 0) \quad \alpha \in A_2$

Es wird geprüft, ob dem Schwa ein Satztrennungszeichen folgt:

$(\alpha, S_{PAUFIN}) \longrightarrow (S_{PAUFIN}, \lambda, \lambda, 1, 0) \quad \alpha \in A_{21}$

---

384) Das Schwa in *cimetière* und in *Danemark* spiegelt orthographisch und tiefenstrukturell einen historischen Sprachzustand wider. Es verhindert die Nasalisation des vorausgehenden Vokals. In der Regelordnung einer generativen Phonologie geht die Nasalisationsregel dieser Elisionsregel voraus. Die Elisionsregel leitet eine Oberfläche mit einer Folge Oralvokal, Nasal und Obstruent her.

385) FUT: Das Schwa in Futur- und Konditionalmorphemen wird getilgt. Die Subskriptnamen sind in Anlehnung an die Namen der Tilgungsregeln bei Dell gewählt.

386) Im Zustand S_{ASSEX} werden Harmonisierungen durchgeführt. s.p.153 . s.a. S_{ASSVXX}.

387) VEXXXX: Schwa nach Vokal wird elidiert.

388) Vok ist eine Variable für Vokale, Kon eine Variable für Konsonanten.

389) PAUSXX: Schwa vor Pause wird in der nächsten Instruktion geprüft.

390) PAUFIN: Die Zeichen hinter Schwa werden geprüft.

391) AKZXXX: Akzentuiertes Schwa wird geprüft.

$(\alpha, S_{PAUFIN}) \longrightarrow (S_{PAUELI}[392], \lambda, \lambda, -1, 0) \quad \alpha \in A_{22}$

$(\alpha, S_{PAUELI}) \longrightarrow (S_{PAUELI}, \lambda, \lambda, -1, 0) \quad \alpha \in A_{21}$

$(\text{ə}, S_{PAUELI}) \longrightarrow (S_{ASS5XX}, \lambda, \lambda, -1, -1)$

Folgt dem Schwa ein Konsonant, geht die Maschine in den Zustand zur Prüfung der 16. Regel:

$(\alpha, S_{PAUFIN}) \longrightarrow (S_{INIBLE}, \lambda, \lambda, -1, 0) \quad \alpha \in Kon$

Folgt ein Vokal, geht die Maschine in den Zustand $S_{HASP1XX}$ zur Prüfung der fünften Regel:

$(\alpha, S_{PAUFIN}) \longrightarrow (S_{HASP1XX}, \lambda, \lambda, -1, 0) \quad \alpha \in Vok$

Die vierte Regel erhält akzentuiertes Schwa. Ein Schwa ist akzentuiert, wenn ihm links ein Bindestrich und ein Konsonant vorausgehen und rechts eine Wortgrenze und als rechtes Satztrennungszeichen ein Ausrufezeichen folgen.

$(\alpha, S_{AKZXXX}) \longrightarrow (S_{AKZXXX}, \lambda, \lambda, -1, 0) \quad \alpha \in A_{21} - \{-\}$

$(-, S_{AKZXXX}) \longrightarrow (S_{AKZARL}[393], \lambda, \lambda, 1, 0)$

$(\alpha, S_{AKZXXX}) \longrightarrow (S_{AKZENL}[394], \lambda, \lambda, 1, 0) \quad \alpha \in A_{22} \cup Vok \cup Kon$

Wird ein Satztrennungs- oder phonisches Zeichen gefunden, geht die Maschine, nachdem sie wieder das Schwa aufgesucht hat, in den Zustand zur Prüfung der fünften Regel über:

$(\alpha, S_{AKZENL}) \longrightarrow (S_{AKZENL}, \lambda, \lambda, 1, 0) \quad \alpha \in A_{21} \cup Vok \cup Kon - \{\text{ə}\}$

$(\text{ə}, S_{AKZENL}) \longrightarrow (S_{HASP1X}, \lambda, \lambda, 0, 0)$

Hat der Lese-Schreibkopf einen Bindestrich gefunden, wird ein Ausrufezeichen als rechter Satzbegrenzer gesucht. Ein Feldmarkierungszeichen markiert die Position des Schwa.

$(\alpha, S_{AKZARL}) \longrightarrow (S_{AKZARL}, \lambda, \lambda, 1, 0) \quad \alpha \in A_{21} \cup Vok \cup Kon - \{\text{ə}\}$

$(\text{ə}, S_{AKZARL}) \longrightarrow (S_{AKZARA}[395], \S\text{ə}, \lambda, 1, 0)$

Die Prüfung bricht ab, wenn unmittelbar hinter dem Schwa ein phonisches Zeichen folgt:

$(\alpha, S_{AKZARA}) \longrightarrow (S_{AKZENR}[396], \lambda, \lambda, 0, 0) \quad \alpha \in Vok \cup Kon$

$(\alpha, S_{AKZARA}) \longrightarrow (S_{AKZARZ}[397], \lambda, \lambda, 0, 0) \quad \alpha \in A_2$

$(\alpha, S_{AKRARZ}) \longrightarrow (S_{AKZARZ}, \lambda, \lambda, 1, 0) \quad \alpha \in A_{21} \cup Vok \cup Kon$

---

392) PAUELI: Schwa vor Pause wird elidiert.

393) AKZARL: Das Eingabeband wird bei der Akzentprüfung zur Suche des Ausrufezeichens nach links verschoben.

394) AKZENL: Ende der Akzentprüfung. Das Eingabeband wird nach links verschoben.

395) AKZARA: Das Zeichen hinter dem Schwa wird geprüft.

396) AKZENR: Ende der Akzentprüfung, Bandverschiebung nach rechts.

397) AKZARZ: Suche des Ausrufezeichens.

Wird ein Ausrufezeichen gefunden, geht der Lese-Schreibkopf der Maschine zum markierten Schwa zurück. Die Maschine schreibt Schwa auf das Ausgabeband:

$(!,S_{AKZARZ}) \longrightarrow (S_{AKZARR}$[398]$,\lambda,\lambda,-1,0)$

$(\alpha,S_{AKZARR}) \longrightarrow (S_{AKZARR},\lambda,\lambda,-1,0) \quad \alpha \in A_{21} \cup \mathrm{Kon} \cup \mathrm{Vok}$

$(\S ə,S_{AKZARR}) \longrightarrow (S_{GENXXX},ə,ə,1,1)$

Für andere Satztrennungszeichen geht die Maschine in den Zustand zur Prüfung des Anlautes des nachfolgenden Worts über.

$(\alpha,S_{AKZARZ}) \longrightarrow (S_{AKZENR},\lambda,\lambda,-1,0) \quad \alpha \in A_{22} - \{!\}$

$(\alpha,S_{AKZENR}) \longrightarrow (S_{AKZENR},\lambda,\lambda,-1,0) \quad \alpha \in A_{21} \cup \mathrm{Kon} \cup \mathrm{Vok}$

$(\S ə,S_{AKZENR}) \longrightarrow (S_{HASP2X},ə,\lambda,0,0)$

Schwa bleibt erhalten, wenn unmittelbar ein Vokal folgt, wie die fünfte Regel angibt:

$(\alpha,S_{HASP1X}) \longrightarrow (S_{HASP1L},\lambda,\lambda,-1,0) \quad \alpha \in \mathrm{Vok}$

$(\alpha,S_{HASP1L}) \longrightarrow (S_{GENXXX},\lambda,ə,0,1) \quad \alpha \in \mathrm{Vok}$

Folgt ein Satzzeichen, wird die sechste Regel geprüft:

$(\alpha,S_{HASP1L}) \longrightarrow (S_{HASP2F}$[399]$,\lambda,\lambda,-1,0) \quad \alpha \in A_{21}$

$(ə,S_{HASP2F}) \longrightarrow (S_{HASP2X},\S ə,\lambda,0,0)$

Folgt ein Konsonant, geht die Maschine über zur 16. Regel:

$(\alpha,S_{HASP1L}) \longrightarrow (S_{INIBLE},\lambda,\lambda,-1,0) \quad \alpha \in \mathrm{Kon}$

Schwa bleibt erhalten, wenn das folgende Wort vokalisch anlautet und nur einen Vokal enthält oder wenn das Schwa in einem Einsilbler steht. Anderenfalls wird Schwa getilgt.

$(\S ə,S_{HASP2X}) \longrightarrow (S_{HASP2V}$[400]$,\lambda,\lambda,1,0)$

$(\alpha,S_{HASP2V}) \longrightarrow (S_{HASP2V},\lambda,\lambda,1,0) \quad \alpha \in A_{21}$

$(\alpha,S_{HASP2V}) \longrightarrow (S_{HASP2E}$[401]$,\lambda,\lambda,-1,0) \quad \alpha \in \mathrm{Kon}$

Für konsonantischen Anlaut wird die Prüfung abgebrochen. Das Eingabeband wird zum Feldmarkierungszeichen zurückgespult:

$(\alpha,S_{HASP2E}) \longrightarrow (S_{HASP2E},\lambda,\lambda,-1,0) \quad \alpha \in A_{21}$

$(\S ə,S_{HASP2E}) \longrightarrow (S_{EFIN1X},ə,\lambda,-2,0)$

Im Zustand S_{EFIN1X} wird die achte Regel geprüft.

Enthält das vokalisch anlautende Wort nur einen Vokal, bleibt Schwa erhalten.

$(\alpha,S_{HASP2V}) \longrightarrow (S_{HASPZV}$[402]$,\lambda,\lambda,1,0) \quad \alpha \in \mathrm{Vok}$

---

398) AKZARR: Akzentprüfung; nach Auffinden des Ausrufezeichens Rechtsverschiebung.
399) HASP2F: Bei der zweiten Prüfung des h aspiré Setzung des Feldmarkierers.
400) HASP2V: Suche vokalisch anlautender Wörter.
401) HASP2E: Ende der Prüfung.
402) HASPZV: Suche eines zweiten Vokals.

$(\alpha,S_{HASPZV}) \longrightarrow (S_{HASPZV},\lambda,\lambda,1,0) \qquad \alpha \in Kon \cup \{\text{ə}\}$

$(\alpha,S_{HASPZV}) \longrightarrow (S_{HASP2R}$[403]$,\lambda,\lambda,-1,0) \qquad \alpha \in Vok - \{\text{ə}\}$

$(\alpha,S_{HASP2R}) \longrightarrow (S_{HASFIN},\lambda,\lambda,-1,0) \qquad \alpha \in A_2$

Die letzte Instruktion bereitet den Abbruch der Prüfung vor. Das nachfolgende Wort enthält nur einen Vokal. Die Maschine überträgt das Schwa auf das Ausgabenband.

$(\alpha,S_{HASFIN}) \longrightarrow (S_{HASFIN},\lambda,\lambda,-1,0) \qquad \alpha \in A_{21} \cup Vok \cup Kon$

$(\S\,\text{ə},S_{HASFIN}) \longrightarrow (S_{GENXXX},\text{ə},\text{ə},1,1)$

Wird ein zweiter Vokal gefunden, wird geprüft, ob dem Schwa ein Vokal vorausgeht. Trifft dies zu, wird Schwa getilgt.

$(\alpha,S_{HASP2R}) \longrightarrow (S_{HASP2R},\lambda,\lambda,-1,0) \qquad \alpha \in A_{21} \cup Kon \cup Vok$

$(\S\,\text{ə},S_{HASP2R}) \longrightarrow (S_{HASESW}$[404]$,\lambda,\lambda,-2,0)$

$(\alpha,S_{HASESW}) \longrightarrow (S_{HASELI}$[405]$,\lambda,\lambda,2,0) \qquad \alpha \in Vok$

Das Wort ist nicht einsilbig, Schwa wird getilgt:

$(\S\,\text{ə},S_{HASELI}) \longrightarrow (S_{GENXXX},\text{ə},\lambda,1,0)$

Das einzige Schwa des Wortes bleibt erhalten:

$(\alpha,S_{HASESW}) \longrightarrow (S_{HASNEL}$[406]$,\lambda,\lambda,2,0) \qquad \alpha \in A_2$

$(\S\,\text{ə},S_{HASNEL}) \longrightarrow (S_{GENXXX},\text{ə},\text{ə},1,1)$

$(\alpha,S_{HASESW}) \longrightarrow (S_{EFIN2X},\lambda,\lambda,2,0) \qquad \alpha \in Kon$

Die zehnte Regel wird angewendet.

Schwa in finaler Position wird durch die achte Regel getilgt, wenn Vokal und Konsonant vorausgehen.

$(\alpha,S_{EFIN1X}) \longrightarrow (S_{EFIN1E}$[407]$,\lambda,\lambda,2,0) \qquad \alpha \in Vok$

$(\text{ə},S_{EFIN1E}) \longrightarrow (S_{ASS3XX},\lambda,\lambda,-1,0)$

Wird ein Konsonant gefunden, appliziert die neunte Regel:

$(\alpha,S_{EFIN1X}) \longrightarrow (S_{EFIN2X},\lambda,\lambda,2,0) \qquad \alpha \in Kon$

Wird ein Satzzeichen gefunden, geht die Maschine zur 15. Regel:

$(\alpha,S_{EFIN1X}) \longrightarrow (S_{NEEXXX}$[408]$,\lambda,\lambda,2,0) \qquad \alpha \in A_2$

Werden nur obligatorische Regeln angewendet, erhält die neunte Regel terminales Schwa nach zwei Konsonanten:

$(\text{ə},S_{EFIN2X}) \longrightarrow (S_{GENXXX},\lambda,\text{ə},1,1)$

Wird in der neunten Regel die Elision fakultativ erlaubt, dann sind die folgenden Regeln obligatorisch nach der neunten anzuwenden.

403) HASP2R: Das Eingabeband wird nach rechts verschoben.
404) HASESW: Es wird geprüft, ob ein einsilbiges Wort vorangeht.
405) HASELI: Das Schwa vor h aspiré wird getilgt.
406) HASNEL: Das Schwa vor h aspiré wird nicht getilgt.
407) EFIN1E: In der ersten, finales Schwa betreffenden Regel wird Schwa elidiert.
408) NEEXXX: Untersuchung des Schwa in der Verneinungspartikel *ne*.

Terminales Schwa hinter zwei Konsonanten bleibt vor vokalisch anlautendem Wort erhalten. Die zehnte Regel hat folgende Instruktion:

$(ə,S_{EFIN2X}) \longrightarrow (S_{EFIN2H}{}^{409},\text{§}ə,\lambda,1,0)$

Wird ein Bindestrich gefunden, geht die Maschine zur Prüfung der Akzentstelle des nachfolgenden Wortes über:

$(-,S_{EFIN2X}) \longrightarrow (S_{EFAKZL}{}^{410},\lambda,\lambda,1,0)$

$(\sqcup,S_{EFIN3H}) \longrightarrow (S_{EFIN2H},\lambda,\lambda,1,0)$

Bei vokalisch anlautendem folgendem Wort wird ein Schwa auf das Ausgabeband geschrieben:

$(\alpha,S_{EFIN2H}) \longrightarrow (S_{EFIN2K}{}^{411},\lambda,\lambda,-1,0) \quad \alpha \in \text{Vok}$

$(\alpha,S_{EFIN2K}) \longrightarrow (S_{EFIN2K},\lambda,\lambda,-1,0) \quad \alpha \in \text{Vok} \cup \text{Kon} \cup A_{21}$

$(\text{§}ə,S_{EFIN2K}) \longrightarrow (S_{GENXXX},ə,ə,1,1)$

Nun wird die Akzentstelle in dem durch einen Bindestrich an das Wort mit terminalem Schwa gebundenen Wort gesucht. Enthält das Wort mehr als einen Vokal außer Schwa, wird das terminale Schwa getilgt. Bei nur einem Vokal bleibt das Schwa. Die elfte Regel umfaßt folgende Instruktionen:

$(\sqcup,S_{EFAKZL}) \longrightarrow (S_{EFAKZL},\lambda,\lambda,1,0)$

$(\alpha,S_{EFAKZL}) \longrightarrow (S_{EFIN2K},\lambda,\lambda,-1,0) \quad \alpha \in \text{Vok}$

$(\alpha,S_{EFAKZL}) \longrightarrow (S_{EFAKZE}{}^{412},\lambda,\lambda,1,0) \quad \alpha \in \text{Kon}$

$(\alpha,S_{EFAKZE}) \longrightarrow (S_{EFAKZE},\lambda,\lambda,1,0) \quad \alpha \in \text{Kon}$

$(\alpha,S_{EFAKZE}) \longrightarrow (S_{EFIN2K},\lambda,\lambda,-1,0) \quad \alpha \in \{\underset{.}{i},\underset{.}{u},\underset{.}{ü}\}$

$(\alpha,S_{EFAKZE}) \longrightarrow (S_{EFAKZV}{}^{413},\lambda,\lambda,1,0) \quad \alpha \in \text{Vok} - \{ə\}$

$(ə,S_{EFAKZE}) \longrightarrow (S_{EFIN2E}{}^{414},\lambda,\lambda,1,0)$

Schwa kann nur noch in mehrsilbigen Wörtern stehen. Die Maschine kehrt zum Auslaut des Vorworts zurück und tilgt Schwa:

$(\alpha,S_{EFIN2E}) \longrightarrow (S_{EFIN2E},\lambda,\lambda,-1,0) \quad \alpha \in \text{Vok} \cup \text{Kon} \cup A_{21}$

$(\text{§}ə,S_{EFIN2E}) \longrightarrow (S_{LIQUIP}{}^{415},\lambda,\lambda,-1,-1)$

Schwa wird getilgt, wenn ein zweiter Vokal gefunden wird:

$(\alpha,S_{EFAKZV}) \longrightarrow (S_{EFAKZV},\lambda,\lambda,1,0) \quad \alpha \in \text{Kon} \cup \{ə\}$

---

409) EFIN2H: Das folgende Wort wird auf vokalischen Anlaut geprüft.

410) EFAKZL: Bei der Regel EFIN2 wird das Eingabeband zur Prüfung der Akzentstelle nach links geschoben.

411) EFIN2K: Die Regel EFIN2 führt zur Kopie des Schwa.

412) EFAKZE: Prüfung der Akzentstelle.

413) EFAKZV: Suche des zweiten, akzentuierten Vokals.

414) EFIN2E: Die Prüfung der Regel EFIN2 endet mit der Elision des Schwa.

415) LIQUIP: Prüfung der Liquide.

$(\alpha,S_{EFAKZV}) \longrightarrow (S_{EFIN2E},\lambda,\lambda,-1,0) \qquad \alpha \in \text{Vok} - \{\text{ə}\}$
$(\alpha,S_{EFAKZV}) \longrightarrow (S_{EFIN2K},\lambda,\lambda,-1,0) \qquad \alpha \in A_2$

Die nächsten Instruktionen interpretieren ebenfalls die elfte Regel. Terminales Schwa nach zwei Konsonanten bleibt vor Halbvokal und einsilbigem satzphonetisch akzentuiertem Wort erhalten. Wörter vor rechtem Satztrennungszeichen betrachten wir als unter dem Satzakzent stehend.

$(\alpha,S_{EFIN2H}) \longrightarrow (S_{EFAKVO}$[416]$,\lambda,\lambda,1,0) \qquad \alpha \in \text{Kon}$
$(\alpha,S_{EFAKVO}) \longrightarrow (S_{EFAKVO},\lambda,\lambda,1,0) \qquad \alpha \in \text{Kon}$
$(\alpha,S_{EFAKVO}) \longrightarrow (S_{EFIN2K},\lambda,\lambda,-1,0) \qquad \alpha \in \{\text{i̯},\text{u̯},\text{ü̯}\}$
$(\text{ə},S_{EFAKVO}) \longrightarrow (S_{EFIN2E},\lambda,\lambda,-1,0)$

Ein Wort, das Schwa als ersten Vokal enthält, trägt den Akzent auf dem Folgevokal. Dem terminalen Schwa folgt nur ein unbetonter Laut: daher kann es elidiert werden.

$(\alpha,S_{EFAKVO}) \longrightarrow (S_{EFZWAV}$[417]$,\lambda,\lambda,1,0) \qquad \alpha \in \text{Vok} - \{\text{ə}\}$
$(\alpha,S_{EFZWAV}) \longrightarrow (S_{EFZWAV},\lambda,\lambda,-1,0) \qquad \alpha \in \text{Kon} \cup \{\text{ə}\}$
$(\alpha,S_{EFZWAV}) \longrightarrow (S_{EFIN2E},\lambda,\lambda,-1,0) \qquad \alpha \in \text{Vok} - \{\text{ə}\}$
$(\alpha,S_{EFZWAV}) \longrightarrow (S_{EFZAVS}$[418]$,\lambda,\lambda,-1,0) \qquad \alpha \in A_2$
$(\alpha,S_{EFZAVS}) \longrightarrow (S_{EFZAVS},\lambda,\lambda,1,0) \qquad \alpha \in A_{21}$
$(\alpha,S_{EFZAVS}) \longrightarrow (S_{EFIN2K},\lambda,\lambda,-1,0) \qquad \alpha \in A_{22}$
$(\alpha,S_{EFZAVS}) \longrightarrow (S_{EFIN2E},\lambda,\lambda,-1,0) \qquad \alpha \in \text{Vok} \cup \text{Kon}$

Diese Instruktionen beschreiben die elfte, zwölfte und 13. Regel. Geht dem zu tilgenden Schwa ein Liquid voraus, so wird dieser durch die 14. Regel getilgt.

$(\alpha,S_{LIQUIP}) \longrightarrow (S_{ASS3XX},\lambda,\sqcup,2,1) \qquad \alpha \in \{l,r\}$
$(\alpha,S_{LIQUIP}) \longrightarrow (S_{GENXXX},\lambda,\lambda,2,1) \qquad \alpha \in \text{Kon} - \{r,l\}$

Die 15. Regel prüft, ob einem finalen Schwa die Verneinungspartikel *ne* folgt.

$(\text{ə},S_{NEEXXX}) \longrightarrow (S_{NEEXLI}$[419]$,\S\text{ə},\lambda,1,0)$
$(\sqcup,S_{NEEXLI}) \longrightarrow (S_{NEEXLI},\lambda,\lambda,1,0)$
$(\text{nə}\sqcup,S_{NEEXLI}) \longrightarrow (S_{NEEXHA}$[420]$,\lambda,\lambda,3,0)$

Folgt ein Satztrennungszeichen, wird die Prüfung abgebrochen. Das terminale Schwa wird kopiert. Gleiches gilt für vokalisch anlautende Wörter hinter der Verneinungspartikel:

---

416) EFAKVO: Suche des akzentuierten Vokals.
417) EFZWAV: Suche des zweiten, akzentuierten Vokals.
418) EFZAVS: Suche des dem zweiten akzentuierten Vokal folgenden Satzzeichens.
419) NEEXLI: Bei der Prüfung von ə wird das Eingabeband nach links verschoben.
420) NEEXHA: Es wird geprüft, ob h aspiré folgt.

$(\alpha, S_{NEEXHA}) \longrightarrow (S_{NEEXKO}$[421]$, \lambda, \lambda, -1, 0)$ $\quad \alpha \in A_{22} \cup Vok$
$(\alpha, S_{NEEXKO}) \longrightarrow (S_{NEEXKO}, \lambda, \lambda, -1, 0)$ $\quad \alpha \in A_2 \cup Vok \cup Kon$
$(\S ə, S_{NEEXKO}) \longrightarrow (S_{GENXXX}, ə, ə, 1, 1)$

Folgt ein Konsonant (vgl. die Strukturbedingungen der Regel 18), wird das Schwa von *ne* getilgt. Wir ersetzen das Schwa auf dem Eingabeband durch ein Blank. Die Maschine geht dann zum terminalen Schwa zurück. Dieses Schwa wird dann durch die normalen Regeln verarbeitet. Die Verneinungspartikel stellt keine Probleme mehr. Nach Bearbeitung des terminalen Schwa im Wort vorher wird die elidierte Form *n* einfach auf das Ausgabeband kopiert.

$(\alpha, S_{NEEXHA}) \longrightarrow (S_{NEEXEL}$[422]$, \lambda, \lambda, -1, 0)$ $\quad \alpha \in Kon$
$(\alpha, S_{NEEXEL}) \longrightarrow (S_{NEEXEL}, \lambda, \lambda, -1, 0)$ $\quad \alpha \in A_{21}$
$(ə, S_{NEEXEL}) \longrightarrow (S_{NEEXKO}, \llcorner\lrcorner, \lambda, -2, 0)$

Folgt der terminalen Kette kein *ne*, geht die Maschine über zur Prüfung der 16. Regel.

$(\alpha, S_{NEEXLI}) \longrightarrow (S_{NEEXEN}$[423]$, \lambda, \lambda, -1, 0)$

α ist ungleich /nə/.

$(\alpha, S_{NEEXEN}) \longrightarrow (S_{NEEXEN}, \lambda, \lambda, -1, 0)$ $\quad \alpha \in A_{21}$
$(\S ə, S_{NEEXEN}) \longrightarrow (S_{INIBLE}$[424]$, ə, \lambda, 0, 0)$

Die 16. Regel blockiert die 17. Regel für interokklusives Schwa:

$(ə, S_{INIBLE}) \longrightarrow (S_{INIBLR}$[425]$, \lambda, \lambda, -1, 0)$
$(\alpha, S_{INIBLR}) \longrightarrow (S_{INIBLL}$[426]$, \lambda, \lambda, 2, 0)$ $\quad \alpha \in \{p,t,k,b,d,g\}$
$(\alpha, S_{INIBLR}) \longrightarrow (S_{INIPAU}$[427]$, \lambda, \lambda, -1, 0)$ $\quad \alpha \in Kon - \{p,t,k,b,d,g\}$

Die Maschine prüft die 17. Regel, wenn dem Schwa ein nicht-okklusiver Konsonant vorausgeht. Geht dem Schwa ein okklusiver Konsonant voraus, wird geprüft, ob ein ebensolcher folgt.

$(\alpha, S_{INIBLL}) \longrightarrow (S_{INIBLL}, \lambda, \lambda, 1, 0)$ $\quad \alpha \in A_{21}$

Folgen Satzzeichen, wird der Anlaut des folgenden Wortes geprüft:

$(\alpha, S_{INIBLL}) \longrightarrow (S_{INIPAR}$[428]$, \lambda, \lambda, -1, 0)$ $\quad \alpha \in Kon - \{p,t,k,b,d,g\}$

Die Maschine untersucht das zweitletzte Zeichen vor dem Schwa:

$(\alpha, S_{INIPAR}) \longrightarrow (S_{INIPAR}, \lambda, \lambda, -1, 0)$ $\quad \alpha \in A_{21}$

---

421) NEEXKO: Kopie des terminalen Schwa.
422) NEEXEL: Das Schwa von *ne* wird kopiert.
423) NEEXEN: Ende der NE␣EX-Prüfung.
424) INIBLE: Bleeding order zur folgenden Regel INI.
425) INIBLR: vgl. 424, Rechtsverschiebung des Eingabebandes.
426) INIBLL: vgl. 424, Linksverschiebung des Eingabebandes.
427) INIPAU: Es wird geprüft, ob der Kette eine Pause vorangeht.
428) INIPAR: Rechtsverschieben des Eingabebandes bei Übergang nach S_{INIPAU}.

$(ə,S_{INIPAR}) \longrightarrow (S_{INIPAU},\lambda,\lambda,-2,0)$

Schwa wird getilgt, wenn ein Satztrennungszeichen gefunden wird.

$(\alpha,S_{INIPAU}) \longrightarrow (S_{INIPAT}$[429]$,\lambda,\lambda,1,0) \quad \alpha \in A_{21}$

$(\alpha,S_{INIPAU}) \longrightarrow (S_{INIELI}$[430]$,\lambda,\lambda,1,0) \quad \alpha \in A_{22}$

$(\alpha,S_{INIPAT}) \longrightarrow (S_{INIELI},\lambda,\lambda,1,0) \quad \alpha \in A_{22}$

$(\alpha,S_{INIPAU}) \longrightarrow (S_{VCE2BL}$[431]$,\lambda,\lambda,3,0) \quad \alpha \in Vok$

$(\alpha,S_{INIPAU}) \longrightarrow (S_{GENXXX},\lambda,ə,3,1) \quad \alpha \in Kon$

Werden nur obligatorische Regeln angewendet, wird die Prüfung hier abgebrochen:

$(\alpha,S_{INIPAT}) \longrightarrow (S_{GENXXX},\lambda,ə,4,1) \quad \alpha \in Vok \cup Kon \cup A_2$

Lautet das vor der Untersuchungskette stehende Wort vokalisch aus, tilgt die fakultative 18. Regel das Schwa:

$(\alpha,S_{INIPAT}) \longrightarrow (S_{VCE1XX}$[432]$,\lambda,\lambda,1,0) \quad \alpha \in Vok$

Bei auslautenden Konsonanten bleibt Schwa erhalten:

$(\alpha,S_{INIPAT}) \longrightarrow (S_{INIKOP},\lambda,\lambda,1,0) \quad \alpha \in Kon$

$(\alpha,S_{VCE1XX}) \longrightarrow (S_{INIELI},\lambda,\lambda,1,0) \quad \alpha \in A_{21}$

Die Maschine sucht das Schwa auf, um es zu kopieren oder zu elidieren:

$(\alpha,S_{INIKOP}) \longrightarrow (S_{INIKOP},\lambda,\lambda,1,0) \quad \alpha \in Vok \cup Kon \cup A_2 - \{ə\}$

$(\alpha,S_{INIELI}) \longrightarrow (S_{INIELI},\lambda,\lambda,1,0) \quad \alpha \in Vok \cup Kon \cup A_2 - \{ə\}$

$(\alpha,S_{INIKOP}) \longrightarrow (S_{GENXXX},\lambda,ə,1,1)$

$(\alpha,S_{INIELI}) \longrightarrow (S_{ASS3XX},\lambda,\lambda,-1,0)$

Wird im Zustand S_{INIBLL} ein okklusiver Konsonant gefunden, überspringt die Maschine die 17. Regel. Werden nur obligatorische Regeln ausgeführt, geht sie direkt bis zur 19. Regel über, anderenfalls prüft sie die 18. Regel.

$(\alpha,S_{INIBLL}) \longrightarrow (S_{INIBLR}$[433]$,\lambda,\lambda,-1,0) \quad \alpha \in \{p,t,k,b,d,g\}$

$(\alpha,S_{INIBLR}) \longrightarrow (S_{INIBLR},\lambda,\lambda,-1,0) \quad \alpha \in Vok \cup Kon \cup A_{21} - \{ə\}$

Für obligatorische Regeln prüft die Maschine sofort die Bedingungen der 19. Regel:

$(ə,S_{INIBLR}) \longrightarrow (S_{INIBLV}$[434]$,\lambda,ə,-2,0)$

$(\alpha,S_{INIBLV}) \longrightarrow (S_{VCE2BL},\lambda,\lambda,3,1) \quad \alpha \in Vok$

---

429) INIPAT: Suche von Trennungszeichen bei der Prüfung der initialen Pause.
430) INIELI: Schwa wird elidiert.
431) VCE2BL: Prüfung der bleeding rule für VCE2.
432) VCE1XX: Prüfung der Struktur Vokal + Wortgrenze + Konsonant + Schwa.
433) INIBLR: Das Eingabeband wird nach rechts verschoben.
434) INIBLV: Ein vorangehender Vokal wird gesucht.

Für alle anderen Zeichen wird Schwa kopiert:

$(\alpha, S_{INIBLV}) \longrightarrow (S_{GENXXX}, \lambda, \text{ə}, 3, 1) \quad \alpha \in A_2 \cup Kon$

Für fakultative Regeln gelten folgende Instruktionen:

$(\text{ə}, S_{INIBLR}) \longrightarrow (S_{INIBLV}, \lambda, \lambda, -2, 0)$
$(\alpha, S_{INIBLV}) \longrightarrow (S_{INIKOP}, \lambda, \lambda, 1, 0) \quad \alpha \in Kon$
$(\alpha, S_{INIBLV}) \longrightarrow (S_{VCE2BL}, \lambda, \lambda, 3, 0) \quad \alpha \in Vok$
$(\alpha, S_{INIBLV}) \longrightarrow (S_{INIKOP}, \lambda, \lambda, 1, 0) \quad \alpha \in A_{22}$
$(\alpha, S_{INIBLV}) \longrightarrow (S_{INIVOK}$[435]$, \lambda, \lambda, -1, 0) \quad \alpha \in A_{21}$
$(\alpha, S_{INIVOK}) \longrightarrow (S_{INIVOK}, \lambda, \lambda, -1, 0) \quad \alpha \in A_{21}$
$(\alpha, S_{INIVOK}) \longrightarrow (S_{INIKOP}, \lambda, \lambda, 1, 0) \quad \alpha \in A_{22}$
$(\alpha, S_{INIVOK}) \longrightarrow (S_{INIELI}, \lambda, \lambda, 1, 0) \quad \alpha \in Vok$
$(\alpha, S_{INIVOK}) \longrightarrow (S_{INIKOP}, \lambda, \lambda, 1, 0) \quad \alpha \in Kon$

Im Zustand S_{VCE2BL} wird die 19. Regel geprüft. Sie erhält Schwa vor Liquid oder Halbvokal.

$(\alpha, S_{VCE2BL}) \longrightarrow (S_{VCE2BS}$[436]$, \lambda, \lambda, 1, 0) \quad \alpha \in \{r, l\}$
$(\alpha, S_{VCE2BS}) \longrightarrow (S_{ASSEXX}, \lambda, \text{ə}, -2, 0) \quad \alpha \in \{$i̯, u̯, ü̯$\}$

Wird kein Liquid oder kein Halbvokal gefunden, tilgt Regel 20 das Schwa:

$(\alpha, S_{VCE2BL}) \longrightarrow (S_{ASSVXX}, \lambda, \lambda, 1, 0) \quad \alpha \in Kon - \{r, l\}$
$(\alpha, S_{VCE2BS}) \longrightarrow (S_{ASSVXX}, \lambda, \lambda, -1, 0) \quad \alpha \in Kon - \{$i̯, u̯, ü̯$\}$

Diese Instruktionen schließen den Algorithmus zur Simulation des Verhaltens von Schwa. Wir haben die Regeln, die im Gegensatz zu denen einer generativen Phonologie nicht simultan über einer ganzen Kette von Zeichen, sondern sequentiell - Regel um Regel - über einem Segment applizieren, als Folge von Instruktionen dargestellt, die computativ leicht zu realisieren sind.

Abschließend beschreiben wir noch einige oberflächennahe phonologische Prozesse.

4.4.3.5. Assimilationen

Die Assimilationen betreffen Vokale und Konsonanten. Die partiellen Assimilationen von Vokalen werden von Nachbarvokalen gesteuert. Daher heißt die partielle Vokalassimilation auch Vokalharmonie.

Die Vokalharmonie betrifft die Vokale /ẹ/ und /ę/. /ẹ/ wird

---

435) INIVOK: Es wird geprüft, ob das vorausgehende Wort vokalisch endet.
436) VCE2BS: Es wird geprüft, ob dem Liquid Halbvokale folgen.

nach /ę/ gesenkt, /ę/ nach /ẹ/ gehoben. Die erste Regel ASS1 wird im Anschluß an die Regeln 1,19 und 20 zur Erhaltung oder Tilgung des Schwa angewendet. ASS1 senkt /ẹ/ vor folgendem tiefen Vokal. Zwischen den im Harmonisierungsbereich liegenden Vokalen darf keine Morphemgrenze liegen.

Wir betrachten die Regeln 1, 19 und 20 zur Steuerung des Schwa als feeding für die Vokalharmonisierungsregeln. Indem wir die Regel ASS1, im Gegensatz zu der allgemeingültiger formulierten Regel bei F. Dell, auf den Output der Elisisonsregeln verengen, genügen wir den speziellen orthographieabhängigen Bedingungen der zugrundeliegenden Sprache L_{P_O};[437] diese Sprache beinhaltet bereits orthographisch bedingte Harmonisierungen. Hier brauchen deshalb nur Harmonisierungen angewendet werden, die aus der Applikation prozeßphonologischer Regeln resultieren.

Die Harmonisierungsregel ASS1 hat die Form:

$$\text{ẹ} \longrightarrow \text{ę} \; /\_C_1 \begin{Bmatrix} \text{ę} \\ \text{ẽ} \\ \text{a} \\ \text{ã} \\ \text{ɑ} \\ \text{ə} \end{Bmatrix}$$

Die Regel ASS1 appliziert bei einem Wort wie *cédera*. /sẹdra/ ist der Output der Regel 1 der Elisionen, /sędra/ der Output der Regel ASS1. Wörter wie *il détela* sind von ASS1 ausgenommen, da ASS1 durch die Morphemgrenze nach /dẹ/ blockiert wird.

Die zweite Harmonisierungsregel ASS2 hebt tiefes /ę/ vor hohem Vokal. Für ASS2 gilt:

$$\text{ę} \longrightarrow \text{ẹ} \; /\_C_1 \begin{Bmatrix} \text{i} \\ \text{ẹ} \end{Bmatrix}$$

Im Gegensatz zu ASS1 ist ASS2 fakultativ. Beispiele sind *aimer* und *laisser* (/ęmẹ/, /ẹmẹ/, /lęsẹ/, /lẹsẹ/).

Anders als ASS1 ist ASS2 von anderen Regeln unabhängig und appliziert, wenn immer der Kontext es erlaubt.

Die Regeln ASS3, ASS4 und ASS5 betreffen konsonantische Assimilationen. Bei Applikation der Regel ASS3 verlieren stimmhafte Verschlußlaute vor stimmlosen Konsonanten das Merkmal der Stimmhaftigkeit. Desonorisierung impliziert jedoch nicht die Identität stimmloser Okklusive mit desonorisierten Verschlußlauten. Desonorisierte Verschlußlaute werden mit geringerer artikulatorischer

437) vgl. Dell (1973:214).

Spannung als stimmlose gesprochen. Werden /b/ und /d/ von ASS3 affiziert, so notieren wir die desonorisierte Variante als /b̥/ und /d̥/.

ASS3 lautet:

$$\left\{\begin{matrix} l\\ v\\ z\\ ž\\ b\\ d\\ g\\ r \end{matrix}\right\} \rightarrow \left\{\begin{matrix} \underset{\circ}{l}\\ \underset{\circ}{v}\\ \underset{\circ}{z}\\ \underset{\circ}{ž}\\ \underset{\circ}{b}\\ \underset{\circ}{d}\\ \underset{\circ}{g}\\ \underset{\circ}{r} \end{matrix}\right\} \Big/ \quad (//)\_// \left\{\begin{matrix} p\\ t\\ k\\ f\\ s\\ š \end{matrix}\right\}$$

Die 18. Elisionsregel steht zu dieser Regel in feeding order, wie *pas de scrupule* zeigt: nach der Elision des Schwa wird /pa d skrüpülə/ in /pa d̥ skrüpülə/ verwandelt. Die Regel ASS3 erfaßt auch den Output der 20. Elisionsregel und wandelt dadurch z.B. /mẹdsẽ/ (*médecin*) in /mẹd̥sẽ/ um.

ASS3 appliziert jedoch nicht nur nach Elisionsregeln. Die Regel umschreibt alle unmittelbar vor stimmlosen Konsonanten stehenden Verschlußlaute (/sübstãsə/, *substance*, wird zu /süb̥stãsə/).

Die vierte Assimilationsregel nimmt Halbvokalen, Nasalen und Liquiden nach stimmlosen Konsonanten die Stimmhaftigkeit. ASS4 lautet:

$$\left\{\begin{matrix} i\\ u\\ ü\\ r\\ l\\ m\\ n \end{matrix}\right\} \rightarrow \left\{\begin{matrix} \underset{\circ}{i}\\ \underset{\circ}{u}\\ \underset{\circ}{ü}\\ \underset{\circ}{r}\\ \underset{\circ}{l}\\ \underset{\circ}{m}\\ \underset{\circ}{n} \end{matrix}\right\} \Big/ \left\{\begin{matrix} p\\ t\\ k\\ f\\ s\\ š \end{matrix}\right\} \_\_$$

Die von ASS4 beschriebenen Prozesse finden in Formen wie *écrire* /ẹkr̥irə/, *étranger* /ẹtr̥ãžẹ/, *appliquer* /apl̥ikẹ/, *bafouer* /bafu̥ẹ/, *cuire* /kü̥irə/, *vous étouffiez* /ẹtufi̥ẹ/.

Die Regel ASS5 nimmt Liquiden nach stimmhaften Verschlußlauten vor einer Sprechpause das Merkmal der Sonorität.[438] Die Regel ASS5 hat die Form:

$$\left\{\begin{matrix} r\\ l \end{matrix}\right\} \rightarrow \left\{\begin{matrix} \underset{\circ}{r}\\ \underset{\circ}{l} \end{matrix}\right\} \Big/ \left\{\begin{matrix} b\\ d\\ g \end{matrix}\right\} \_ \ \S$$

sable /sabl̥/, *gendre* /žãdr̥/, *seigle* /sẹgl̥/ sind Beispiele für ASS5. Im folgenden werden die Assimilationsregeln formal dargestellt.

---

438) vgl. Hammarström (1972:62, 64).

Zur Realisierung der Assimilationsregel ASS1 bestehen nach Applikation der Elisionsregeln 1, 19 und 20 zwei Möglichkeiten: Ein vorausgehendes /ẹ/wird durch ein nicht getilgtes Schwa oder durch den dem getilgten Schwa folgenden tiefen Vokal harmonisiert.

Im ersten Fall befindet sich die Maschine im Zustand S_{ASSEXX}. Zunächst wird geprüft, ob dem Schwa ein /ẹ/ vorausgeht.

$(ə,S_{ASSEXX}) \longrightarrow (S_{ASSERE}$[439]$,\lambda,\lambda,-2,-2)$[440]

$(\alpha,S_{ASSERE}) \longrightarrow (S_{ASSERE},\lambda,\lambda,-1,-1)$ $\alpha \in$ Kon

Für einen Vokal ungleich /ẹ/ wird die Prüfung abgebrochen:

$(\alpha,S_{ASSERE}) \longrightarrow (S_{ASSEEN}$[441]$,\lambda,\lambda,1,1)$ $\alpha \in$ Vok - {ẹ}

$(\alpha,S_{ASSEEN}) \longrightarrow (S_{ASSEEN},\lambda,\lambda,1,1)$ $\alpha \in$ Kon

$(ə,S_{ASSEEN}) \longrightarrow (S_{GENXXX},\lambda,\lambda,1,1)$

Wird ein /ẹ/ gefunden, wird geprüft, ob dieses /ẹ/ nicht durch eine Morphemgrenze vom nachfolgenden Wortteil abgetrennt ist. Der Anfang der Kette wird gesucht:

$(e,S_{ASSERE}) \longrightarrow (S_{ASSEPR}$[442]$,\lambda,\lambda,-1,-1)$

Wird ein Satzzeichen gefunden, wird geprüft, ob die Kette Präfix ist. Wird ein weiterer Vokal gefunden, wird die Präfixprüfung abgebrochen, da davon ausgegangen wird, daß die zu prüfenden Präfixe nur einen Vokal, nämlich /ẹ/ enthalten.

$(\alpha,S_{ASSEPR}) \longrightarrow (S_{ASSEPR},\lambda,\lambda,-1,-1)$ $\alpha \in$ Kon

$(\alpha,S_{ASSEPR}) \longrightarrow (S_{ASSEHA}$[443]$,\lambda,\lambda,1,1)$ $\alpha \in$ Vok

$(\alpha,S_{ASSEPR}) \longrightarrow (S_{ASSEPP}$[444]$,\lambda,\lambda,1,1)$ $\alpha \in A_2$

$(\alpha,S_{ASSEPP}) \longrightarrow (S_{ASSEEN},\lambda,\lambda,1,1)$

α ist Element der im Anhang extensional definierten Menge der Präfixe. Für alle β ungleich α gilt:

$(\beta,S_{ASSEPP}) \longrightarrow (S_{ASSEHA},\lambda,\lambda,1,1)$

Im Zustand S_{ASSEHA} wird die Harmonisierung durchgeführt:

$(\alpha,S_{ASSEHA}) \longrightarrow (S_{ASSEHA},\lambda,\lambda,1,1)$ $\alpha \in$ Kon

$(ẹ,S_{ASSEHA}) \longrightarrow (S_{ASSEEN},\lambda,ę,1,1)$

Für den zweiten Fall wird erst geprüft, ob tiefer Vokal folgt:

---

439) ASSERE: Bei Prüfung der Regel ASS1 Rechtsverschiebung des Eingabebandes bei der Harmonisierung durch ein e caduc.

440) Aus- und Eingabeband werden zusammen verschoben, da Harmonisierungen nachträgliche Verbesserungen auf dem Ausgabeband sind, während die Zeichen auf dem Eingabeband zur Prüfung der Strukturbeschreibung der Regel dienen.

441) ASSEEN: Die Prüfung von ASS1 wird beendet.

442) ASSEPR: Es wird geprüft, ob /ẹ/einem Präfix angehört.

443) ASSEHA: Durchführung der Harmonisierung.

444) ASSEPP: Präfixprüfung.

$(\alpha, S_{ASSVXX}) \longrightarrow (S_{ASSVLI}$[445]$, \lambda, \lambda, 1, 0)$ $\alpha \in Kon$

$(\alpha, S_{ASSVLI}) \longrightarrow (S_{ASSVLI}, \lambda, \lambda, 1, 0)$ $\alpha \in Kon$

Die Prüfung wird für nachfolgende hohe Vokale im Zustand S_{ASS2EX} fortgesetzt.

$(\alpha, S_{ASSVLI}) \longrightarrow (S_{ASS2ER}$[446]$, \lambda, \lambda, 1, 0)$ $\alpha \in \{e, i\}$

$(\alpha, S_{ASS2ER}) \longrightarrow (S_{ASS2ER}, \lambda, \lambda, -1, 0)$ $\alpha \in Kon$

Die Prüfung wird bei der Behandlung der Regel ASS2 fortgesetzt.

Folgen dem elidierten Schwa tiefe Vokale, prüft die Maschine, ob dem elidierten Schwa ein /ẹ/ vorausgeht.

$(\alpha, S_{ASSVLI}) \longrightarrow (S_{ASSVRT}$[447]$, \lambda, \lambda, -1, 0)$ $\alpha \in \{$ę$, a, \alpha,$ ã, ẽ$\}$

$(\alpha, S_{ASSVRT}) \longrightarrow (S_{ASSVRT}, \lambda, \lambda, -1, 0)$ $\alpha \in Kon$

$(ə, S_{ASSVRT}) \longrightarrow (S_{ASSVRE}$[448]$, \lambda, \lambda, -1, -1)$

Die Prüfung verläuft jetzt analog der für nicht elidiertes Schwa.

$(\alpha, S_{ASSVRE}) \longrightarrow (S_{ASSVRE}, \lambda, \lambda, -1, -1)$ $\alpha \in Kon$

$(\alpha, S_{ASSVRE}) \longrightarrow (S_{ASSVEN}, \lambda, \lambda, 1, 1)$ $\alpha \in Vok - \{$ẹ$\}$

(ẹ, $S_{ASSVRE}) \longrightarrow (S_{ASSVPR}, \lambda, \lambda, -1, -1)$

$(\alpha, S_{ASSVPR}) \longrightarrow (S_{ASSVPR}, \lambda, \lambda, -1, -1)$ $\alpha \in Kon$

$(\alpha, S_{ASSVPR}) \longrightarrow (S_{ASSVHA}, \lambda, \lambda, 1, 1)$ $\alpha \in Vok$

$(\alpha, S_{ASSVPR}) \longrightarrow (S_{ASSVPP}, \lambda, \lambda, 1, 1)$ $\alpha \in A_2$

$(\alpha, S_{ASSVPP}) \longrightarrow (S_{ASSVEN}, \lambda, \lambda, 1, 1)$

α ist Element der im Anhang extensional definierten Menge der Präfixe. Für alle Ketten β ungleich α gilt:

$(\beta, S_{ASSVPP}) \longrightarrow (S_{ASSVHA}, \lambda, \lambda, 1, 1)$

$(\alpha, S_{ASSVHA}) \longrightarrow (S_{ASSVHA}, \lambda, \lambda, 1, 1)$ $\alpha \in Kon$

(ẹ, $S_{ASSVHA}) \longrightarrow (S_{ASSVEN}, \lambda,$ ę$, 1, 1)$

Die Maschine geht in den Zustand S_{ASS3X} über, um die Bedingungen der Desonorisation zu prüfen.

$(\alpha, S_{ASSVEN}) \longrightarrow (S_{ASSVEN}, \lambda, \lambda, 1, 1)$ $\alpha \in Kon$

$(ə, S_{ASSVEN}) \longrightarrow (S_{ASS3XX}, \lambda, \lambda, -1, 0)$

Die Regel ASS2 ist fakultativ. Die folgende Instruktion erlaubt es, sie zu überspringen:

$(ə, S_{ASS2ER}) \longrightarrow (S_{ASS3XX}, \lambda, \lambda, 1, 0)$

Bei der Realisierung der Regel ASS2 kann /ę/ durch einen dem getilgten Schwa folgenden oder durch einen unmittelbar folgenden

---

445) ASSVLI: Linksverschieben des Eingabebandes zur Prüfung folgender Vokale.
446) ASS2ER: Rechtsverschiebung des Eingabebandes zur Prüfung der Regel ASS2.
447) ASSVRT: Das Eingabeband wird nach rechts verschoben.
448) ASSVRE: vgl. Anm. 347. Zu den folgenden Subskripten s. Anm. 441 seqq.

nicht tiefen Vokal harmonisiert werden. Die erste Möglichkeit ergibt sich nach Anwendung der ersten oder 20. Elisionsregel (ASS1 geht voraus).

$(ə, S_{ASS2ER}) \longrightarrow (S_{ASS2HR}$[449]$, \lambda, \lambda, -1, -1)$

$(\alpha, S_{ASS2HR}) \longrightarrow (S_{ASS2HR}, \lambda, \lambda, -1, -1)$ $\quad \alpha \in$ Kon

$(\alpha, S_{ASS2HR}) \longrightarrow (S_{ASS2EN}, \lambda, \lambda, 1, 1)$ $\quad \alpha \in \text{Vok} \cup \{ę\} \cup A_2$

$(ę, S_{ASS2HR}) \longrightarrow (S_{ASS2EN}, \lambda, ẹ, 1, 1)$

Das Schwa wird wieder aufgesucht:

$(\alpha, S_{ASS2EN}) \longrightarrow (S_{ASS2EN}, \lambda, \lambda, 1, 1)$ $\quad \alpha \in$ Kon

$(ə, S_{ASS2EN}) \longrightarrow (S_{ASS3XX}, \lambda, \lambda, 1, 0)$

Für die zweite Möglichkeit gilt:

$(ę, S_{GENXXX}) \longrightarrow (S_{ASS2LI}$[450]$, \lambda, \lambda, 1, 0)$

$(\alpha, S_{ASS2LI}) \longrightarrow (S_{ASS2LI}, \lambda, \lambda, 1, 0)$ $\quad \alpha \in$ Kon

$(\alpha, S_{ASS2LI}) \longrightarrow (S_{ASS2ED}$[451]$, \lambda, \lambda, -1, 0)$ $\quad \alpha \in \text{Vok} \cup A_2 - \{i, e\}$

$(\alpha, S_{ASS2ED}) \longrightarrow (S_{ASS2ED}, \lambda, \lambda, -1, 0)$ $\quad \alpha \in$ Kon

$(ę, S_{ASS2ED}) \longrightarrow (S_{GENXXX}, \lambda, ę, 1, 1)$

$(\alpha, S_{ASS2LI}) \longrightarrow (S_{ASS2HA}$[452]$, \lambda, \lambda, -1, 0)$ $\quad \alpha \in \{i, ẹ, ü\}$

$(\alpha, S_{ASS2HA}) \longrightarrow (S_{ASS2HA}, \lambda, \lambda, -1, 0)$ $\quad \alpha \in$ Kon

$(ę, S_{ASS2HA}) \longrightarrow (S_{GENXXX}, \lambda, ẹ, 1, 1)$

Bei der Regel ASS3 unterscheiden wir drei Fälle. Der zu assimilierende Konsonant ist durch eine Wortgrenze von dem ihm folgenden stimmlosen Konsonanten getrennt, dem zu assimilierenden Konsonanten folgt ein elidiertes Schwa oder dem zu assimilierenden Konsonanten folgt unmittelbar ein stimmloser Konsonant.

Wir bearbeiten zuerst die ersten beiden Fälle und prüfen, ob ein stimmhafter Konsonant vorausgeht:

$(\alpha, S_{ASS3XX}) \longrightarrow (S_{ASS3LI}$[453]$, \lambda, \lambda, 2, 0)$ $\quad \alpha \in \{v, z, ž, b, d, g, r, l\}$

$(\beta, S_{ASS3XX}) \longrightarrow (S_{ASS4XX}, \lambda, \beta, 2, 1)$ $\quad \beta \in \{p, t, k, f, s, š\}$

$(\gamma, S_{ASS3XX}) \longrightarrow (S_{GENXXX}, \lambda, \lambda, 2, 0)$ $\quad \gamma \in \text{Kon} \neq \alpha \cup \beta$

$(\alpha, S_{ASS3LI}) \longrightarrow (S_{ASS3RE}$[454]$, \lambda, \lambda, -1, 0)$ $\quad \alpha \in \{p, t, k, f, s, š\}$

$(\alpha, S_{ASS3LI}) \longrightarrow (S_{ASS3LI}, \lambda, \lambda, 1, 0)$ $\quad \alpha \in A_{21}$

$(\alpha, S_{ASS3LI}) \longrightarrow (S_{ASS3EN}$[455]$, \lambda, \lambda, -1, 0)$ $\quad \alpha \in \text{Kon} \cup \text{Vok} \cup A_{22} - \{p, t, k, f, s, š\}$

---

449) ASS2HR: Rechtsverschiebung des Eingabebandes zur Harmonisierungsprüfung bei der Regel ASS2.

450) ASS2LI: Linksverschiebung des Eingabebandes zur Prüfung von ASS2.

451) ASS2ED: Ende der Prüfung der Regel ASS2.

452) ASS2HA: Vokalharmonisierung.

453) ASS3LI: Linksverschieben des Eingabebandes zur Prüfung der Regel ASS3.

454) ASS3RE: Rechtsverschieben des Eingabebandes.

455) ASS3EN: Die Prüfung der Regel ASS3 wird beendet.

Folgen keine stimmlosen Konsonanten, wird die Prüfung abgebrochen.

(α,S_{ASS3EN}) ⟶ (S_{ASS3EN},λ,λ,-1,0) α ε Vok ∪ Kon ∪ A_{21} −{ə}
(ə,S_{ASS3EN}) ⟶ (S_{GENXXX},λ,λ,1,0)

Ist ein stimmloser Konsonant gefunden worden, wird das Eingabeband bis auf die Stelle vor dem Schwa zurückgespult.

(α,S_{ASS3RE}) ⟶ (S_{ASS3RE},λ,λ,-1,0) α ε Kon ∪ Vok ∪ A_{21} −{ə}
(ə,S_{ASS3RE}) ⟶ (S_{ASS3AS}[456],λ,λ,-1,-1)
(α,S_{ASS3AS}) ⟶ (S_{GENXXX},λ,β,2(1),1)
α ε {v,z,ž,b,d,g,r,l} β ε {v̥,z̥,ž̥,b̥,d̥,g̥,r̥,l̥}

Jetzt wird die dritte Möglichkeit bearbeitet:

(α,S_{GENXXX}) ⟶ (S_{ASS3LK}[457],λ,λ,1,0) α ε {v,z,ž,b,d,g,r,l}
(α,S_{ASS3LK}) ⟶ (S_{ASS3AS}[458],λ,λ,-1,0) α ε {p,t,k,f,s,š}
(α,S_{ASS3LK}) ⟶ (S_{ASS3EN}[459],λ,λ,-1,0) α ε Kon ∪ Vok ∪ A_2 − {p,t,k,f,s,š}
(α,S_{ASS3EN}) ⟶ (S_{GENXXX},λ,α,1,1) α ε {v,z,ž,b,d,g,r,l}

Bei der Regel ASS4 wird nach elidiertem Schwa ein Liquid oder unmittelbar hinter dem stimmlosen Konsonanten ein zu desonorisierender Laut gesucht. Für den ersten Fall befindet sich die Maschine im Zustand S_{ASS4XX}.

(α,S_{ASS4XX}) ⟶ (S_{GENXXX},λ,β,1,1) α ε {r,l}, β ε {r̥,l̥}

Werden keine Liquide gefunden, schreiben wir:

(α,S_{ASS4XX}) ⟶ (S_{GENXXX},λ,α,1,1) α ε Vok ∪ Kon ∪ A_2 − {r,l}

Für den zweiten Fall gelten folgende Instruktionen:

(α,S_{GENXXX}) ⟶ (S_{ASS4LI}[460],λ,λ,-1,0) α ε {i̭,ṷ,ṷ̈,r,l,m,n}
(α,S_{ASS4LI}) ⟶ (S_{ASS4AS}[461],λ,λ,1,0) α ε {p,t,k,f,s,š}
(α,S_{ASS4AS}) ⟶ (S_{GENXXX},λ,β,1,1)
α ε {i̭,ṷ,ṷ̈,r,l,m,n} β ε {i̭̥,ṷ̥,ṷ̥̈,r̥,l̥,m̥,n̥}

Die Regel ASS5 wird im Anschluß an die dritte Elisionsregel geprüft. Die dritte Elisionsregel steht zu ASS5 in feeding order.

(α,S_{ASS5XX}) ⟶ (S_{ASS5LI}[462],λ,λ,-1,0) α ε {r,l}
(α,S_{ASS5XX}) ⟶ (S_{GENXXX},λ,λ,2,1) α ε Kon −{r,l}

---

456) ASS3AS: Durchführung der Assimilation.
457) ASS3LK: Linksverschiebung des Eingabebandes.
458) ASS3AS: s.Anm.456. In der Kopieranweisung wird das Eingabeband nur um eine Stelle verschoben (s.o. geklammerte 1 in der Instruktion unter Anm.256.).
459) ASS3EN: Beendigung der Prüfung ASS3.
460) ASS4LI: Linksverschiebung des Eingabebandes.
461) ASS4AS: Durchführung der Assimilation.
462) ASS5LI: Linksverschiebung des Eingabebandes.

$(\alpha, S_{ASS5LI}) \longrightarrow (S_{ASS5AS}$[463]$, \lambda, \lambda, 1, 0) \quad \alpha \in \{b,d,g\}$

$(\alpha, S_{ASS5LI}) \longrightarrow (S_{GENXXX}, \lambda, \lambda, 3, 1) \quad \alpha \in \text{Vok} \cup \text{Kon} - \{b,d,g\}$

$(\alpha, S_{ASS5AS}) \longrightarrow (S_{GENXXX}, \lambda, \beta, 2, 1) \quad \alpha \in \{r,l\} \quad \beta \in \{\underset{\circ}{r}, \underset{\circ}{l}\}$

Mit der Regel ASS5 wird die Beschreibung der prozeßphonologischen Regeln abgeschlossen.

Die Instruktion

$(\varepsilon, S_{GENXXX}) \longrightarrow (S_{GENXXX}, \lambda, ə, 1, 1)$

umschreibt das Zeichen ε mit der Oberflächengestalt des Schwa, das den Elisionsregeln jedoch nicht unterliegt.[464]

Für alle in den bisher beschriebenen Instruktionen nicht erwähnten Zeichen gilt folgende Kopierinstruktion:

$(\varphi, S_{GENXXX}) —— (S_{GENXXX}, \lambda, \varphi, 1, 1)$

Die beiden Versionen der Transformation h_1 wurden mit Hilfe einer Menge von Instruktionen definiert. Diese Instruktionen berechnen für die Zeichen der Eingabeketten die Zeichen der Ausgabeketten. Satzzeichen, Vokalquantitäten, Vokalqualitäten, Elisionen und Assimilationen unterliegen bestimmten Instruktionsfolgen. Fakultative Regeln ermöglichen die Herleitung differenzierter phonetischer Oberflächen.

Änderungen der Instruktionen und der Instruktionsfolgen erlauben die Herleitung modifizierter Oberflächensprachen. Als erstes beschreiben wir die Unterschiede zwischen der Funktion h_1 und h_2. h_2 leitet die Oberflächensprache L_{P2} her.

4.4.4. Die Funktion h_2

In der Sprache L_{P2} werden die Unterschiede zwischen /ɑ/ und /a/, kurzen und langen Vokalen und sonorisierten und desonorisierten stimmhaften Halbvokalen, Liquiden, Nasalen und Konsonanten aufgegeben. Somit entfallen in der Funktion h_2 die Instruktionen zur Berechnung vokalischer Quantität und konsonantischer Sonorität. Für /a/ gilt:

$(\alpha, S_{GENXXX}) \longrightarrow (S_{GENXXX}, \lambda, a, 1, 1)$

Ansonsten gelten die Instruktionen aus h_1.

---

463) ASS5AS: Ausführung der Assimilation.

464) vgl.p.46 seq., p.114.

4.4.5. Die Funktion h_3

Die Funktion h_3 leitet die Oberflächensprache L_{P_3} her. In dieser Sprache wird die Opposition zwischen /õ/ und /ẽ/ und zwischen /ə/ und /ǫ̈/ aufgegeben. Wir schreiben für die Nasale daher:

$(\tilde{ö}, S_{GENXXX}) \longrightarrow (S_{GENXXX}, \lambda, \tilde{e}, 1, 1)$

In h_3 wird überall, wo in h_1 Schwa auf das Ausgabeband geschrieben wird, /ǫ̈/ geschrieben. Ansonsten gelten für das Verhältnis von h_3 und h_1 die gleichen Einschränkungen wie für h_2.

4.4.6. Die Funktion h_4

Die Funktion h_4 leitet die Sprache L_{P_4} aus L_{P_O} ab. L_{P_4} ist über einem stark eingeschränkten Alphabet aufgebaut. Schwa wird nur vor Vokal (h aspiré) erhalten. Quantitäten werden aufgegeben. Halbvokale wie entsprechende Vokale behandelt, denn sie sind kombinatorische Varianten ohne funktionalen Wert. Die Instruktionen zur Behandlung des Schwa haben die folgende Form:

$(ə, S_{GENXXX}) \longrightarrow (S_{ECADUC}$[465]$, \lambda, \lambda, 1, 0)$
$(\alpha, S_{ECADUC}) \longrightarrow (S_{GENXXX}, \lambda, ə, 0, 1)$ $\alpha \in Vok$
$(\alpha, S_{ECADUC}) \longrightarrow (S_{GENXXX}, \lambda, \lambda, 0, 0)$ $\alpha \in A_{22}$
$(\alpha, S_{ECADUC}) \longrightarrow (S_{GENXXX}, \lambda, \lambda, 0, 0)$ $\alpha \in Kon$
$(\alpha, S_{ECADUC}) \longrightarrow (S_{ECASTZ}$[466]$, \lambda, \lambda, 1, 0)$ $\alpha \in A_{21}$
$(\alpha, S_{ECASTZ}) \longrightarrow (S_{ECASTZ}, \lambda, \lambda, 1, 0)$ $\alpha \in A_{21}$
$(\alpha, S_{ECASTZ}) \longrightarrow (S_{ECAEND}$[467]$, \lambda, \lambda, -1, 0)$ $\alpha \in A_{22} \cup Kon$
$(\alpha, S_{ECAEND}) \longrightarrow (S_{ECAEND}, \lambda, \lambda, -1, 0)$ $\alpha \in A_{21}$
$(ə, S_{ECAEND}) \longrightarrow (S_{GENXXX}, \lambda, \lambda, 1, 0)$

Für vokalischen Wortanlaut gilt:

$(\alpha, S_{ECASTZ}) \longrightarrow (S_{ECAKOP}$[468]$, \lambda, \lambda, -1, 0)$ $\alpha \in Vok$
$(\alpha, S_{ECAKOP}) \longrightarrow (S_{ECAKOP}, \lambda, \lambda, -1, 0)$ $\alpha \in A_{21}$
$(ə, S_{ECAKOP}) \longrightarrow (S_{GENXXX}, \lambda, ə, 1, 1)$

Das Vokalsystem wird vereinfacht:

$(\bar{ę}, S_{GENXXX}) \longrightarrow (S_{GENXXX}, \lambda, ę, 1, 1)$
$(\alpha, S_{GENXXX}) \longrightarrow (S_{GENXXX}, \lambda, a, 1, 1)$
$(ọ̈, S_{GENXXX}) \longrightarrow (S_{GENXXX}, \lambda, ǫ̈, 1, 1)$

Halbvokale werden aufgegeben:

465) ECADUC: Behandlung des e caduc.
466) ECASTZ: Behandlung von Satzzeichen.
467) ECAEND: Beendigung der Prüfung.
468) ECAKOP: Das Schwa wird kopiert.

$(\text{i̯}, S_{GENXXX}) \longrightarrow (S_{GENXXX}, \lambda, \text{i}, 1, 1)$

$(\text{u̯}, S_{GENXXX}) \longrightarrow (S_{GENXXX}, \lambda, \text{u}, 1, 1)$

$(\text{ü̯}, S_{GENXXX}) \longrightarrow (S_{GENXXX}, \lambda, \text{ü}, 1, 1)$

Die übrigen Zeichen werden einfach kopiert:

$(\alpha, S_{GENXXX}) \longrightarrow (S_{GENXXX}, \lambda, \alpha, 1, 0)$

$\alpha \in \text{Vok} \cup \text{Kon} - \{\text{ə}, \text{ē̜}, \text{a}, \text{ọ̈}, \text{i̯}, \text{u̯}, \text{ü̯}\}$

Wir haben die dritte Funktion h in ihren Varianten h_1, h_2, h_3 und h_4 definiert. Die Varianten erlauben die Herleitung verschiedener Oberflächensprachen. Das letzte Kapitel wird der computativen Realisierung des hier dargestellten formalen Modells gewidmet.

5. COMPUTATIVE REALISIERUNG

Die Programme zur automatischen Transkription französischer Texte sind in der Programmiersprache FORTRAN IV geschrieben. Sie wurden auf der Rechenanlage CONTROL DATA 70/72 des Rechenzentrums der Universität zu Köln gerechnet.

Das Programmsystem gliedert sich in zwei Teile. Der erste Teil interpretiert die Funktion f. Sätze mit Ziffernketten werden in Sätze mit graphisierten Ziffernketten umgewandelt. Dieses Programm heißt ZIFTRANS.

Die Funktionen g und h werden durch den zweiten Teil des Programmsystems realisiert. Der zweite Teil besteht aus dem Hauptprogramm YPHONE und den Unterprogrammen LOOKUP, YLIAIS und YINSTA. Die Programme YPHONE, LOOKUP und YLIAIS realisieren die Funktion g, das Programm YINSTA die Funktion h in ihren Varianten.

Der Output von ZIFTRANS dient dem Hauptprogramm YPHONE als Input. Die Trennung von ZIFTRANS und YPHONE ermöglicht die unabhängige Verarbeitung von Texten mit und ohne Ziffernketten. Letztere werden direkt YPHONE eingegeben. Der Aufruf von ZIFTRANS ist optional. Die Skizze veranschaulicht die Organisation des Programmsystems:

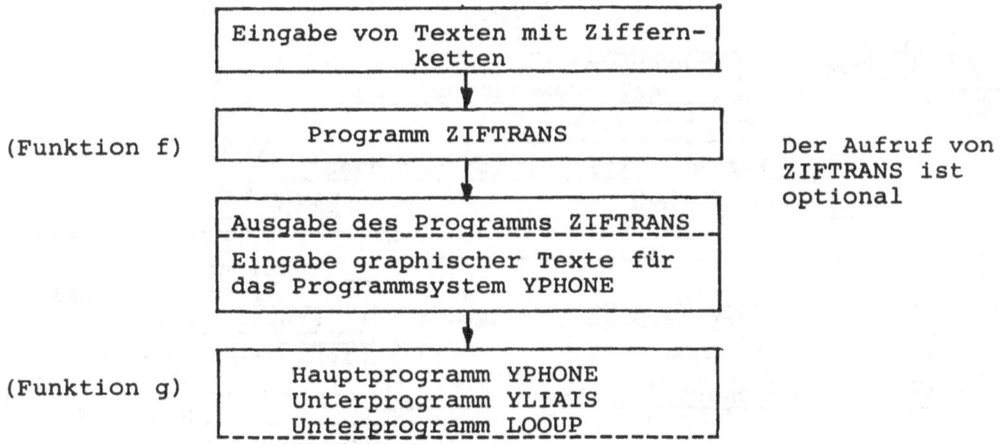

(Funktion h)

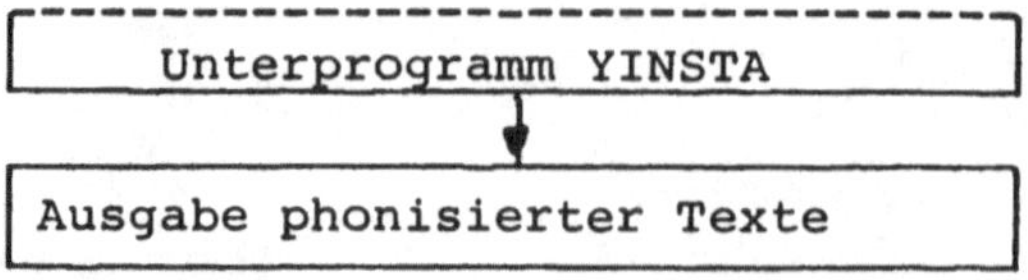

5.1. Das Programm ZIFTRANS

Das Programm ZIFTRANS wird mit Hilfe eines (zur besseren Übersichtlichkeit) stark vereinfachten Flußdiagramms, eines Programmausdrucks und mit Hilfe von Hinweisen auf den Algorithmus zur Bestimmung der ersten Funktion f erläutert. Die Maschine M_1 erfaßt den Algorithmus modellmäßig. Das Programm ZIFTRANS gibt die Zustände und Instruktionen der Maschine M_1 wieder. Bei der Beschreibung des Programms verweisen wir auf die Kommentarkarten im Programmausdruck des Anhangs.

Im Programm ZIFTRANS werden zuerst Speicherplätze dimensioniert und Anfangswerte gesetzt und eingelesen (Kommentarkarte 1-2).

Dann wird der Eingabesatz auf Ziffernketten untersucht. Für jeden Satz beginnt und endet die Suche bei Satztrennungszeichen. Wird eine Ziffernkette ermittelt, so wird diese Kette übergangen. Der hinter der Kette stehende Text oder die dahinter stehenden Satzzeichen werden gesucht. Von dort ermittelt das Programm, gleichsam nach links vorgehend, das Ende der Ziffernkette. Die Ziffernkette wird umgespeichert. Markierungspunkte werden übersprungen. Die Position von Dezimalkommata und Bruchstrichen speichern die Variablen DEZKOM und BRCHSTR. Die Umspeicherung der Ziffernkette endet bei der initialen Ziffer (vgl. die Kommentarkarten 2-3 und die Zustände S_I - S_{XZIJRZ}). Das Flußdiagramm veranschaulicht den Programmablauf.

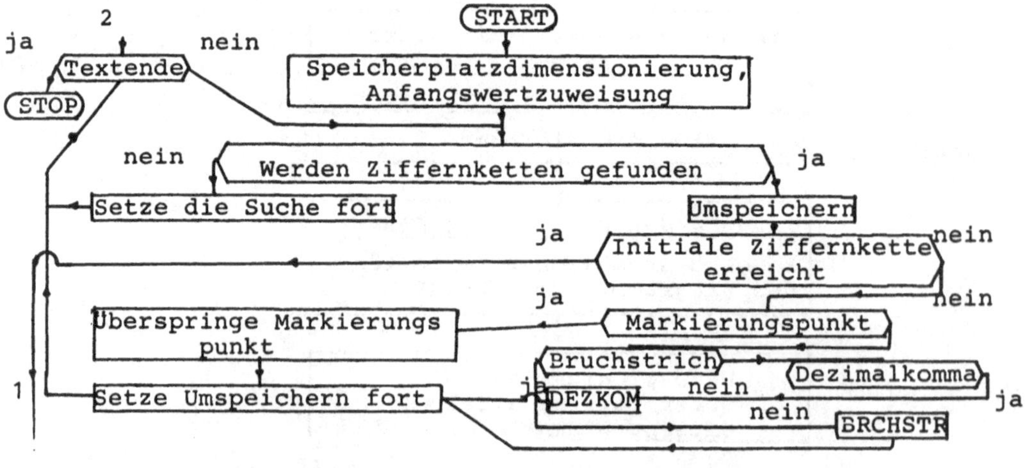

Die Zahlen 2,3,4 als Nenner von Bruchzahlen erhalten die Umschrift *demi, tiers* und *quart* (Kommentarkarten 3-4, Zustände S_{BZIFIN} - S_{BTRZEE}).

Bruchzahlen mit Zählern kleiner 20 werden durch Suffigierung mit *ième* bzw. *vième* umschrieben (Kommentarkarten 4-5, Zustände S_{BZFIN} - S_{BTRZEE}).

Die Umschreibung der Jahreszahlen folgt (Kommentarkarten 5-6, S_{XZIJRZ}).

Die Umschreibung von Ordinalzahlen schließt sich an (Kommentarkarten 7-8, Zustände S_{BZIFIN} - S_{BTRZEE}).

Dezimal- bzw. Bruchzahlen werden zunächst bis zum Komma bzw. Bruchstrich verarbeitet. Das Komma wird durch *virgule*, der Bruchstrich durch *sur* bzw. durch Suffigierung des Nenners umschrieben. Dann werden die vor dem Komma bzw. Bruchstrich stehenden Ziffern umgespeichert und wie normale Zahlen verarbeitet. Die Umspeicherung ermöglicht die rekursive Verwendung des Programms für verschiedene Ziffernketten (Kommentarkarten 7-8, Zustand S_{BTRZEE}).
Das Flußdiagramm veranschaulicht den Programmablauf:

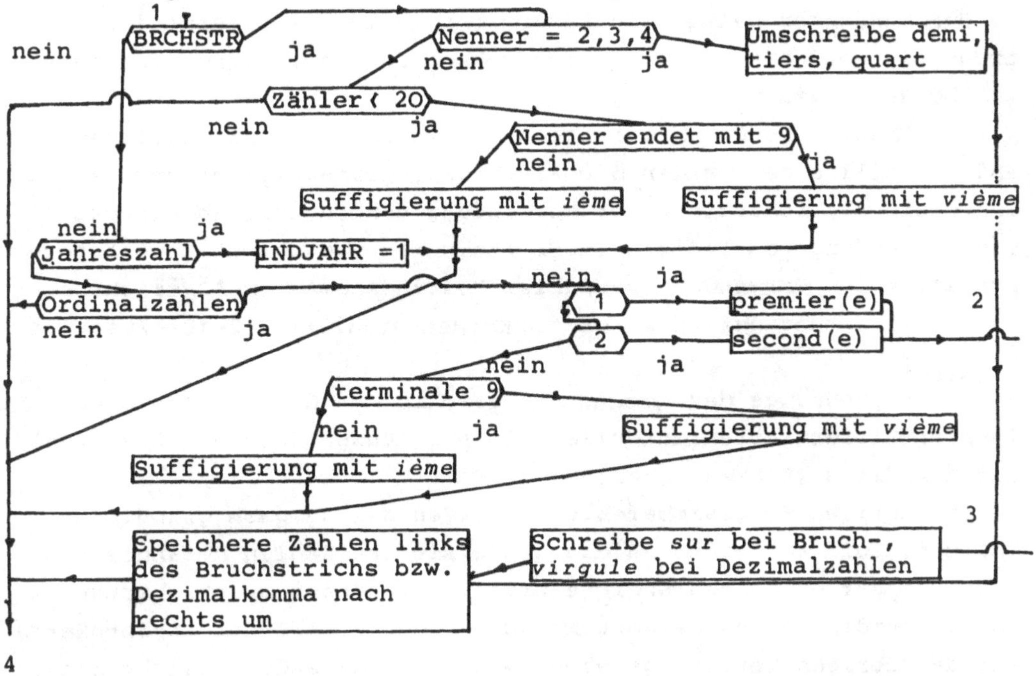

Bei der Graphisierung der Zahlen werden einstellige Zahlen und Zahlen mit Nullen in Zehnerposition sofort umschrieben.

Bei anderen Zahlen wird erst die vorletzte Stelle umschrieben. Ein Index mit den Werten *1* (für Zahlen wie *17*) und *2* (für Zahlen wie *77*) steuern die Graphisierung. Der Indexwert *1* läßt hinter der ausgeschriebenen Zahl ein freies Feld offen, der Indexwert *2* läßt zwei freie Felder offen. Dadurch bleibt bei der Umschreibung der vorletzten Stelle (z.B. bei der Zahl *17*) noch Platz für die letzte Stelle (die *7*). Die synthetisch gebildeten Zahlen von *11* bis *17* werden von dieser Regelung ausgenommen. Nullen hinter Dezimalkomma werden durch *zéro* wiedergegeben (Kommentarkarten 8-9).

In Zahlen wie *21,31,41,51,61* erhält die terminale *1* die Umschrift *et un(e)*, sonst *un(e)* oder *onze*.

Vor maskulinen Wörtern wird *1* als *un*, vor femininen als *une* umschrieben (Kommentarkarten 9-10, Zustände S_{XTRZEE} ff.).

Die Zahlen zwischen *16* und *100* werden (mehrfach) rekursiv umschrieben. Hier steuert der Index IND die Rekursionsabfolge (Kommentarkarten 10-11, Zustände S_{XTRZEE} ff.).

Jahreszahlen werden als Vielfache von Hundertern, nicht von Tausendern dargestellt (Kommentarkarten 11-12, Zustände S_{JTRHUN}ff.).

Für Hunderter gelten die Rekursionsregeln der Einerstellentranskription. Zur Steuerung der Rekursionsregeln wird ein Index IND100 auf 1 gesetzt.

Zur Umschreibung der Positionen der Tausender, der Millionen und der Milliarden werden die Regeln zur Transkription der Zahlen von *0* bis *999* rekursiv unter Verwendung von Indizes angewendet. Die Verwendung von Indizes im Programm ist die computative Interpretation der Verwendung variabler Zustandsnamen im Algorithmus zur Realisierung der Funktion f (Kommentarkarten 12-13, Zustände S_{XTRTAU}).

Die Reihenfolge der errechneten graphischen Gegenstücke eingelesener Ziffernketten unterliegt im Ausgabespeicher der Steuerung durch Indizes (Kommentarkarten 13-14).

Die übrigen Programmbefehle betreffen die Ausgabe graphisierter Ziffern. Suffixe werden an die graphisierten Zahlen herangeschoben. Die auf einzelnen Speicherplätzen stehenden graphisierten Zahlen werden aneinandergerückt und an der Stelle der Ziffernkette mit dem übrigen Text ausgegeben, wenn das Textende erreicht ist. Das Flußdiagramm zeigt den Programmablauf:

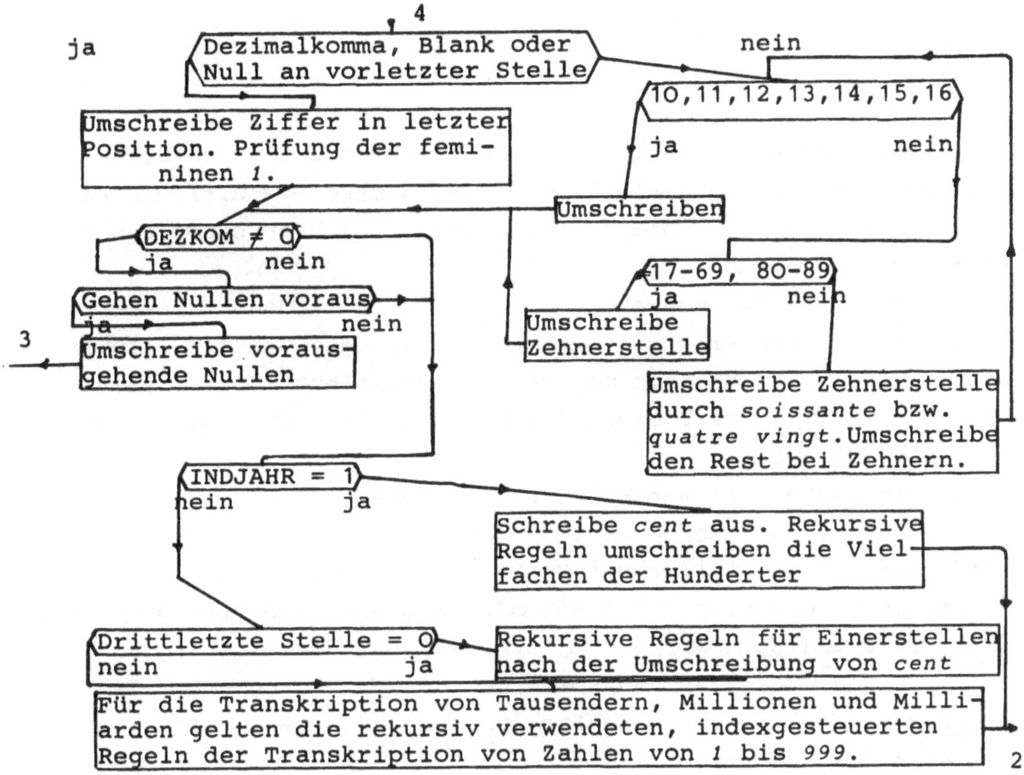

5.2. Das Hauptprogramm YPHONE und die Unterprogramme YLIAIS und LOOKUP

Die zweite Funktion g berechnet für rein graphische Eingabesätze zugrundeliegende phonematische Ausgabesätze. Das Hauptprogramm YPHONE und die Unterprogramme YLIAIS und LOOKUP realisieren die Funktion g.

Die Anweisungen zwischen der ersten und der zweiten Kommentarkarte des Hauptprogramms YPHONE dienen der Speicherplatzdimensionierung, der Festlegung von Indexwerten zur Steuerung der Ausgabesprache und dem Einlesen von Speicherinhalten. Klein dimensionierte Felder werden direkt in den Zentralspeicher, große auf externe Massenspeicher mit Direktzugriff verlagert. Der Eingabetext wird von Lochkarten oder von Magnetband gelesen. Je 15 Zeilen werden zu einem eindimensionalen Array vereinigt. Der Text wird durch Satztrennungszeichen abgeschlossen. Überhängende Textteile werden abgespeichert und beim nächsten Arbeitsgang dem auf den folgenden 15 Zeilen stehenden Text vorangestellt. Das Verfahren ermöglicht die Verarbeitung ausreichend langer Textstücke und somit die Berücksichtigung syntaxabhängiger Faktoren der Transkription (Kommentarkarte 2).

Die Transkription beginnt beim ersten Character des ersten Speicherplatzes. Die Variable O1 bezeichnet die Position dieses Characters im Speicherplatz, die Variable P1 bezeichnet die Position des Ausgabecharacters.

Satzzeichen werden von der Eingabe auf die Ausgabe kopiert. Bindestriche markieren syntaktisch festgefügte Gruppen, die liiert werden können und Liaison mit nachfolgenden Wörtern verhindern. Der Index IND1 markiert diese Gruppen und ihre Position im zu verarbeitenden Satz.

Bei Erreichen des Satztrennungszeichens wird das Unterprogramm YINSTA aufgerufen. Ist eine Textendkarte eingelegt worden, gelangt das Programm nach Aufruf von YINSTA zum STOP.

Lauten neue Wörter vokalisch oder mit *h* an und verhindert keine bindestrichbedingte Markierung syntaktisch festgefügter Gruppen eine Liaison, ruft das Hauptprogramm das Unterprogramm YLIAIS auf (Kommentarkarte 3, Zustände S_I - $S_{LIAISXXB}$). Das Flußdiagramm symbolisiert den Programmablauf:

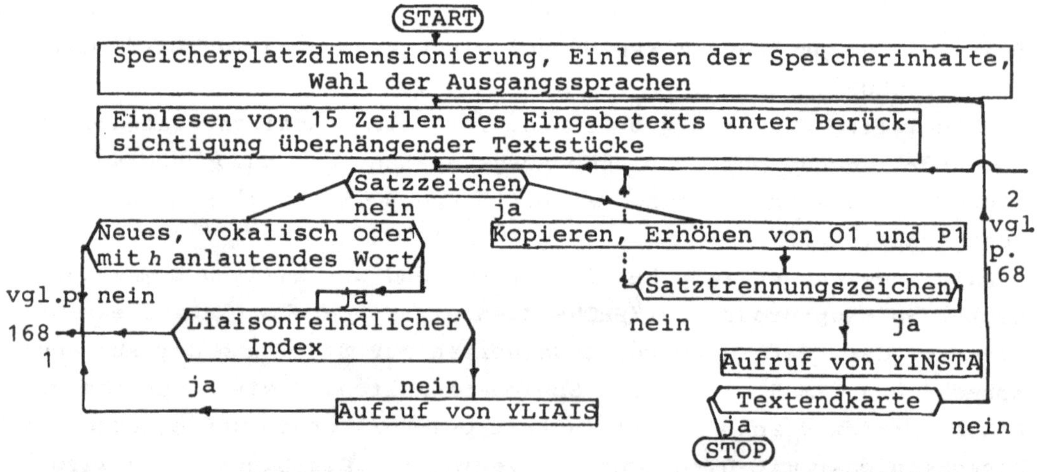

Das Unterprogramm YLIAIS sucht den Auslaut des vorangehenden Wortes, sofern diesem kein Satztrennungszeichen folgt. Bei Satztrennungszeichen erfolgt ein Rücksprung ins Hauptprogramm. Bei Bindestrichen erhält der Index INDA3 den Wert 1. Er bewirkt (s.u.) ein Überspringen der Syntaxanalyseinstruktionen (Kommentarkarte 1 des Unterprogramms, Zustände $S_{LAISXXB}$-$S_{LIAISXXL}$).

Endet das vorausgehende Wort mit Ligemgraphem, prüft die nächste Untersuchung, ob das nachfolgende Wort ligemfreundlich oder -feindlich anlautet. Ligemfeindliche Wörter beginnen (meist) mit h aspiré oder mit Halbvokal. Das Untersuchungswort wird mit einer eingespeicherten Wortliste verglichen, die Wörter mit ligemfeindlichem h aspiré und ligemfreundlichen Halbvokalen enthält. Werden ligemfeindliche Wörter (solche auf h aspiré) gefunden, springt das Programm zurück nach YPHONE. Gleiches gilt für nicht in der Vergleichsliste enthaltene halbvokalisch anlautende Wörter.

Beim Vergleich des Untersuchungswortes mit der Wortliste wird ein binäres Suchverfahren angewendet. Die Einträge in der Wortliste sind alphabetisch geordnet. Die Suche beginnt bei der mittleren Listenposition. Ist das Untersuchungswort lexikalisch größer als das Vergleichswort der Liste, wird es mit dem Listeneintrag der Position mittlere Position + 1/2 mittlere Position (im nächsten Schritt + 1/4 mittlere Position für lexikalisch größere Wörter, Subtraktion für lexikalisch kleinere Wörter etc.) verglichen. Das Verfahren wird fortgesetzt, bis das entsprechende Wort gefunden ist oder bis festgestellt ist, daß ein Vergleichswort nicht existiert. In einer Liste mit n-1 Einträgen genügen maximal ${}_2\lg n$ Suchschritte, um festzustellen, ob die Vergleichsliste ein entsprechendes Wort enthält (Kommentarkarte 2, Zustände $S_{LIAISXXL}$ - $S_{LIAISHAS}$).[1]

Ist der bindestrichvereingte Wörter anzeigende Index INDA3 gesetzt worden, wird die folgende Prüfung übersprungen. Sie prüft Strukturen des Typs Determinierer + (Attribut + Adjektiv) + Nomen. Strukturen dieser Art werden liiert. Danach geht die Kontrolle vom Unterprogramm zurück an das Hauptprogramm (Kommentarkarten 3,4,5, Zustände $S_{LIAISVPR}$ - $S_{LIAISKOP}$). Das Flußdiagramm skizziert den Entscheidungsablauf in YLIAIS:

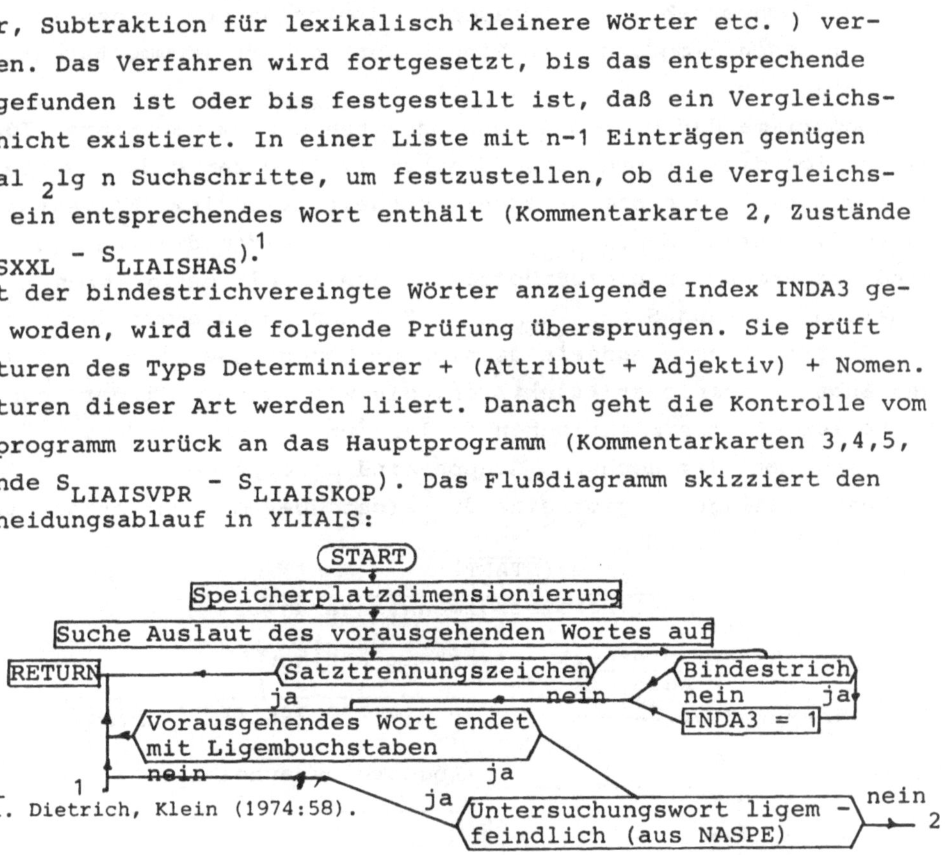

1)vgl. Dietrich, Klein (1974:58).

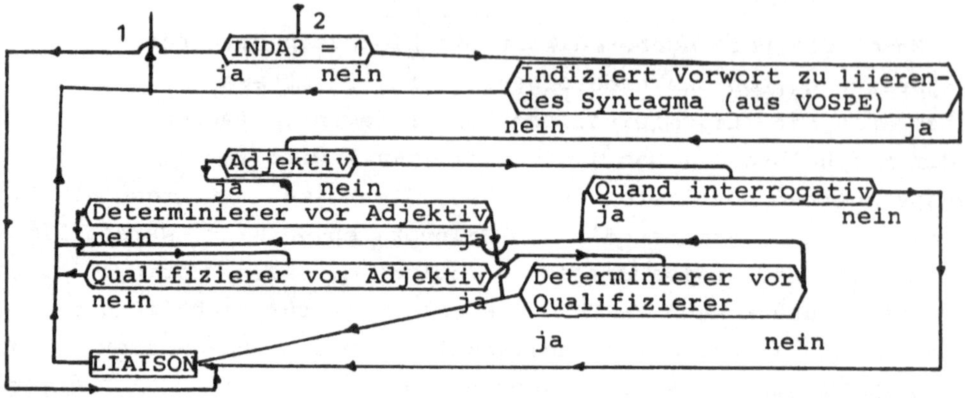

Im Unterprogramm LOOKUP wird jedes Wort des Eingabetextes mit einer Wortliste verglichen, um Logogramme zu ermitteln. Da ein Teil der Logogramme ähnlichen Syntaxanalyseregeln unterliegt, wie Wörter mit der terminalen Kette *ent*, enthält LOOKUP einen für beide Gruppen gültigen Analysealgorithmus.

Die Wörter des Eingabetextes werden wiederum mit Hilfe eines binären Suchverfahrens aufgesucht. Nummernindizes zeigen an, zu welcher Logogrammgruppe ein Eingabewort gehört (Kommentarkarte 1 des Unterprogramms LOOKUP, Zustand $S_{LOGOXXX}$).

Logogramme der ersten Gruppe erhalten sofort nach ihrer Identifikation die entsprechende Umschrift. Logogramme der zweiten Gruppe unterliegen dem Abgeschlossenheitskriterium (Kommentarkarte 2, Zustand $S_{LOGOGPR\alpha}$). Die Logogramme der dritten Gruppe sind Ausnahmen von prozeßphonologischen Regeln der dritten Funktion (Zustand $S_{LOGOGTGEN\varepsilon XY}$). Bei den Logogrammen der vierten und fünften Gruppe handelt es sich um homographe Formen von Verben und Substantiven oder Adjektiven, die wie Wörter mit der terminalen Kette *ent* einer syntaktischen Analyse unterzogen werden.

Logogramme der sechsten Gruppe sind Abkürzungen.

Das Flußdiagramm gibt eine Übersicht über das Unterprogramm LOOKUP:

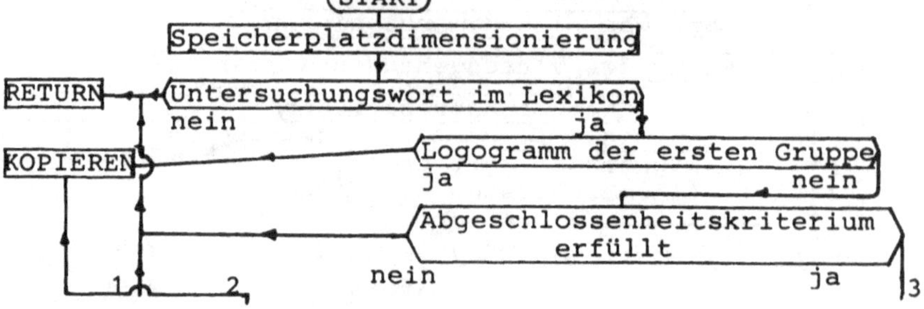

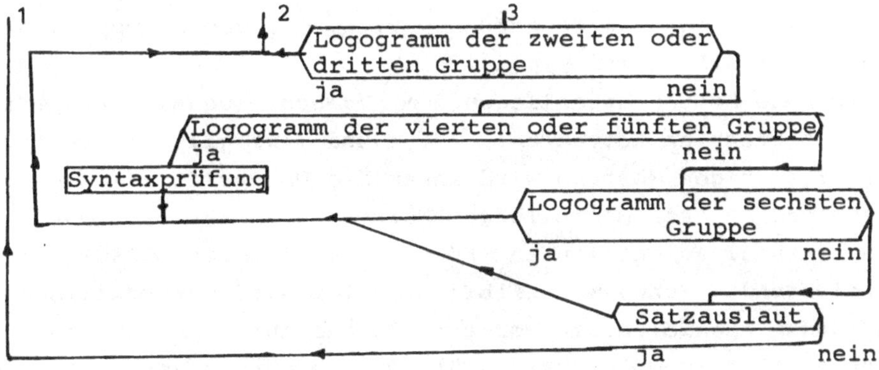

Nach dem Aufruf des Unterprogramms LOOKUP übernimmt das Hauptprogramm YPHONE wieder die Kontrolle. Ein peripherer Massenspeicher speichert unter gleichen Anfangsbuchstaben vereinte terminale und nonterminale Vergleichsketten. Die Ordnungsprinzipien dieses Speichers sind durch den Ablauf der Zustände im Algorithmus p.44 beschrieben. Die Vergleichsketten werden recordweise vom Massenspeicher auf das Feld BUPHSP in den Zentralspeicher gelesen und mit Ketten des Eingabetexts verglichen. BUPHSP ist ein eindimensionaler Array mit sechs Speicherplätzen (Kommentarkarte 5).

Der erste Speicherplatz in BUPHSP enthält die Vergleichskette und entspricht somit einem Zustandsnamen im Algorithmus p. 71 seqq. Der Zahlenwert des zweiten Speicherplatzes gibt die Länge der Vergleichskette an. Wird das phonemische Gegenstück einer Kette auf den Ausgabespeicher übertragen, dann wird der Index O1, der den Beginn der gerade untersuchten Kette im Eingabesatz markiert, um den Wert des dritten Speicherplatzes erhöht. Der Index des vierten Speicherplatzes (er nimmt Werte von 0 bis 13 an) steuert die Prüfungen, die nötig sind, die korrekte graphonemische Relation zu finden. Der fünfte Speicherplatz gibt die Länge des phonemischen Gegenstücks der Untersuchungskette an. Nach Abschluß der Kopie des phonemischen Gegenstücks, das der sechste Speicherplatz enthält, wird der Index P1 um den Wert, den der fünfte Speicherplatz enthält, erhöht (vgl. im Anhang den Ausdruck von BUPHSP).

Enthält der vierte Speicherplatz als Indexwert eine 0, wird das phonemische Gegenstück der Untersuchungskette ohne Prüfungen übertragen. Stimmt die Untersuchungskette nicht mit der Vergleichskette überein oder treffen die zur Kopie nötigen Bedingungen nicht zu, werden die Vergleichsketten recordweise so lange eingelesen, bis eine identische Kette gefunden wird, die die notwendigen Bedingungen erfüllt.

Terminale Ketten unterliegen dem Abgeschlossenheitskriterium. Für die terminalen Ketten *ent, es, e* und *ient* gilt die Bedingung 3. In einsilbigen Wörtern wird ihnen die Umschrift /ã/, /ẹ/ und /ə/ zugeordnet. Bei mehrsilbigen Wörtern wird für *ent* LOOKUP zur Syntaxanalyse aufgerufen. Für *ient* wird immer LOOKUP gerufen.

Auslautendes Schwa mehrsilbiger Wörter wird vor vokalisch anlautenden nachfolgenden Wörtern mit Ausnahme von Wörtern auf h aspiré getilgt (Kommentarkarte 9). Die Zeichnung veranschaulicht das Programm:

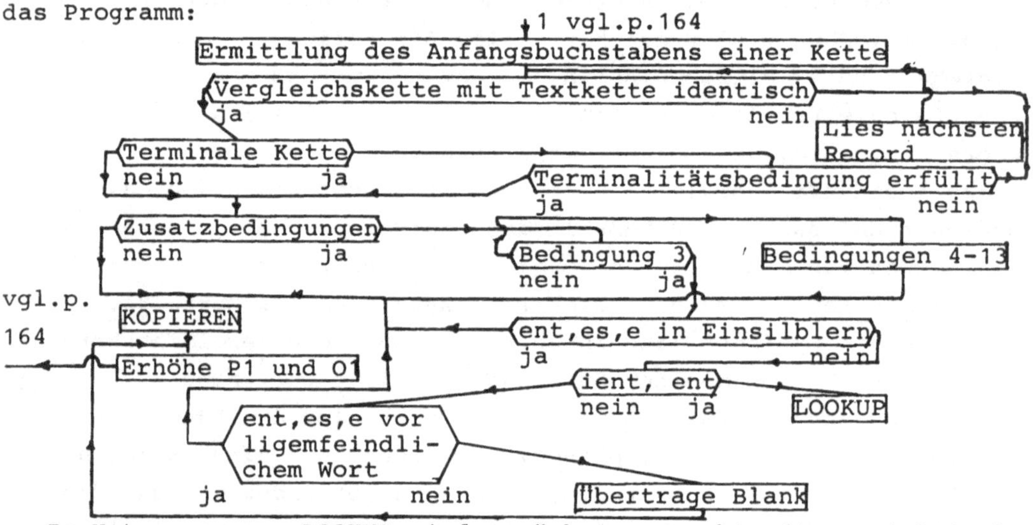

Im Unterprogramm LOOKUP wird zunächst versucht, die syntaktische Funktion von Wörtern der Kette *ent* durch wortkontextsensitive Regeln zu ermitteln (Kommentarkarte 3, Zustände $S_{TentXXX}$ ff.).

Der syntaktischen Analyse geht der Algorithmus zur Prüfung von Einschubmarkierern voran (Kommentarkarte 4). Die einzelnen Schritte des Programms lehnen sich eng an den Syntaxanalysealgorithmus an. Die kontextuelle Analyse stützt sich auf eine relativ geschlossene Gruppe von mots outils, die der Speicher SUBDET enthält. SUBDET ist ein zweidimensionaler Speicher (vgl.Anhang).
Der erste Speicherplatz enthält eine Nummer, die die grammatische Funktion des eingespeicherten Wortes indiziert. Präpositionen sind mit 1, grammatisch ambige Wörter (*le, leur, en*) mit 3, singulare Objektspronomen mit 4, singulare Determinativ-, Indeterminativ- und Possessivartikel mit 5, plurale Objektspronomen mit 6 und Zahl-

wörter und plurale Determinativ- und Possessivartikel mit 7 markiert. Der zweite Speicherplatz gibt die Länge des eingespeicherten Worts an. Das Wort selbst findet sich auf dem dritten Speicherplatz.

Das Untersuchungswort ist Verb, wenn ihm Objektspronomen oder Zahlwörter vorausgehen (Kommentarkarte 5). Bei ambigen Wörtern wird geprüft, ob Präpositionen davorstehen (Kommentarkarte 6). Sie zeigen Substantive an. Die anderen in der Liste enthaltenen Wörter determinieren ein substantivisches oder adjektivisches Untersuchungswort. Ist das vorangehende Wort nicht in der Vergleichsliste enthalten, wird das Untersuchungswort auf seine Funktion als Adjektiv hin geprüft. Attributive Adjektive können durch modifizierende Wörter ergänzt werden (Speicher ADJDET, Kommentarkarte 7, Zustand $S_{TnamDET}$). Ein prädikatives Adjektiv verlangt eine Kopula (der Speicher ETRESP enthält abgekürzte Formen von *être*, Kommentarkarte 8, $S_{TnamKOP}$). Ein von einem Determinierer bestimmtes präponierbares Adjektiv indiziert eine substantivische Form (Kommentarkarte 9, Zustand $S_{TnamDAD}$ ff.).

Dem Untersuchungswort folgende Determinierer für ein direktes Objekt weisen auf ein transitives Verb hin (Kommentarkarte 10, Zustand S_{namUNW}). Hingegen zeigen nachfolgende Negationspartikel oder Objektspronomina nichtmorphogrammatische Formen an (Speicher VRBDET, Kommentarkarte 11, Zustand S_{namDTP} ff.). Ketten auf *ent* werden durch vorangehende Verbdeterminanten (Speicher VRBDET) als Verben gekennzeichnet. Plurale Subjektspronomen identifizieren Verben (Kommentarkarte 12, Zustand $S_{TnamVDU}$). Folgen dem Untersuchungswort Pluralformen auf *-s* oder *-x* oder ein durch ein Bindestrich angeschlossenes plurales Personalpronomen und am Satzende ein Fragezeichen, so handelt es sich um ein Verb (Kommentarkarte 13, Zustand $S_{TnamFRU}$ ff.).

Geben die durchgeführten Prüfungen noch keinen Hinweis auf die syntaktische Funktion des Untersuchungswortes, unterliegt sein weiterer Kontext einer Analyse. Diese Analyse ist zunächst auf einfache und komplexe plurale Nominalphrasen gerichtet, die ein Verb bestimmen. Sie können Präpositionalphrasen übergeordnet sein. Notwendige Bedingung für eine plurale Nominalphrase sind zwei Pluralformen auf *-s* oder *-x*, wovon in einfachen Nominalphrasen eine die eines Determinierers sein muß (Kommentarkarte 14, Zustand $S_{TNAMARP}$).

Werden keine pluralen Formen gefunden, wird ein Relativpronomen als plurales Subjekt angesetzt (Kommentarkarte 15, Zustand $S_{TnamREL}$ ff.).

Ist das Untersuchungswort Teil einer koordinierten Struktur, der Ketten auf *ent* oder *ont* voranstehen, richtet sich die Analyse nach dem Ergebnis der vorhergehenden Analyse (Kommentarkarte 16, Zustand $S_{TnamKOS}$ ff.).

Ein singularer Artikel nach einem Satzzeichen indiziert eine substantivische Form.

Die weiteren Prüfungen setzen einfache und komplexe koordinierte Nominalphrasen voraus. Einfache Strukturen sind singulare koordinierte Nominalphrasen. Komplexe Strukturen enthalten von pluralen Nominalphrasen (sei es durch Koordination singularer oder durch plurale Nominalphrasen) abhängige Präpositionalphrasen (Kommentarkarte 17, Zustand $S_{TnmeAML}$ ff.).

Ergibt diese Prüfung kein Ergebnis, werden die ersten beiden Wörter nach dem satzinitialen Trennungszeichen auf ihre Pluralität hin untersucht. Enden sie mit Pluralmorphogrammen, ist das Untersuchungswort Verb, anderenfalls Adjektiv oder Substantiv (Kommentarkarte 18, Zustand $S_{TnmeSSA}$ ff.)

Die restlichen Befehle des Programms interpretieren die projektiven Regeln des Algorithmus p.110 seqq. Der Kontext des Untersuchungswortes wird auf ambige Ketten geprüft. Es wird versucht, mit Hilfe der bei der Untersuchung der gerade geprüften ambigen Kette gewonnenen Information weiteren ambigen Ketten eine syntaktische Struktur zuzuweisen. Die phonemischen Formen der Logogramme werden kopiert. Für die verschiedenen untersuchten Ketten werden vier Rücksprunganweisungen definiert, RETURN A, RETURN B, RETURN C und RETURN D mit unterschiedlichen Einsprüngen in das Hauptprogramm YPHONE (Kommentarkarte 19, Zustand $S_{TnmeMFV}$ ff.).

Das Flußdiagramm stellt den Entscheidungsablauf dar:

Kommentarkarte 3

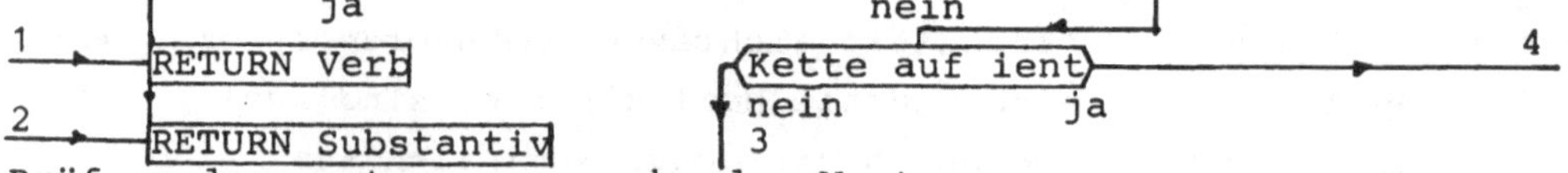

Prüfung des ersten vorausgehenden Wortes

Kommentarkarte 5

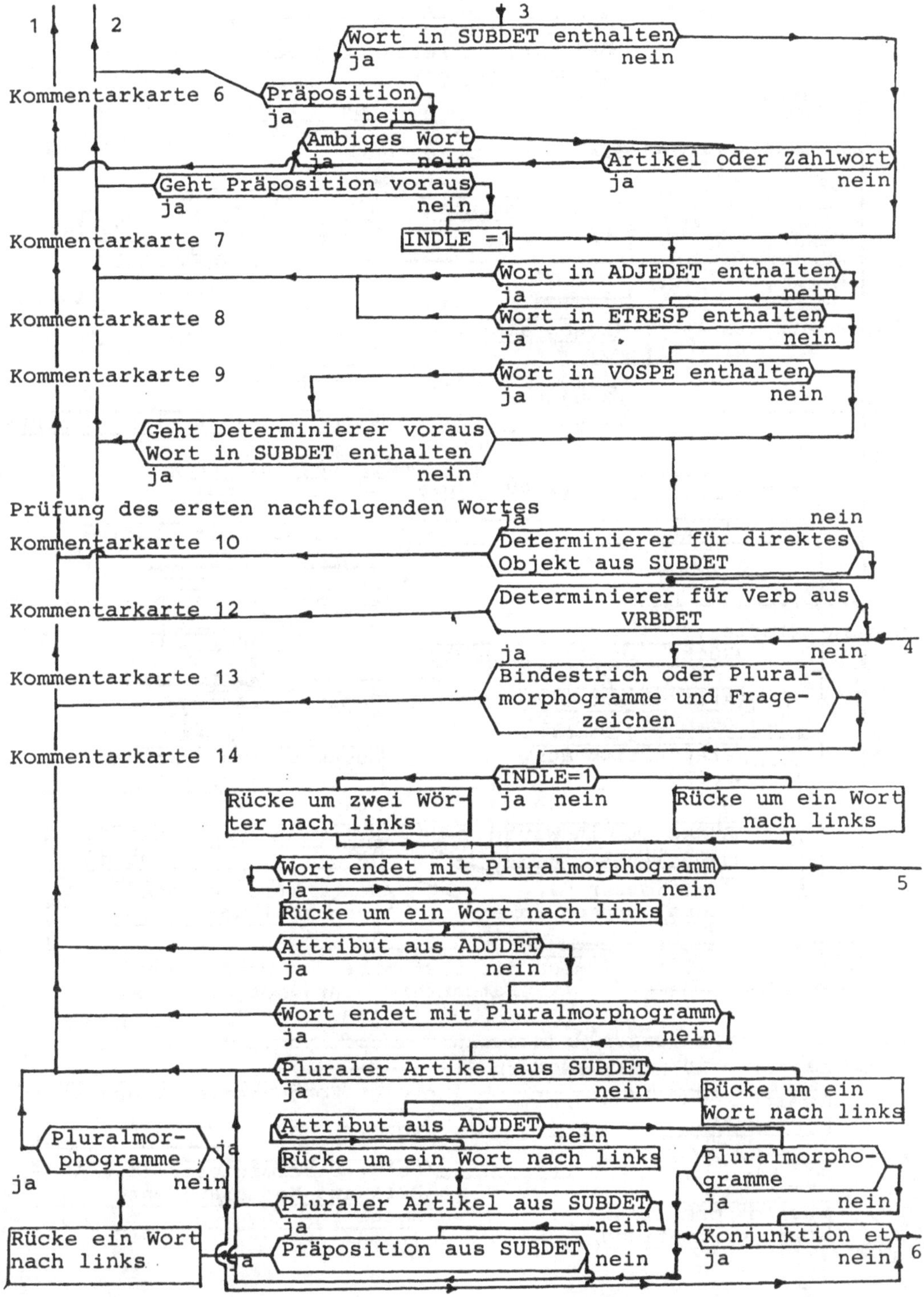
1
2
3
Wort in SUBDET enthalten
ja
nein
Kommentarkarte 6
Präposition
ja
nein
Ambiges Wort
ja
nein
Artikel oder Zahlwort
ja
nein
Geht Präposition voraus
ja
nein
Kommentarkarte 7
INDLE =1
Wort in ADJEDET enthalten
ja
nein
Kommentarkarte 8
Wort in ETRESP enthalten
ja
nein
Kommentarkarte 9
Wort in VOSPE enthalten
ja
nein
Geht Determinierer voraus
Wort in SUBDET enthalten
ja
nein
Prüfung des ersten nachfolgenden Wortes
ja
nein
Kommentarkarte 10
Determinierer für direktes
Objekt aus SUBDET
Kommentarkarte 12
Determinierer für Verb aus
VRBDET
ja
nein
4
Kommentarkarte 13
Bindestrich oder Plural-
morphogramme und Frage-
zeichen
Kommentarkarte 14
INDLE=1
ja
nein
Rücke um zwei Wör-
ter nach links
Rücke um ein Wort
nach links
Wort endet mit Pluralmorphogramm
ja
nein
5
Rücke um ein Wort nach links
Attribut aus ADJDET
ja
nein
Wort endet mit Pluralmorphogramm
ja
nein
Pluraler Artikel aus SUBDET
ja
nein
Rücke um ein
Wort nach links
Pluralmor-
phogramme
ja
ja
nein
Attribut aus ADJDET
nein
Rücke um ein Wort nach links
Pluralmorpho-
gramme
ja
nein
Pluraler Artikel aus SUBDET
ja
nein
Rücke ein Wort
nach links
ja
Präposition aus SUBDET
nein
Konjunktion et
ja
nein
6

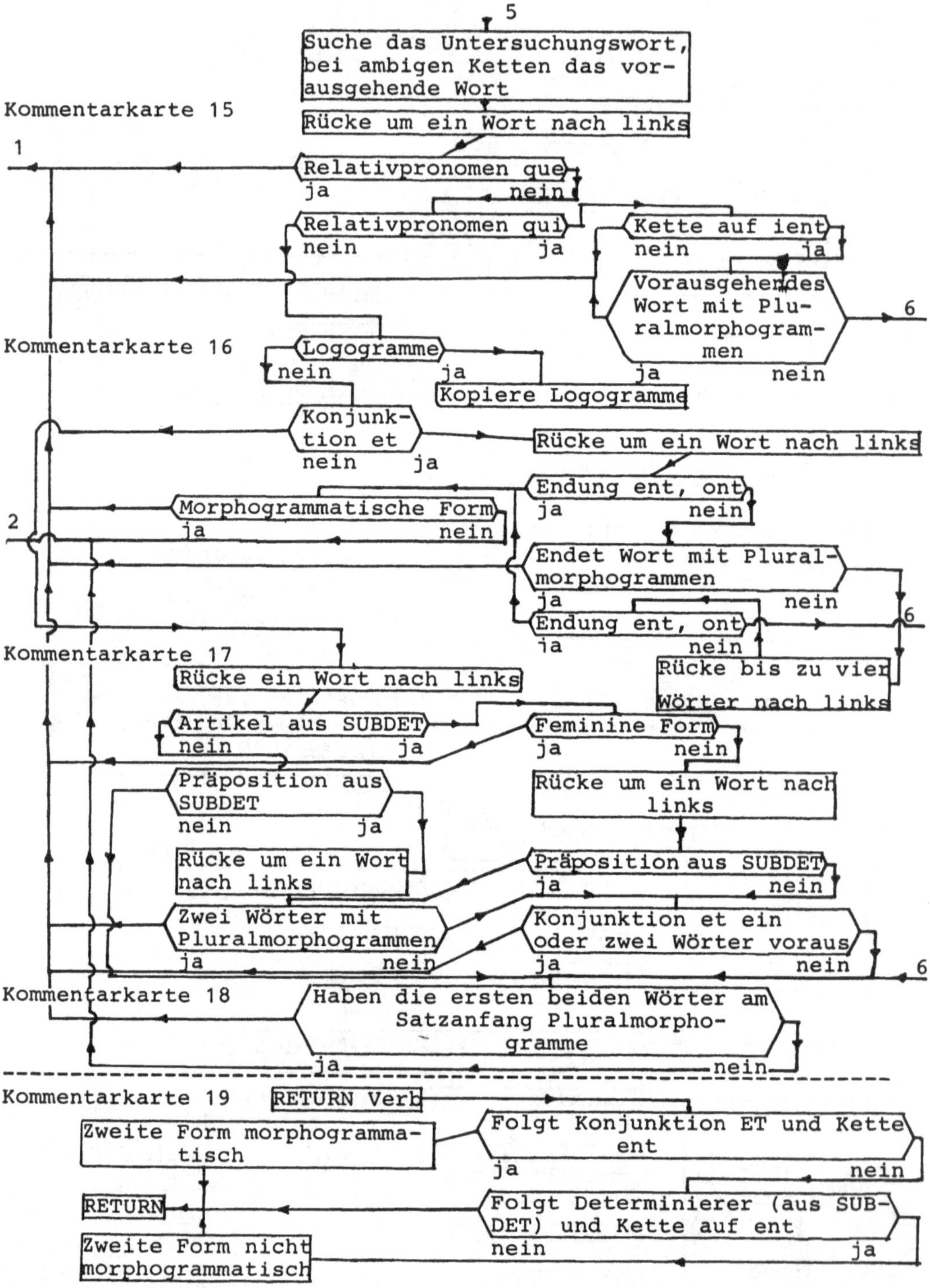
5
Suche das Untersuchungswort, bei ambigen Ketten das vorausgehende Wort
Kommentarkarte 15
Rücke um ein Wort nach links
1
Relativpronomen que
ja
nein
Relativpronomen qui
nein
ja
Kette auf ient
nein
ja
Vorausgehendes Wort mit Pluralmorphogrammen
6
ja
nein
Kommentarkarte 16
Logogramme
nein
ja
Kopiere Logogramme
Konjunktion et
nein
ja
Rücke um ein Wort nach links
Endung ent, ont
ja
nein
Morphogrammatische Form
ja
nein
2
Endet Wort mit Pluralmorphogrammen
ja
nein
Endung ent, ont
ja
nein
6
Rücke bis zu vier Wörter nach links
Kommentarkarte 17
Rücke ein Wort nach links
Artikel aus SUBDET
nein
ja
Feminine Form
ja
nein
Präposition aus SUBDET
nein
ja
Rücke um ein Wort nach links
Rücke um ein Wort nach links
Präposition aus SUBDET
ja
nein
Zwei Wörter mit Pluralmorphogrammen
ja
nein
Konjunktion et ein oder zwei Wörter voraus
ja
nein
6
Kommentarkarte 18
Haben die ersten beiden Wörter am Satzanfang Pluralmorphogramme
ja
nein
Kommentarkarte 19
RETURN Verb
Zweite Form morphogrammatisch
Folgt Konjunktion ET und Kette ent
ja
nein
RETURN
Folgt Determinierer (aus SUBDET) und Kette auf ent
nein
ja
Zweite Form nicht morphogrammatisch

Im Hauptprogramm YPHONE werden die Bedingungen geprüft, die erfüllt werden müssen, damit der phonemische Teil der graphonemischen Relation aus dem sechsten Speicherplatz von BUPHSPE in den Ausgabespeicher AUSPE kopiert werden kann (Kommentarkarte 9).

Belegt eine 0 den vierten Speicherplatz von BUPHSP, wird ohne Prüfung von Bedingungen kopiert.

Ein bedingtes GO TO ermöglicht den Test des Eingabetextes mit Hilfe von im Programm formulierten Kontextregeln.

Die erste Bedingung prüft den Kontext von *i* und *y*. Beide Buchstaben werden halbvokalisch realisiert, wenn ihnen Vokale (ungleich Ketten, die als Schwa realisiert werden) folgen (Kommentarkarte 10, vgl. Zustand S_{NTyFIN} ff.).

Die zweite Bedingung formuliert Regeln zur Realisierung von Verbindungen des Typs Vokal + Nasal und der Kette *ou* + Vokal. Ein Vokal wird vor Doppelnasal und bei intervokalischer Stellung des Nasals oral realisiert, d.h. die Prüfung wird abgebrochen, die nächsten records vom Massenspeicher eingelesen, bis der identische Vokal gefunden wird. Anderenfalls wird nasaliert. *ou* wird vor gesprochenem Vokal halbvokalisch realisiert (Kommentarkarte 11, vgl. Zustände S_{NTaFIN}, $S_{NTouFIN}$).

Bedingung 4 [2] zielt auf die Realisierung von *e*, dem in offener Silbe ein /ẹ/ und in geschlossener Silbe ein Schwa zukommt.

Bedingung 5 behandelt *i*. Es kann als /i/, /i̯/ oder /ii̯/ realisiert werden (Kommentarkarte 13, vgl. Zustand S_{NTiFIN}).

Bedingung 6 regelt die Realisierung von Ketten *sc, cc, c, gg, g* vor hellen und dunklen Vokalen (Kommentarkarte 14, Zustand $S_{NTscFIN}$ ff.).

Bedingung 7 formuliert die Umschreibungsregeln für *ill, ti* und *gn* (Kommentarkarte 15, Zustände $S_{NTillINI}$, $S_{NTgnINI}$, $S_{NTtiINI}$ ff.).

Bedingung 8 umschreibt intervokalisches *s* stimmhaft, nicht intervokalisches stimmlos (Kommentarkarte 16, S_{NTsINI} ff.).

Durch die Bedingung 9 werden die speziellen Bedingungen anlautender Ketten berücksichtigt (*ex, ress, dess, emm*, Kommentarkarte 17, Zustand $S_{NTexINI}$ ff., Zustand $S_{NTressINI}$ ff. etc.).

Nach der zehnten Bedingung erhält die terminale Kette *en* nach *i,e,y* die Umschrift /ẽ/.

Die elfte Bedingung ordnet der Kette *ai* vor Vokal die Umschrift

2) Bedingung 3 s.p.168.

/ei̯/, sonst die Umschrift /ę/ zu.

Die zwölfte Bedingung dient der syntaktischen Analyse. Sie zielt darauf, Morphogramme der ersten Person Plural zu erkennem, um ambige Ketten wie *erons* und *tions* korrekt zu umschreiben (Kommentarkarte 18, vgl. Zustand $S_{TeronsFIN}$ ff.).

Die 13. Bedingung umschreibt *er* am Ende einsilbiger Wörter durch /ẹ/ (Kommentarkarte 19, Zustand S_{TerFIN} ff.).

Nach der Kopie der phonemischen Gegenstücke aus BUPHSP auf den Ausgabespeicher werden die Positionsvariablen O1 und P1 erhöht. Bei terminalen Ketten verarbeitet das Programm im folgenden Schritt Satzzeichen, bei nonterminalen untersucht und verarbeitet es das erste der gerade umschriebenen Kette folgende Zeichen (Kommentarkarte 20).

5.3. Das Unterprogramm YINSTA

Das Unterprogramm YINSTA realisiert die Funktion h in ihren Varianten. Es wird aufgerufen, wenn im Hauptprogramm YPHONE ein Satztrennungszeichen gefunden wird.

Die Maschine M_3 und ihre Instruktionen beschreiben die Funktion h. Die computative Realisation, das Unterprogramm YINSTA, vereint Ein- und Ausgabe. Diese Interpretation von M_3 verhindert eine rechenzeitaufwendige Übertragung von Ketten vom Ein- zum Ausgabeband, die nicht von phonologischen Regeln berührt werden. In der Funktion h wurde darauf verzichtet, Ein- und Ausgabeband der Maschine M_3 zu vereinen, um Einheitlichkeit und Einfachheit des Modells für alle Funktionen zu wahren.

Der zu verarbeitende Satz wird zunächst aus dem Ausgabespeicher (des Hauptprogramms YPHONE und seiner Unterprogramme) auf den Speicher OUTPRIN übertragen und dann ausgedruckt. Der Ausdruck gibt die tiefenstrukturelle Repräsentation eines Satzes der Sprache L_{P_O}, des Nachbereichs der zweiten Funktion, wieder.

Dann werden Sätze aus AUSPE in den zweidimensionalen Speicher AUS übertragen. In der ersten Zeile des Speichers AUS stehen Sätze, die obligatorischen, in der zweiten Zeile Sätze, die obligatorischen und fakultativen Regeln unterliegen. Somit sind Sätze der ersten Zeile Elemente des Nachbereichs der Funktion h_{n1} (mit n =1, 2,3), die Sätze der zweiten Zeile Elemente der Funktion h_{n2} (mit n = 1,2,3) (Kommentarkarte 1).

Der Ausdruck der Sätze erfolgt zeilenweise. Eine Zeile enthält wenigstens 80 Zeichen. Der tiefenstrukturelle Satz der Sprache L_{P_O} wird von dem entsprechenden Satz einer Oberflächensprache gefolgt. Sind die Sätze aus AUS ausgedruckt und ist ein Satztrennungszeichen erreicht, gibt YINSTA die Kontrolle an das Hauptprogramm zurück (Kommentarkarte 2).

Der Benutzer des Programmsystems wählt eine der vier Oberflächensprachen, indem er der Variablen SWOTP (Switch Output) einen Wert zwischen eins und vier gibt.

Die Sätze werden von links nach rechts abgearbeitet. Die Variable POS gibt die Position im Satz, die Variable P1 die des Satztrennungszeichens am rechten Satzende an.

Die ersten vom Programm realisierten Regeln betreffen Vokalqualitäten. Diese Regeln sind oberflächennah. Sie betreffen alle Sprachen und heben /ϙ/ nach /ọ/. Die anderen Regeln über Vokalqualitäten sind auf die Sprachen L_{P_1}, L_{P_2} und L_{P_3} bezogen (Kommentarkarte 3, Zustand S_{OEAKZP} ff.).

Vokalquantitäten nichtdistinktiver Funktion werden nur in der Sprache L_{P_1} berücksichtigt. Das Programm ermittelt betonte Vokale, schließt absolut auslautende aus, tilgt unbetonte Längen und prüft die kontextuellen Bedingungen bei der Dehnung von Oralen und Nasalen (Kommentarkarte 4, Zustand S_{VOKQAL} ff.).

Die Regeln zur Behandlung des Schwa nehmen den größten Teil des Programms ein. Die obligatorischen Regeln ändern die Sätze beider Zeilen von AUS, die fakultativen ändern nur die zweite Zeile.

In L_{P_3} wird jedem Schwa ein oberflächliches /ϙ̈/ zugeordnet.

Die computative Realisierung der Elisionsregeln folgt sehr eng dem p. 134 seqq. beschriebenen Algorithmus (Kommentarkarte 5, Zustand S_{VEXXXX} ff.).

Nach der Tilgung des Schwa (Kommentarkarte 6) prüft das Programm Assimilationsbedingungen. Es realisiert die Harmonisierungsregeln ASS1 (Kommentarkarte 7, Zustand S_{ASSEXX} ff.), ASS2 (Kommentarkarte 8, Zustand S_{ASS2ER} ff.), die Assimilationsregeln ASS3 (Kommentarkarte 9, Zustand S_{ASS3XX} ff.), ASS4 (Kommentarkarte 10, Zustand S_{ASS4XX} ff.) und ASS5 (Kommentarkarte 11, Zustand S_{ASS5XX} ff.).

Die nächsten Instruktionen reduzieren den Phonemvorrat der Eingabesätze auf den in den Sprachen L_{P_2} und L_{P_3} verwendeten (Kommentarkarte 12).

Die Funktion h_4 hat nur eine Variante. Schwa wird in nicht distinktiven Positionen getilgt. Lange Vokale werden gekürzt, das Vokalsystem der zugrundeliegenden Sprache vereinfacht (Kommentarkarte 13, Zustand S_{ECADUC} ff.).

Das Flußdiagramm zeigt das Unterprogramm YINSTA in einer Übersicht:

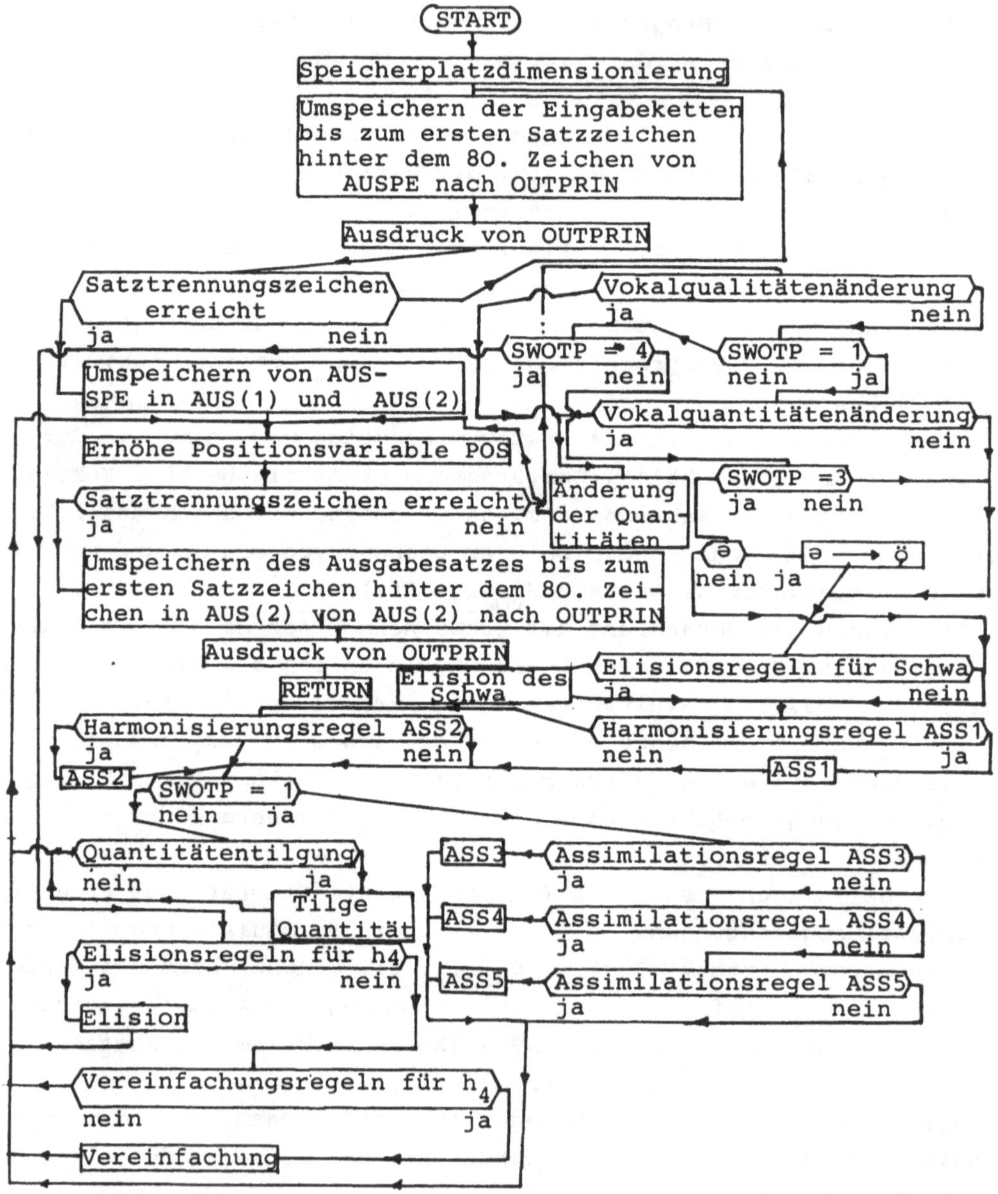

LITERATUR

Ågren, John, 1973. Études sur quelques liaisons facultatives dans le français de conversation radiophonique. Fréquences et facteurs. (Acta Universitatis Uppsaliensis 10.) Uppsala.

Alarcos Llorach, Emilio, 1965. Representaciones gráficas del lenguaje. Archivum 15. 5-58.

Allen, Jonathan, 1974. Speech Synthesis from Unrestricted Text. MIT (unveröffentlichtes Manuskript).

Allén, Sture, 1971. Introduktion i grafonomi. Det lingvistika skriftstudiet (Under medverkan av Staffan Hellberg). (Data linguistica 2.) Stockholm.

Althaus, Hans Peter, 1973. Graphemik. Lexikon der Germanistischen Linguistik, hg. von Hans Peter Althaus, Helmut Henne, Herbert Ernst Wiegand, Bd.1, 118-132, Tübingen.

Arkwright, Thomas, Andrew Kerek, 1971. The Mechanical Conversion of Hungarian Script to Phonetic Notation. Actes du septième Congrès International des Sciences Phonétiques, Montréal. 1084-1088.

Arnold, Gordon F.,1955/56. A Phonological Approach to Vowel, Consonant and Syllable in Modern French. Lingua V. 253-287.

Avram, Andrei, 1965. La classification des phonèmes selon leur degré de parenté. AL IX,2. 173-178.

Bäckvall, Hans, 1967. Es unicamente francés el fenomeno llamado liaison? MSpråk 61,3. 283-292.

- 1970. Några fakultativa bindningar vid läsning. Lingua 4. 174-179.

Balász, János, 1958. Zur Frage der Typologie europäischer Schriftsysteme mit lateinischen Buchstaben. SSlav IV. 251-292.

Baldinger, Kurt, 1958. Zu Weinrichs Phonologischen Studien. ZrP 74. 440-480.

- 1967. Structures et systèmes linguistiques. TLL V,1. 123-140. Strasbourg.

Batóg, Tadeusz, 1967. The Axiomatic Method in Phonology. London.

Bauche, Henri, 1951. Le langage populaire. Paris.

Baudot, Jean A., 1966. Relation entre rang et fréquence des lettres en français. Linguistica. Bull. de liaison, bureau de recherches en linguistique appliqué, I,2. 6-13. Ottawa.

Bauer, Constantin, 1952. Die Stellung des attributiven Adjektivs im Französischen. NS I. 82-87.

Beaulieux, Charles, 1949. L'orthographe française actuelle, mélange de celle de Robert Estienne et de celle de Ronsard. Bordeaux.

Belchiţă, Anca, 1969. Statistical Criteria to Establish Economy in Transformational Phonology. CLTA VI. 61-69.

Bhimani, B.V., J.L.Dolby, 1966. Acoustic Phonetic Transcription of Written English. Annual Report. Automatic Indexing and Abstracting, Palo Alto.

Blanche-Benveniste, Claire, André Chervel, 1969. L'orthographe. Coll. Textes à l'appui. Paris.

Börner, Wolfgang, 1972. Zur Übertragbarkeit phonologischer Kategorien auf die Graphematik. LBer 21. 67-72.

Bossaert, Walter, Josse de Kock, 1968. Contribution à une étude de la surabondance en français écrit. Linguistics 43. 5-31.

Brainerd, Barron, 1971. Introduction to the Mathematics of Language Study. New York.
Brekle, Herbert E., 1971. Einige Bemerkungen zur Graphematik-Diskussion. LBer 16. 53-59.
Burney, Pierre, 1955. L'orthographe. QSJ 685. Paris.
Capelle, Guy, 1968. Les phonèmes du français et leurs réalisations. Le français dans le monde 56. 9-14.
Carton, Fernand, 1974. Introduction à la phonétique du français. Paris.
Catach, Nina, 1972. Alphabet et tables de transcription du français. ELA 8, 37-59.
- 1973a. La structure de l'orthographe française. La Recherche 39. 949-956.
- 1973b. Que faut-il entendre par système graphique du français? LFr 20. 30-44.
Cazacu, Boris, 1964. Langue parlée, langue écrite, style oral. RRL 9,4. 397-406.
Chomsky, Noam, 1957. Syntactic Structures. Janua Linguarum 4. The Hague. 1963.
Chomsky, Noam, Morris Halle, 1968. Sound Patterns of English. New York.
Christensen, Bjarne Westering, 1965. Les combinaisons du vocalisme simple en français parlé. AL IX,1,77-105.
- 1966. Phonème et graphème en français moderne. Quelques réflexions typologiques. AL X,2. 217-240.
Cohen, Marcel, 1957. Quelques remarques sur orthographe et prononciation. Philologica IX. 17-20.
Cohen, Marcel, Nina Catach, 1973/74. La question de l'orthographe. Histoire, problèmes, réformes. Les cahiers de l'université nouvelle 728.
Companys, Emmanuel, 1968. Les jonctions. Le français dans le monde 57 (Grammaire du français parlé.) 20-24.
- 1970. Notes sur les jonctions en français.Actele celui de al XII-lea congres internaţional de lingvistică şi filologie romanică, Bucureşti. Bd.I. 335-339.
Cooper, Franklin S, 1963. Toward a High-Performance Reading Machine for the Blind. Human Factors in Technology, hg. von E.Bennet, J.Degan, J.Spiegel. 326-334. New York.
Cube, Felix v., 1965. Kybernetische Grundlagen des Lehren und Lernens. Stuttgart. ^{3}1971.
Damourette, Jacques, 1939. Traité moderne de ponctuation. Paris.
Dauses, August, 1973. Etudes sur l'e instable dans le français familier. Beih.z.ZrP 135. Tübingen.
Dauzat, Albert, 1953. La réforme de l'orthographe. Un projet de conciliation. FM XXI. 37-48.
Decker, Albert, 1960. Euphonie und Orthographie im Neufranzösischen. NS IX. 347-355.
Delattre, Pierre, 1966. Studies in French and Comparative Phonetics. Janua Linguarum, Ser. maior XXVIII. The Hague.
Dell, François, 1973. Les règles et les sons. Introduction à la phonologie générative. Paris.
Deyhime, Guiti, 1967. Enquête sur la phonologie du français contemporain. Linguistique I. 97-108, Linguistique II. 57-84.
Dietrich, Rainer, Wolfgang Klein, 1974. Computerlinguistik. Eine Einführung. Stuttgart.
Duchaček, Otto, 1957. E instable - note terminologique. Lingua VI. 319-320.
Durand, M., 1946. Voyelles longues et voyelles brèves. Essai sur la quantité vocalique. Paris.
Eckhardt, Andre, 1965. Philosophie der Schrift. Heidelberg.
Engström, Stig, 1966. Överföring fran ortografisk till fonematisk svenska med hjälp av datamaskin. Stockholm.
- 1972. Automatic Phonemisation in Practise. SMIL 8. 35-55.

Faure, Georges, 1964. Le rôle du rendement fonctionnel dans la perception des oppositions vocaliques distinctives du français. In Honour of Daniel Jones. London. 320-328.
Fischer, W.L., 1966. Zur Algebra der Texte. BLI 8. 49-64.
La Follette, James E., 1960. Observations sur le comportement du Schwa en franco-canadien. JCLA VI. 29-34.
Fouché, Pierre, 1936. Les diverses sortes du français du point de vue phonétique. FM IV. 199-216.
- 1959. Traité de prononciation française. Paris.
Frolov, G.D., 1975. Avtomatičeskoe preobrazovanie s pomošč'ju EVM russkoj pis'mennoj reči v ustnuju. Problemi kibernetiki, 28. 245-268.
Gaillard, Pol, 1956. Les clefs de l'orthographe. Théorie et pratique de l'orthographe d'usage. Paris.
Gak, V.G. 1959. Francuzskaja orfografija. Moskva.
Le Gal, Etienne, 1961. Le parler vivant au XXe siècle. L'usage en face de la règle. Paris.
Garvin, Paul L., Edith C. Trager, 1964. The Conversion of Phonetic into Orthographic English: A Machine Translation Approach to the Problem. Phonetica XI. 1-18.
Garvin, Paul L., 1967. The Automatisation of Discovery Procedure in Linguistics. Lg 43. 173-178.
Glass, Richard, 1972. Spectographic Examination of Vowel Length in French. LBer 20. 46-48.
Gospodnetić, I., 1958. L'e caduc. SRAZ V. 51-56.
Gougenheim, Georges. 1953. Notes d'histoire de la prononciation. L'e "muet" en fin de mot. FM XXI. 244.
Grammont, Maurice, 1950. Traité de phonétique. Paris.
Greive, Artur, 1968. Phonologische Betrachtungen zur Entwicklung des romanischen Wortauslautes. RJb 19. 48-52.
- 1970. Etymologische Untersuchungen zum französischen h aspiré. Romanische Etymologien 3. Heidelberg.
Grevisse, Maurice, 1948. Code de l'orthographie française. Coll. Bien écrire et bien parler. Bruxelles.
Gross, Maurice, André Lentin, 1967. Notions sur les grammaires formelles. Paris. ^{2}1970.
Haden, Ernest F., 1965. Mute e in French. Lingua XIII. 166-176.
Hall, Robert A., 1946. Old French Phonemes and Orthography. SPh IV. 70-90.
- 1960. A Theory of Graphemics. AL VIII. 13-20.
Halle, Maurice, 1971. Theoretical Issues in Phonology in the 1970's. Actes du septième congrès international des sciences phonétiques, Montréal. 179-205.
Hammarström, Göran, 1958. Representation of Spoken Language by Written Symbols. Miscellanea Phonetica III. 31-39.
- 1972. Französische Phonetik. Hg. und übers. von Uwe Petersen. (TBL 25). Tübingen.
Hamp, Eric P., 1959. Graphemics and Paragraphemics. SIL XIV. 1-5.
Hartmann, Peter, 1965. Modellbildungen in der Sprachwissenschaft. Studium Generale 18,6. 364-379.
Harweg, Roland, 1971. Buchstabe und Graphem. LBer 13. 78-85.
Havel, Iwan M., 1968. Regular Expressions over Generalized Alphabet and Design of Logical Nets. Kybernetica 4. 516-537.
Heger, Klaus, 1968. Die liaison als phonologisches Problem. Festschrift für Walter von Wartburg, Bd.1, 467-484. Tübingen.
Higounet, Charles, 1955. L'écriture. QSJ 653. Paris.
Hillon, C.J., 1938. La ponctuation française. Sens.
Hirschberg, Lydia, 1965. Lois formelles de la ponctuation. Linguistics 19. 21-63.

Hořejši, Vladimir, 1962. Analyse structurale de l'orthographe française. PhP V. 225-236.
- 1964. Quelques traits caractéristiques de l'orthographe française. BRPh III, 1. 65-71.
- 1970. L'e muet en français: Critiques des recherches actuelles. Actele de al XII-lea congres internaţional de lingvistică şi de filologie romanică, Bucureşti, Bd I. 279-283.
- 1971. Formes parlées, formes écrites et systèmes orthographiques des langues. FoL V,1-2. 185-193.
- 1972. Les graphonèmes français et leurs parties composantes. ELA n.s. 8. 10-17.
Hugues, Michel, 1975. Mathematische Einführung in die formale Grammatik. (Romanistische Arbeitshefte 13) Tübingen.
Hull, Alexander, 1957. Note of the Development of the Modern French Vowel System. Word XIII. 60-64.
Janikiev, Miroslav, 1963. Osnovy teorii ortografii. VJa 5. 47-57.
Jensen, Martin Kloster, 1955. Précis de prononciation française. Oslo.
Juilland, Alphonse, 1965. Dictionnaire inverse de la langue française. The Hague.
Jün-ten Wang, 1971. Zu den Begriffen der grammatischen Regel und der strukturellen Beschreibung. Probleme und Fortschritte der Transformationsgrammatik, hg. von Dieter Wunderlich (Linguistische Reihe 8.) München. 57-71.
Kästner, Wolfgang, 1972. Automatische Phonemisierung orthographischer Texte im Deutschen. (IPK Forschungsbericht 20.) Hamburg.
Kammans, Louis-Philippe, 1956. La prononciation française d'aujourd'hui. Coll. Bien écrire et bien parler 12. Bruxelles.
Kanger, Stig, 1964. The Notion of a Phoneme. SMIL 3. 43-48.
King, Robert D., 1967. Functional Load and Sound Change. Language 43. 831-852.
Klaus, Georg, 1969. Wörterbuch der Kybernetik. 2 Bd., Frankfurt a.M. [2]1971.
Klausenburger, Jürgen, 1974. Historische französische Phonologie aus generativer Sicht. (Romanistische Arbeitshefte 12.) Tübingen.
Kiparsky, Paul, 1968. Linguistic Universals and Linguistic Change. Universals in Linguistic Theory, hg. von Emmon Bach, Robert T. Harms. 170-202. New York.
Klein, Hans Wilhelm, 1952. Zur Aussprache der Zahlwörter im Französischen. NS I. 538-541.
- 1963. Phonetik und Phonologie des heutigen Französisch. München. [4]1973.
Klinkenberg, Jean Marie, 1971. L'orthographe française constitue-t-elle un système? FM 39. 236-256.
Köster, Jens-Peter, 1973. Historische Entwicklung von Syntheseapparaten zur Erzeugung statischer vokalartiger Signale nebst Untersuchungen zur Synthese deutscher Vokale (Hamburger Phonetische Beiträge. Untersuchungen zur Phonetik und Linguistik 4.) Hamburg.
Knauer, Karl, 1965. Die Analyse von Feinstrukturen im sprachlichen Zeitkunstwerk. Mathematik und Dichtung. Versuche zur Frage einer exakten Literaturwissenschaft, hg. von Helmut Kreuzer, Rul Gunzenhäuser. 193-210. München. [4]1971.
Krámsky, Jiři, 1962. Quantitative Phonemics in the Last Decade. Phonetica VIII. 166-185.
1974. The Phoneme. Introduction to the History and the Theory of a Concept. München.
Kučera, Henry, 1963. Mechanical Phonemic Transcription and Phoneme Count of Czech. IJSLP VI. 36-50.
Lagane, René. 1963. Les liaisons. Le français dans le monde14. 40-41.
Landschultz, Karen, 1971. Qualité vocalique en français - relations quantitatives des voyelles accentués suivies d'une consonne fricative. RRom VI. 25-51.

Lee, Francis F., 1967. Automatic Grapheme-to-Phoneme Translation of English. JAcS 41. 217-226.
Lehmann, Hubert, 1973. Linguistische Modellbildung und Methodologie. (Linguistische Arbeiten 9.) Tübingen.
Lenz, Hanfried, 1961. Grundlagen der Elementarmathematik. Berlin.
Léon, Pierre R., 1962. Phonétisme, graphisme et zazisme. ELA I. 70-84.
- 1966a. Apparition, maintien et chute du e caduc. Linguistique II. 111-122.
- 1966b. Prononciation du français standard. Paris.
Leray, Fernand, 1930. La loi des trois consonnes. Revue de Philologie Française, XLII. 161-184.
Levitt, Jesse, 1968. Spelling-Pronounciation in Modern French: Its Origine and its Functional Significance. Linguistics 42. 19-28.
Liberman, A.M., Frances Ingeman, Leigh Lisker, Pierre Delattre, 1959. Minimal rules for Synthesizing Speech. JAcS. 1490-1499.
Lüdtke, Helmut, 1967. Die Alphabetschrift und das Problem der Lautsegmentierung. PICPS VI. 579-583.
Luther, Wilhelm, 1970. Sprachphilosophie als Grundlagenwissenschaft. Heidelberg.
Malécot, André, 1955. The Elision of French Mute-e within Complex Consonantal Clusters. Lingua V,1. 45-60.
Malkiel, Yakov, 1965/66. Secondary Uses of Letters in Language. RomPh, XIX. 1-27.
Malmberg, Bertil, 1970. Description synchronique et état de langue. A propos du vocalisme français. Phonétique et linguistique romanes. Mélanges offerts à M. Georges Straka, Bd.I. 223-229. Lyon.
Mańczak, Witold, 1967. Deux lois de l'évolution phonétique. PICPS VI, Prag. 605-607.
- 1969. Le développement phonétique des langues romanes et la fréquence. (Zeszyty Naukowe Universytetu Jagiellońskiego CCV. Prace Językznawcze 24.) Kraków.
Marcus, Salomon, 1966. Le modelage mathématique en phonologie. Méthodes, résultats, signification. CLTA 3. 109-116.
Marouzeau, Jean, 1953. Encore la place de l'adjectif. FM XXI. 241-243.
Martinet, André, 1962. A Functional View of Language. Oxford.
- 1969. Réalisiations identiques de phonèmes différents. Linguistique, 2. 127-129.
- 1970. Les deux "a" du français. The French Language. Studies Presented to L.C. Harmer. 115-122. London.
- 1972a. Langue parlée et code écrit. De la théorie linguistique à l'enseignement de la langue, hg. von Jeanne Martinet, 77-87. PUF, Coll. SUP, Paris.
- 1972b. Le parler et l'écrit.De la théorie linguistique à l'enseignement de la langue, hg. von Jeanne Martinet, 57-75. PUF, Coll. SUP, Paris.
- 1974. Le français sans fard. PUF, Coll. SUP, Paris.
Martinet, André, Henriette Walter, 1973. Dictionnaire de la prononciation du français dans son usage réel. Paris.
Martinon, Philippe, 1927. Comment on parle en français. La langue parlée correcte comparée avec la langue littéraire et la langue familière. Paris.
Maurer, Hermann, 1969. Theoretische Grundlagen der Programmiersprachen, Theorie der Syntax. Mannheim.
Mayerthaler, Willi, 1974. Einführung in die Generative Phonologie.(Romanistische Arbeitshefte 11.) Tübingen.
Menzerath, Paul, Armando de Lacerda, 1933. Koartikulation, Steuerung und Lautabgrenzung. Bonn.
Meschkowski, Herbert, 1971a. Mathematisches Begriffswörterbuch. Mannheim.
- 1971b. Einführung in die moderne Mathematik. Mannheim.
Miclau, P. 1967. Signes élémentaires et complexes en français et en roumain. RRL 12,4. 289-307.
Mok, Q.I., 1966. Le rôle de la liaison en français moderne. Lingua XVI, 27-39.

Moreau, R., 1966. Une méthode de décomposition syllabique automatique. ELA 4. 65-78.
Morin, Yves Charles, 1971. Computer Experiments in Generative Phonology, Low Level French Phonology. (Natural Language Studies 11.) Department of Computer and Communication Sciences. The University of Michigan. Ann Arbor.
Morin, Yves Charles, Joyce Friedman, 1971. Phonological Grammar Tester. Underlying Theory. (Natural Language Studies 10.) Department of Computer and Communication Sciences. The University of Michigan. Ann Arbor.
Nikolaeva, T.M., 1965. Čto že takoe grafema? NDVŠ-F,3. 130-134.
Nyrop, Kristian, 1951. Manuel phonétique du français parlé. Copenhague.
Pacak, M., 1967. Homographs: Classification and Identification. ELA 5. 89-105.
Petrova, N., R. Piotrovski, R. Giraud, 1964. L'entropie du français écrit. BSL LIX,1. 130-152.
Petrovič, Nada, 1966. Sur quelques difficultés de prononciation des noms de personnes en français contemporain. BJR,4.24-29.
Peytard, Jean, 1966. Terminologie et symbolique. ELA 4. 94-103.
- 1970. Oral et scriptural: Deux ordres de situations et de descriptions linguistiques. LFr 6. 35-47.
Pierce, Joe E., 1967. Phonological Analysis and the Computer. Linguistics 31. 61-74.
Piirainen, Ilpo Tapani, 1969. Quantitative Analyse der Graphem- und Phonemebene. PBML 11. 3-15.
- 1971. Grapheme als quantitative Größen. LBer 13. 81-82.
Piirainen, Ilpo Tapani, Günter Wenzel, 1971. Zur Formalisierung der grundlegenden Begriffe der automatischen Textverarbeitung. FoL V, 1-2. 355-365.
Pilch, Herbert, 1971. La théorie de la phonologie. Actes du septième congrès international des sciences phonétiques, Montréal. 157-178.
Pleasants, Jeanne Varney, 1956. Étude sur l'e muet. Timbre, durée, intensité hauteur musicale. Paris.
Pohl, Jacques, 1956. Témoignages sur la prononciation du français d'aujourd'hui. RLaV XXII. 294-302.
Porquet, André, 1966. L'orthographe française. Paris.
Porte, Jean, 1956. Du système vocalique du français moderne. TIL I. 63-81.
Pratt, Bruce, Georgette Silva, 1967. Phontrns: A Procedure which Uses a Computer for Transcribing French Text into Phonetic Symbols. Monash University Clayton, Victoria, Australia.
Pulgram, Ernst, 1951. Phoneme and Grapheme: A Parallel. Word 7. 15-20.
- 1961. French e. Statics and Dynamics of Linguistic Subcodes. Lingua 10. 305-325.
Reichstein, Ruth, 1960. Étude des variations sociales et géographiques des faits linguistiques. Observations faites à Paris en 1956-1957. Word 16. 55-95.
Revzin, I. I., 1968. Les modèles linguistiques.(Monographie de linguistique mathématique 2.) Paris.
Richter, Elise, 1964. Français parlé, français écrit. Description de la langue française contemporaine. Bruges.
Rigault, André, 1971. La grammaire du français parlé. Paris.
Rothe, Wolfgang, 1972. Phonologie des Französischen. Einführung in die Synchronie und Diachronie des französischen Phonemsystems (Grundlagen der Romanistik 1). Berlin.
Sauvageot, Aurélien, 1962. Français écrit, français parlé. Paris.
- 1972. Analyse du français parlé. Paris.
Schane, Sanford A., 1967. L'élision et la liaison en français. Langages 8 (La phonologie générative.). 37-59.
- 1968. French Phonology and Morphology. Cambridge, Mass.
- 1971. The Phoneme revisted. Language 47. 503-521.
- 1973. Generative Phonology (Foundations of Modern Linguistics Series)New Jersey.

Schneider, Klaus-Dieter, 1973. Was ist français parlé? ZrP 89. 196-205.
Schweig, Günter, 1971. Ordre oral, ordre scriptural. NS 68. 418-429.
Sciarone, Bondi, 1967. Sur la place de l'adjectif en français moderne. ZrP 83. 583-598.
Silva, Georgette, 1969. Phontrns: An Automatic Orthographic-to-Phonetic Conversion System for French. CHum 3,5. 257-265.
Silva, Georgette, Bruce Pratt, 1967. An Algorithm for the Transcription of French Text into Phonetic Symbols by a Computer. PICPS VI, Prag. 821-823.
Söll, Ludwig, 1964. Grundzüge der französischen Phonologie. NS 9. 210-229.
- 1974. Gesprochenes und geschriebenes Französisch (Grundlagen der Romanistik 6.) Berlin.
Southworth, Marie-José, 1970/71. French words in -h. FR 44. 63-71.
Spang-Hanssen, Henning, 1959. Probability and Structural Classification in Language Description. Copenhagen.
Stechow, Arnim v., 1969. Zum theoretischen Status von Buchstabenübersetzungsregeln. Probleme und Fortschritte der Transformationsgrammatik, hg. von Dieter Wunderlich. 101-108 (Linguistische Reihe 8.) München.
Steffen-Batogowa, Maria, 1973a. The Problem of Automatic Phonemic Transcription of Written Polish. BFon XIV. 75-86.
- 1973b. Reguły Automatycznej Transkrypcji Fonematycznej Tekstów Języka Polskiego. Zastosowanie Maszyn Matematycznych do Badań nad Językiem Naturalnym. Wydanictwa Uniwersytetu Warszawskiego. Warszawa. 70-77.
- 1974. Prinzipien der automatischen Phonemisierung orthographischer Texte im Polnischen. Hamburger Phonetische Beiträge. 117-161.
- 1975. Automatyzacja Transkrypcji Fonematycznej Tekstów Polskiego. Warszawa.
Steger, Hugo, 1972. Geschriebene und gesprochene Sprache. Sprache - Brücke und Hindernis. Festschrift für S. Gutenbrunner hg. von O. Bandle. 195-202. Heidelberg.
Sten, Holger, 1956. Manuel de phonétique française. Copenhague.
Stépanoff, Georges, 1964. L'article français. BRPh 1. 72-79.
Stetson, R.H., 1937. The Phoneme and the Grapheme. Mélanges de linguistique et de philologie offerts à J.v. Ginneken. 353-356. Paris.
Stourdzé, Colette, May Collet Hassan, 1969. Les niveaux de langue. Le français dans le monde 65. 18-21.
Straka, Georges, 1950. Système des voyelles du français moderne. Extr. du BFS, Strasbourg.
Ströker, Elisabeth, 1960. Wort und Zeichen in einer formalisierten Fachsprache. Erkenntnis und Verantwortung. Festschrift für Theodor Litt, hg. von J. Derbolav, F. Nicolin. 25-40. Düsseldorf.
- 1973. Einführung in die Wissenschaftstheorie. (Sammlung Dialog.) Darmstadt.
Structure de l'orthographe française, 1974. Actes du colloque international. Publications du centre d'étude du français moderne et contemporain. Paris.
Svejgaerd, B., Henning Spang-Hanssen, E. Vikner, 1970. Le traitement automatique de l'alphabet français. CLex 17. 47-63.
Thimonnier, René, 1967. Le système graphique du français. Introduction à une pédagogie rationelle de l'orthographe. Paris.
Togeby, Knud, 1951. Structures immanente du phonétisme français. Copenhague.
- 1968. Le faible rendement des oppositions phonologiques et grammaticales en français. RRom, num. spec. 2. 175-179.
Trahtenbrot, B. A., 1963. Algorithmes et machines à calculer. Paris.
Uldall, Hans Jørgen, 1944. Speech and Writing. AL 4. 11-16.
Ungeheuer, Gerold, Wolfgang Kästner, 1966. Untersuchungen zur Transformation deutscher Schrifttexte in entsprechende Phonemtexte mit Hilfe elektronischer Rechenmaschinen. IPK Bonn.
Urechia, Alex, 1969. Graphèmes, familles de langues et calculateurs électroniques. Orbis 18. 5-20.

Urechia, Alex, Venera Mihailescu-Urechia, 1969. Les caractéristiques des familles de langues vues à travers le prisme de l'ampligraphème et de la productivité des graphèmes. LBer 3. 17-21.
Vachek, Josef, 1939. Zum Problem der geschriebenen Sprache. TCLP 8. 94-104.
- 1945/49. Some Remarks on Writing and Phonetic Transcription. AL V. 86-93.
- 1968. Remarks on the Internal Structuration of the French Phonological System. Linguistic Studies presented to André Martinet, hg. von Alphonse Juilland, Bd.II. 491-497. London.
Vaissière, Jacqueline, 1971. Contribution à la synthèse par règles du français. Université de Grenoble, thèse.
Valabrègue, Helène, 1972. La transcription phonétique des mots français écrit par ordinateur et la génération automatique des noms de marque. Brochure IBM (Quelques applications de l'informatique en linguistique.) 3-9.
Valdman, Albert, 1969. Le e muet et la hiérachie structurale du français. ACIL X,4, Bucarest. 71-78.
Vanderslice, Ralph, 1968. Synthetic Elocution. Considerations in Automatic Orthographic-to-Phonetic Conversion of English with Special Reference to Prosodic Features.(Working Papers in Linguistics 8) UCLA.
Védénina, L.G., 1973. La transmission par la ponctuation des rapports du code oral avec le code écrit. LFr 19. 33-40.
Venetzky, Richard L., 1966a. The Basis of English Orthography. AL X,2. 145-159.
- 1966b. Automatic Spelling-to-Sound Conversion. Computation in Linguistics. A Casebook, hg. von Paul L. Garvin, Bernhard Spolsky. Indiana University Press, 146-161. Bloomington.
Verglas, A., 1962. Remarques sur la relation entre rang et fréquences des lettres en français. BILAC VI, Besançon. 29-40.
Verschoor, J.A., 1955. Parler et écriture. La différence entre ces deux termes a-t-elle sa raison d'être en fait de linguistique? RLV 21. 484-489.
Vienney, M.R., 1971. Une solution au problème des homographes du français moderne. Applications to Linguistics, hg. von C.E. Perreu, J.E.M. Trim, Cambridge University Press, 453-462. Cambridge.
Vildé-Lot, Irène, 1966. L'orthographe française et l'analyse structurale d'après M.V.Gak. FM XXXIV. 39-46.
Vrancken, G., 1952. Aspects de l'orthographe française. Bruxelles.
Wall, Robert, 1973. Logik und Mengenlehre. (Logik und Mathematik für Linguisten 1). Kronberg.
Walter, Henriette, 1974. Rendement fonctionnel et coéfficient dynamique. Linguistique 10,2. 129-136.
Waltz, René, 1956. Orthographe française. Revue Universtaire LXV. 6-11.
Warmus, Mieczysław, 1973. Program Na Maszyne ODRA-1204 Dla Automatycznej Transkrypcji Fonematcznej Tekstów Języka Polskiego. Zastosowanie Maszyn Matematycznych Do Badań Nad Językiem Naturalnym. Wydawnictwa Uniwersytetu Warszawaskiego. 78-92. Warszawa.
Warnand, Léon, 1968. Dictionnaire de la prononciation française. Gembloux.
Weinrich, Harald, 1958. Phonologische Studien zur Romanischen Sprachgeschichte. Münster. ^{2}1969.
- 1961. Phonologie der Sprechpause. Phonetica 7. 4-18.
- 1966. La place de l'adjectif en français. VR 25. 82-89.
Wenzel, Günter, 1971. Beitrag zur Definition der Grapheme. LBer 13. 80-81.
Witting, C., 1960. Phone et phonème, graphe et graphème. SNPh 32. 320-326.
Zierer, Ernesto, 1971. Die algorithmische Methode beim Übersetzen in die Zielsprache. Grammatik, Kybernetik, Kommunikation. Festschrift für Alfred Hoppe, hg. von K.G.Schweisthal. 40-48. Bonn.
Zwanenburg, W.O., 1968. Quelques remarques sur le statut phonologique de e muet en français moderne. Linguistic Studies Presented to André Martinet, Bd.II, hg. von.Alphonse Juilland. 508-518. London.

ANHANG

Transkriptionssystem

Dem Drucker einer elektronischen Datenverarbeitungsanlage fehlen phonetische und diakritische Zeichen. Das hier aufgeführte Transkriptionssystem ist der für das Französische zutreffende Ausschnitt eines universalen Transkriptionssystems. Dieses Transkriptionssystem bewahrt die lexikographische Sortierordnung.

i = IA, ī = IC, ẹ = EB, ə = E§[1], ę = EA, ē = EC, a = AA, ā = AC, ɑ = AK,
ǫ = OA, ǭ = OC, ọ = OB, ọ̄ = OD, u = UA, ɑ̄ = UC, ü = YA, ǖ = YC, ǫ̈ = OU,
ǭ̃ = OW, ọ̃̄ = OV, ə = EU, ẽ = EM, ẽ̄ = EN, ã = AM, ã̄ = AN, õ = OM, ȭ = ON,
ŏ = UU, ö = UW, i̯ = JJ, u̯ = WW, ü̯ = WY, ɨ̯ = JX, u̯ = WX, ü̯ = WZ, p = PP,
t = TT, k = KK, b = BB, d = DD, g̬ = GG, b̥ = BX, g̊ = GX, d̥ = DX, f = FF,
s = SS, š = SH, v = VV, z = ZZ, ž = ZH, ɣ = VX, z̥ = ZX, ɣ̥ = ZY, m = MM,
n = NN, m̥ = MX, n̥ = NX, ñ = NJ, ŋ = NG, r = RR, ɫ = LL, r̥ = RX, l̥ = LX

Extensionale Definition von Mengen und Speicherplatzbelegung

Das Feld ZAHL enthält die Zeichen des Alphabets A_3:

0123456789

Das Feld ZESPE enthält die Zeichen der Alphabete A_1 und A_2:

AEUIOYHCDNPRTSXZBFGJKLMQVW- .,:;}?"'() _

Der accent aigu und das cédille werden durch *1*, der accent grave durch *2* , der accent circonflexe durch *3* und das Trema durch *4* notiert.

Das Feld VOSPE enthält die Menge der Wörter mit liierbarem Auslaut. Wörter der Gruppe *1* (vgl. erste Ziffer vor dem Wort) werden immer liiert, bei Wörtern der Gruppe *2* (*quand*) wird in Fragesätzen die Prüfung abgebrochen, Wörter der Gruppe *3* (präponierbare Adjektive) werden einer Syntaxanalyse unterzogen. Die zweite Ziffer gibt die Länge des Wortes an. Die ausgesuchten Wörter gehören zu den frequenteren des französischen Wortschatzes. Die Wortlisten sind erweiterbar.

2 7AFFREUX	0 4CENT	0 3DIX	2 6JOYEUX	0 5MIEUX
2 6ANCIEN	0 7CERTAIN	0 4DONT	0 3LES	0 5MOINS
0 6APRE2S	0 3CET	0 6DURANT	0 5LEURS	0 3MON
0 5AUCUN	0 3CES	3 5ELLES	2 5LONGS	2 8NOMBREUX
0 6AUTRES	2 5CHERS	0 2EN	2 7MAIGRES	0 3NOS
0 3AUX	0 4CHEZ	0 3EST	0 5MAINT	3 4NOUS
0 5AVANT	2 7CHE2RES	2 9EXCELLENT	0 4MAIS	2 8NOUVEAUX
2 5BEAUX	0 4DANS	0 4FORT	2 7MAUVAIS	2 9NOUVELLES
2 6BELLES	0 6DEPUIS	2 5GRAND	0 3MES	3 2ON
0 4BIEN	2 7DERNIER	2 4GROS	2 8ME1CHANT	0 3PAS
2 3BON	0 3DES	2 7GROSSES	2 6MENUES	2 7PAUVRES
2 6BONNES	0 4DEUX	0 4HUIT	2 5MENUS	0 7PENDANT
2 6BRAVES	0 6DEVANT	3 3ILS	2 7ME1NUES	2 5PETIT
2 5BREFS	2 10DIFFE1RENT	2 6JOLIES	2 6ME1NUS	2 7PETITES
2 7BRE2VES	2 6DIVERS	2 5JOLIS	0 6ME3MES	0 3PIS

1) E§ symbolisiert ein Schwa, das den normalen prozeßphonologischen Regeln nicht unterliegt.

0 4PLUS	2 5SAINT	0 3SIX	0 4TANT	2 7TRISTES
0 9PLUSIEURS	2 7SAINTES	0 4SOIT	0 4TELS	0 5TROIS
0 7PREMIER	0 4SANS	0 3SON	0 3TES	0 2UN
0 5PRE3T	0 6SECOND	0 4SONT	0 3TON	2 8VIEILLES
1 5QUAND	0 3SES	0 4SOUS	0 4TOUT	2 5VIEUX
0 8QUELQUES	2 6SEULES	0 4SUIS	0 5TRE2S	0 5VINGT
2 6RICHES	2 5SEULS	0 7SUIVANT		

Das Feld NASPE enthält die Menge der ligemfeindlichen vokalisch anlautenden und die Menge der ligemfreundlichen halbvokalisch anlautenden Wörter. Die Ziffer indiziert die Wortlänge.

4HACH	5HANAP	6HARENG	5HA3TE	7HE1RRISS	5HONGR	4HOUX
6HAGARD	6HANCHE	7HARGNEUX	5HA3VE	6HE3TRE	5HONNI	5HUCHE
4HAIE	8HANDICAP	7HARICOT	6HEAUME	5HIBOU	5HONIE	3HUE
7HAILLON	6HANGAR	7HARNACH	4HEIN	5HIDEU	6HOQUET	8HUGUENOT
5HAINE	8HANNETON	7HARNAIS	5HENNI	3HIE	6HORMIS	4HUIS
5HAIRE	4HANT	5HARPE	5HERSE	10HIE1RARCH)	4HORS	4HUIT
4HAI4	7HARANGU	7HAUBERT	5HEURT	5HISSE	5HOTTE	3HUM
4HALE	5HARAS	6HAUSSE	5HE1LE	6HOCHE	7HOUBLON	4HUME
5HALET	5HARDE	4HAUT	7HE1RAUT	6HOCKEY	4HOUE	5HUPPE
5HAMAC	5HARDE	5HAVRE	5HE1RO	6HOLA2	7HOUILLE	5HURLE
6HAMEAU	5HARDI	5HA3BL	6HE1RON	7HOLLAND	5HOULE	7HUSSARD
5HAMPE	5HAREM	5HA3LE	6HE1ROS	6HOMARD	6HOUPPE	5HUTTE
					6HOURRA	5OUATE
						4YEUX

5ASSEZ	5MOINS
4BIEN	3PEU
4DONC	4PLUS
4FORT	5TRE2S
	4TROP

Das Feld ADJDET enthält die Menge der adjektivqualifizierenden Wörter. Die Ziffer indiziert die Wortlänge.

Das Feld ETRESP enthält die Menge der (aus Gründen der Speicherplatzersparnis abgekürzten) Formen von *être*. ES E1TAIE1TE1E1TI E3TESE3TREFUSS FU3T SERA SERI SOI SOMMESONT SOY SUIS

Das Feld SUBDET enthält die Menge der substantiv- oder verbindizierenden Determinatoren. Die erste Ziffer indiziert die Wortart, die zweite die -länge. Eine *1* zeigt Präpositionen, eine *3* ambige Determinierer, eine *4* singulare Pronomen des femininen direkten Objekts oder den femininen bestimmten Artikel, eine *5* substantivanzeigende Determinierer, eine *6* das plurale Pronomen des direkten Objekts oder den pluralen bestimmten Artikel und eine *7* plurale substantivmarkierende Determinierer an.

16APRE2S	77CHAQUES	74DEUX	74HUIT	74NEUF	75QUATRE
17ATTENDU	14CHEZ	16DEVANT	16JUSQUE	53NOS	78QUELQUES
12AU	79CINQUANTE	16DEVERS	31L'	55NOTRE	76QUINZE
55AUCUN	76CINQUE	14DE2S	42LA	74ONZE	52SA
56AUCUNE	19CONCERNANT	73DIX	32LE	15OUTRE	14SANS
13AUX	16CONTRE	16DONNE1	63LES	13PAR	14SAUF
15AVANT	11D'	75DOUZE	34LEUR	15PARMI	75SEIZE
14AVEC	14DANS	12DU	55LEURS	16PASSE1	15SELON
12A2	12DE	16DURANT	52MA	16PENDANT	74SEPT
52CE	15DELA2	12EN	17MALGRE1	15PLEIN	73SES
74CENT	16DEPUIS	15ENTRE	53MES	14POUR	73SIX
73CES	19DERRIE2RE	16ENVERS	75MILLE	15PRE2S	77SOIXANTE
53CET	73DES	18EXCEPTE1	77MILLION	15PROCHE	53SON
55CETTE	17DESSOUS	16HORMIS	53MON	78QUARANTE	14SOUS
56CHAQUE	16DESSUS	14HORS	19MOYENNANT	77QUATORZE	17SUIVANT

18SUPPOSE1
13SUR
52TA
73TES
73TON
18TOUCHANT
76TREIZE
76TRENTE
75TROIS
52UN
53UNE
14VERS
12VU

Das Feld VRBDET enthält die Menge verbindizierender Pronomina. Singularformen sind durch *0* , Pluralformen durch *1* gekennzeichnet.
(S. rechte Seite)

0	5AUCUN	11	0LESQUELLES
0	6AUCUNE	1	3LUI
0	5CELLE	1	2ME
0	5CELUI	1	2NE
1	4CEUX	1	4NOUS
0	4ELLE	0	8PERSONNE
1	5ELLES	1	2SE
1	3EUX	1	2TE
0	2IL	0	2TU
1	3ILS	1	4VOUS
0	2JE	1	1Y

Das Feld VRBSUBD enthält die Menge verb- oder substantivindizierender Ketten, die bei den Regeln zur wortkontextsensitiven Bestimmung von Ketten auf *ent* Verwendung finden.
EMMMOIAIEUE2E1DERE
Das Feld OKKLSP enthält die Menge stimmloser und stimmhafter Okklusive.
PPTTKKBBDDGG
Das Feld OBSP enthält die Menge der Ketten, vor denen /ǫ̣/ zu /ọ/ gehoben wird.
TTKKDDZZZHMM
Das Feld KONVOIC enthält die Menge stimmhafter Konsonanten.
BBDDGGVV77ZH
Das Feld KONVCL enthält die Menge stimmloser Konsonanten.
PPTTKKFFSSSH
Das Feld SEMVOK enthält die Menge der Halbvokale und die Menge der Liquide.
JJWWWYMMNNRRLL
Das Feld VOKTIF enthält die Menge hoher französischer Vokale.
IAUAYAEBOBOV
Das Feld DELATGR enthält die Menge der Delattreschen Gruppen.
PPLLPPRRTTRRKKLLKKRRBBLLBBRRDDRRGGLLGGRRFFLLFFRRVVRR
Das Feld LANGSP enthält die Menge der consonnes allongeantes.
RR 2ZZ 2VV 2ZH 2VVRR 4
Das Feld PRAEFIX enthält die Menge morphemgrenzenindizierender Präfixe.
DDEB 4SSEB 4MMEB 4PPRREB 6
Das Feld BUPHSP enthält die Menge der graphonemischen Relationen des Französischen. Zuerst sind die für terminale Ketten gültigen Relationen aufgeführt, dann die für nonterminale Ketten gültigen. Der erste Speicherplatz enthält die graphische Vergleichskette. Der sechste Speicherplatz enthält das phonemische Pendant der graphischen Kette. Erfüllt die graphische Kette die zur phonemischen Relation gehörenden Bedingungen, wird die phonemische Kette in den Ausgabespeicher kopiert. Der zweite Speicherplatz gibt die Weite der Eingabebandverschiebung bei erfolgter Kopie der phonemischen Kette an. Der dritte Speicherplatz indiziert die Länge der graphischen Kette. Der vierte Speicherplatz zeigt an, welche Bedingungen die Eingabekette erfüllen muß, um der phonemischen Kette zugeordnet zu werden. Der fünfte Speicherplatz indiziert die Länge der Ausgabekette.

ANC	3	3	0	2AM	ERA	3	3	0	8EURRAAFUT
AI	2	2	0	2EB	ENT	3	3	3	2EU
$$$$$$$$$	0	0	0	0	ER	2	2	13	2EB
3					ES	2	2	3	2EB
ERAIENT	7	7	0	9EURREAFUT	ET	2	2	0	2EA
ETERIE	6	6	0	8EUTTRRIB	EZ	2	2	0	2EB
ERONT	5	5	0	9EURROMFUT	EN	2	2	10	2EM
ERONS	5	5	12	9EURROMFUT	E	1	1	3	2EU
ERAI	4	4	0	9EURREBFUT	E	1	1	3	2E$
EREZ	4	4	0	9EURREBFUT	$$$$$$$$$	0	0	0	0

UM	2	2	0	4OAMM
UE	2	2	0	2YA
$$$$$$$$$$	0	0	0	0
22				
IENT	4	4	3	2IA
IENT	4	4	5	6IAJJEM
ING	3	3	0	4IANG
IEN	3	3	5	6IAJJEM
$$$$$$$$$$	0	0	0	0
27				
OTION	5	5	0	8OBSSJJOM
OMB	3	3	0	2OM
$$$$$$$$$$	0	0	0	0
30				
$$$$$$$$$$	0	0	0	0
31				
$$$$$$$$$$	0	0	0	0
32				
C'	2	2	0	4SS
CT	2	2	0	1
C	1	1	0	1
$$$$$$$$$$	0	0	0	0
36				
D'	2	2	0	4DD
D	1	1	0	1
$$$$$$$$$$	0	0	0	0
39				
$$$$$$$$$$	0	0	0	0
40				
PT	2	2	0	0
P	1	1	0	1
$$$$$$$$$$	0	0	0	0
43				
$$$$$$$$$$	0	0	0	0
44				
TIONS	5	5	12	6TTJJOM
T'	2	2	0	4TT
T	1	1	0	1
$$$$$$$$$$	0	0	0	0
48				
S'	2	2	0	4SS
ST	2	2	0	4SSTT
S	1	1	0	1
$$$$$$$$$$	0	0	0	0
52				
X	1	1	0	1
$$$$$$$$$$	0	0	0	0
54				
Z	1	1	0	1
$$$$$$$$$$	0	0	0	0
56				
$$$$$$$$$$	0	0	0	0
57				
$$$$$$$$$$	0	0	0	0
58				
GUE4	4	4	0	4GGYA
G	1	1	0	1

$$$$$$$$$$	0	0	0	0
61				
$$$$$$$$$$	0	0	0	0
62				
$$$$$$$$$$	0	0	0	0
63				
$$$$$$$$$$	0	0	0	0
64				
$$$$$$$$$$	0	0	0	0
65				
$$$$$$$$$$	0	0	0	0
66				
$$$$$$$$$$	0	0	0	0
67				
$$$$$$$$$$	0	0	0	0
68				
AILL	4	4	0	4AAJJ
AIL	3	3	2	4AAJJ
AIN	3	3	2	2EM
AIM	3	3	2	2EM
AI3	3	3	0	2EA
AUR	3	3	1	4OARR
AI4	3	3	11	4AAJJAAIA
AN	2	2	2	2AM
AM	2	2	2	2AM
AU	2	2	0	2OB
AI	2	2	1	4EAJJ
A3	2	2	0	2AK
AY	2	2	1	4EAJJ
A	1	1	0	2AA
$$$$$$$$$$	0	0	0	0
83				
EUILL	5	5	0	4OUJJ
EILL	4	4	0	4EAJJ
EUIL	4	4	0	4OUJJ
EIL	3	3	0	4EAJJ
EOI	3	3	0	4WWAA
EUN	3	3	2	2UU
EIN	3	3	2	2EM
EIM	3	3	2	2EM
EMM	3	3	6	4AMMM
EN	2	2	2	2AM
EM	2	2	2	2AM
EI	2	2	1	4EAJJ
E1	2	2	0	2EB
E2	2	2	0	2EA
E3	2	2	0	2EC
EX	2	2	9	6EAGGZZ
EX	1	2	0	2EA
EA	1	2	0	0
EU	2	2	0	2OU
E	1	1	4	2EA
E	1	1	0	2EU
$$$$$$$$$$	0	0	0	0
105				

UEILL	5	5	0	4OUJJ
UEIL	4	4	0	4OUJJ
UN	2	2	2	2UU
UI	2	2	2	4WYIA
UM	2	2	2	2UU
U	1	1	0	2YA
$$$$$$$$$$	0	0	0	0
112				
IGN	3	3	0	4IANJ
ILL	3	3	7	4IAJJ
ILL	3	3	0	4IALL
IN	2	2	2	2EM
IM	2	2	2	2EM
I	1	1	5	4IAJJ
$$$$$$$$$$	0	0	0	0
119				
OUILL	5	5	0	4UAJJ
OEIL	4	4	0	4UUJJ
OIN	3	3	2	4WWEM
OEU	3	3	0	2OU
OE1	1	3	0	2OA
OE2	1	3	0	2OA
ON	2	2	2	2OM
OM	2	2	2	2OM
OE	2	2	0	2EB
OI	2	2	0	4WWAA
OY	2	2	0	6WWAAJJ
OU	2	2	2	2UA
OU	2	2	0	2WW
O3	2	2	0	2OB
O	1	1	0	2OA
$$$$$$$$$$	0	0	0	0
135				
YN	2	2	2	2EM
YM	2	2	2	2EM
Y	1	1	2	2IA
Y	1	1	1	2JJ
$$$$$$$$$$	0	0	0	0
140				
H	1	1	0	0
$$$$$$$$$$	0	0	0	0
142				
CQU	3	3	0	2KK
CHR	3	3	0	4KKRR
CHL	3	3	0	4KKLL
CH	2	2	0	2SH
CC	2	2	6	4KKSS
CQ	2	2	0	2KK
CK	2	2	0	2KK
C1	2	2	0	2SS
C	1	1	6	2SSKK
$$$$$$$$$$	0	0	0	0
152				
DESS	4	4	9	6DDEUSS
DD	2	2	0	2DD
D	1	1	0	2DD
$$$$$$$$$$	0	0	0	0
156				
NN	2	2	0	2NN
N	1	1	0	2NN
$$$$$$$$$$	0	0	0	0
159				
PH	2	2	0	2FF
PP	2	2	0	2PP
P	1	1	0	2PP
$$$$$$$$$$	0	0	0	0
163				
RESS	4	4	9	6RREUSS
RRH	3	3	0	2RR
RH	2	2	0	2RR
RR	2	2	0	2RR
R	1	1	0	2RR
$$$$$$$$$$	0	0	0	0
169				
TI	1	2	7	2SS
TT	2	2	0	2TT
T	1	1	0	2TT
$$$$$$$$$$	0	0	0	0
173				
SS	2	2	0	2SS
SC	2	2	6	4SSKK
SH	2	2	0	2SH
S	1	1	8	2SSZZ
$$$$$$$$$$	0	0	0	0
178				
XC	2	2	6	6KKSSKK
X	1	1	0	4KKSS
$$$$$$$$$$	0	0	0	0
181				
ZZ	2	2	0	2ZZ
Z	1	1	0	2ZZ
$$$$$$$$$$	0	0	0	0
184				
BB	2	2	0	2BB
B	1	1	0	2BB
$$$$$$$$$$	0	0	0	0
187				
FF	2	2	0	2FF
F	1	1	0	2FF
$$$$$$$$$$	0	0	0	0
190				
GU	1	2	2	2GG
GU	2	2	0	2GG
GG	2	2	6	2ZHGG
GN	2	2	7	2NJ
GN	2	2	0	4GGNN
G	1	1	6	2ZHGG
$$$$$$$$$$	0	0	0	0
197				
J	1	1	0	2ZH
$$$$$$$$$$	0	0	0	0
199				
K	1	1	0	2KK
$$$$$$$$$$	0	0	0	0
201				

LL	2	2	0	2LL	QU	2	2	0	2KK
L	1	1	0	2LL	Q	1	1	0	2KK
$$$$$$$$$$	0	0	0	0	$$$$$$$$$$	0	0	0	0
204					211				
MM	2	2	0	2MM	V	1	1	0	2VV
MN	2	2	0	2NN	$$$$$$$$$$	0	0	0	0
M	1	1	0	2MM	213				
$$$$$$$$$$	0	0	0	0	W	1	1	0	2VV
208					$$$$$$$$$$	0	0	0	0
					215				

BEDSPE enthält die Menge der terminalen Ketten, vor denen kein Halbvokal steht (*je grasseye, grasseyer*) (s. linke Seite).
BEDSP2 enthält die Menge (graphischer) Delattrescher Gruppen.(s. rechte Seite).

ETE1	5			
ETE1S	6		PL	DR
EMENT	6		PR	GL
EMENTS	7		TR	GR
ERIE	5		CL	FL
ERIES	6		CR	FR
ES	2		BL	VR
E	1		BR	
ENT	3			

LIAISP enthält die Ligeme.
ZZTTNNPPEARR
Das Feld WOSPE enthält die Menge der Logogramme. Die erste Ziffer gibt die Gruppe der Logogramme an. Die zweite Ziffer indiziert die Länge der Kette. Auf den folgenden Speicherplätzen stehen das Logogramm und sein phonemisches Pendant.

6 1A.	AA
2 7ABDOMEN	AABBDDOAMMEANN
2 6ABJECT	AABBZHEAKKTT
2 6ABRUPT	AABBRRYAPPTT
211ACCENT AIGU	AAKKSSAMTTEAGGYA
1 7ADE1QUA	AADDEBKKWWAA
221AFFAIRES E1TRANGE2RES	AAFFEARRZZ-EBTTRRAMZHEARR
2 6AGENDA	AAZHEMDDAA
1 5AGNOS	AAGGNNOASS
2 5AI-JE	EAZHEU
1 7AIGUILL	EAGGWYIAJJ
1 6AIGUIS	EAGGWYIAZZ
2 8ALBATROS	AALLBBAATTRROBSS
2 7ALBINOS	AALLBBIANNOBSS
1 6ALCOOL	AALLKKOALL
1 5ALSAC	AALLZZAASS
111AMBIGUI4TE1	AMBBIAGGWYIATTEB
2 4AMEN	AAMMEANN
2 4AMER	AAMMEARR
2 8ANGE1LUS	AMZHEBLLYASS
2 5AOU3T	UA
1 9APPENDICE	AAPPEMDDIASS
1 4AQUA	AAKKWWA
2 7AQUEDUC	AAKKEUDDYAKK
2 3ARC	AARRKK
1 5ARCHA	AARRKKAA
1 7ARCHIE1	AARRKKIAEB

216ARMES ET BAGAGES	AARRMMZZEBBBAAGGAAZH
2 5AROME	AARROBMM
2 2AS	AASS
1 5ASTER	AASSTTEARR
1 9ASYME1TRI	AASSIAMMEBTTRRIA
2 5ATLAS	AATTLLAASS
2 5ATOME	AATTOBMM
2 4AULX	OB
2 7AUTOBUS	OBTTOBBBYASS
1 6AUTOMN	OBTTOANN
210AUXQUELLES	OBKKEALL
2 8AUXQUELS	OBKKEALL
2 4AVEC	AAVVEAKK
2 6AXIOME	AAKKSSJJOBMM
2 6AZIMUT	AAZZIAMMYATT
6 1B.	BBEB
2 3BAC	BBAAKK
1 5BACCH	BBAAKK
1 6BALBUT	BBAALLBBYASS
1 5BALSA	BBAALLZZAA
1 4BAPT	BBAATT
2 5BARIL	BBAARRIA
1 3BAY	BBAAJJ
2 3BEC	BBEAKK
2 6BICEPS	BBIASSEAPPSS
2 7BILLION	BBIALLJJOM
2 3BIS	BBIASS
2 4BLED	BBLLEADD
2 4BLOC	BBLLOAKK
2 6BLOCUS	BBLLOAKKYASS
1 5BLUFF	BBLLOUFF
2 6BOEUFS	BBOV
210BONSHOMMES	BBOMZZOAMM
2 4BOUC	BBUAKK
215BOUT A2 L'AUTRE	BBUATTAALLOBTTRREU
2 4BRAC	BBRRAAKK
2 4BRUT	BBRRUATT
2 3BUS	BBYASS
4 3BUT	BBYATT
6 1C.	SSEB
2 6CACTUS	KKAAKKTTYASS
2 5CADUC	KKAADDYAKK
2 3CAP	KKAAPP
2 3CASSIS	KKAASSIASS
2 7CENT UN	SSAMUU
2 3CEP	SSEAPP
1 6CHALCO	KKAALLKKOA
1 4CHAO	KKAAOA
2 7CHEF-D'	SHEADD'
2 6CHENIL	SHEUNNIA
1 6CHE1NO	KKEBNNOA
1 5CHILI	KKIALLIA
1 5CHIRO	KKIARROA
2 6CHOEUR	KKOURR
1 4CHOL	KKOALL
1 4CHOR	KKOARR
2 4CHUT	SHYATT

2 4CLEF	KKLLEB
1 5CLOWN	KKLLUANN
2 4CLUB	KKLLOUBB
2 6COBAYE	KKOABBAAJJ
2 8COCKTAIL	KKOAKKTTEALL
1 7COI4NCI	KKOAEMSSIA
2 7COMMENT	KKOAMMAM
1 7COMPACT	KKOMPPAAKKTT
1 5COMPT	KKOMTT
1 7CONCEPT	KKOMSSEAPPTT
1 8CONSCIEN	KKOMSSJJAM
2 7CONTACT	KKOMTTAAKKTT
3 6CONTRE	KKOMTTRR
210CONTRESENS	KKOMTTRREUSSEMSS
2 7CORRECT	KKOARREAKKTT
2 3COSMOS	KKOASSMMOASS
2 7COUENNE	KKWWAANN
2 8COUSCOUS	KKUASSKKUASS
2 7CUILLER	KKWUIAJJEARR
2 3CUL	KKYA
2 8CYCLAMEN	SSIAKKLLAAMMEANN
2 7CYCLONE	SSIAKKLLOBNN
6 1D.	DDEB
1 4DAMN	DDAANN
210DESQUELLES	DDEBKKEALL
2 8DESQUELS	DDEBKKEALL
2 9DEUXIE2ME	DDOVZZJJEAMM
1 8DE1FICIT	DDEBFFIASSIATT
1 7DE1SUET	DEBSSWWEA
110DIAGNOSTIC	DDIAAAGGNNOASSTTIAKK
1 7DISTILL	DDIASSTTIALL
2 6DIVERS	DDIAVVEARR
7 3DIX	DDIASS
2 9DIX HUIT	DDIAZZWYIATT
2 9DIX NEUF	DDIAZZNNOUFF
2 8DIX-HUIT	DIAZZWYIATT
2 8DIX-NEUF	DIAZZNNOUFF
2 8DIXIE2ME	DDIAZZJJEAMM
1 4DOIG	DDWWAA
2 6DOLMEN	DDOALLMMEANN
1 5DOMPT	DDOMTT
1 4DONC	DDOMKK
2 3DOT	DDOATT
2 3DUC	DDYAKK
6 1E.	EB
1 7ENAMOUR	AMAAMMUARR
2 5ENFER	AMFFEARR
1 7ENHARDI	AMAARRDDIA
1 5ENIVR	AMIAVVRR
1 6ENNOBL	AMNNOABBLL
2 4ENNU	AMNNWY
3 5ENTRE	AMTTRR
2 2ES	EA
2 3EST	EA
2 2ET	EB
2 6EXAMEN	EAGGZZAAMMEM

2 2EU	YA
2 3EUE	YA
2 6EURENT	YARREU
2 3EUS	YA
1 5EUSSE	YASS
2 3EUT	YA
2 6EU3MES	YAMMEU
2 4EU3T	YA
2 6EU3TES	YATTEU
1 5EXACT	EAGGZZAAKKTT
1 6EXEMP	EAGGZZAM
2 6E1CHEC	EBSHEAKK
2 5E1CHO	EBKKOB
1 7E1GOI4IS	EBGGOBIASS
1 5E1QUA	EBKKWWA
2 3E2S	EASS
6 1F.	EAFF
2 8FAISABLE	FFEUZZAABBLLEU
1 6FAISAI	FFEUZZEA
2 7FAISANT	FFEUZZAM
2 7FAISEUR	FFEUZZOURR
2 7FAISONS	FFEUZZOM
4 4FAIT	FFEATT
2 4FAON	FFAM
1 5FAONN	FFAANN
2 7FEMELLE	FFE$MMEALL
2 5FEMME	FFAAMMEU
210FERRY-BOAT	FFEARRIABBOBTT
2 3FEZ	FFEBZZ
5 4FIER	FFJJEARR
2 4FILS	FFIASS
2 4FISC	FFIASSKK
2 8FOOTBALL	FFUATTBBOBLL
2 5FOSSE	FFOBSS
2 5FUSIL	FFYAZZIA
6 1G.	ZHEB
2 3GAZ	GGAAZZ
2 6GENTIL	ZHAMTTIA
2 6GRATIS	GGRRAATTIASS
1 5GROSS	GGRROBSS
2 3GUA	GGWWAA
2 6GUENON	GGE$NNOM
6 1H.	AASH
2 4HALL	OBLL
2 5HAMAC	AAMMAAKK
2 5HANAP	AANNAAPP
2 8HANDICAP	AMDDIAKKAAPP
2 5HAREM	AARREAMM
2 6HE1LAS	EBLLAASS
2 6HIATUS	JJAATTYASS
2 4HIER	JJEARR
2 5HIVER	IAVVEARR
2 5HYMEN	IAMMEANN
1 4HYMN	IAMMNN
6 1I.	IA
2 5IDIOM	IADDJJOBMM

2 5IGNE1	IAGGNNEB
1 4IGNI	IAGGNNIA
112INCONVE1NIEN	EMKKOMVVEBNNJJOM
1 5INEXA	IANNEAGGZZAA
1 5INEXI	IANNEAGGZZIA
1 5INGUI	EMGGWYIA
2 6INTACT	EMTTAAKKTT
2 8INTE1RIM	EMTTEBRRIAMM
6 1J.	ZHIA
2 5JADIS	ZHAADDIASS
2 7JAGUAR	JJAAGGWWAARR
2 4JEEP	ZHIAPP
215JEUX OLYMPIQUES	ZHOVZZOALLEMPPIAKK
2 6JEU3NE	ZHOVNN
2 6JUNGLE	ZHUUGGLLEU
6 1K.	KKAA
6 1L.	EALL
2 3LAC	LLAAKK
2 4LAPS	LLAAPPSS
2 6LARYNX	LLAARREMKKSS
2 6LEADER	LLIADDEARR
210LESQUELLES	LLEBKKEALL
2 8LESQUELS	LLEBKKEALL
2 6LICHEN	LLIAKKEANN
1 6LINGUA	LLEMGGWWAA
1 6LINGUI	LLEMGGWYIA
4 3LIS	LLIASS
2 5LOTUS	LLOATTYS
1 5LUNCH	LLOUNSH
2 4LYNX	LLEMKKSS
2 5L'EST	LLEASSTT
6 1M.	EAMM
2 5MAI4S	MMAAIASS
2 4MARS	MMAARRSS
2 3MAT	MMAATT
2 7MEETING	MMIATTIANG
2 6MENEUR	MME$NNOURR
2 6MENTOR	MMEMTTOARR
2 9MESSIEURS	MMEBSSJJOV
2 6ME1TIS	MMEBTTIASS
2 5MILLE	MMIALL
1 8MILLIARD	MMIALLJJAARR
211MILLIME2TRE	MMIALLIAMMEATTRREU
1 7MILLION	MMIALLJJOM
2 6MOELLE	MMWWAALL
2 6MOEURS	MMOURRSS
3 7MOINDRE	MMWWEMDDRR
1 9MONOSYLLAB	MMOANNOASSYALLAA
2 8MONSIEUR	MMEUSSJJOV
2 5MOTUS	MMOATTYASS
6 1N.	EANN
1 6NAVIGU	NNAAVVIAGG
2 4NERF	NNEARR
2 3NET	NNEATT
2 4NEUF	NNOUFF
211NE1PENTHE2S	NNEBPPEMTTEASS
2 5NOE4L	NNOBEALL

2 7NOMBRIL	NNOMBBRRIA
6 1O.	OB
2 5OASIS	OAAAZZIASS
2 5OEUFS	OV
2 6OIGNON	OANJOM
1 5ONGUI	OMGGWYIA
1 4ORCH	OARRKK
2 6ORIENT	OARRJJAM
2 2OS	OASS
1 6OSCILL	OASSIALL
2 4OURS	UARRSSEU
2 5OUTIL	UATTIA
6 1P.	PPEB
2 9PALMARE2S	PPAALLMMAARREASS
2 4PAON	PPAM
1 5PAONN	PPAANN
2 7PARASOL	PPAARRAASSOALL
2 4PARC	PPAARRKK
2 6PARFUM	PPAARRFFUU
2 3PAT	PPAATT
2 5PATER	PPAATTEARR
2 6PATHOS	PPAATTOASS
2 4PAYS	PPEAIA
1 6PAYSAG	PPEAIAZZAAZH
2 6PAYSAN	PPEAIAZZAM
2 8PAYSANNE	PPEAIAZZAANN
2 6PENSUM	PPEMSSOAMM
2 6PERSIL	PPEARRSSIA
1 3PES	PPEBZZ
210PEUT-E3TRE	PPEUTTEATTRREU
7 4PLUS	PPLLYASS
1 5POE3L	PPWWAALL
1 5POE4L	PPWWAALL
2 8POLIMENT	PPOALLIAMMAM
210PORC-E1PIC	PPOARRKKEBPPIAKK
2 5POULS	PPUA
3 7PRESQUE	PPRREASSKK
1 6PRE1SA	PPRREBSSAA
1 7PRE1SE1	PPRREBSSEB
1 9PRE1SUPPO	PPRREBSSYAPPOA
3 6PROPRE	PPRROAPPRR
210PROSPECTUS	PPRROASSPPEAKKTTYASS
1 7PSYCHIA	PPSSIAKKJJAA
1 6PSYCHO	PPSSIAKKOA
2 6PUBLIC	PPYABBLLIAKK
1 6PUPILL	PPYAPPIALL
6 1Q.	KKYA
1 6QUADRA	KKWWAADDRRAA
1 4QUAK	KKWWEAKK
212QUAND EST-CE	KKAMTTEASSEU
2 6QUARTZ	KKWWAARRTTSS
114QUATRE-VINGT-C	KKAATTRREUVVEMSS
114QUATRE-VINGT-D	KKAATTRREUVVEMDD
114QUATRE-VINGT-H	KKAATTRREUVVEM
115QUATRE-VINGT-ON	KKAATTRREUVVEMOM
115QUATRE-VINGT-QU	KKAATTRREUVVEMKK

```
114QUATRE-VINGT-S       KKAATTRREUVVEMSS
114QUATRE-VINGT-T       KKAATTRREUVVEMTT
115QUATRE-VINGT-UN      KKAATTRREUVVEMUU
2 7QUATUOR              KKWWAATTUAOARR
2 3QUE                  KKE$
3 7QUELQUE              KKEALLKK
6 1R.                   EARR
2 4RAPT                 RRAAPPTT
2 6RELAPS               RREULLAAPPSS
211RHINOCE1ROS          RRIANNOASSEBRROASS
2 3ROC                  RROAKK
6 1S.                   EASS
1 6SAOU3L               SSUA
2 5SCOUT                SSKKUATT
1 5SCULP                SSKKYALL
2 3SEC                  SSEAKK
1 5SECON                SSEUGGOM
2 8SEMAILLE             SSE$MMAAJJ
4 4SENS                 SSAMSS
2 4SEPT                 SSEATT
2 9SEPTIE2ME            SSEATTJJEAMM
3 8SERINGUE             SSE$RREMGGEU
210SHAMPOO1NG           SHAMPPWWEM
3 6SIMPLE               SSEMPPLL
7 3SIX                  SSIASS
2 8SIXIE2ME             SSIAZZJJEAMM
2 8SOIXANTE             SSWWAASSAMTT
2 8SOLENNEL             SSOALLAANNEALL
2 7SOURCIL              SSUARRSSIA
1 7SOUVENT              SSUAVVAM
1 5SOU3L                SSUA
1 7SPEAKER              SSPPIAKKEARR
2 9SPE1CIMEN            SSPPEBSSIAMMEANN
2 6SPHINX               SSFFEMKKSS
2 6SQUARE               SSKKWWAARR
1 6STAGNA               SSTTAAGGNN
2 5STAND                SSTTAMDD
2 5STEAK                SSTTEAKK
2 6STRICT               SSTTRRIAKKTT
1 7SUBSIST              SSYABBZZIASSTT
2 3SUC                  SSYAKK
2 3SUD                  SSYADD
2 3SUS                  SSYASS
1 6SUSUR                SSYASSYARR
6 1T.                   TTEB
2 4TACT                 TTAAKKTT
2 3TIC                  TTIAKK
2 5TOAST                TTOBSSTT
2 4TOME                 TTOBMM
7 4TOUS                 TTUASS
1 8TRANQUILL            TTRRAMKKIALL
1 7TRANSA               TTRRAMSSAA
1 8TROCHAI4             TTRROBKKAAIA
6 1U.                   YA
6 1V.                   VVEB
1 6VACILL               VVAASSIALL
```

```
2 4VAMP                 VVAMPP
110VAUDEVILLE           VVOBDDEUVVIALL
2 7VEDETTE              VVE$DDEATT
1 8VE1NE1TI             VVEBNNEBSSJJ
2 7VERDICT              VVEARRDDIAKKTT
1 4VILL                 VVIALL
2 6VINGT-               VVEMTT
2 8VIRUS                VVIARRYASS
2 3VIS                  VVIASS
2 8VRAIMENT             VVRREAMMAM
113VRAISEMBLABLE        VVRREASSEMBBLLAABBLLEU
6 1W.                   DDUABBLLEU VVEB
6 1X.                   IAKKSS
6 1Y.                   IAGGRREAKK
2 3YOD                  JJOADD
6 1Z.                   ZZEADD
2 4ZONE                 ZZOBNN
2 3ZUT                  ZZYATT
010ZZZZZZZZZZ
```

Auswahlkriterien der Einträge der Felder VOSPE, NASPE, ADJEDET, SUBDET und WOSPE sind Frequenz und Exemplarität der vermerkten Wörter. Das Kriterium Frequenz erfordert die Auswahl der Wörter, die zu den 5000 frequentesten des Französischen gehören. Die Wortlisten sind leicht erweiterbar. Ein §§§§§§§§§§ [1]-Eintrag markiert jeweils das Ende einer Wortliste. Die variable Wortlistenlänge ermöglicht die Berücksichtigung von Formen sehr geringer Wahrscheinlichkeit.

1) Die Endbedingung kann auch einen ZZZZZZZZZZ -Eintrag erfüllt werden, vgl. Programm YZAHL p. 213 seqq.

Auflistung des Programms YZAHL

```
      Copyright 1977 by Jürgen Rolshoven
      PROGRAM YZAHL (INPUT,OUTPUT,TAPE3,TAPE1=INPUT,TAPE6=OUTPUT)        YZAHL1
      IMPLICIT INTEGER (A-Z)                                             YZAHL1
      INTEGER TEXT(8), OUTZEIL(8), ZESPE(50),                            YZAHL1
     1 KOPSPE(42),                                                       YZAHL1
     2 ZAHL(14),                                                         YZAHL1
     3 AFFIX(5,2),                                                       YZAHL1
     4ZAHLSP(16),KOPIN(30)                                               YZAHL1
     5,MOSPE(5)                                                          YZAHL1
        DATA BLANK/10L                                                   YZAHL1
C                                                                        YZAHL1
C                                                                        YZAHL1
C                                                                        YZAHL1
C======================================================================= YZAHL1
C                                                                        YZAHL1
C         KOMMENTARKARTE 1                                               YZAHL1
C                                                                        YZAHL1
C         EINLESEN DER SPEICHERINHALTE                                   YZAHL1
C                                                                        YZAHL1
C                                                                        YZAHL1
C======================================================================= YZAHL1
      READ(1,6001)   SW                                                  YZAHL1
 6001 FORMAT(I1)                                                         YZAHL1
 6000 FORMAT(" ",I4)                                                     YZAHL1
 7000 FORMAT(" ",A10)                                                    YZAHL1
      READ(1,880) (ZAHL(I),I=1,14)                                       YZAHL1
      WRITE(6,881) (ZAHL(I),I=1,14)                                      YZAHL1
  880 FORMAT(14R1)                                                       YZAHL1
  881 FORMAT(" ",14R1)                                                   YZAHL1
      DO 888 I=1,5                                                       YZAHL1
      READ(1,889) (AFFIX(I,J),J=1,2)                                     YZAHL1
      WRITE(6,890)( AFFIX(I,J),J=1,2)                                    YZAHL1
  888 CONTINUE                                                           YZAHL1
  889 FORMAT(A6,I1)                                                      YZAHL1
  890 FORMAT(" ",A6,I1)                                                  YZAHL1
      DO 891 I=1,42                                                      YZAHL1
      READ(1,892) KOPSPE(I)                                              YZAHL1
  892 FORMAT(A10)                                                        YZAHL1
```

```
      WRITE(6,893) KOPSPE(I)                                    YZAHL1
  893 FORMAT(" ",A10)                                           YZAHL1
  891 CONTINUE                                                  YZAHL1
      READ(1,900) (ZESPE(I),I=1,38)                             YZAHL1
      WRITE(6,901)(ZESPE(I),I=1,38)                             YZAHL1
  900 FORMAT(38R1)                                              YZAHL1
  901 FORMAT(" ",38R1)                                          YZAHL1
      READ(1,902) (MOSPE(I),I=1,5)                              YZAHL1
  902 FORMAT(5A10)                                              YZAHL1
      WRITE(6,903) (MOSPE(I),I=1,5)                             YZAHL1
  903 FORMAT(" ",5A10)                                          YZAHL1
      DO 3999 I=1,8                                             YZAHL1
 3999 TEXT(I)=BLANK                                             YZAHL1
      O3=0                                                      YZAHL1
C                                                               YZAHL1
 5050 READ(1,5000) (TEXT(I), I=1,8)                             YZAHL1
      WRITE(6,5002)    (TEXT(I),I=1,8)                          YZAHL1
 5000 FORMAT(8A10)                                              YZAHL1
      O2=0                                                      YZAHL1
 5002 FORMAT(" ",8A10)                                          YZAHL1

AM YZAHL       73/72    OPT=1              FTN 4.6+420     21/10/77  15.34.

C           ENDBEDINGUNG                                        YZAHL1
      IF(TEXT(1).NE.10H$$$$$$$$$$)    GO TO 5100                YZAHL1
      WRITE(6,5002)  (OUTZEIL(I),I=1,8)                         YZAHL1
      WRITE(6,5002)   (TEXT(I),I=1,8)                           YZAHL1
      IF(SW.EQ.2)       WRITE(3,870) (OUTZEIL(I),I=1,8)         YZAHL1
      DO 894 I=1,2                                              YZAHL1
  894 OUTZEIL(I)=TEXT(I)                                        YZAHL1
      IF(SW.EQ.2)  WRITE(3,870)  (OUTZEIL(I),I=1,8)             YZAHL1
  870 FORMAT(8A10)                                              YZAHL1
      STOP                                                      YZAHL1
 5100 O2=O2+1                                                   YZAHL1
      IF(O2.GT.80)   GO TO       5050                           YZAHL1
      O3=O3+1                                                   YZAHL1
```

```
      IF(O2-1.LE.0)       GO TO 5010                                    YZAHL1
C                                                                       YZAHL1
C                                                                       YZAHL1
C        BEDINGUNGEN FUER EINE ZAHL                                     YZAHL1
C                                                                       YZAHL1
C                                                                       YZAHL1
      IF(ICPC(TEXT,O2,ZAHL,10).GT.0.AND.ICPC(TEXT,O2-1, ZESPE(27),13).  YZAHL1
     1 GT.0)  GO TO 5200                                                YZAHL1
C                                                                       YZAHL1
C                                                                       YZAHL1
C          KOPIERE CHARACTER                                            YZAHL1
C                                                                       YZAHL1
C                                                                       YZAHL1
 5010 CALL MOVE (OUTZEIL,O3,TEXT,O2,1)                                  YZAHL1
        IF(O3.NE.80)   GO TO 5100                                       YZAHL1
C                                                                       YZAHL1
C        AUSSCHREIBEN                                                   YZAHL1
C                                                                       YZAHL1
      WRITE(6,5002)  (OUTZEIL(I),I=1,8)                                 YZAHL1
      IF(SW.EQ.2)  WRITE(3,870)  (OUTZEIL(I),I=1,8)                     YZAHL1
      DO 885 I=1,8                                                      YZAHL1
  885 OUTZEIL(I)=BLANK                                                  YZAHL1
        O3=0                                                            YZAHL1
         GO TO 5100                                                     YZAHL1
 5200 BRCHSTR = 0                                                       YZAHL1
      DEZKOM=0                                                          YZAHL1
      IEM=0                                                             YZAHL1
      DEZPOS=0                                                          YZAHL1
      INDJAHR =0                                                        YZAHL1
      IN100=0                                                           YZAHL1
            IN1000=0                                                    YZAHL1
      INMILL=0                                                          YZAHL1
      INMILIA=0                                                         YZAHL1
      R=0                                                               YZAHL1
C       SPEICHERPLATZ LEEREN                                            YZAHL1
      DO 4000 I=1,16                                                    YZAHL1
      ZAHLSP(I)=12                                                      YZAHL1
 4000 CONTINUE                                                          YZAHL1
```

```
      DO 2210 I=1,30                                                     YZAHL1
 2210 KOPIN(I)=BLANK                                                     YZAHL1
       J=28                                                              YZAHL1
      I=1                                                                YZAHL1
      INDSTOP=0                                                          YZAHL1
C=========================================================================YZAHL1

RAM YZAHL       73/72   OPT=1                FTN 4.6+420         21/10/77  15.34.

C                                                                        YZAHL1
C                                                                        YZAHL1
C         KOMMENTARKARTE 2                                               YZAHL1
C                                                                        YZAHL1
C         DIE ZIFFERNKETTE WIRD TRANSFORMIERT.                           YZAHL1
C         DER HINTER DER ZIFFER STEHENDE TEXT WIRD GESUCHT.              YZAHL1
C                                                                        YZAHL1
C                                                                        YZAHL1
C=========================================================================YZAHL1
      KE=IFFP(TEXT,02, 80-02, ZESPE,26,1)                                YZAHL1
      IF(SW.EQ.1) WRITE(6,6000) KE                                       YZAHL1
C         SUCHE VOM TEXTANFANG NACH LINKS DEN LETZTE ZAHL                YZAHL1
      KF=IFFP(TEXT,KE, -KE,ZAHL,10,1)+1                                  YZAHL1
      IF(SW.EQ.1) WRITE(6,6000) KF                                       YZAHL1
C        UMSPEICHERN DER ZAHLEN                                          YZAHL1
      N1=1                                                               YZAHL1
      DO 4010 N=1,16                                                     YZAHL1
      KI=IOPC(TEXT,KF-N,ZAHL,14)                                         YZAHL1
      IF(SW.EQ.1) WRITE(6,6000) KI                                       YZAHL1
      IF(KI.LE.10) ZAHLSP(N1)=KI-1                                       YZAHL1
C         PUNKT                                                          YZAHL1
      IF(KI.EQ.11) GO TO 4010                                            YZAHL1
C         KOMMA                                                          YZAHL1
      IF(KI.EQ.12) DEZKOM=N1                                             YZAHL1
C         BRUCHSTRICH                                                    YZAHL1
      IF(KI.EQ.14) BRCHSTR=N1                                            YZAHL1
      IF(KI.EQ.13) GO TO 1000                                            YZAHL1
      N1=N1+1                                                            YZAHL1
 4010 CONTINUE                                                           YZAHL1
```

```
C======================================================================= YZAHL1
C                                                                        YZAHL1
C                                                                        YZAHL1
C        KOMMENTARKARTE 3                                                YZAHL1
C                                                                        YZAHL1
C         BRUCH- UND DEZIMALZAHLEN                                       YZAHL1
C                                                                        YZAHL1
C                                                                        YZAHL1
C                                                                        YZAHL1
C======================================================================= YZAHL1
 1000 IF(BRCHSTR.EQ.0.AND.DEZKOM.EQ.0) GO TO 1020                        YZAHL1
      IF(DEZKOM.GT.0) GO TO 1050                                         YZAHL1
C        KOPIERE DEMI, TIER, QUART                                       YZAHL1
      02=KE-1                                                            YZAHL1
      IF(BRCHSTR.NE.2.OR.ZAHLSP(1).GT.4) GO TO 1015                      YZAHL1
      K=ZAHLSP(1)+38                                                     YZAHL1
      GO TO 2000                                                         YZAHL1
C======================================================================= YZAHL1
C                                                                        YZAHL1
C                                                                        YZAHL1
C                                                                        YZAHL1
C        KOMMENTARKARTE 4                                                YZAHL1
C                                                                        YZAHL1
C        SUFFIGIERUNG VON BRUCHZAHLEN.                                   YZAHL1
C                                                                        YZAHL1
C                                                                        YZAHL1
C                                                                        YZAHL1
C======================================================================= YZAHL1

GRAM YZAHL      73/72    OPT=1                    FTN 4.6+420       21/10/77  15.34.2

 1015 IF(ZAHLSP(BRCHSTR+2).NE.1.AND.ZAHLSP(BRCHSTR+2).NE.12) GO TO 1200  YZAHL1
      IEM=1                                                              YZAHL1
       K=36                                                              YZAHL1
      IF(ZAHLSP(1).EQ.9) K=37                                            YZAHL1
       J=J-1   $ R=3                                                     YZAHL1
      GO TO 2000                                                         YZAHL1
```

```
C=================================================================== YZAHL1
C                                                                    YZAHL1
C                                                                    YZAHL1
C                                                                    YZAHL1
C        KOMMENTARKARTE 5                                            YZAHL1
C                                                                    YZAHL1
C        JAHRESZAHLEN                                                YZAHL1
C                                                                    YZAHL1
C                                                                    YZAHL1
C                                                                    YZAHL1
C=================================================================== YZAHL1
 1020 IF(ZAHLSP(5).NE.12.OR.ZAHLSP(4) .NE.1.OR.ZAHLSP(3).LE.2)GO TO 1050 YZAHL1
      IND=0                                                          YZAHL1
      KH=02                                                          YZAHL1
 1030 KH=IFFP(TEXT,KH-1,-KH,ZESPE(27),13,IND)                        YZAHL1
      IF(KH.EQ.0) GO TO  1050                                        YZAHL1
      IF(IND.EQ.1) GO TO 1040                                        YZAHL1
      IND=1                                                          YZAHL1
      GO TO 1030                                                     YZAHL1
 1040 KH=KH+1                                                        YZAHL1
       DO 4020 N=1,40,3                                              YZAHL1
      IF(KOMP(TEXT,KH,MOSPE,N,3).NE.0) GO TO 4020                    YZAHL1
      INDJAHR=1 $ GO TO 1050                                         YZAHL1
 4020 CONTINUE                                                       YZAHL1
C=================================================================== YZAHL1
C                                                                    YZAHL1
C                                                                    YZAHL1
C        KOMMENTARKARTE 6                                            YZAHL1
C                                                                    YZAHL1
C        ORDINALZAHLEN                                               YZAHL1
C                                                                    YZAHL1
C                                                                    YZAHL1
C                                                                    YZAHL1
C=================================================================== YZAHL1
 1050 DO 4040 N2=1,5                                                 YZAHL1
      IF(KOMP(TEXT,KE,AFFIX(N2,1),1,AFFIX(N2,2)+1).EQ.0) GO TO 1070  YZAHL1
 4040 OONTINUE                                                       YZAHL1
      O2= KE-1                                                       YZAHL1
```

```
      GO TO 1200                                                          YZAHL1
 1070 O2=KE+AFFIX(N2,2)                                                   YZAHL1
      K=N2+31                                                             YZAHL1
C        NEUVIE2ME                                                        YZAHL1
      IF(ZAHLSP(I).EQ.9) K=K+1                                            YZAHL1
      J=J-1 $ R=3 $ IF(N2.LT.5) INDSTOP=1                                 YZAHL1
      GO TO 2000                                                          YZAHL1
C======================================================================== YZAHL1
C                                                                         YZAHL1
C                                                                         YZAHL1
C          KOMMENTARKARTE 7                                               YZAHL1
C                                                                         YZAHL1
C         ZWEITES UMSPEICHERN VON BRUCH- UND DEZIMALZAHLEN                YZAHL1

M YZAHL       73/72    OPT=1                    FTN 4.6+420        21/10/77  15.34.23

C                                                                         YZAHL1
C                                                                         YZAHL1
C======================================================================== YZAHL1
 1060 IF(BRCHSTR.GT.0) DEZKOM=BRCHSTR                                     YZAHL1
       DO 4030 N1=1,16                                                    YZAHL1
      ZAHLSP(N1)=ZAHLSP(DEZKOM+N1)                                        YZAHL1
      IF(ZAHLSP(DEZKOM+N1).EQ.12)  GO TO 1065                             YZAHL1
 4030 CONTINUE                                                            YZAHL1
 1065 DO 4035 N=N1,16                                                     YZAHL1
 4035 ZAHLSP(N)=12                                                        YZAHL1
       BRCHSTR=0                                                          YZAHL1
      IEM=0                                                               YZAHL1
      J=J-2                                                               YZAHL1
      I=1                                                                 YZAHL1
      INDSTOP=0                                                           YZAHL1
      DEZKOM=0                                                            YZAHL1
      IN100=0                                                             YZAHL1
      IN1000=0                                                            YZAHL1
      INMILL=0 $ INMILIA=0                                                YZAHL1
      IF(ZAHLSP(1).NE.0.OR.ZAHLSP(2).NE.12) GO TO 1200                    YZAHL1
      K=2  $ INDSTOP=1 $ GO TO 2000                                       YZAHL1
```

```
C=========================================================================== YZAHL1
C                                                                           YZAHL1
C                                                                           YZAHL1
C        KOMMENTARKARTE 8                                                   YZAHL1
C                                                                           YZAHL1
C        EINERSTELLEN                                                       YZAHL1
C                                                                           YZAHL1
C                                                                           YZAHL1
C=========================================================================== YZAHL1
 1200 IF(ZAHLSP(I+1).NE.0.AND.ZAHLSP(I+1).LT.11) GO TO 1260                 YZAHL1
      IF(ZAHLSP(I+1).GT.10.AND.IN1000 .EQ.1) INDSTOP =1                     YZAHL1
C        EINGANG FUER IND1=1 UND IND2=1                                     YZAHL1
 1400 IF(SW.EQ.1) WRITE(6,6000) I                                           YZAHL1
      IF(SW.EQ.1) WRITE(6,6000) ZAHLSP(I)                                   YZAHL1
      IF(ZAHLSP(I).LE.1) GO TO 1530                                         YZAHL1
      IF(ZAHLSP(I).GT.9) GO TO 1540                                         YZAHL1
C        DEUX, TROIS, QUATRE, CINQ,SIX, SEPT, HUIT, NEUF                    YZAHL1
      IF(ZAHLSP(2).EQ.12.AND.DEZKOM.EQ.0) INDSTOP=1                         YZAHL1
      IF(ZAHLSP(I+1).EQ.0) IND2=1                                           YZAHL1
      K=ZAHLSP(I)+3 $ GO TO 2000                                            YZAHL1
 1530 IF(IN1000.EQ.1.AND.ZAHLSP(I+1).EQ.12.AND.DEZKOM.EQ.0) GO TO 3500      YZAHL1
      IF(DEZKOM.NE.I+1) GO TO 1533                                          YZAHL1
      K=1  $ J=J-2  $ GO TO 2000                                            YZAHL1
 1533 IF(ZAHLSP(I).NE.0)  GO TO 1535                                        YZAHL1
      I=I+2                                                                 YZAHL1
      IF(DEZKOM.EQ.0) GO TO 1600                                            YZAHL1
      IF(DEZKOM.EQ.I.AND.K.GT.12) GO TO 1534                                YZAHL1
      DEZPOS=DEZKOM-1                                                       YZAHL1
      I=I-2                                                                 YZAHL1
      DO 4050 I1=I,DEZPOS                                                   YZAHL1
      IF(ZAHLSP(I1).NE.0 ) GO TO 1600                                       YZAHL1
 4050 CONTINUE                                                              YZAHL1
      DEZPOS=DEZKOM-I1                                                      YZAHL1
      K=2                                                                   YZAHL1
        GO TO 2000                                                          YZAHL1
C=========================================================================== YZAHL1
```

```
C                                                                       YZAHL1
C                                                                       YZAHL1
C                                                                       YZAHL1
C         KOMMENTARKARTE 9                                              YZAHL1
C                                                                       YZAHL1
C         FEMININE ODER MASKULINE ENDUNG                                YZAHL1
C                                                                       YZAHL1
C                                                                       YZAHL1
C====================================================================== YZAHL1
 1534  K=1                                                              YZAHL1
      J=J-2                                                             YZAHL1
      GO TO 2000                                                        YZAHL1
C         FEMININE ODER MASKULINE ENDUNG                                YZAHL1
 1535 END =IFFP(TEXT,KE, 80-KE,  ZESPE(27), 13,1)                       YZAHL1
      END=IFFP(TEXT,END,-3,ZESPE(2),1,1,IZ)                             YZAHL1
C         DIE 1 IN 81,101,1 ETC WIRD ALS UN (NICHT: ET UN) UMSCHRIEBEN  YZAHL1
C         ET UN, ET UNE                                                 YZAHL1
C         IE2ME                                                         YZAHL1
      IF(ZAHLSP(I+1).EQ.0) IND2=1                                       YZAHL1
      IF(ZAHLSP(2).EQ.12) INDSTOP=1                                     YZAHL1
       IF(K.NE.36.AND.IZ.EQ.1) K=25                                     YZAHL1
      IF(K.NE.25) K=4                                                   YZAHL1
      IF(DEZKOM.NE.0) K=4                                               YZAHL1
      IF(ZAHLSP(I+1).NE.8.AND.ZAHLSP(I+1).NE.0.AND.ZAHLSP(I+1).NE.12)   YZAHL1
     1 GO TO 2000                                                       YZAHL1
C         UN, UNE                                                       YZAHL1
      IF(K.NE.36.AND.IZ.EQ.1) K=38                                      YZAHL1
      IF(K.NE.38.OR.DEZKOM.NE.0) K=3                                    YZAHL1
      GO TO 2000                                                        YZAHL1
C         VOR DER ZAHL STEHT EIN  BLANK. DIE TRANSFORMATION IST BEENDET YZAHL1
 1540 IF(ZAHLSP(I).EQ.12.AND.DEZKOM.EQ.0) GO TO 3500                    YZAHL1
C         VIRGULE                                                       YZAHL1
      J=J-3                                                             YZAHL1
      R=1                                                               YZAHL1
       K=1   $ GO TO 2000                                               YZAHL1
C====================================================================== YZAHL1
C                                                                       YZAHL1
C                                                                       YZAHL1
```

```
C                                                                          YZAHL1
C         KOMMENTARKARTE 10                                                YZAHL1
C                                                                          YZAHL1
C         ZEHNERSTELLEN                                                    YZAHL1
C                                                                          YZAHL1
C                                                                          YZAHL1
C========================================================================= YZAHL1
C         ZAHLEN VON 10 BIS 19                                             YZAHL1
 1260 IF(ZAHLSP(I+1).GT.1.AND.IND2.NE.2) GO TO 1270                        YZAHL1
      IF(ZAHLSP(I).GT.6) GO TO 1265                                        YZAHL1
      K=ZAHLSP(I)+13                                                       YZAHL1
      IND1=1                                                               YZAHL1
      IND2=0                                                               YZAHL1
      GO TO 2000                                                           YZAHL1
C         FUER ZAHLEN VON 17 BIS 20                                        YZAHL1
 1265 IF(IND2.NE.2) IND1=2 $ K=13 $ GO TO 2000                             YZAHL1
 1270 IF(ZAHLSP(I+1).GT.6) GO TO 1300                                      YZAHL1
C         20,30,40,50,60                                                   YZAHL1
      K=ZAHLSP(I+1)+18                                                     YZAHL1

AM YZAHL       73/72   OPT=1                  FTN 4.6+420        21/10/77  15.34.2

      IND1=2                                                               YZAHL1
      GO TO 2000                                                           YZAHL1
 1300 IF(ZAHLSP(I+1).GT.7) GO TO 1320                                      YZAHL1
C          70                                                              YZAHL1
      IND2=3    $ K=24 $ IF(ZAHLSP(I).EQ.1) K=29 $ GO TO 2000              YZAHL1
C         80,90                                                            YZAHL1
 1320 K=26 $ IND1=2 $ IF(ZAHLSP(I+1).EQ.9) IND2=3 $ GO TO 2000             YZAHL1
C         TRANSFORMATION BEENDET                                           YZAHL1
 1600 IF(ZAHLSP(I).GE.12) GO TO 3500                                       YZAHL1
      IF(ZAHLSP(I).EQ.0.AND.DEZKOM.EQ.0)     GO TO 1650                    YZAHL1
      IF(IN100.EQ.1) GO TO 1650                                            YZAHL1
      K=27                                                                 YZAHL1
C========================================================================= YZAHL1
C                                                                          YZAHL1
C                                                                          YZAHL1
```

```
C                                                                             YZAHL1
C          KOMMENTARKARTE 11                                                  YZAHL1
C                                                                             YZAHL1
C         JAHRESZAHLEN                                                        YZAHL1
C                                                                             YZAHL1
C                                                                             YZAHL1
C==================================================================== YZAHL1
      IF(INDJAHR.NE.1) GO TO 1610                                             YZAHL1
      IND3=1 $ J=J-1 $  GO TO 2000                                            YZAHL1
C         HUNDERTER                                                           YZAHL1
 1610 IF(ZAHLSP(I).NE.0.OR. DEZKOM.EQ.0) GO TO 1620                           YZAHL1
C       DEZIMALZAHLEN                                                         YZAHL1
      I2=DEZKOM-1                                                             YZAHL1
      DO 4052 N1=I,I2                                                         YZAHL1
      IF(ZAHLSP(N1).GT.0) GO TO  1620                                         YZAHL1
 4052 CONTINUE                                                                YZAHL1
        I=I-1                                                                 YZAHL1
      GO TO 2005                                                              YZAHL1
 1620  IN100=1                                                                YZAHL1
      IF(ZAHLSP(I).GT.1) IN100=2                                              YZAHL1
      J=J-1                                                                   YZAHL1
      GO TO 2000                                                              YZAHL1
C==================================================================== YZAHL1
C                                                                             YZAHL1
C                                                                             YZAHL1
C         KOMMENTARKARTE12                                                    YZAHL1
C                                                                             YZAHL1
C         ZAHLEN GROESSER GLEICH 1000                                         YZAHL1
C                                                                             YZAHL1
C                                                                             YZAHL1
C                                                                             YZAHL1
C==================================================================== YZAHL1
 1650 IN100=0                                                                 YZAHL1
      IF(INMILIA.EQ.1) GO TO 3500                                             YZAHL1
      IF(IN1000.EQ.1.OR.INMILL.EQ.1) GO TO  1700                              YZAHL1
      I=4                                                                     YZAHL1
C       DEZIMALZAHLEN                                                         YZAHL1
      IF(DEZKOM.EQ.0.OR.ZAHLSP(I).GT.0.AND.  ZAHLSP(I).NE.12) GO TO 1655 YZAHL1
      I2=DEZKOM-1                                                             YZAHL1
```

```
      DO 4055 N1=I,I2                                                   YZAHL1
      IF(ZAHLSP(N1).GT.0)  GO TO 1655                                   YZAHL1
 4055 CONTINUE                                                          YZAHL1

GRAM YZAHL      73/72   OPT=1                       FTN 4.6+420         21/10/77  15.34.2

       I=I-1                                                            YZAHL1
      GO TO 2005                                                        YZAHL1
 1655 IN1000 =1                                                         YZAHL1
      I=4 $ IF(ZAHLSP(I).EQ.12) GO TO 3500                              YZAHL1
      K=28 $  J=J-4 $R=3 $ GO TO 2000                                   YZAHL1
C        MILLION                                                        YZAHL1
 1700 IF(INMILL.EQ.1) GO TO 1750                                        YZAHL1
      I=7  $ IF(ZAHLSP(I).EQ.12) GO TO 3500                             YZAHL1
      IND3=1 $ K=30 $  INMILL=1 $ J=J-1 $ GO TO 2000                    YZAHL1
C        MILLIARDE                                                      YZAHL1
 1750  I=10 $ IF(ZAHLSP(I).EQ.12) GO TO 3500                            YZAHL1
      INMILIA=1                                                         YZAHL1
       INMILL=0 $ IND3=1 $ J=J-1 $    K=31 $ GO TO 2000                 YZAHL1
C====================================================================== YZAHL1
C                                                                       YZAHL1
C                                                                       YZAHL1
C                                                                       YZAHL1
C        KOMMENTARKARTE 13                                              YZAHL1
C                                                                       YZAHL1
C        KOPIEREN                                                       YZAHL1
C                                                                       YZAHL1
C                                                                       YZAHL1
C====================================================================== YZAHL1
 2000 IF(IND1.EQ.1.OR.IND2.EQ.2) R=1                                    YZAHL1
      IF(IND2.EQ.1) R=2                                                 YZAHL1
 2001 CALL MOVE (KOPIN(J+R),1,KOPSPE(K),1,10)                           YZAHL1
      IF(SW.EQ.1) WRITE (6,7000) KOPIN(J+R)                             YZAHL1
      IF(SW.EQ.1) WRITE (6,6000) J+R                                    YZAHL1
       R=0                                                              YZAHL1
C        BRUCHZAHLEN                                                    YZAHL1
      IF(K.GT.38.OR.K.EQ.1) GO TO 1060                                  YZAHL1
```

```
C        DEZIMALE NULLEN                                                   YZAHL1
      IF(DEZKOM.EQ.0) GO TO 2010                                           YZAHL1
C        MILE KOPIERT                                                      YZAHL1
      IF(K.EQ.28.AND. ZAHLSP(I).GT.1)  GO TO 2070                          YZAHL1
 2005 I1=I+1                                                               YZAHL1
      IF(I1.EQ.DEZKOM)  GO TO 2006                                         YZAHL1
      I2=DEZKOM-1                                                          YZAHL1
      DO 4060 N1=I1,I2                                                     YZAHL1
      IF(ZAHLSP(N1).GT.0) GO TO 2010                                       YZAHL1
 4060 CONTINUE                                                             YZAHL1
      DO 4070 N1=I1,I2                                                     YZAHL1
      J=J-1                                                                YZAHL1
      CALL MOVE(KOPIN(J),1,KOPSPE(2),1,10)                                 YZAHL1
 4070 CONTINUE                                                             YZAHL1
C        VIRGULE                                                           YZAHL1
 2006 IND2=0                                                               YZAHL1
      IN100 =0                                                             YZAHL1
      J=J-3                                                                YZAHL1
      K=1  $ GO TO 2001                                                    YZAHL1
 2010 IF(INDSTOP.EQ.1) GO TO 3500                                          YZAHL1
      IF(IND3.NE.1) GO TO 2020                                             YZAHL1
      IND3=0 $ J=J-3                                                       YZAHL1
      GO TO 1200                                                           YZAHL1
 2020 IF(IND1.NE.2) GO TO 2030                                             YZAHL1
      IND1=1                                                               YZAHL1
      GO TO 1400                                                           YZAHL1

 YZAHL       73/72   OPT=1                    FTN 4.6+420        21/10/77  15.34.23

 2030 IF(IND2.NE.3) GO TO 2040                                             YZAHL1
      IND2=2                                                               YZAHL1
      GO TO 1260                                                           YZAHL1
 2040 IF(IND2.NE.2) GO TO 2050                                             YZAHL1
      IND2=1                                                               YZAHL1
      GO TO 1400                                                           YZAHL1
 2050 IF(IND1.NE.1) GO TO 2060                                             YZAHL1
```

```
      IND1=0
        I=I+2
      GO TO 1600
 2060 IF(IND2.NE.1) GO TO 2070
      IND2=0
      I=I+2
      J=J-3
      GO TO 1600
 2070 IF(INDJAHR.EQ.1) GO TO 3500
      IF(IN100.NE.2) GO TO 2080
      IN100=1
      J=J-1
      GO TO 1400
 2080 IF(IN100.EQ.1) GO TO 1650
      GO TO 1200
C         IE2ME, VIE2ME WIRD AN DIE ZAHL HERANGESCHOBEN
C       DER BRUCHSTRICH WIRD ALS SUR TRANSFORMIERT
 3500 IF(BRCHSTR.EQ.0) GO TO 3510
C        KEIN SUR KOPIEREN
      IF(IEM.EQ.1) GO TO 1060
      K=39
       J=J-4 $ R=3
      GO TO 2000
 3510 DO 4100 J=36,37
      IF(KOMP(KOPIN,291,KOPSPE(J),1,6).NE.0) GO TO 4100
      END=IFFP(KOPIN,290,-290,ZESPE,26,1)
       IF(J.EQ.36) END=END+1
      CALL MOVE(KOPIN,END,KOPIN,291,6)
       KOPIN(30) =BLANK
       GO TO 3600
 4100 CONTINUE
```

```
C============================================================================ YZAHL1     496
C                                                                            YZAHL1     497
C                                                                            YZAHL1     498
C                                                                            YZAHL1     499
C        KOMMENTARKARTE 14                                                   YZAHL1     500
C                                                                            YZAHL1     501
C        AUSDRUCK                                                            YZAHL1     502
C                                                                            YZAHL1     503
C                                                                            YZAHL1     504
C============================================================================ YZAHL1     505
C                                                                            YZAHL1     506
C        RESTZEILE SAEUBERN                                                  YZAHL1     507
 3600 DO 4150 J=03,80                                                        YZAHL1     508
 4150 CALL      MOVE(OUTZEIL,J,1H ,1,1)                                      YZAHL1     509
      DO 4200 J=1,30                                                         YZAHL1     510
      NEND=IFFP(KOPIN(J),10,-10,ZESPE,26,1)+1                                YZAHL1     511
       IF (NEND.LE.2)    GO TO 4200                                          YZAHL1     512
      CALL MOVE(OUTZEIL,O3, KOPIN(J), 1, NEND-1)                             YZAHL1     513
      O3=O3+NEND+1                                                           YZAHL1     514

I YZAHL      73/72    OPT=1                        FTN 4.6+420        21/10/77  15.34.2

      IF(O3.LT.60)   GO TO 4200                                              YZAHL1     515
      WRITE(6,5002) (OUTZEIL(I),I=1,8)                                       YZAHL1     516
      IF(SW.EQ.2)  WRITE(3,870)  (OUTZEIL(I),I=1,8)                          YZAHL1     517
      O3=1                                                                   YZAHL1     518
      DO 4170 J1=1,8                                                         YZAHL1     519
 4170 OUTZEIL(J1)=BLANK                                                      YZAHL1     520
 4200 CONTINUE                                                               YZAHL1     521
      GO TO   5100                                                           YZAHL1     522
      END                                                                    YZAHL1     523
```

```
      PROGRAM YPHONE(TAPE3, INPUT, OUTPUT, DATA, TAPE10, TAPE2 ,        YPHONE1
     1 TAPE1=INPUT, TAPE6 = OUTPUT, TAPE5= DATA)                        YPHONE1
      IMPLICIT INTEGER (A-Z)                                            YPHONE1
      INTEGER WOSPE(9,1024), TAB(8), TEXT(150), ZESPE(50),              YPHONE1
     1 AUSPE(100),VOSPE(4,255),NASPE(2,128),LIAISP(5),                  YPHONE1
     2                                KARTE(8),BUPHSP(6),BEDSPE(9 YPHONE1
     3,2), BEDSP2(13), BU(300),  BUPH(6),  BUPHIN(53),                  YPHONE1
     4ADJDET(2,31),ETRESP(15),ETRIND(15),SUBDET(3,127) ,VRBDET(3,31)    YPHONE1
     5 ,OBSP(10), DELATGR(15), SEMVOK(10), OKKLSP(10), LANGSP(2,5),     YPHONE1
     6  VOKTIF(15), PRAEFIX(2,10), KONVCL (10), KONVOIC(10)             YPHONE1
     7, VRBSUBD(2)                                                      YPHONE1
      COMMON WOSPE,TEXT,ZESPE,ADJDET,ETRESP,ETRIND,SUBDET,VRBDET,       YPHONE1
     1 VWRT, SW, AUSPE, O1, VOSPE, NASPE, LIAISP, P1, VRBSUBD,          YPHONE1
     2 SWOTP , OBSP, DELATGR, SEMVOK , OKKLSP , LANGSP, VOKTIF, PRAEFIX YPHONE1
     3, KONVCL ,  KONVOIC                                               YPHONE1
      DATA DOLLAR/10R$$$$$$$$$$/,BLOCK/2LEC/,BLANK/10L         /        YPHONE1
     1,TAB/00010203040506070000B,10111213141516170000B,2021222324252627 0 YPHONE1
     2000B,30313233343536370000B,40414243444546470000B,5051525354555657 0 YPHONE1
     3000B,60616263646566670000B,70717273747576770000B/                 YPHONE1
C                                                                       YPHONE1
C                                                                       YPHONE1
C====================================================================== YPHONE1
C                                                                       YPHONE1
C                                                                       YPHONE1
C           KOMMENTARKARTE 1                                            YPHONE1
C                                                                       YPHONE1
C           EINLESEN DER SPEICHERINHALTE                                YPHONE1
C                                                                       YPHONE1
C                                                                       YPHONE1
C====================================================================== YPHONE1
      NSTELL=1200                                                       YPHONE1
       LOOKUPI=0                                                        YPHONE1
      VAR=0                                                             YPHONE1
      P1=1                                                              YPHONE1
      BUPOS=1                                                           YPHONE1
C        LIES DIE PARAMETER FUER SWPR, SW UND SWOTP EIN                 YPHONE1
C        FUER SWPR WERDEN DIE SPEICHERINHALTE AUSGEDRUCKT               YPHONE1
```

```
C       SW STEUERT KONTROLLAUSDRUCKE. FUER SW=1 KONTROLLAUSDRUCK
C        IN YPHONE, 2= KONTROLLAUSDRUCK IN YINSTA, 3= KONTROLLAUSDRUCK
C        IN YLIAIS, 4= KONTROLLAUSDRUCK IN LOOKUP.
C         SWOTP STEUERT DIE WAHL DER OBERFLAECHENSPRACHEN
C         IN DER DRITTEN TRANSFORMATIONSFUNKTION (SUBROUTINE
C         YINSTA)
C         INSW STEUERT DIE WAHL DES EINGABEBANDES
      WRITE(6,31)
      READ(1,5004) SWPR       , SW, SWOTP, INSW
 5004 FORMAT(4I1)
      WRITE(6,5) SW
       READ(5,904)(ZESPE(K),K=1,39)
  904 FORMAT(39R1)
       IF(SWPR.EQ.1)  WRITE(6,901) (ZESPE(K),K=1,39)
  901 FORMAT(" ",39R1)
      DO 905 K=1,127
      READ(5,906)(VOSPE(I,K),I=1,4)
       IF(SWPR.EQ.1)  WRITE(6,902)(VOSPE(I,K),I=1,4)
      IF(VOSPE(3,K).EQ.10HZZZZZZZZZZ)   GO TO 850
  905 CONTINUE

YPHONE     73/72   OPT=1                        FTN 4.6+420        11/10/77  15.15.

  906 FORMAT(I2,I2,2A10)
  902 FORMAT(" ",I2,I2,2A10)
  850  DO 851 L=K,127
      VOSPE(1,L)= 0
      VOSPE(2,L)=10
       VOSPE(3,L)=10HZZZZZZZZZZ
  851 CONTINUE
      DO 908 K=1,127
      READ(5,907)(NASPE(I,K),I=1,2)
       IF(SWPR.EQ.1)  WRITE(6,909) (NASPE(I,K),I=1,2)
      IF(NASPE(2,K).EQ.10HZZZZZZZZZZ)   GO TO 860
  908 CONTINUE
  907 FORMAT(I4,A10)
  909 FORMAT(" ",I4,A10)
```

```
860 DO 861 L=K,127                                    YPHONE1
     NASPE(1,L)=10                                    YPHONE1
    NASPE(2,L)=10HZZZZZZZZZZ                          YPHONE1
861 CONTINUE                                          YPHONE1
    DO 910 K=1,31                                     YPHONE1
    READ(5,911)(ADJDET(I,K),I=1,2)                    YPHONE1
911 FORMAT(I1,A10)                                    YPHONE1
    IF(SWPR.EQ.1) WRITE(6,912)(ADJDET(I,K),I=1,2)     YPHONE1
912 FORMAT(* *,I1,A10)                                YPHONE1
    IF(ADJDET(2,K).EQ.10HZZZZZZZZZZ) GO TO 865        YPHONE1
910 CONTINUE                                          YPHONE1
865 DO 866 L=K,31                                     YPHONE1
    ADJDET(1,L) =9                                    YPHONE1
    ADJDET(2,L)=10HZZZZZZZZZZ                         YPHONE1
866 CONTINUE                                          YPHONE1
    READ(5,913)(ETRESP(I),I=1,15)                     YPHONE1
913 FORMAT(A4,14A5)                                   YPHONE1
    IF(SWPR.EQ.1) WRITE(6,914)(ETRESP(I),I=1,15)      YPHONE1
914 FORMAT(* *A4,14A5)                                YPHONE1
    READ(5,946) (ETRIND(I),I=1,15)                    YPHONE1
946 FORMAT(15I1)                                      YPHONE1
     IF(SWPR.EQ.1)  WRITE(6,947) (ETRIND(I),I=1,15)   YPHONE1
947 FORMAT(* *,15I1)                                  YPHONE1
    DO 915 K=1,127                                    YPHONE1
    READ(5,916)(SUBDET(I,K),I=1,3)                    YPHONE1
916 FORMAT(2I1,A10)                                   YPHONE1
    IF(SWPR.EQ.1) WRITE(6,917) (SUBDET(I,K),I=1,3)    YPHONE1
917 FORMAT(* *,2I1,A10)                               YPHONE1
    IF(SUBDET(3,K).EQ.10HZZZZZZZZZZ)  GO TO 870       YPHONE1
915 CONTINUE                                          YPHONE1
870 DO 871 L=K,127                                    YPHONE1
    SUBDET(1,L) =0                                    YPHONE1
    SUBDET(2,L)=9                                     YPHONE1
    SUBDET(3,L)=10HZZZZZZZZZZ                         YPHONE1
871 CONTINUE                                          YPHONE1
    DO 943 K=1,31                                     YPHONE1
    READ(5,944)(VRBDET(I,K),I=1,3)                    YPHONE1
944 FORMAT(I1,I2,A10)                                 YPHONE1
    IF(SWPR.EQ.1) WRITE(6,945) (VRBDET(I,K),I=1,3)    YPHONE1
945 FORMAT(* *,I1,I2,A10)                             YPHONE1
    IF(VRBDET(3,K).EQ.10HZZZZZZZZZZ) GO TO 880        YPHONE1
```

```
  943 CONTINUE
  880 DO 881 L=K,31
```



```
      VRBDET(1,L)=0
      VRBDET(2,L)=10
      VRBDET(3,L)   =     10HZZZZZZZZZZ
  881 CONTINUE
      READ(5,883) VRBSUBD
      IF(SWPR.EQ.1)   WRITE(6,884) VRBSUBD
  883 FORMAT(2A10)
  884 FORMAT(" ",2A10)
      READ(5,918)  (OKKLSP(J),J=1,10)
      IF(SWPR.EQ.1) WRITE(6,919)  (OKKLSP(J),J=1,10)
  918 FORMAT(10A2)
  919 FORMAT(" ",10A2)
      READ(5,918) (OBSP(J),J=1,10)
      IF(SWPR.EQ. 1) WRITE(6,919) (OBSP(J),J=1,10)
      READ(5,918) (KONVOIC(J),J=1,10)
      IF(SWPR.EQ.1)  WRITE (6,919) (KONVOIC(J),J=1,10)
      READ(5,918) (KONVCL(J),J=1,10)
      IF(SWPR.EQ.1) WRITE(6,919) (KONVCL(J),J=1,10)
      READ(5,918) (SEMVOK(J),J=1,10)
      IF(SWPR.EQ.1)  WRITE(6,919) (SEMVOK(J),J=1,10)
      READ(5,918)  (VOKTIF(J),J=1,10)
      IF(SWPR.EQ.1) WRITE(6,919)  (VOKTIF(J), J=1,10)
      READ(5,920) (DELATGR(J),J=1,15)
      IF(SWPR.EQ.1) WRITE(6,921) (DELATGR(J),J=1,15)
  920 FORMAT(15A4)
  921 FORMAT(" ",15A4)
      READ(5,922) ((LANGSP(I,J),I=1,2),J=1,5)
      IF(SWPR.EQ.1) WRITE(6,923) ((LANGSP(I,J),I=1,2),J=1,5)
  922 FORMAT(5(A4,I2))
  923 FORMAT(" ",5(A4,I2))
      READ(5,924)  ((PRAEFIX(I,J),I=1,2),J=1,10)
      IF(SWPR.EQ.1) WRITE(6,925)((PRAEFIX(I,J),I=1,2),J=1,10)
```

```
 924 FORMAT(10(A6,I2) )
 925 FORMAT(" ",10(A6,I2))
     CALL OPENMS(3,BU,300,0)
     X1=1
     BUPHIN(1)=0
     DO 930 Y=1,299
     READ(5,932) (BUPH(I),I=1,6)
     IF(SWPR.EQ.1)  WRITE(6,933) (BUPH(I),I=1,6)
     CALL WRITMS(3,BUPH,6,Y)
 932 FORMAT(A10,I2,3I4,A10)
 933 FORMAT(* *,A10,I2,3I4,A10)
     IF(BUPH(1).NE.DOLLAR)   GO TO 930
     X1=X1+1
     BUPHIN(X1)=Y
     IF(SWPR.EQ.1) WRITE(6,5) Y
   5 FORMAT(* *,I4)
     IF(X1.EQ.53) GO TO 939
 930 CONTINUE
 939 DO 940 K=1,9
     READ(5,941)(BEDSPE(K,I),I=1,2)
      IF(SWPR.EQ.1)  WRITE(6,897) (BEDSPE(K,I),I=1,2)
 941 FORMAT(A8,I4)
 897 FORMAT(" ",A8,I4)
 940 CONTINUE
     DO 950 K=1,13

YPHONE      73/72    OPT=1                        FTN 4.6+420          11/10/77  15.15.49

     READ(5,951)  BEDSP2(K)
     IF(SWPR.EQ.1) WRITE(6,896) BEDSP2(K)
 951 FORMAT(A2)
 896 FORMAT(" ",A2)
 950 CONTINUE
     READ(5,960)(LIAISP(I),I=1,5)
      IF(SWPR.EQ.1)  WRITE(6,961) (LIAISP(I),I=1,5)
 960 FORMAT(4A2,A4)
 961 FORMAT(" ",4A2,A4)
```

```
      DO 1001 K=1,1024                                                  YPHONE1    182
      READ(5,1) (WOSPE(I,K),I=1,9)                                      YPHONE1    183
      IF(SWPR.EQ.1) WRITE(6,2) (WOSPE(I,K),I=1,9)                       YPHONE1    184
    1 FORMAT(2I2,7A10)                                                  YPHONE1    185
    2 FORMAT(" ",2I2,7A10)                                              YPHONE1    186
      IF(WOSPE(3,K).EQ.10HZZZZZZZZZZ) GO TO 970                         YPHONE1    187
 1001 CONTINUE                                                          YPHONE1    188
  970 DO 971 L=K,1024                                                   YPHONE1    189
      WOSPE(1,L)=0                                                      YPHONE1    190
      WOSPE(2,L)=10                                                     YPHONE1    191
      WOSPE(3,L)=10HZZZZZZZZZZ                                          YPHONE1    192
  971 CONTINUE                                                          YPHONE1    193
      DO 973 L=1,100                                                    YPHONE2      1
  973  AUSPE(L)=10H                                                     YPHONE2      2
C======================================================================= YPHONE1    194
C         KOMMENTARKARTE 2                                              YPHONE1    197
C                                                                       YPHONE1    198
C         EINLESEN DES TEXTS                                            YPHONE1    199
C         UMSPEICHERN VON KARTE NACH TEXT                               YPHONE1    200
C                                                                       YPHONE1    201
C======================================================================= YPHONE1    202
 2510 KK=15                                                             YPHONE1    203
      IF (VAR.EQ.0) GO TO 11                                            YPHONE1    204
      IF(VAR.GT.80) KK=14                                               YPHONE1    205
      CALL MOVE(TEXT,1,TEXT,NSTELL+1,VAR)                               YPHONE1    206
   11 VAR1=VAR+1                                                        YPHONE1    207
      DO 1006 KKB=VAR1,1500                                             YPHONE1    208
 1006 CALL MOVE(TEXT,KKB,BLANK,1,1)                                     YPHONE1    209
      WRITE(6,31)                                                       YPHONE1    210
   31 FORMAT(" ","INPUT EINLESEN")                                      YPHONE1    211
      DO 1004 K=1,KK                                                    YPHONE1    212
       READ( INSW,10)    (KARTE(I), I=1,8)                              YPHONE1    213
      WRITE(6,20)(KARTE(I),I=1,8)                                       YPHONE1    214
   10 FORMAT(8A10)                                                      YPHONE1    215
   20 FORMAT(" ",8A10)                                                  YPHONE1    216
      IF (KARTE(1).NE. DOLLAR) GO TO 1007                               YPHONE1    217
      NSTELL=VAR+(K-1)*80                                               YPHONE1    218
      01=0                                                              YPHONE1    219
      GO TO 2512                                                        YPHONE1    220
```

```
 1007 CALL MOVE(TEXT,VAR+1+(K-1)*80,KARTE,1,80)                          YPHONE1
 1004 CONTINUE                                                           YPHONE1
      NSTELL=IFFP(TEXT,VAR+1+(K+1)*80,-300,ZESPE(29),10,1)               YPHONE1
      WRITE (6,5030) NSTELL,VAR                                          YPHONE1
 5030 FORMAT (" ",7X,"NSTELL=",I4,4X,"VAR=",I4)                          YPHONE1
      VAR=IFFP(TEXT,VAR+1+(K+1)*80,-250,ZESPE(28),1,0)                   YPHONE1
      VAR=VAR-NSTELL                                                     YPHONE1
      WRITE(6,5031) VAR                                                  YPHONE1
 5031 FORMAT(" ",4X,"VAR=",I4)                                           YPHONE1


M YPHONE      73/72    OPT=1                FTN 4.6+420       11/10/77  15.15.4


      WRITE(6,5003) TEXT                                                 YPHONE1
 5003 FORMAT(" ",13A10)                                                  YPHONE1
      O1=0                                                               YPHONE1
 2512 O1=O1+1                                                            YPHONE1
      IF(SW.EQ.1) WRITE(6,5) O1                                          YPHONE1
 2513 IF((O1.GE.NSTELL).AND.(KARTE(1)).EQ.DOLLAR) GO TO 2516             YPHONE1
      IF(O1.GT.NSTELL) GO TO 2510                                        YPHONE1
      KE=ICPC(TEXT,O1,ZESPE,39)                                          YPHONE1
      IF(SW.EQ.1) WRITE(6,5) KE                                          YPHONE1
      IF(KE.LT.27) GO TO 2540                                            YPHONE1
 2535 IF(KE.EQ.27) IND1=1                                                YPHONE1
      CALL MOVE(AUSPE,P1,ZESPE(KE),10,1)                                 YPHONE1
      P1=P1+1                                                            YPHONE1
      IF(SW.EQ.1) WRITE(6,5) P1                                          YPHONE1
      IF(KE.LT. 29.OR.KE.GT.34.OR.P1.LT.40) GO TO 2512                   YPHONE1
C================================================================= YPHONE1
C                                                                        YPHONE1
C                                                                        YPHONE1
C        KOMMENTARKARTE 3                                                YPHONE1
C                                                                        YPHONE1
C        AUFRUF DES UNTERPROGRAMMS YINSTA. YINSTA IST DIE COMPUTATIVE    YPHONE1
C        REALISATION DER FUNKTION H                                      YPHONE1
C                                                                        YPHONE1
C                                                                        YPHONE1
C================================================================= YPHONE1
```

```
 2516 CALL YINSTA                                                       YPHONE1    255
C                                                                       YPHONE1    256
C                                                                       YPHONE1    257
C        DAS UNTERPROGRAMM YINSTA TILGT DAS E INSTABLE AN GEWISSEN,     YPHONE1    258
C        WOHLDEFINIERTEN KONTEXTEN, INPUT DIESER PROGRAMMIERTEN         YPHONE1    259
C        PHONOLOGISCHEN TRANSFORMATIONSGRAMMATIK SIND ARCHIPHONEMATISCHE YPHONE1   260
C        KETTEN, DIE DIE TRANSFORME DER ERSTEN TRANSFORMATIONS-         YPHONE1    261
C        PROGRAMME SIND.                                                YPHONE1    262
C                                                                       YPHONE1    263
C                                                                       YPHONE1    264
      IF(O1.GT.NSTELL.AND.KARTE(1).EQ.DOLLAR) GO TO 9999                YPHONE1    265
      P1=1                                                              YPHONE1    266
      DO 1005 W=1,100                                                   YPHONE1    267
 1005 AUSPE(W)=BLANK                                                    YPHONE1    268
      IF(SW.EQ.1) WRITE(6,5) P1                                         YPHONE1    269
      GO TO 2512                                                        YPHONE1    270
 2540  Z=KE                                                             YPHONE1    271
      IF(Z.LT.8) GO TO 2046                                             YPHONE1    272
      IF (IND1.EQ.2) IND1=0                                             YPHONE1    273
      IF (IND1.EQ.1) IND1=2                                             YPHONE1    274
      GO TO 2048                                                        YFHONE1    275
 2046 IF (IND1.NE.2) GO TO 2047                                         YPHONE1    276
      IND1=0                                                            YPHONE1    277
      GO TO 2048                                                        YPHONE1    278
 2047 IF (IND1.EQ.1) IND1=2                                             YPHONE1    279
C                                                                       YPHONE1    280
C                                                                       YPHONE1    281
C                                                                       YPHONE1    282
C   DAS UNTERPROGRAMM YLIAIS SETZT DIE FUER DIE LIAISON RELEVANTEN      YPHONE1    283
C   PHONEME. ES WIRD AUFGERUFEN, WENN EINE NEUE GRAPHISCHE EINHEIT      YPHONE1    284
C   MIT EINEM VOKALGRAPHEM BEGINNT. DAS PROGRAMM PRUEFT, OB             YPHONE1    285
C   DANN EIN LIGEM GESETZT WIRD                                         YPHONE1    286

 YPHONE      73/72   OPT=1                         FTN 4.6+420        11/10/77  15.15.49

C                                                                       YPHONE1    287
```

```
C=====================================================================  YPHONE1
C=====================================================================  YPHONE1
C                                                                       YPHONE1
C                                                                       YPHONE1
C        KOMMENTARKARTE 4                                               YPHONE1
C                                                                       YPHONE1
C=====================================================================  YPHONE1
        CALL YLIAIS                                                     YPHONE1
C                                                                       YPHONE1
C                                                                       YPHONE1
C   IM LEXIKON WOSPE, DAS DURCH DIE LOOKUP SUBROUTINE AUFGERUFEN        YPHONE1
C   WIRD,SIND ALLE JENE GRAPHEMFOLGEN ENTHALTEN, AUF DEREN              YPHONE1
C   TEILKETTEN DIE ALLGEMEINEREN GRAPHEM- PHONEM- ZUORDNUNGS-           YPHONE1
C   REGELN NICHT EINDEUTIG OPERIEREN                                    YPHONE1
C                                                                       YPHONE1
C                                                                       YPHONE1
 2048 LOOKUPI=1                                                         YPHONE1
      X1=BUPHIN(3)-1                                                    YPHONE1
      X2=BUPHIN(3)                                                      YPHONE1
      GO TO 3020                                                        YPHONE1
 2999 KE=ICPC(TEXT,01,ZESPE,39)                                         YPHONE1
C         DIAKRITISCHE ZEICHEN                                          YPHONE1
      IF(KE.EQ.0) GO TO 2512                                            YPHONE1
      IF(SW.EQ.1) WRITE(6,5) KE                                         YPHONE1
      IF(KE.GT.26) GO TO 2535                                           YPHONE1
      Z=KE                                                              YPHONE1
C=====================================================================  YPHONE1
C                                                                       YPHONE1
C                                                                       YPHONE1
C=====================================================================  YPHONE1
C                                                                       YPHONE1
C        KOMMENTARKARTE 5                                               YPHONE1
C                                                                       YPHONE1
C   GRAPHEMTEILKETTEN SIND MEIST UNTER GEWISSEN, IM PROGRAMM            YPHONE1
C   SPEZIFIZIERTEN KONTEXTBEDINGUNGEN PHONEMKETTEN EINDEUTIG            YPHONE1
C   ZUZUORDNEN. GRAPHEMAUSLAUT UND GRAPHEMINLAUT SIND WICHTIGE          YPHONE1
C   KONTEXTBEDINGUNGEN                                                  YPHONE1
C                                                                       YPHONE1
C                                                                       YPHONE1
C=====================================================================  YPHONE1
```

```
      X1=BUPHIN(KE)+1                                                   YPHONE1
      X2=BUPHIN(KE+1)-1                                                 YPHONE1
      IF(X1.LE.X2)  GO TO 3020                                          YPHONE1
 3010 Z=Z+26                                                            YPHONE1
      X1=BUPHIN(Z)+1                                                    YPHONE1
      X2=BUPHIN(Z+1)-1                                                  YPHONE1
 3020 DO 1040 Y=X1,X2                                                   YPHONE1
      IF(LOOKUPI.NE.1) GO TO 3021                                       YPHONE1
      CALL LOOKUP,RETURNS(3021,3010,3104,1040)                          YPHONE1
      LOOKUPI=0                                                         YPHONE1
      GO TO 2999                                                        YPHONE1
 3021 IF(SW.EQ.1) WRITE(6,5) Y                                          YPHONE1
      CALL READMS (3,BUPHSP,6,Y)                                        YPHONE1
      IF(SW.EQ.1) WRITE(6,5) BUPHSP(3)                                  YPHONE1
C====================================================================== YPHONE1
```

```
 YPHONE      73/72    OPT=1                        FTN 4.6+420        11/10/77  15.15.
```

```
C                                                                       YPHONE1
C        KOMMENTARKARTE 6                                               YPHONE1
C                                                                       YPHONE1
C                                                                       YPHONE1
C   DIE FUER DIE GRAPHEMFOLGEN GUELTIGEN KONTEXTBEDINGUNGEN             YPHONE1
C   WERDEN FUER EINZELNE GRAPHEMFOLGEN ZUSAMMENGEFASST DURCHGECHECKT    YPHONE1
C                                                                       YPHONE1
C                                                                       YPHONE1
C====================================================================== YPHONE1
      IF(KOMP(TEXT,O1,BUPHSP(1),1,BUPHSP(3),TAB).NE.0) GO TO 1040       YPHONE1
      IF (Z.GT.26) GO TO 3070                                           YPHONE1
      OZAHL=BUPHSP(3)+O1                                                YPHONE1
      IF(SW.EQ.1) WRITE(6,5) OZAHL                                      YPHONE1
      KK=ICPC(TEXT,OZAHL,ZESPE,39)                                      YPHONE1
      IF(SW.EQ.1) WRITE(6,5) KK                                         YPHONE1
      IF((KK.EQ.14.OR.KK.EQ.15).AND.ICPC(TEXT,OZAHL+1,ZESPE,39)         YPHONE1
     1 .GT.26.AND.(BUPHSP(4).EQ.0.OR.BUPHSP(4).EQ.3.AND.BUPHSP(3).EQ.   YPHONE1
     2  1. OR. BUPHSP(4).EQ.13))     GO TO 3085                         YPHONE1
      IF(ICPC(TEXT,O1+1,ZESPE(36),1).EQ.1) GO TO 3081                   YPHONE1
```

```
      IF (KK.LT.27) GO TO 3010                                          YPHONE1
      IF(BUPHSP(4).EQ.0) GO TO 3081                                     YPHONE1
      IF (BUPHSP(4).NE.3) GO TO 3070                                    YPHONE1
      IF(O1-2.LE.0) GO TO 3105                                          YPHONE1
      IF(ICPC(TEXT,O1-2,ZESPE(27),13).NE.0) GO TO 3105                  YPHONE1
C====================================================================== YPHONE1
C          KOMMENTARKARTE 7                                             YPHONE1
C                                                                       YPHONE1
C         BEDINGUNG 3                                                   YPHONE1
C                                                                       YPHONE1
C====================================================================== YPHONE1
C         -ES                                                           YPHONE1
      IF(BUPHSP(3).EQ.2) GO TO 1040                                     YPHONE1
C         -E                                                            YPHONE1
      IF(BUPHSP(3).EQ.1) GO TO 3104                                     YPHONE1
      CALL ENT1,RETURNS(3021,3010,3104,1040)                            YPHONE1
C         -E                                                            YPHONE1
C         JE, ME, TE, CE ETC                                            YPHONE1
 3105 IF(BUPHSP(3).EQ.1) GO TO 3081                                     YPHONE1
C     LENT,SENT, ETC.                                                   YPHONE1
      IF(BUPHSP(3).EQ.3) GO TO 3010                                     YPHONE1
C    SES, MES, TES                                                      YPHONE1
      IF(BUPHSP(3).EQ.2) GO TO 3081                                     YPHONE1
      GO TO 1040                                                        YPHONE1
C         BEI AUFRUF VON LOOKUP VON IENT  VERB                          YPHONE1
 3104 IF(KK.GT.28.OR.Z.EQ.4) GO TO 3081                                 YPHONE1
      KK=ICPC(TEXT,OZAHL,ZESPE,39)                                      YPHONE1
      IF(SW.EQ.1) WRITE(6,5) KK                                         YPHONE1
      IF(KK.GT.26) OZAHL=OZAHL+1                                        YPHONE1
      IF(KK.GT.26) GO TO 3104                                           YPHONE1
      IF (KK.GE.4) GO TO 3100                                           YPHONE1
      IF (KK.GE.1) GO TO 3101                                           YPHONE1
C====================================================================== YPHONE1
C                                                                       YPHONE1
C         KOMMENTARKARTE 8                                              YPHONE1
C                                                                       YPHONE1
C         SCHWA VOR LIGEMFEINDLICHEM ANLAUT BLEIBT ERHALTEN             YPHONE1
C                                                                       YPHONE1
```

```
C==================================================================== YPHONE1
 3100 IF (KK.GT.7) GO TO 3081                                           YPHONE1
      YBAS=64                                                           YPHONE1
      IF(SW.EQ.1) WRITE(6,5) YBAS                                       YPHONE1
      DO 1061 Y1=1,7                                                    YPHONE1
      YX=6-Y1                                                           YPHONE1
      IF(KOMP(TEXT,OZAHL,NASPE(2,YBAS),1,NASPE(1,YBAS))) 3090,3091,3092 YPHONE1
 3090 YBAS=YBAS-2**YX                                                   YPHONE1
      GO TO 1061                                                        YPHONE1
 3091 IF(NASPE(1,YBAS).LE.3.AND.ICPC(TEXT,OZAHL+NASPE(1,YBAS),ZESPE(27), YPHONE1
     113).EQ.0) GO TO 3092                                              YPHONE1
      IF(KK.EQ.7.OR.KK.EQ.5) GO TO 3081                                 YPHONE1
      GO TO 3101                                                        YPHONE1
 3092 YBAS=YBAS+2**YX                                                   YPHONE1
 1061 CONTINUE                                                          YPHONE1
      IF(KK.EQ.7.OR.KK.EQ.5) GO TO 3101                                 YPHONE1
      GO TO 3081                                                        YPHONE1
 3085 BUPHSP(2)=BUPHSP(2)+1                                             YPHONE1
      OZAHL=OZAHL+1                                                     YPHONE1
      IF(BUPHSP(4).EQ.3)  GO TO 3104                                    YPHONE1
      IF(BUPHSP(4).NE.0)     GO TO 3070                                 YPHONE1
      GO TO 3081                                                        YPHONE1
 3101 O1=O1+BUPHSP(2)                                                   YPHONE1
      GO TO 2513                                                        YPHONE1
C==================================================================== YPHONE1
C                                                                       YPHONE1
C          KOMMENTARKARTE 9                                             YPHONE1
C                                                                       YPHONE1
C     BEDINGUNGEN DER ZUGEHOERIGKEIT ZU EINER GRAPHONEMISCHEN           YPHONE1
C        RELATION                                                       YPHONE1
C==================================================================== YPHONE1
 3070 IF (BUPHSP(4).EQ.0) GO TO 3081                                    YPHONE1
      IF(SW.EQ.1) WRITE(6,5) BUPHSP(4)                                  YPHONE1
      GO TO (3069,3071,1040,3072,3075,3120,3130,3140,3150,3155,3170,    YPHONE1
     1 3180,3210), BUPHSP(4)                                            YPHONE1
```

```
C=================================================================== YPHONE1
C                                                                   YPHONE1
C        KOMMENTARKARTE 10                                          YPHONE1
C                                                                   YPHONE1
C        BEDINGUNG 1                                                YPHONE1
C                                                                   YPHONE1
C=================================================================== YPHONE1
C        FOLGT VOK?                                                 YPHONE1
 3069 IF(ICPC(TEXT,O1+BUPHSP(3),ZESPE,7).EQ.0) GO TO 3068           YPHONE1
      DO 1060 W=1,9                                                 YPHONE1
      IF(KOMP(TEXT,O1+BUPHSP(3),BEDSPE(W,1),1,BEDSPE(W,2)).EQ.0.AND.ICPC YPHONE1
     1(TEXT,O1+BUPHSP(3)+BEDSPE(W,2),ZESPE(27),13).GT.0) GO TO 3068 YPHONE1
 1060 CONTINUE                                                      YPHONE1
      IF(BUPHSP(3) .EQ.3)  GO TO 1040                               YPHONE1
      GO TO 3081                                                    YPHONE1
 3068 IF(BUPHSP(3).EQ.3)  GO TO 3081                                YPHONE1
      BUPHSP(5)=BUPHSP(5)-2                                         YPHONE1
      GO TO 3081                                                    YPHONE1
C=================================================================== YPHONE1
C                                                                   YPHONE1
C         KOMMENTARKARTE 11                                         YPHONE1
C      BEDINGUNG 2                                                  YPHONE1

 YPHONE      73/72    OPT=1                      FTN 4.6+420        11/10/77  15.15.49

C                                                                   YPHONE1
C        VOR DOPPELNASAL WIRD MEIST NICHT NASALIERT                 YPHONE1
C=================================================================== YPHONE1
C       VOK+NN,MM                                                   YPHONE1
 3071 KL=ICPC(TEXT,O1+1,ZESPE,39)                                   YPHONE1
      IF((KL.EQ.10.OR.KL.EQ.23).AND.KL.EQ.ICPC(TEXT,O1+2,ZESPE,39))GO TO YPHONE1
     1   1040                                                       YPHONE1
      IF(ICPC(TEXT,O1+BUPHSP(3),ZESPE,7).LT.1) GO TO 3081           YPHONE1
C        ENGOUEMENT ETC VERSUS LOUA, ROUA ETC.                      YPHONE1
      IF(Z.NE.31.OR.BUPHSP(1).NE.10HOU        )     GO TO 1040      YPHONE1
      DO 1091 KN=1,8                                                YPHONE1
      IF(KOMP(TEXT,O1+BUPHSP(3),BEDSPE(KN,1),1,BEDSPE(KN,2)).NE.0) GO TO YPHONE1
     11091                                                          YPHONE1
```

```
      IF(ICPC(TEXT,01+BUPHSP(3)+BEDSPE(KN,2),ZESPE(27),13).NE.0) GO TO
     1 3081
 1091 CONTINUE
      GO TO 1040
C=====================================================================
C
C
C        KOMMENTARKARTE 12
C
C        BEDINGUNG 4
C
C        SCHWA ODER OFFENES E
C
C=====================================================================
 3072 NUM=01+BUPHSP(3)
 3073 KL=ICPC(TEXT,NUM,ZESPE,39)
        IF (KL.LT.7) GO TO 3110
      IF (KL.GT.26) GO TO 3081
      NUM=NUM+1
      GO TO 3073
 3110 IF (KL.NE.2) GO TO 3111
      DO 1070 W=7,8
      IF(KOMP(TEXT,NUM,BEDSPE(W,1),1,BEDSPE(W,2)).EQ.0.AND.ICPC(TEXT,NUM
     1+1+BEDSPE(W,2),ZESPE(27),13).NE.0) GO TO 3081
 1070 CONTINUE
 3111 NUM=01+BUPHSP(3)
      INDZ=0
      KL=ICPC(TEXT,NUM,ZESPE,39)
      IF(KL.GT.7)   GO TO 3112
      GO TO 1040
 3112 IF (KL.LT.27) GO TO 3113
      GO TO 1040
 3113 NUM=NUM+1
      KM=ICPC(TEXT,NUM,ZESPE,39)
        IF (KM.GT.6) GO TO 3114
        GO TO 1040
 3114 IF (KM.LT.27) GO TO 3115
       GO TO 3081
 3115 IF (KM.EQ.KL) GO TO 3081
```

```
      DO 1080 W=1,13                                                    YPHONE1
      IF (KOMP(TEXT,O1+1,BEDSP2(W),1,2).EQ.0) GO TO 1040                YPHONE1
 1080 CONTINUE                                                          YPHONE1
      GO TO 3081                                                        YPHONE1
C        HINTER IE2RE FOLGT NUR DIE WORTGRENZE                          YPHONE1
```

YPHONE   73/72   OPT=1   FTN 4.6+420   11/10/77 15.15.49

```
C====================================================================== YPHONE1
C                                                                       YPHONE1
C        KOMMENTARKARTE 13                                              YPHONE1
C                                                                       YPHONE1
C        BEDINGUNG 5                                                    YPHONE1
C                                                                       YPHONE1
C       VOKALISCHES ODER HALBVOKALISCHES I                              YPHONE1
C                                                                       YPHONE1
C====================================================================== YPHONE1
 3075 IF(Z.LT.27) GO TO 3077                                            YPHONE1
C        IZ                                                             YPHONE1
      IF(ICPC(TEXT,O1+BUPHSP(3),ZESPE,6).EQ.0) GO TO 3078               YPHONE1
C        IENT WIRD IN LOOKUP GEPRUEFT, PRUEFE HIER NUR E, ES, ETC.      YPHONE1
      DO 1088 W=1,8                                                     YPHONE1
      IF(KOMP(TEXT,O1+BUPHSP(3),BEDSPE(W,1),1 ,BEDSPE(W,2)).EQ.0.AND.   YPHONE1
     1 ICPC(TEXT,O1+BEDSPE(W,2)+BUPHSP(3),ZESPE(27),13).GT.0) GO TO 3078 YPHONE1
 1088 CONTINUE                                                          YPHONE1
C        TR,FR,GR,FL (KONS+LIQU) =IZJJ                                  YPHONE1
 3077 DO 1090 W=1,13                                                    YPHONE1
      IF(KOMP(TEXT,O1-2,BEDSP2(W),1,2).EQ.0) GO TO 3081                 YPHONE1
 1090 CONTINUE                                                          YPHONE1
C        KONS+I+VOK                                                     YPHONE1
      BUPOS=3 $ BUPHSP(5)=BUPHSP(5)-2$ GO TO 3081                       YPHONE1
 3078 BUPHSP(5)=BUPHSP(5)-2  $ GO TO 3081                               YPHONE1
C====================================================================== YPHONE1
C                                                                       YPHONE1
C        KOMMENTARKARTE 14                                              YPHONE1
C                                                                       YPHONE1
```

```
C         BEDINGUNG 6
C
C         C UND G VOR HELLEN UND DUNKLEN VOKALEN
C
C=======================================================================
 3120 KM=ICPC(TEXT,01+BUPHSP(3),ZESPE,6)
      IF(KM.EQ.2.OR.KM.EQ.4.OR.KM.EQ.6) GO TO 3122
C         BEDINGUNG NICHT ERFUELLT: KOP FUER S,X
      IF(Z.EQ.40.OR.Z.EQ.41) GO TO 3081
C         C,G,GG+A,U,O =KK,GG
      IF(BUPHSP(5).EQ.2) BUPOS=3
C        CC+A,U,O
       IF(BUPHSP(5).EQ.4) BUPHSP(5)=2
      GO TO 3081
 3122 IF(Z.EQ.40.OR.Z.EQ.41) BUPHSP(5)=BUPHSP(5)-2
      GO TO 3081
C=======================================================================
C
C         KOMMENTARKARTE 15
C
C         BEDINGUNG  7
C
C
C=======================================================================
 3130  KM =ICPC(TEXT,01-1,ZESPE,39)
C          ILLETTRE1, TIENS
      IF(KM.GT.26) GO TO 1040
      IF(KE.NE.13)  GO TO 3081
C          TI + VOK      ( GN NICHT VERGESSEN)

 YPHONE      73/72    OPT=1                  FTN 4.6+420        11/10/77  15.15.49

      KM1=ICPC(TEXT,01+BUPHSP(3),ZESPE,6)
C          TI
C          ES FOLGT KEIN VOKAL ODER DEM TI GEHT EIN
C          S ODER X VORAUS (QUESTION,MIXTION, PARTIR)
      IF(KM1.EQ.0.OR.KM.EQ.14.OR.KM.EQ.15) GO TO 1040
C          ES FOLGT VOK UNGLEICH E
```

```
      IF(KM1.NE.2) GO TO 3081                                           YPHONE1
C        BSP.: ESSENTIELLE                                              YPHONE1
      IF(KOMP(TEXT,O1-1,5HNTIEL,1,5).EQ.0) GO TO 3081                   YPHONE1
C        ES GEHEN N(GARANTIE),R(PARTIE),Y(PRESBYTIE) ODER               YPHONE1
C        ACCENT CIRCONFLEX (BA3TIE) VORAUS)                             YPHONE1
      IF(KM.EQ.10.OR.KM.EQ.12.OR.KM.EQ.6.OR.                            YPHONE1
     1 KOMP(TEXT,O1-1,1H3,1,1).EQ.0) GO TO 1040                         YPHONE1
      KM2=ICPC(TEXT,O1+BUPHSP(3)+1,ZESPE,39)                            YPHONE1
C        ES FOLGEN U,L                                                  YPHONE1
      IF(KM2.EQ.3.OR.KM2.EQ.22) GO TO 3081                              YPHONE1
C        ES FOLGEN AKZENTE (AMITIE1,PITIE1,CENTIE2ME)                   YPHONE1
       IF(KM2.EQ.0) GO TO 1040                                          YPHONE1
C      ES FOLGT EIN N                                                   YPHONE1
      IF(KM2.NE.10.AND.KM2.NE.12)    GO TO  3081                        YPHONE1
C         ES GEHT EIN E VORAUS (ENTRETIEN)                              YPHONE1
      IF(KM.EQ.2) GO TO 1040                                            YPHONE1
C        ES GEHEN OU (SOUTIEN) ODER E1 (CHRE1TIEN) VORAUS               YPHONE1
      IF(KOMP(TEXT,O1-2,2HOU,1,2).EQ.0.OR.KOMP(TEXT,O1-2,               YPHONE1
     1 2HE1,1,2).EQ.0.OR.KOMP(TEXT,O1-2,2HUI,1,2).EQ.0)  GO TO 1040     YPHONE1
       GO TO 3081                                                       YPHONE1
C=================================================================== YPHONE1
C                                                                       YPHONE1
C        KOMMENTARKARTE 16                                              YPHONE1
C                                                                       YPHONE1
C                                                                       YPHONE1
C      BEDINGUNG 8                                                      YPHONE1
C                                                                       YPHONE1
C      STIMMLOSES ODER STIMMHAFTES S                                    YPHONE1
C                                                                       YPHONE1
C=================================================================== YPHONE1
 3140 IF(O1-1.LE.0) GO TO 3081                                          YPHONE1
      KL=ICPC(TEXT,O1-1,ZESPE,39)                                       YPHONE1
      BUPOS=3                                                           YPHONE1
      IF((KL.LT.7.OR.KL.GT.35).AND.ICPC(TEXT,O1+1,ZESPE,6).GE.1) GO TO 3 YPHONE1
     1081                                                               YPHONE1
      BUPOS=1 $ GO TO 3081                                              YPHONE1
C=================================================================== YPHONE1
C                                                                       YPHONE1
```

```
C                                                                          YPHONE1    616
C        KOMMENTARKARTE 17                                                 YPHONE1    617
C                                                                          YPHONE1    618
C          BEDINGUNG 9                                                     YPHONE1    619
C                                                                          YPHONE1    620
C========================================================================= YPHONE1    621
 3150 IF(ICPC(TEXT,O1-1,ZESPE,39).GT.26) GO TO 3151                        YPHONE1    622
      GO TO 1040                                                           YPHONE1    623
 3151 IF(BUPHSP(3).EQ.4)    GO TO 3081                                     YPHONE1    624
      IF(ICPC(TEXT,O1+2,ZESPE,7).GT.0)  GO TO 3081                         YPHONE1    625
      GO TO 1040                                                           YPHONE1    626
C========================================================================= YPHONE1    627
C                                                                          YPHONE1    628
```

```
 YPHONE     73/72    OPT=1                    FTN 4.6+420         11/10/77  15.15.49
```

```
C          KOMMENTARKARTE 18                                               YPHONE1    629
C                                                                          YPHONE1    630
C          BEDINGUNG 10, BEDINGUNG 11, BEDINGUNG 12                        YPHONE1    631
C                                                                          YPHONE1    632
C                                                                          YPHONE1    633
C          EN NACH HOHEM VORDEREN NICHTKONSONANTEN                         YPHONE1    634
C                                                                          YPHONE1    635
C                                                                          YPHONE1    636
C          I MIT TREMA                                                     YPHONE1    637
C                                                                          YPHONE1    638
C                                                                          YPHONE1    639
C          SYNTAXANALYSE, MORPHOGRAMM DER 1. PERS. PL.                     YPHONE1    640
C                                                                          YPHONE1    641
C========================================================================= YPHONE1    642
 3155 IF(O1-1.LE.0)   GO TO 1040                                           YPHONE1    643
      KF=ICPC(TEXT,O1-1,ZESPE,39)                                          YPHONE1    644
      IF(KF.EQ.0.OR.KF.EQ.6) GO TO 3081                                    YPHONE1    645
      GO TO 1040                                                           YPHONE1    646
 3170 IF(ICPC(TEXT,O1+BUPHSP(3),ZESPE,7).GT.0) GO TO 3081                  YPHONE1    647
      BUPOS=5                                                              YPHONE1    648
```

```
      GO TO 3081                                                        YPHONE1
 3180 SATZEI=IFFP(TEXT,O1,-O1+1,ZESPE(29),5,1)                          YPHONE1
      KF=O1                                                             YPHONE1
      ZAEHL=0                                                           YPHONE1
      IND=1                                                             YPHONE1
 3181 KF=IFFP(TEXT,KF,-KF+1,ZESPE(27),13,IND)                           YPHONE1
      IF(KF.LE.SATZEI) GO TO 3190                                       YPHONE1
      IF(IND.EQ.1) GO TO 3182                                           YPHONE1
      IND=1                                                             YPHONE1
      GO TO 3181                                                        YPHONE1
 3182 IF(KOMP(TEXT,KF+1,5HNOUS ,1,5).EQ.0) GO TO 3081                   YPHONE1
      BAS=64                                                            YPHONE1
      DO 3185 Y2=1,7                                                    YPHONE1
      Y3=6-Y2                                                           YPHONE1
      IF(KOMP(TEXT,KF+1,SUBDET(3,BAS),1,SUBDET(2,BAS)+1))3186,3187,3188 YPHONE1
 3186 BAS=BAS-2**Y3                                                     YPHONE1
      GO TO 3185                                                        YPHONE1
 3187 IF(SUBDET(1,BAS).EQ.6) GO TO 3191                                 YPHONE1
      IF(SUBDET(1,BAS).EQ.3 .OR.SUBDET(1,BAS).EQ.4) GO TO 3081          YPHONE1
      GO TO 3190                                                        YPHONE1
 3188 BAS=BAS+2**Y2                                                     YPHONE1
 3185 CONTINUE                                                          YPHONE1
 3191 IND=0                                                             YPHONE1
      ZAEHL=ZAEHL+1                                                     YPHONE1
      IF(ZAEHL.EQ.3) GO TO 3190                                         YPHONE1
       GO TO 3181                                                       YPHONE1
C         SSJJON                                                        YPHONE1
 3190 IF(KE.NE.2) GO TO 3010                                            YPHONE1
C         ECRRON                                                        YPHONE1
      BUPHSP(5)=BUPHSP(5)-2                                             YPHONE1
      GO TO 3081                                                        YPHONE1
C====================================================================== YPHONE1
C                                                                       YPHONE1
C                                                                       YPHONE1
C      KOMMENTARKARTE 19                                                YPHONE1
C                                                                       YPHONE1
C        BEDINGUNG  13                                                  YPHONE1
```

```
C                                                                          YPHONE1
C                                                                          YPHONE1
C========================================================================= YPHONE1
C         CHER, FER, VERS                                                  YPHONE1
 3210 KF=IFFP(TEXT,O1-1,-O1+1,ZESPE(7),20,0)                               YPHONE1
      IF(ICPC(TEXT,KF,ZESPE(27),13).NE.0) GO TO  1040                      YPHONE1
      GO TO 3081                                                           YPHONE1
 1040 CONTINUE                                                             YPHONE1
 3030 IF (Z.GT.26) GO TO 9998                                              YPHONE1
      GO TO 3010                                                           YPHONE1
C========================================================================= YPHONE1
C         KOMMENTARKARTE 20                                                YPHONE1
C                                                                          YPHONE1
C         KOPIEREN DES PHONEMISCHEN TEILS DER RELATION                     YPHONE1
C                                                                          YPHONE1
C========================================================================= YPHONE1
 3081 IF(BUPHSP(5).NE.0) CALL MOVE(AUSPE,P1,BUPHSP(6),BUPOS,BUPHSP(5))     YPHONE1
      IF(SW.EQ.1) WRITE(6,5) O1                                            YPHONE1
      BUPOS=1                                                              YPHONE1
      P1=P1+BUPHSP(5)                                                      YPHONE1
      O1=O1+BUPHSP(2)                                                      YPHONE1
      IF (Z.GT.26) GO TO 2999                                              YPHONE1
      GO TO 2513                                                           YPHONE1
C   DIESE UND DIE FOLGENDE KARTE SIND NUR ZUM TEST IN DEM PROGRAMM ENTHA   YPHONE1
 9998 WRITE (6,4) O1                                                       YPHONE1
    4 FORMAT(" ",31X,"TEXTSEGMENT NICHT GEFUNDEN, O1=",I2)                 YPHONE1
          GO TO 2512                                                       YPHONE1
 9999 IF(KARTE(2).EQ.DOLLAR) STOP $P1=1  $ GO TO 2510                      YPHONE1
      END                                                                  YPHONE1
```

Auflistung des Unterprogramms YINSTA

```
      SUBROUTINE YINSTA                                                 YINSTA1
      IMPLICIT INTEGER (A-Z)                                            YINSTA1
       INTEGER AUS(100,2) , OUTPRIN(13)                                 YINSTA1
      COMMON WOSPE(9,1024), TEXT(150), ZESPE(50), ADJDET(2,31),         YINSTA1
     1ETRESP(15),ETRIND(15),SUBDET(3,127),VRBDET(3,31),VWRT,            YINSTA1
     2 SW, AUSPE(100), O1, VOSPE(4,255), NASPE(2,128),                  YINSTA1
     3LIAISP(5),P1 ,VRBSUBD(2),                                         YINSTA1
     4 SWOTP, OBSP(10), DELATGR(15), SEMVOK(10), OKKLSP(10),            YINSTA1
     5LANGSP(2,5), VOKTIF(15), PRAEFIX(2,10), KONVCL(10),               YINSTA1
     6 KONVOIC(10)                                                      YINSTA1
C====================================================================== YINSTA1
C        KOMMENTARKARTE  1                                              YINSTA1
C                                                                       YINSTA1
C                                                                       YINSTA1
C        UMSPEICHERN                                                    YINSTA1
C====================================================================== YINSTA1
      DO 21 J=1,13                                                      YINSTA1
   21 OUTPRIN(J) =10H                                                   YINSTA1
      ANF=1                                                             YINSTA1
      END=80                                                            YINSTA1
  900 IF(P1.LT.END)  GO TO 920                                          YINSTA1
      END=IFFP(AUSPE,END,P1-END,ZESPE(27),13,1)                         YINSTA1
  920 CALL MOVE(OUTPRIN,1,AUSPE,ANF,END+1-ANF)                          YINSTA1
      WRITE(6,1) (OUTPRIN(J), J=1,13)                                   YINSTA1
      DO 30 J=1,13                                                      YINSTA1
   30 OUTPRIN(J)=10H                                                    YINSTA1
      IF(P1.LT.END)  GO TO 930                                          YINSTA1
      ANF=END+1                                                         YINSTA1
      END=END+80                                                        YINSTA1
      GO TO 900                                                         YINSTA1
  930 DO 40 J=1,100                                                     YINSTA1
       AUS(J,1)=AUSPE(J)                                                YINSTA1
      AUS(J,2) = AUSPE(J)                                               YINSTA1
      AUSPE(J)=10H                                                      YINSTA1
   40 CONTINUE                                                          YINSTA1
      IF(SW.EQ.2) WRITE(6,5) P1                                         YINSTA1
    1 FORMAT(" ",13A10)                                                 YINSTA1
    5 FORMAT(" ",I4)                                                    YINSTA1
      POS=-1                                                            YINSTA1
      P1=P1+2                                                           YINSTA1
```

```
C=========================================================================== YINSTA1   42
C                                                                           YINSTA1   43
C                                                                           YINSTA1   44
C        KOMMENTARKARTE  2                                                  YINSTA1   45
C                                                                           YINSTA1   46
C        AUSSCHREIBEN                                                       YINSTA1   47
C                                                                           YINSTA1   48
C                                                                           YINSTA1   49
C=========================================================================== YINSTA1   50
   50 POS=POS+2                                                             YINSTA1   51
      POS=IFFP(AUS(1,1),POS,P1-POS,ZESPE,26,1)                              YINSTA1   52
      IF(SW.EQ.2)  WRITE(6,5)  POS                                          YINSTA1   53
      IF(POS.LT.P1)   GO TO 990                                             YINSTA1   54
      DO 60 I=1,2                                                           YINSTA1   55
      END=80                                                                YINSTA1   56
      IF(SW.EQ.5)   END=50                                                  YINSTA1   57
      ANF=1                                                                 YINSTA1   58

 YINSTA      73/72    OPT=1                      FTN 4.6+420        11/10/77  15.15.49

  940 IF(P1.LT.END) GO TO 960                                               YINSTA1   59
      END=IFFP(AUS(1,I), END, P1 - END, ZESPE(27), 13, 1)                   YINSTA1   60
  960 CALL MOVE (OUTPRIN,1,AUS(1,I),ANF , END+1-ANF)                        YINSTA1   61
      WRITE(6,1) (OUTPRIN(J), J=1,13)                                       YINSTA1   62
      IF(SW.EQ.5.AND.I.EQ.2)  WRITE(10,1)  (OUTPRIN(J), J=1,13)             YINSTA1   63
      DO 65 J=1,13                                                          YINSTA1   64
   65 OUTPRIN(J)=10H                                                        YINSTA1   65
      IF(P1.LT.END) GO TO 60                                                YINSTA1   66
      ANF=END+1                                                             YINSTA1   67
      END=END+80                                                            YINSTA1   68
      IF(SW.EQ.5)  END=END-30                                               YINSTA1   69
      GO TO 940                                                             YINSTA1   70
   60 CONTINUE                                                              YINSTA1   71
      RETURN                                                                YINSTA1   72
C=========================================================================== YINSTA1   73
C                                                                           YINSTA1   74
C        KOMMENTARKARTE  3                                                  YINSTA1   75
C                                                                           YINSTA1   76
```

```
C        VOKALQUALITAETEN                                                 YINSTA1
C                                                                         YINSTA1
C                                                                         YINSTA1
C======================================================================== YINSTA1
  990 IF(SWOTP.GT.3) GO TO 1000                                           YINSTA1
      IF(KOMP(AUS(1,1), POS,2HOU,1,2).EQ.0)     GO TO 1300                YINSTA1
 1000 IF(KOMP(AUS(1,1),POS,2HOA,1,2).EQ.0)   GO TO 1500                   YINSTA1
      IF(SWOTP.GT.3) GO TO 7000                                           YINSTA1
      IF(KOMP(AUS(1,1),POS,2HEU,1,2).EQ.0) GO TO 1700                     YINSTA1
      IF(KOMP(AUS(1,1),POS,2HEA,1,2).EQ.0) GO TO 5150                     YINSTA1
C                                                                         YINSTA1
C         VOKALQUANTITAETEN                                               YINSTA1
 1050 IF(SWOTP.GT.1) GO TO 6000                                           YINSTA1
      IF(KOMP(AUS(1,1),POS, 2HE$,1,2).EQ.0)    GO TO 6000                 YINSTA1
C======================================================================== YINSTA1
C        KOMMENTARKARTE   4                                               YINSTA1
C                                                                         YINSTA1
C        ERMITTLUNG BETONTER VOKALE                                       YINSTA1
C======================================================================== YINSTA1
      IF(ICPC(AUS(1,1),POS,ZESPE,6).EQ.0) GO TO  5200                     YINSTA1
      KE=IFFP(AUS(1,1), POS+2, P1-(POS+2), ZESPE(27), 13,1)               YINSTA1
      IF(SW.EQ.2) WRITE(6,5)  KE                                          YINSTA1
C                                                                         YINSTA1
C         AUSSCHLUSS TERMINALER VOKALE                                    YINSTA1
      IF(KE.EQ.POS+2)   GO TO          50                                 YINSTA1
C                                                                         YINSTA1
C        POSITIONSBEDINGUNGEN BETONTER VOKALE                             YINSTA1
C                                                                         YINSTA1
      KF=IFFP(AUS(1,1),POS+2, P1-(POS+2),ZESPE,6,1)                       YINSTA1
      IF(SW.EQ.2) WRITE(6,5)  KF                                          YINSTA1
                                                                          YINSTA1
      IF(KE.LT.KF) GO TO 1100                                             YINSTA1
C        VOKAL VOR TERMINALEM SCHWA GILT ALS BETONT                       YINSTA1
      IF(KOMP(AUS(1,1),KF,2HEU,1,2).NE.0) GO TO 1080                      YINSTA1
      KF=IFFP(AUS(1,1),KF+2, P1 -(KF+2),ZESPE,6,1)                        YINSTA1
      IF(SW.EQ.2) WRITE(6,5)  KF                                          YINSTA1
      IF(KE.LE.KF) GO TO 1100                                             YINSTA1
C                                                                         YINSTA1
C       UNBETONTE LAENGEN WERDEN GETILGT                                  YINSTA1
```

```
C        (FE3TER,PA3TURE)                                         YINSTA1
C                                                                 YINSTA1
 1080 KF=ICPC(AUS(1,1),POS+1,ZESPE,26)                            YINSTA1
      IF(SW.EQ.2) WRITE(6,5)  KF                                  YINSTA1
      IF(KF.NE.8.AND.KF.NE.21)      GO TO 50                      YINSTA1
      I=1                                                         YINSTA1
 1090 CALL MOVE(AUS(1,I),POS+1,ZESPE(1 ),10,1)                    YINSTA1
      IF(I.EQ.2) GO TO  50                                        YINSTA1
      I=2                                                         YINSTA1
      GO TO 1090                                                  YINSTA1
C                                                                 YINSTA1
C        NASALE                                                   YINSTA1
 1100 IF(ICPC(AUS(1,1), POS+1, ZESPE(23),1).EQ.0) GO TO 1150      YINSTA1
      I=1                                                         YINSTA1
 1110 CALL MOVE(AUS(1,I), POS+1,1HN,1,1)                          YINSTA1
      IF(I.EQ.2)   GO TO 50                                       YINSTA1
      I=2                                                         YINSTA1
       GO TO 1110                                                 YINSTA1
C        "HAUTE"                                                  YINSTA1
 1150 IF(KOMP(AUS(1,1),POS,2HOB,1,2).NE.0) GO TO 1180             YINSTA1
      I=1                                                         YINSTA1
 1160 CALL MOVE(AUS(1,I),  POS+1,  1HD,1,1)                       YINSTA1
      IF(I.EQ.2)  GO TO 50                                        YINSTA1
      I=2                                                         YINSTA1
      GO TO 1160                                                  YINSTA1
C                                                                 YINSTA1
C        "MEULE"                                                  YINSTA1
 1180 IF(KOMP(AUS(1,1),POS,2HOV,1,2).NE.0)   GO TO  1190          YINSTA1
      1=1                                                         YINSTA1
 1185 CALL MOVE(AUS(1,I),POS+1,1HX,1,1)                           YINSTA1
      IF(I.EQ.2)  GO TO 50                                        YINSTA1
      I=2                                                         YINSTA1
      GO TO 1185                                                  YINSTA1
C                                                                 YINSTA1
C          CONSONNES ALLONGEANTES                                 YINSTA1
 1190 DO 70 J=1,5                                                 YINSTA1
      IF(SW.EQ.2) WRITE(6,5)  J                                   YINSTA1
       IF(KOMP(AUS(1,1), POS+2, LANGSP(1,J),1, LANGSP(2,J)). NE.0) YINSTA1
     1   GO TO 70                                                 YINSTA1
```

```
      IF(ICPC(AUS(1,1), POS+2, ZESPE(7),20).GT.0.AND. J.NE.5) GO TO 50    YINSTA1
      KF=ICPC(AUS(1,1),POS+1,ZESPE,1)+2                                    YINSTA1
      IF(KF.EQ.2) KF=4                                                     YINSTA1
      I=1                                                                  YINSTA1
 1200 CALL MOVE(AUS(1,I), POS+1, ZESPE(KF), 10,1)                          YINSTA1
      IF(I.EQ.2)    GO TO 50                                               YINSTA1
      I=2                                                                  YINSTA1
      GO TO 1200                                                           YINSTA1
   70 CONTINUE                                                             YINSTA1
      GO TO 50                                                             YINSTA1
C===================================================================== YINSTA1
C                                                                          YINSTA1
C         KOMMENTARKARTE 3                                                 YINSTA1
C                                                                          YINSTA1
C         VOKALQUALITAETEN:        OU-----> OV                             YINSTA1
C                                                                          YINSTA1
C                                                                          YINSTA1
C         HAUPT - ODER NEBENTON                                            YINSTA1

 YINSTA      73/72    OPT=1                    FTN 4.6+420          11/10/77  15.15.49

C                                                                          YINSTA1
C===================================================================== YINSTA1
C                                                                          YINSTA1
C         ABSOLUTER AUSLAUT                                                YINSTA1
C                                                                          YINSTA1
 1300 KE=IFFP(AUS(1,1),POS+2,P1-(POS+2),ZESPE(27),13,1)                    YINSTA1
      KF=IFFP(AUS(1,1),POS+2,P1-(POS+2),ZESPE,6,1)                         YINSTA1
      IF(SW.EQ.2) WRITE(6,5)  KF                                           YINSTA1
      IF(KE.EQ.POS+2)     GO TO 1450                                       YINSTA1
      IF(KE.LT.KF)   GO TO 1400                                            YINSTA1
C         TERMINALES SCHWA                                                 YINSTA1
      IF(KOMP(AUS(1,1),KF,2HEU,1,2).NE.0)  GO TO 1350                      YINSTA1
      IF(KF.EQ.POS+2.AND.KE.EQ.POS+4)      GO TO 1450                      YINSTA1
      IF (IFFP(AUS(1,1), KF+2,  P1-(KF+2), ZESPE,6,1).GT.KE) GO TO 1400    YINSTA1
C                                                                          YINSTA1
C         NEBENTON:       OU----->OV IN OFFENER SILBE SOWIE VOR"S".        YINSTA1
C         STRUKTUR: KONS  +  VOK                                           YINSTA1
```

```
 1350 IF(ICPC(AUS(1,1),POS+4,ZESPE,6).GT.0   ) GO TO 1450
C          "S"
      IF(ICPC(AUSPE,POS+2,ZESPE(14),1).EQ.1)   GO TO 1450
C        OFFENE SILBE; DELATTRESCHE GRUPPEEN
      DO 80  J=1, 2
      IF(KOMP(AUS(1,1),POS+2,DELATGR(J),1,4).EQ.0) GO TO 1450
   80 CONTINUE
C        HAUPTTON; FOLGEN "HEBENDE" KONSONANTEN?
 1400 DO 90  J=1,7
      IF(SW.EQ.2) WRITE(6,5)  J
      IF(KOMP(AUS(1,1),POS+2,OBSP(J),1,2).EQ.0) GO TO 1450
   90 CONTINUE
      GO TO 1050
C
C        PHONISCHE VERAENDERUNG
 1450 I=1
 1460 CALL MOVE(AUS(1,I),POS+1,1HV,1,1)
      IF(I.EQ.2) GO TO 1050
      I=2
      GO TO 1460
C
C        VOKALQUALITAETEN:      OA----->OB
C        FOLGT "Z" ODER "#"
C
 1500 KE=ICPC(AUS(1,1),POS+2,ZESPE,26)
      IF(SW.EQ.2) WRITE(6,5)  KE
      IF(KE.NE.0.AND.KE.NE.16) GO TO 1050
      I=1
 1510 CALL MOVE(AUS(1,I),POS+1,1HB,1,1)
      IF(I.EQ.2) GO TO 1050
      I=2
       GO TO 1510
C======================================================================
C
C
C        KOMMENTARKARTE    5
C
C        ELISIONSREGELN
C
C
```

```
C===================================================================== YINSTA1
C                                                                      YINSTA1
C        REGEL 1                                                       YINSTA1
C        TILGUNG VON SCHWA IN FUTURMORPHEMEN                           YINSTA1
 1700 IF(SWOTP.NE.3) GO TO 1710                                        YINSTA1
      I=1                                                              YINSTA1
 1705 CALL MOVE(AUS(1,I),POS,2HOU,1,2)                                 YINSTA1
      IF(I.EQ.2) GO TO 1710                                            YINSTA1
      I=2                                                              YINSTA1
      GO TO 1705                                                       YINSTA1
 1710 IF(KOMP(AUS(1,1),POS+6,3HFUT,1,3).NE.0) GO TO 1800               YINSTA1
C                                                                      YINSTA1
C        NACH STRUKTUREN DES TYPS KONSONANT + LIQUID BLEIBT SCHWA ERHALT YINSTA1
C                                                                      YINSTA1
      DO 100 J=1,13                                                    YINSTA1
      IF(SW.EQ.2) WRITE(6,5)  J                                        YINSTA1
      IF(KOMP(AUS(1,1),POS-2, DELATGR(J),3,2).NE.0) GO TO 100          YINSTA1
      IF(ICPC(AUS(1,1),POS-4,ZESPE,26).GT.7) GO TO 1750                YINSTA1
      GO TO 1760                                                       YINSTA1
  100 CONTINUE                                                         YINSTA1
 1760 I=1                                                              YINSTA1
C                                                                      YINSTA1
C        FUTURMARKER WIRD GETILGT; SCHWA WIRD FAKULTATIV GETILGT;      YINSTA1
C        UEBERGANG NACH ASS1                                           YINSTA1
 1770 CALL MOVE (AUS(1,I),POS+6,3H   ,1,3)                             YINSTA1
      IF(I.EQ.2) GO TO 1775                                            YINSTA1
      I=2                                                              YINSTA1
      GO TO 1770                                                       YINSTA1
C                                                                      YINSTA1
C        FUTURMARKER WIRD GETILGT; SCHWA BLEIBT ERHALTEN;              YINSTA1
C        UEBERGANG NACH ASS1                                           YINSTA1
 1750 I=1                                                              YINSTA1
 1755 CALL MOVE(AUS(1,I),POS+6,3H   ,1,3)                              YINSTA1
C                                                                      YINSTA1
C        UEBERGANG NACH ASSE                                           YINSTA1
      IF(I.EQ.2) GO TO 4900                                            YINSTA1
      I=2                                                              YINSTA1
      GO TO 1755                                                       YINSTA1
C                                                                      YINSTA1
```

```
C        UEBERGANG NACH ASSV
C
 1775 I=2
      ASS=1
      GO TO       4000
C
C        REGEL 2; SCHWA NACH VOKAL WIRD GETILGT
 1800 IF(ICPC(AUS(1,1),POS-2,ZESPE,6).EQ.0) GO TO 1900
      I=1
      GO TO 4000
C
C       REGEL 3; SCHWA VOR PAUSE WIRD GETILGT
 1900 IF(POS-4.LE.0) GO TO 2000
      IF(ICPC(AUS(1,1),POS-3,ZESPE,26).EQ.0)  GO TO 2000
      IF(IFFP(AUS(1,1),POS+2,P1-(POS+2),ZESPE(29),12,1).GT.
     1 IFFP(AUS(1,1),POS+2,P1-(POS+2),ZESPE,26, 1))GO TO 2000
      ASS=3
      I=1

 YINSTA      73/72    OPT=1                      FTN 4.6+420          11/10/77  15.15.49

      GO TO 4000
C
C        FOLGT KONSONANT, GEHT DIE MASCHINE ZUR REGEL 16 UEBER.
C
 2000 IF(ICPC(AUS(1,1),POS+2,ZESPE(7),20).GT.0) GO TO 3200
C        FOLGT VOKAL, PRUEFT DIE MASCHINE REGEL 5
      IF(ICPC(AUS(1,1), POS+2, ZESPE,6).GT.0) GO TO 2100
C        REGEL 4: FINALES AKZENTUIERTES SCHWA BLEIBT ERHALTEN
      IF(POS-3.LE.0)    GO TO 2100
      KE=IFFP(AUS(1,1),POS-2,-POS+2,ZESPE(27),13,1)
      IF(SW.EQ.2) WRITE(6,5)  KE
      KF=IFFP(AUS(1,1), POS-3, -POS+3, ZESPE,26,1)
      IF(SW.EQ.2) WRITE(6,5)  KF
      KG=IFFP(AUS(1,1),POS-2,-POS+2,ZESPE(29),11,1)
      IF(KE.LT.KF.OR.KE.LT.KG) GO TO 2100
```

```
C      SUCHE DES AUSRUFEZEICHENS; SCHWA BLEIBT ERHALTEN.                YINSTA1
      IF(IFFP(AUS(1,1), POS+2, P1-(POS+2), ZESPE(33),1,1).LE.           YINSTA1
     1IFFP( AUS(1,1), POS+2,  P1-(POS+2), ZESPE(29), 11,1)) GO TO 50    YINSTA1
C                                                                       YINSTA1
C        REGEL 5; SCHWA VOR VOKAL BLEIBT ERHALTEN                       YINSTA1
C                                                                       YINSTA1
 2100 IF(ICPC(AUS(1,1),POS+2,ZESPE,6).GT.0) GO TO 50                    YINSTA1
      IF(ICPC(AUS(1,1),POS+2,ZESPE(7),20).GT.0) GO TO 3200              YINSTA1
C        REGEL 6; SCHWA VOR VOKALISCH ANLAUTENDEM EINSILBIGEM           YINSTA1
C         WORT BLEIBT ERHALTEN                                          YINSTA1
      KE=IFFP(AUS(1,1),POS+2, P1-(POS+2), ZESPE,26,1,IZ)                YINSTA1
      IF(SW.EQ.2) WRITE(6,5)  KE                                        YINSTA1
      IF(IZ.GT.6) GO TO 2400                                            YINSTA1
C                                                                       YINSTA1
C        REGEL 7                                                        YINSTA1
C        ENTHAELT DAS WORT ZWEI VOKALE, IST ES NICHT EINSILBIG.         YINSTA1
      KF=IFFP(AUS(1,1),KE+2, P1- (KE+2),ZESPE,6,1)                      YINSTA1
      IF(SW.EQ.2) WRITE(6,5)  KF                                        YINSTA1
      KG=IFFP(AUS(1,1),KE+2,  P1-(KE+2), ZESPE(26),13,1)                YINSTA1
      IF(KG.LT.KF) GO TO 50                                             YINSTA1
      IF(KOMP(AUS(1,1),KF,2HEU,1,2).NE.0)  GO TO 2200                   YINSTA1
C                                                                       YINSTA1
C        EINSILBLER PLUS SCHWA                                          YINSTA1
C                                                                       YINSTA1
      IF(KG.EQ.KF+2) GO TO 50                                           YINSTA1
C       REGEL 7, ZWEITER TEIL: SCHWA AM ENDE EINES MEHRVOKALIGEN        YINSTA1
C         WORTES                                                        YINSTA1
 2200 IF(      POS-4.LE.0) GO TO 50                                     YINSTA1
      KE=ICPC(AUS(1,1),POS-4,          ZESPE,26)                        YINSTA1
      IF(SW.EQ.2) WRITE(6,5)  KE                                        YINSTA1
C                                                                       YINSTA1
C         SCHWA IN EINSILBLERN BLEIBT ERHALTEN.                         YINSTA1
      IF(ICPC(AUS(1,1) ,POS-3, ZESPE(27),13). GT.0)   GO TO 3200        YINSTA1
C                                                                       YINSTA1
C      SCHWA IN MEHRSILBLERN MIT VORFINALEM VOKAL WIRD GETILGT  .       YINSTA1
      ASS=2                                                             YINSTA1
      I=1                                                               YINSTA1
      IF(KE.LT.7)  GO TO 4000                                           YINSTA1
C                                                                       YINSTA1
```

```
C         SCHWA IN MEHRSILBLERN MIT VORFINALEM KONSONANTEN WIRD      YINSTA1
C         REGEL 9 UNTERWORFEN                                        YINSTA1
      GO TO 2600                                                     YINSTA1
 YINSTA     73/72    OPT=1                        FTN 4.6+420       11/10/77  15.15.49

C                                                                    YINSTA1
C         REGEL 8; SCHWA IN DER STRUKTUR VC_ WIRD GETILGT.           YINSTA1
 2400 IF(POS-4.LE.0)  GO TO 3200                                     YINSTA1
      KE=ICPC(AUS(1,1),POS-4,ZESPE,39)                               YINSTA1
      IF(SW.EQ.2) WRITE(6,5)  KE                                     YINSTA1
      IF(KE.GT.6) GO TO 2500                                         YINSTA1
      ASS=2                                                          YINSTA1
      I=1                                                            YINSTA1
      GO TO 4000                                                     YINSTA1
C         DIE REGEL 15 APPLIZIERT BEI FOLGENDEM "NE"                 YINSTA1
 2500 IF(KE.GT.27)  GO TO 3000                                       YINSTA1
C         REGEL 9, REGEL 10.                                         YINSTA1
 2600 KE=IFFP(AUS(1,1), POS+2, P1-(POS+2), ZESPE,26,1,IZ)            YINSTA1
C                                                                    YINSTA1
C         VOKALISCHER ANLAUT: SCHWA BLEIBT ERHALTEN.                 YINSTA1
      IF(IZ.LT.7)  GO TO 50                                          YINSTA1
C                                                                    YINSTA1
C         REGEL 11: SCHWA VOR BETONTEM VOKAL BLEIBT ERHALTEN.        YINSTA1
C         ERSTER FALL: ANSCHLUSS DURCH BINDESTRICH                   YINSTA1
C         ZWEITER FALL: SATZPHONETISCH  BETONTE STELLUNG.            YINSTA1
      IF(IFFP(AUS(1,1),POS+2,P1-(POS+2),ZESPE(27),1,1).LT.KE)        YINSTA1
     1  INDBND=1                                                     YINSTA1
      KF=IFFP(AUS(1,1),KE,P1-KE,ZESPE,6,1)                           YINSTA1
      IF(SW.EQ.2) WRITE(6,5)  KF                                     YINSTA1
C                                                                    YINSTA1
C         REGEL 12: HALBVOKAL ERHAELT SCHWA.                         YINSTA1
      DO 105  J=1,3                                                  YINSTA1
      IF(SW.EQ.2) WRITE(6,5)  J                                      YINSTA1
      IF(KOMP(AUS(1,1),KF-2, SEMVOK(J),1,2).NE.0) GO TO 105          YINSTA1
      INDBND=0                                                       YINSTA1
      GO TO 50                                                       YINSTA1
  105 CONTINUE                                                       YINSTA1
C                                                                    YINSTA1
```

```
C         SUCHE DES ZWEITEN VOKALS                                   YINSTA1
      KF=IFFP   (AUS(1,1),KF+2,P1-(KF+2),ZESPE,6,1)                  YINSTA1
      KG=IFFP (AUS(1,1), KE+2, P1- (KE+2), ZESPE(27), 13,1)          YINSTA1
      IF(SW.EQ.2) WRITE(6,5)  KF                                     YINSTA1
      IF(KF.GT.KG)  GO TO 2650                                       YINSTA1
C                                                                    YINSTA1
C         SCHWA: EINVOKALISCHES WORT MIT TERMINALEM SCHWA.           YINSTA1
      IF(KOMP(AUS(1,1),KF,2HEU,1,2).EQ.0 .AND.KG.EQ.KF+2) GO TO 2650 YINSTA1
C                                                                    YINSTA1
C         MEHRVOKALISCHE WOERTER.                                    YINSTA1
      I=2                                                            YINSTA1
      ASS =2                                                         YINSTA1
      GO TO 2800                                                     YINSTA1
 2650 IF(INDBND.EQ.0)      GO TO 2700                                YINSTA1
      INDBND=0                                                       YINSTA1
      GO TO 50                                                       YINSTA1
C         SATZPHONETISCH AKZENTUIERT                                 YINSTA1
C                                                                    YINSTA1
 2700 KH= IFFP(AUS(1,1), KG, P1-KG, ZESPE,26,1)                      YINSTA1
      KG=IFFP(AUS(1,1), KG, P1-KG, ZESPE(29),11,1)                   YINSTA1
      IF(KG.LT.KH)     GO TO 50                                      YINSTA1
C                                                                    YINSTA1
C         REGEL 14: LIQUIDE WERDEN GETILGT.                          YINSTA1
 2800 DO 110 J=1,  2                                                 YINSTA1
YINSTA     73/72   OPT=1                   FTN 4.6+420        11/10/77  15.15.49

      IF(SW.EQ.2) WRITE(6,5)  J                                      YINSTA1
      IF(KOMP(AUS(1,1),POS-2,DELATGR(J),3,1).EQ.0) GO TO 2900        YINSTA1
  110 CONTINUE                                                       YINSTA1
      ASS =2                                                         YINSTA1
      I=2                                                            YINSTA1
      GO TO 4000                                                     YINSTA1
 2900 KE=IFFP(AUS(1,2),POS-2, -(POS-2), ZESPE(27),13,1)+1            YINSTA1
      IF(SW.EQ.2) WRITE(6,5)  KE                                     YINSTA1
      IF(POS-2.EQ.KE)  GO TO      3000                               YINSTA1
      CALL MOVE(AUS(1,2), KE+4, AUS(1,2), KE, POS-2-KE)              YINSTA1
       CALL MOVE(AUS(1,2),KE, 4H    ,1,4)                            YINSTA1
      GO TO 5200                                                     YINSTA1
C                                                                    YINSTA1
```

```
C         REGEL 15: FOLGT "NE"?
 3000 KE=IFFP(AUS(1,1),POS+2, P1-(POS+2),ZESPE,26,1)
      IF(SW.EQ.2) WRITE(6,5)  KE
      IF(KOMP(AUS(1,1),KE,4HNNEU,1,4).NE.0)   GO TO 3200
C         FOLGT UNMITTELBAR EIN SATZZEICHEM?
      IF(ICPC(AUS(1,1),KE+4,ZESPE(27),13).EQ.0) GO TO 3200
C
C         FOLGT VOKAL ODER SATZTRENNUNGSZEICHEN?
      KF=IFFP(AUS(1,1),KE+4,P1-(KE+4),ZESPE, 26,1,IZ)
      KG=IFFP(AUS(1,1),KE+4,P1-(KE+4), ZESPE(29),11,1)
      IF(SW.EQ.2) WRITE(6,5)  KF
      IF(KG.GT.KF) GO TO 50
      IF(IZ.LT.7) GO TO 50
      I=1
 3100 CALL MOVE (AUS(1,I), KE+2, 2H  ,1,2)
      IF(I.EQ.2) GO TO 50
      I=2
      GO TO 3100
C
C          REGEL 16: DIE 17. REGEL WIRD FUER INTEROKKLUSIVES SCHWA
C         BLOCKIERT.
 3200 OKPOS=POS-2
 3220 DO 140 J=1, 6
      IF(SW.EQ.2) WRITE(6,5)  J
      IF(KOMP(AUS(1,1),OKPOS,OKKLSP(J),1,2).NE.0) GO TO 140
      IF(OKPOS.GT.POS) GO TO 3300
      OKPOS=IFFP(AUS(1,1),POS+2,P1-(POS+2), ZESPE,26,1)
      GO TO 3220
  140 CONTINUE
C
C         REGEL 17: SATZINITIALES SCHWA WIRD FAKULTATIV GETILGT.
      IF(POS-3.LE.0)  GO TO 3250
      IF(ICPC(AUS(1,2),POS-3, ZESPE(27),13   ).EQ.0) GO TO 3600
      KE=IFFP(AUS(1,2),POS-3,-(POS-3), ZESPE(29),11,1)
      KF=IFFP(AUS(1,2),POS-3,-(POS-3),ZESPE,26,1)
      IF(KE.LT.KF) GO TO 3400
 3250 I=2
      ASS=2
      GO TO 4000
```

```
C                                                                     YINSTA1
C         REGEL 18; SCHWA IN INTERKONSONANTISCHER POSTVOKALISCHER     YINSTA1
C         STELLUNG WIRD FAKULTATIV GETILGT.                           YINSTA1
 3300 IF(POS-4.LE.0)  GO TO 50                                        YINSTA1
      KE=IFFP(AUS(1,2), POS-4, -(POS-4), ZESPE(29),11,1,IZ)           YINSTA1
      KF=IFFP(AUS(1,2), POS-4, -(POS-4), ZESPE,26,1)                  YINSTA1
      IF(KE.LT.KF) GO TO 3600                                         YINSTA1
 3400 IF(KF-1.LE.0) GO TO 50                                          YINSTA1
      IF(ICPC(AUS(1,2),KF-1,ZESPE,6).EQ.0)   GO TO 50                 YINSTA1
      I=2                                                             YINSTA1
      ASS =2                                                          YINSTA1
      GO TO 4000                                                      YINSTA1
C                                                                     YINSTA1
C         REGEL 19: DIE STRUKTUR LIQUID HALBVOKAL ERHAELT SCHWA.      YINSTA1
 3500 DO 160 J=1,2                                                    YINSTA1
      IF(KOMP(AUS(1,1),POS+2,DELATGR(J),3,2).NE.0) GO TO 160          YINSTA1
      DO 170 K=1,3                                                    YINSTA1
      IF(KOMP(AUS(1,1),POS+4,SEMVOK(K),1,2).NE.0) GO TO 170           YINSTA1
      GO TO 4900                                                      YINSTA1
  170 CONTINUE                                                        YINSTA1
      GO TO 3800                                                      YINSTA1
  160 CONTINUE                                                        YINSTA1
C                                                                     YINSTA1
C         REGEL 20: SCHWA NACH VOKAL UND KONSONANT WIRD GETILGT.      YINSTA1
 3800 IF(ICPC(AUS(1,1),POS-4,ZESPE,6).EQ.0)        GO TO 50           YINSTA1
      ASS =1                                                          YINSTA1
      I=1                                                             YINSTA1
C==================================================================== YINSTA1
C                                                                     YINSTA1
C                                                                     YINSTA1
C         KOMMENTARKARTE  6                                           YINSTA1
C                                                                     YINSTA1
C         TILGUNG DES SCHWA                                           YINSTA1
C                                                                     YINSTA1
C                                                                     YINSTA1
C==================================================================== YINSTA1
 4000 CALL MOVE (AUS(1,I),POS,2H  ,1,2)                               YINSTA1
      KE=IFFP(AUS(1,I),POS-1,-(POS-1), ZESPE(27),13,1   )       +1    YINSTA1
      IF(SW.EQ.2) WRITE(6,5)  KE                                      YINSTA1
       CALL MOVE(AUS(1,1), KE+2, AUS(1,I), KE, POS-KE)                YINSTA1
```

```
      CALL MOVE(AUS(1,I),KE,2H  ,1,2)                                   YINSTA1   493
      IF(I.EQ.2) GO TO 4500                                             YINSTA1   494
      I=2                                                               YINSTA1   495
      GO TO 4000                                                        YINSTA1   496
C                                                                       YINSTA1   497
C      PRUEFUNG VON ASSIMILATIONSREGELN                                 YINSTA1   498
C                                                                       YINSTA1   499
 4500 GO TO  (50,5000, 5200, 5400) , ASS+1                              YINSTA1   500
C====================================================================== YINSTA1   501
C                                                                       YINSTA1   502
C         KOMMENTARKARTE  7                                             YINSTA1   503
C                                                                       YINSTA1   504
C         ASS1: EB WIRD DURCH EU NACH EA HARMONISIERT.                  YINSTA1   505
C                                                                       YINSTA1   506
C                                                                       YINSTA1   507
C====================================================================== YINSTA1   508
 4900 KE=IFFP(AUS(1,1),POS-2, -(POS-2), ZESPE,6,1)                      YINSTA1   509
      IF(SW.EQ.2) WRITE(6,5)  KE                                        YINSTA1   510
      IF(KOMP(AUS(1,1), KE,2HEB,1,2).NE.0) GO TO 50                     YINSTA1   511
      KF=IFFP(AUS(1,1),KE-1, -(KE-1),ZESPE(27),13,1)                    YINSTA1   512
      IF(KE-KF.GT.3) GO TO 4950                                         YINSTA1   513
C                                                                       YINSTA1   514

 YINSTA      73/72    OPT=1                        FTN 4.6+420        11/10/77  15.15.49

C         MORPHEMGRENZEN BLOCKIEREN DIE HARMONISIERUNGSREGELN.          YINSTA1   515
C                                                                       YINSTA1   516
      DO 200 J=1,4                                                      YINSTA1   517
      IF(KOMP(AUS(1,1), KE+1,PRAEFIX(1,J),1,PRAEFIX(2,J)).EQ.0) GO TO 50 YINSTA1   518
  200 CONTINUE                                                          YINSTA1   519
C                                                                       YINSTA1   520
C         HARMONISIERUNG                                                YINSTA1   521
C                                                                       YINSTA1   522
 4950 I=1                                                               YINSTA1   523
 4955 CALL MOVE (AUS(1,I), KE+1,1HA,1,1)                                YINSTA1   524
      IF(I.EQ.2) GO TO 50                                               YINSTA1   525
      I=2                                                               YINSTA1   526
       GO TO 4955                                                       YINSTA1   527
```

```
C         EB WIRD BEI ELIDIERTEM SCHWA DURCH FOLGENDE TIEFE VOKALE        YINSTA1
C         HARMONISIERT.                                                   YINSTA1
C         GEHT EB VORAUS?                                                 YINSTA1
 5000 KE=IFFP(AUS(1,1),POS-2,-(POS-2), ZESPE,6,1)                         YINSTA1
      IF(KOMP(AUS(1,1),KE,2HEB,1,2).EQ.0) GO TO 5030                      YINSTA1
      IF(KOMP(AUS(1,1),KE-1,2HEA,1,2).EQ.0) GO TO 5100                    YINSTA1
      GO TO 5200                                                          YINSTA1
 5030 KF=IFFP(AUS(1,1),KE-1,-(KE-1),ZESPE(27),13,1)                       YINSTA1
      IF(KE-KF.GT.3)  GO TO 5050                                          YINSTA1
C                                                                         YINSTA1
C         MORPHEMGRENZEN BLOCKIEREN DIE HARMONISIERUNGSREGEL              YINSTA1
       DO 220 J=1,4                                                       YINSTA1
      IF(SW.EQ.2) WRITE(6,5)  J                                           YINSTA1
      IF(KOMP(AUS(1,1),KE+1,PRAEFIX(1,J),1,PRAEFIX(2,J)).EQ.0) GO         YINSTA1
     1   TO  5200                                                         YINSTA1
  220 CONTINUE                                                            YINSTA1
C                                                                         YINSTA1
C         FOLGEN TIEFE VOKALE?                                            YINSTA1
 5050 KF=IFFP(AUS(1,1),POS+2,P1- (POS+2), ZESPE,6,1)                      YINSTA1
      KG=IFFP(AUS(1,1),POS+2,P1- (POS+2), ZESPE(27),13,1)                 YINSTA1
      IF(KG.LT.KF)  GO TO 5200                                            YINSTA1
      DO 230 J=1,6                                                        YINSTA1
      IF(SW.EQ.2) WRITE(6,5)  J                                           YINSTA1
      IF(KOMP(AUS(1,1),KF,VOKTIF(J),1,2).EQ.0)  GO TO 5200                YINSTA1
  230 CONTINUE                                                            YINSTA1
      I=1                                                                 YINSTA1
 5060 CALL MOVE (AUS(1,I),KE+1,1HA,1,1)                                   YINSTA1
      IF(I.EQ.2)  GO TO 5200                                              YINSTA1
      I=2                                                                 YINSTA1
      GO TO 5060                                                          YINSTA1
C======================================================================== YINSTA1
C                                                                         YINSTA1
C         KOMMENTARKARTE  8                                               YINSTA1
C                                                                         YINSTA1
C         ASS2:  EA WIRD VOR HELLEM VOKAL FAKULTATIV GEHOBEN.             YINSTA1
C                                                                         YINSTA1
C                                                                         YINSTA1
C======================================================================== YINSTA1
```

```
 5100 KF=IFFP(AUS(1,2),POS, P1-POS, ZESPE,6,1)
      KG=IFFP(AUS(1,2),POS, P1-POS, ZESPE(27),13,1)
      IF(SW.EQ.2) WRITE(6,5)  KF
      IF(KG.LT.KF)  GO  TO 5200
C
C        PRUEFUNG DES FOLGENDEN VOKALS.

INE YINSTA      73/72   OPT=1                      FTN 4.6+420         11/10/77  15.15.49

      DO 250 J=1,3
      IF(SW.EQ.2) WRITE(6,5)  J
      IF(KOMP(AUS(1,2), KF, VOKTIF(J),1,2).EQ.0)  GO TO 5120
  250 CONTINUE
      GO TO 5200
C
C        HARMONISIERUNG
C
 5120 CALL MOVE(AUS(1,2),KE,1HB,1,1)
      GO TO 5200
C
C        HARMONISIERUNG VON EA VOR HELLEM VOKAL.
C
 5150 KE=IFFP(AUS(1,2),POS+2,P1-(POS+2), ZESPE,6,1)
      KF=IFFP(AUS(1,2),POS+2,P1-(POS+2), ZESPE(27),13,1)
      IF(SW.EQ.2) WRITE(6,5)  KE
      IF(KE.GT.KF)   GO TO 7100
      DO 270 J=1,3
      IF(SW.EQ.2) WRITE(6,5)  J
      IF(KOMP(AUS(1,2), KE, VOKTIF(J), 1,2).EQ.0)  GO TO 5170
  270 CONTINUE
      GO TO 1050
C
C        HARMONISIERUNG
C
 5170 CALL MOVE(AUS(1,2), POS+1, 1HB,1,1)
      GO TO 7100
 5200 IF(SWOTP.GT.1)  GO TO 6000
```

```
C=====================================================================  YINSTA1   600
C                                                                       YINSTA1   601
C                                                                       YINSTA1   602
C        KOMMENTARKARTE   9                                             YINSTA1   603
C                                                                       YINSTA1   604
C        DIE REGEL ASS3 WIRD GEPRUEFT.                                  YINSTA1   605
C                                                                       YINSTA1   606
C                                                                       YINSTA1   607
C=====================================================================  YINSTA1   608
      DO 300 I=1,2                                                      YINSTA1   609
      DO 320 J=1,  6                                                    YINSTA1   610
      IF(KOMP(AUS(1,I),POS,KONVOIC(J), 1,2).EQ.0) GO TO 5250            YINSTA1   611
  320 CONTINUE                                                          YINSTA1   612
      GO TO 300                                                         YINSTA1   613
 5250 KE=IFFP(AUS(1,I),POS+2, P1-(POS+2), ZESPE,26,1,IZ)                YINSTA1   614
      KF=IFFP(AUS(1,I),POS+2, P1-(POS+2), ZESPE(29),11,1)               YINSTA1   615
      IF(SW.EQ.2) WRITE(6,5)  KE                                        YINSTA1   616
      IF(KE.GT.KF)  GO TO 5300                                          YINSTA1   617
      IF(IZ         .GT.6) GO TO 5270                                   YINSTA1   618
      IF(IZ.GT.0) GO TO 300                                             YINSTA1   619
 5270 DO 340 J=1,  6                                                    YINSTA1   620
      IF(KOMP(AUS(1,I),KE,KONVCL(J),1,2).EQ.0) GO TO 5280               YINSTA1   621
  340 CONTINUE                                                          YINSTA1   622
      GO TO 300                                                         YINSTA1   623
C                                                                       YINSTA1   624
C        ASSIMILATION                                                   YINSTA1   625
C                                                                       YINSTA1   626
 5280 CALL MOVE (AUS(1,I),POS+1,1HX,1,1)                                YINSTA1   627
  300 CONTINUE                                                          YINSTA1   628
 YINSTA     73/72   OPT=1                     FTN 4.6+420        11/10/77  15.15.49

C=====================================================================  YINSTA1   629
C                                                                       YINSTA1   630
C                                                                       YINSTA1   631
C        KOMMENTARKARTE   10                                            YINSTA1   632
C                                                                       YINSTA1   633
C      ASS4                                                             YINSTA1   634
C                                                                       YINSTA1   635
C=====================================================================  YINSTA1   636
```

```
 5300 DO 350 I=1,2
      DO 360 J=1,7
      IF(SW.EQ.2) WRITE(6,5)  J
      IF(KOMP(AUS(1,I),POS,SENVOK(J),1,2).EQ.0) GO TO 5350
  360 CONTINUE
       GO TO 350
 5350 IF(POS-2.LE.0) GO TO 50
      KE=IFFP(AUS(1,I), POS-2, -(POS-2), ZESPE,26,1)
      IF(SW.EQ.2) WRITE(6,5)  KE
      KF=IFFP(AUS(1,I),POS-2,-(POS-2), ZESPE(29),11,1)
      IF(KE.LE.KF)  GO TO 50
      IF(KE.NE.POS-2.AND. ICPC(AUS(1,I), POS+2, ZESPE(27), 13). GT.0)
     1  GO TO 50
C
C        HARMONISIERUNG
      KE1=KE
      IF(ICPC(AUS(1,I), POS-2, ZESPE(27), 13).NE.0) KE1=KE1-1
      IF(KE1.LE.1)   GO TO 50
      DO 380 K=1,6
      IF(KOMP(AUS(1,I), KE1, KONVCL(K),1,2) .NE.0)  GO TO 380
      KF=15
      IF(J.EQ.3) KF=16
      CALL MOVE(AUS(1,I),POS+1,ZESPE(KF),10,1)
      IF(I.EQ.2)  GO TO 50
      GO TO 350
  380 CONTINUE
  350 CONTINUE
       IF(J.LT.6)  GO TO 6000
C=====================================================================
C
C
C        .KOMMENTARKARTE  11
C
C       ASS5
C
C
C=====================================================================
C
 5400 IF(SWOTP.GT.1) GO TO 6000
```

```
      DO 400 J=     1,7                                              YINSTA1   676
      IF(KOMP(AUS(1,1),POS,SEMVOK(J),1,2).EQ.0) GO TO 5450            YINSTA1   677
  400 CONTINUE                                                       YINSTA1   678
      GO TO 6000                                                     YINSTA1   679
 5450 IF(J.EQ.6) GO TO 5470                                          YINSTA1   680
      IF(POS-2.LE.0)  GO TO 50                                       YINSTA1   681
      DO 420 J    =    1,6                                           YINSTA1   682
      IF(SW.EQ.2) WRITE(6,5)  J                                      YINSTA1   683
      IF(KOMP(AUS(1,1),POS-2,OKKLSP(J),1,2).EQ.0) GO TO 5470         YINSTA1   684
  420 CONTINUE                                                       YINSTA1   685

 YINSTA      73/72    OPT=1                      FTN 4.6+420        11/10/77  15.15.49

      GO TO 50                                                       YINSTA1   686
 5470 KE=IFFP(AUS(1,1),POS+2, P1-(POS-2),ZESPE(29),11,1)             YINSTA1   687
      IF(SW.EQ.2) WRITE(6,5)  KE                                     YINSTA1   688
      KF=IFFP(AUS(1,1),POS+2, P1-(POS-2),ZESPE,26,1)                 YINSTA1   689
      IF(KF.LT.KE)  GO TO 50                                         YINSTA1   690
      I=1                                                            YINSTA1   691
 5480 CALL MOVE(AUS(1,I), POS+1, 1HX,1,1)                            YINSTA1   692
      IF(I.EQ.2) GO TO 50                                            YINSTA1   693
      I=2                                                            YINSTA1   694
       GO TO 5480                                                    YINSTA1   695
C=================================================================== YINSTA1   696
C                                                                    YINSTA1   697
C        KOMMENTARKARTE 12                                           YINSTA1   698
C                                                                    YINSTA1   699
C        KUERZUNGEN VON VOKALEN                                      YINSTA1   700
C                                                                    YINSTA1   701
C                                                                    YINSTA1   702
```

```
C======================================================================= YINSTA1
C                                                                        YINSTA1
C                                                                        YINSTA1
C        IN EINIGEN FAELLEN UNTERLIEGT SCHWA DEN ELISIONSREGELN          YINSTA1
C        NICHT.                                                          YINSTA1
C                                                                        YINSTA1
C                                                                        YINSTA1
 6000 IF(KOMP(AUS(1,1),  POS, 2HE$,1,2).NE.0)  GO TO  6010               YINSTA1
      DO 430 I=1,2                                                       YINSTA1
      IF(SWOTP.EQ.3) CALL MOVE (AUS(1,I),POS,1HO,1,1)                    YINSTA1
  430 CALL MOVE (AUS(1,I),   POS+1, 1HU,1,1)                             YINSTA1
       GO TO 50                                                          YINSTA1
C                                                                        YINSTA1
C        LAENGENTILGUNG                                                  YINSTA1
C                                                                        YINSTA1
 6010 IF(KOMP(AUS(1,1),   POS,2HEC,1,2).NE.0)   GO TO 6020               YINSTA1
 6015 DO 440 I=1,2                                                       YINSTA1
  440 CALL MOVE (AUS(1,I),   POS+1,1HA,1,1)                              YINSTA1
      GO TO 50                                                           YINSTA1
 6020 IF(KOMP(AUS(1,1),   POS,2HAK,1,2).NE.0)   GO TO 6040               YINSTA1
      IF(SWOTP.GT.1)    GO TO 6015                                       YINSTA1
      KE=IFFP(AUS(1,1), POS+2, P1-(POS+2), ZESPE,6,1)                    YINSTA1
      KF=IFFP(AUS(1,1), POS+2, P1- (POS+2), ZESPE(27),13,1)              YINSTA1
      IF(KF.LT.KE)    GO TO 50                                           YINSTA1
      IF(KOMP(AUS(1,1),KE,   2HEU,1,2).EQ.0.AND.KF.EQ.KE+2) GO TO 50     YINSTA1
      GO TO 6015                                                         YINSTA1
 6040  IF(SWOTP.NE.3)  GO TO 50                                          YINSTA1
      IF(KOMP(AUS(1,1),POS,2HUU,1,2).NE.0)   GO TO 50                    YINSTA1
      DO 450 I=1,2                                                       YINSTA1
  450 CALL MOVE(AUS(1,I), POS,2HEM,1,2)                                  YINSTA1
      GO TO 50                                                           YINSTA1
C                                                                        YINSTA1
C        FUNKTION H4                                                     YINSTA1
C                                                                        YINSTA1
```

```
7000 IF(KOMP(AUS(1,1),POS,2HE$,1,2).EQ.0)      CALL MOVE(AUS(1,1),      YINSTA1   737
    1 POS+1, 1HU,1,1)                                                    YINSTA1   738
     IF(KOMP(AUS(1,1), POS,2HEU,1,2).NE.0)    GO TO 7040                 YINSTA1   739
     KE=IFFP(AUS(1,1),POS+2,P1-(POS+2),ZESPE,6,1)                        YINSTA1   740

YINSTA     73/72   OPT=1                     FTN 4.6+420         21/11/77  14.02.32

     IF(SW.EQ.2) WRITE(6,5)  KE                                          YINSTA1   741
     KF=IFFP(AUS(1,1),POS+2,P1-(POS+2),ZESPE          (29) ,11,1)        YINSTA1   742
     IF(KF.LT.KE) GO TO 7020                                             YINSTA1   743
     KG=IFFP(AUS(1,1),POS+2,P1-(POS+2), ZESPE(7),21,1)                   YINSTA1   744
     IF(KG.LT.KE) GO TO 7020                                             YINSTA1   745
     GO TO 50                                                            YINSTA1   746
7020 CALL MOVE(AUS(1,1),POS,2H  ,1,2)                                    YINSTA1   747
     KE=IFFP(AUS(1,1),POS-2,-(POS-2),ZESPE(27),13,1)+1                   YINSTA1   748
     CALL MOVE(AUS(1,1),KE+2,AUS(1,1),KE,POS-KE)                         YINSTA1   749
     CALL MOVE(AUS(1,1),KE    ,2H  ,1,2)                                 YINSTA1   750
7040    DO 500 J=1,3                                                     YINSTA1   751
     IF(SW.EQ.2) WRITE(6,5)  J                                           YINSTA1   752
     IF(KOMP(AUS(1,1), POS, SEMVOK(J),1,2). NE.0) GO TO 500              YINSTA1   753
     IF(J.EQ.1) CALL MOVE (AUS(1,1),POS,2HIA,1,2)                        YINSTA1   754
     IF(J.EQ.2) CALL MOVE (AUS(1,1),POS,2HUA,1,2)                        YINSTA1   755
     IF(J.EQ.3) CALL MOVE (AUS(1,1),POS,2HYA,1,2)                        YINSTA1   756
     IF(POS-2.LE.0)   GO TO 50                                           YINSTA1   757
     IF(KOMP(AUS(1,1),  POS-2,  AJS(1,1), POS,2).NE.0)  GO TO 50         YINSTA1   758
     GO TO 7020                                                          YINSTA1   759
 500 CONTINUE                                                            YINSTA1   760
     GO TO 6000                                                          YINSTA1   761
7100 IF(SWOTP.EQ.1)   GO TO 1050                                         YINSTA1   762
     GO TO 50                                                            YINSTA1   763
     END                                                                 YINSTA1   764
```

Auflistung des Unterprogramms YLIAIS

```
      SUBROUTINE YLIAIS                                                 YLIAIS1
C=====================================================================  YLIAIS1
C                                                                       YLIAIS1
C                                                                       YLIAIS1
C                                                                       YLIAIS1
C         KOMMENTARKARTE 1                                              YLIAIS1
C                                                                       YLIAIS1
C         SPEICHERPLATZ RESERVIEREN                                     YLIAIS1
C         SUCHE DES LIGEMGRAPHEMS                                       YLIAIS1
C                                                                       YLIAIS1
C                                                                       YLIAIS1
C=====================================================================  YLIAIS1
      IMPLICIT INTEGER (A-Z)                                            YLIAIS1
      COMMON WOSPE(9,1024), TEXT(150), ZESPE(50), ADJDET(2,31),         YLIAIS1
     1ETRESP(15),ETRIND(15),SUBDET(3,127),VRBDET(3,31),VWRT,            YLIAIS1
     2 SW, AUSPE(100), O1, VOSPE(4,255), NASPE(2,128),                  YLIAIS1
     3LIAISP(5),P1                                                      YLIAIS1
       Z=0 $ INDA3=0 $ INDZ=0 $ O2=O1                                   YLIAIS1
 2510 O2=O2-1                                                           YLIAIS1
      IF(SW.EQ.3) WRITE(6,5000) O2                                      YLIAIS1
 5000 FORMAT (" ",I4)                                                   YLIAIS1
      IF(O2.LT.1) RETURN                                                YLIAIS1
      KE=ICPC(TEXT,O2,ZESPE,39)                                         YLIAIS1
      IF(KE.EQ.28) GO TO 2510                                           YLIAIS1
      IF(KE.GT.28) RETURN                                               YLIAIS1
      IF(KE.NE.27) GO TO 2512                                           YLIAIS1
      INDA3=1  $GO TO 2510                                              YLIAIS1
C=====================================================================  YLIAIS1
C                                                                       YLIAIS1
C                                                                       YLIAIS1
C         KOMMENTARKARTE 2                                              YLIAIS1
C                                                                       YLIAIS1
C         LIGEMFEINDLICHER ANLAUT                                       YLIAIS1
C                                                                       YLIAIS1
C                                                                       YLIAIS1
C=====================================================================  YLIAIS1
 2512 IF(KE.LT.9.OR.KE.GT.16) RETURN                                    YLIAIS1
      KF=ICPC(TEXT,O1,ZESPE,7)                                          YLIAIS1
```

```
      IF(KF.LT.4.OR.((KF.EQ.4.OR.KF.EQ.6).AND. ICPC(TEXT,O1+1,ZESPE,7).  YLIAIS1
     1EQ.0)) GO TO 2540                                                   YLIAIS1
      YBAS=64                                                             YLIAIS1
      IF(SW.EQ.3) WRITE(6,5000) YBAS                                      YLIAIS1
      DO 1010 Y=1,7                                                       YLIAIS1
      YX=6-Y                                                              YLIAIS1
      IF(KOMP(TEXT,O1,NASPE(2,YBAS),1,NASPE(1,YBAS))) 2505,2506,2507      YLIAIS1
 2505 YBAS=YBAS-2**YX                                                     YLIAIS1
      GO TO 1010                                                          YLIAIS1
 2506 IF(NASPE(1,YBAS).LE.3.AND.ICPC(TEXT,O1+NASPE(1,YBAS) ,ZESPE,26).NE YLIAIS1
     1.0) GO TO  2507                                                     YLIAIS1
      GO TO 2515                                                          YLIAIS1
 2507 YBAS=YBAS+2**YX                                                     YLIAIS1
 1010 CONTINUE                                                            YLIAIS1
      IF(KF.EQ.4.OR.KF.EQ.6) RETURN                                       YLIAIS1
      GO TO 2540                                                          YLIAIS1
 2515 IF(KF.EQ.5.OR.KF.EQ.7) RETURN                                       YLIAIS1
C================================================================== YLIAIS1
C                                                                         YLIAIS1

 YLIAIS      73/72    OPT=1                    FTN 4.6+420        11/10/77  15.15.49

C                                                                         YLIAIS1
C        KOMMENTARKARTE 3                                                 YLIAIS1
C                                                                         YLIAIS1
C        SYNTAXANALYSE FUER ZU LIIERENDE WOERTER                          YLIAIS1
C                                                                         YLIAIS1
C                                                                         YLIAIS1
C================================================================== YLIAIS1
 2540 IF (INDA3.EQ.1) GO TO 2620                                          YLIAIS1
      VOWOMIN=IFFP(TEXT,O2,-O2,ZESPE(27),13,1,IZ)+1                       YLIAIS1
      IF(SW.EQ.3) WRITE(6,5000) VOWOMIN                                   YLIAIS1
      YBAS=64                                                             YLIAIS1
      DO 1020 Y=1,7                                                       YLIAIS1
      YX=6-Y                                                              YLIAIS1
      IF(KOMP(TEXT,VOWOMIN,VOSPE(3,YBAS),1,VOSPE(2,YBAS)))2550,2551,2552 YLIAIS1
 2550 YBAS=YBAS-2**YX                                                     YLIAIS1
```

```
      GO TO 1020                                                        YLIAIS1
 2551 IF((VOSPE(1,YBAS).EQ.0.OR.VOSPE(1,YBAS).EQ.3).AND.(O2-VOWOMIN-    YLIAIS1
     1 VOSPE(2,YBAS)).  LT.3.  AND.ICPC( TEXT,O2,ZESPE,26).EQ.KE)       YLIAIS1
     2    GO TO 2620                                                    YLIAIS1
      IF(VOSPE(1,YBAS).EQ.0.OR.VOSPE(1,YBAS).EQ.3) GO TO 2552           YLIAIS1
      IF(VOSPE(1,YBAS).EQ.1.AND.IFFP(TEXT,O1,300,ZESPE(34),1,1).LE.     YLIAIS1
     1IFFP(TEXT,O1,300,ZESPE(29),10,1))RETURN                           YLIAIS1
      IF(VOSPE(1, YBAS).NE.2) GO TO 2620                                YLIAIS1
      IF(VOWOMIN+VOSPE(2,YBAS)+VOSPE(2,YBAS)/3.LT.O2) GO TO 2550        YLIAIS1
      GO TO 2553                                                        YLIAIS1
 2552 YBAS=YBAS+2**YX                                                   YLIAIS1
 1020 CONTINUE                                                          YLIAIS1
      RETURN                                                            YLIAIS1
C====================================================================== YLIAIS1
C                                                                       YLIAIS1
C                                                                       YLIAIS1
C                                                                       YLIAIS1
C         KOMMENTARKARTE 4                                              YLIAIS1
C                                                                       YLIAIS1
C         PRAEPONIERTES ADJEKTIV                                        YLIAIS1
C                                                                       YLIAIS1
C                                                                       YLIAIS1
C====================================================================== YLIAIS1
 2553 SATZEI=IFFP(TEXT,VOWOMIN,-VOWOMIN+1,ZESPE(29),6,1)                YLIAIS1
      IF(SW.EQ.3) WRITE(6,5000) SATZEI                                  YLIAIS1
 2554 IND=0                                                             YLIAIS1
 2555 VOWOMIN=IFFP(TEXT,VOWOMIN-1,-VOWOMIN+2,ZESPE(27),2,IND)           YLIAIS1
      IF(SW.EQ.3) WRITE(6,5000) VOWOMIN                                 YLIAIS1
      IF(VOWOMIN.LT.SATZEI) RETURN                                      YLIAIS1
      IF(IND.EQ.1) GO TO 2560                                           YLIAIS1
      IND=1  $ GO TO 2555                                               YLIAIS1
 2560 YBAS=64                                                           YLIAIS1
      DO 1030 Y=1,7                                                     YLIAIS1
      YX=6-Y                                                            YLIAIS1
      IF(KOMP(TEXT,VOWOMIN+1,SUBDET(3,YBAS),1,SUBDET(2,YBAS)+1))2570,   YLIAIS1
     12620,2572                                                         YLIAIS1
 2570 YBAS=YBAS-2**YX                                                   YLIAIS1
      GO TO 1030
```

```
                                                                YLIAIS1   111
 2572 YBAS=YBAS+2**YX                                           YLIAIS1   112
 1030 CONTINUE                                                  YLIAIS1   113
      YBAS=16                                                   YLIAIS1   114
      DO 1040 Y=1,5                                             YLIAIS1   115

YLIAIS     73/72    OPT=1                  FTN 4.6+420        11/10/77  15.15.49

      YX=4-Y                                                    YLIAIS1   116
      IF(KOMP(TEXT,VOWOMIN+1, ADJDET(2,YBAS),1,ADJDET(1,YBAS)+1))  YLIAIS1   117
     12575,2554,2576                                            YLIAIS1   118
 2575 YBAS=YBAS-2**YX                                           YLIAIS1   119
      GO TO 1040                                                YLIAIS1   120
 2576 YBAS=YBAS+2**YX                                           YLIAIS1   121
 1040 CONTINUE                                                  YLIAIS1   122
       RETURN                                                   YLIAIS1   123
 2620 IF(KE.GE.14) Z=1                                          YLIAIS1   124
      IF(KE.EQ.13) Z=2                                          YLIAIS1   125
       IF(Z.EQ.0) Z=KE-7                                        YLIAIS1   126
      IF(SW.EQ.3) WRITE(6,5000) Z                               YLIAIS1   127
      VOWOEND=IFFP(AUSPE,P1,-P1+1,ZESPE(27),13,0)+1             YLIAIS1   128
      LANG=2                                                    YLIAIS1   129
      IF(Z.EQ.5) LANG=4                                         YLIAIS1   130
      IF(Z.EQ.5)     VOWOEND=VOWOEND-2                          YLIAIS1   131
      CALL MOVE(AUSPE,VOWOEND,LIAISP(Z),1,LANG)                 YLIAIS1   132
C                                                               YLIAIS1   133
C        DENASALIERUNG                                          YLIAIS1   134
C                                                               YLIAIS1   135
      IF(Z.NE.3)    GO TO 2630                                  YLIAIS1   136
      IF (ICPC(AUSPE,VOWOEND-2,1HO,1).NE.1)    GO TO 2630       YLIAIS2     1
      IF(IFFP(AUSPE,VOWOEND-3, -VOWOEND+3, ZESPE(27),13,1)      YLIAIS1   137
     1   .GT.       IFFP(AUSPE,VOWOEND-3,   -VOWOEND+3, ZESPE,6,1))  YLIAIS1   138
     2 CALL MOVE (AUSPE, VOWOEND-1, 1HA,1,1)                    YLIAIS1   139
 2630 P1= VOWOEND+LANG+2                                        YLIAIS1   140
      RETURN $ END                                              YLIAIS1   141
```

Auflistung des Unterprogramms LOOKUP

```
      SUBROUTINE LOOKUP,RETURNS(A,B,C,D)                                LOOKUP1
      IMPLICIT INTEGER(A-Z)                                             LOOKUP1
      COMMON WOSPE(9,1024), TEXT(150), ZESPE(50), ADJDET(2,31),         LOOKUP1
     1ETRESP(15),ETRIND(15),SUBDET(3,127),VRBDET(3,31),VWRT,            LOOKUP1
     2 SW, AUSPE(100), O2, VOSPE(4,255), NASPE(2,128),                  LOOKUP1
     3 LIAISP(5),P1                                                     LOOKUP1
     4, VRBSUBD(2)                                                      LOOKUP1
      O1=O2                                                             LOOKUP1
      ENT=0 $ IENT=0 $ KJMIN=0 $             INDLE=0      $ INRETUR=0   LOOKUP1
       INDITER=0                                                        LOOKUP1
      INDLOG=0                                                          LOOKUP1
      SATZEI=O1                                                         LOCKUP1
 2039 YBAS= 256                                                         LOOKUP1
C====================================================================== LOCKUP1
C                                                                       LOOKUP1
C                                                                       LOOKUP1
C                                                                       LOCKUP1
C        LOGOGRAMME                                                     LOCKUP1
C                                                                       LOOKUP1
C                                                                       LOCKUP1
C                                                                       LOOKUP1
C====================================================================== LOOKUP1
      DO 1019 YX=1,9                                                    LOOKUP1
      Y=8-YX                                                            LOOKUP1
      IF(SW.EQ.4) WRITE(6,13) Y                                         LOOKUP1
      IF(KOMP(TEXT,O1,WOSPE(3,YBAS),1,WOSPE(2,YBAS))) 2050,2060,2080    LOOKUP1
 2050 YBAS=YBAS-2**Y                                                    LOOKUP1
        IF(SW.EQ.4) WRITE(6,13) YBAS                                    LOOKUP1
      GO TO 1019                                                        LOCKUP1
C====================================================================== LOOKUP1
C                                                                       LOCKUP1
C                                                                       LOCKUP1
C                                                                       LOOKUP1
C        KOMMENTARKARTE 1                                               LOCKUP1
C                                                                       LOOKUP1
C        GRUPPENZUGEHOERIGKEIT ZU LOGOGRAMMEN                           LOCKUP1
C                                                                       LOOKUP1
C                                                                       LOOKUP1
C                                                                       LOOKUP1
C====================================================================== LOOKUP1
```

```
 2060 GO TO (2549, 2063,2063, 2063, 2063, 2067, 2079), WOSPE(1,YBAS)
C====================================================================
C
C
C
C       KOMMENTARKARTE 2
C
C        ABGESCHLOSSENHEITSKRITERIUM
C
C
C
C====================================================================
C
C        AUSNAHME:
C        PLURALMORPHOGRAMM BEI FAITS INDIZIERT KEIN SUBSTANTIV.
C
 2063 IF(KOMP(TEXT,01,5HFAITS,1,5).EQ.0)  GO TO 2099
```

```
 LOOKUP     73/72    OPT=1                         FTN 4.6+420        11/10/77  15.15.49
```

```
C        ABGESCHLOSSENHEIT
      KI=ICPC(TEXT,01+WOSPE(2,YBAS),ZESPE,39)
C        KOPIEREN FUER WOERTER DER GRUPPEN 2 UND 3 (ABGESCHLOSSEN-
C        HEITSKRITERIUM). SYNTAXPRUEFUNG FUER WOERTER DER GRUPPEN
C        4 UND 5 (VERB/SUBSTANTIV, VERB/ADJEKTIV).
      IF(KI.GT.26)   GO TO (2549, 2549, 2099, 2099), WOSPE(1,YBAS)-1
C        ABGESCHLOSSENHEITSKRITERIUM NACH PLURALMORPHOGRAMMEN.
C        KOPIEREN FUER WOERTER DER GRUPPEN 2 UND 3.
C        KOPIEREN FUER WOERTER DER GRUPPEN 4 UND 5, DA PLURAL-
C        MORPHOGRAMME SUBSTANTIVISCHE ODER ADJEKTIVISCHE FORMEN
C        INDIZIEREN.
      IF((KI.EQ.14.OR.KI.EQ.15). AND. ICPC(TEXT,01+WOSPE(2,YBAS) +1,
     1 ZESPE(27), 13). NE.0)  GO TO (2549,2549,2200, 2549), WOSPE(1,
     2  YBAS)-1
C
C
```

```
C         ABKUERZUNGEN
C         KRITERIUM DER IDENTIFIKATION VON ABKUERZUNGEN SIND
C         MINDESTENS ZWEI VON PUNKTEN GEFOLGTE EINZELBUCHSTABEN.
C
C         PUNKT
C
 2067 IF (ICPC(TEXT,O1+1, ZESPE(29), 1).NE.1)     GO TO 2080
      IF(INDLOG.NE.0)   GO TO 2070
      INDLOG=YBAS
      O1=O1+2
      GO TO 2039
C
C         FOLGEN EINANDER IDENTISCHE ZEICHEN?
C
 2070 IF(INDITER.EQ.0)    O1=O1-2
      IF(INDITER.EQ.0)    YBAS=INDLOG
      INDITER=1
      IF(KOMP(TEXT,O1+2,TEXT,O1,2).NE.0) GO TO 2076
      IF(KOMP(TEXT,O1+4,TEXT,O1,2).NE.0) GO TO 2074
C
C         EIN TEIL DER VOKALISCH ANLAUTENDEN ABKUERZUNGEN
C         VERLANGT LIAISON
C
      IF(ICPC(WOSPE(6,YBAS),3,ZESPE,6).EQ.0) GO TO 2073
      CALL MOVE(AUSPE,P1,10HTTRRWWAAZZ,1,10)
      P1=P1+12
      O1=O1+4
      GO TO 2076
 2073 CALL MOVE(AUSPE,P1,8HTTRRWWAA,1,8)
      P1=P1+10
      O1=O1+4
      GO TO 2076
C         AUCH FUER ZWEI IDENTISCHE ZEICHEN WIRD DIE PRUEFUNG
C         DES ANLAUTS VORGENOMMEN.
 2074 IF(ICPC(WOSPE(6,YBAS),3,ZESPE,6).EQ.0) GO TO 2077
      CALL MOVE(AUSPE,P1,6HDDOBZZ,1,6)
      P1=P1+8
      O1=O1+2
      GO TO 2076
```

```
 2077 CALL MOVE(AUSPE,P1,4HDDOB,1,4)                                   LOOKUP1
      P1=P1+6                                                          LOOKUP1


 LOOKUP      73/72    OPT=1                         FTN 4.6+420         11/10/77  15.15.49


      01=01+2                                                          LOOKUP1
C         KOPIEREN DER ABKUERZUNG                                      LOOKUP1
 2076 CALL MOVE(AUSPE,P1,WOSPE(6,YBAS),3,14)                           LOOKUP1
      01=01+2                                                          LOOKUP1
      02=01                                                            LOOKUP1
      IF(ICPC(TEXT,01,ZESPE,26).EQ.0) RETURN                           LOOKUP1
      P1=P1+14                                                         LOOKUP1
      GO TO 2039                                                       LOOKUP1
C                                                                      LOOKUP1
C                                                                      LOCKUP1
C         LOGOGRAMME DER SIEBTEN GRUPPE                                LOOKUP1
C                                                                      LOOKUP1
C                                                                      LOOKUP1
 2079 IF(IFFP(TEXT, 02+WOSPE(2,YBAS),20,ZESPE,26,1).LT.IFFP            LOOKUP1
     1 (TEXT,02+WOSPE(2,YBAS),20,ZESPE(29),11,1)  ) RETURN             LOOKUP1
      GO TO 2549                                                       LOOKUP1
 2080 YBAS=YBAS+2**Y                                                   LOOKUP1
 1019 CONTINUE                                                         LOOKUP1
      RETURN                                                           LOOKUP1
C===================================================================== LOOKUP1
C                                                                      LOOKUP1
C                                                                      LOOKUP1
C         KOMMENTARKARTE 3                                             LOOKUP1
C                                                                      LOOKUP1
C===================================================================== LOOKUP1
C                                                                      LOOKUP1
C                                                                      LOOKUP1
C                                                                      LOOKUP1
C         WORTKONTEXTSENSITIVE UMSCHREIBUNGSREGELN                     LOOKUP1
C                                                                      LOOKUP1
C                                                                      LOOKUP1
C                                                                      LOOKUP1
C===================================================================== LOOKUP1
```

```
      ENTRY ENT1                                                          LOOKUP1
      IENT=0 $ KJMIN=0 $  ENT=1                                           LOOKUP1
      INRETUR=0   $  INDLE=0                                              LOOKUP1
C        TIENT, VIENT UND DERIVATIONEN( AUCH CONVENIR,CONVIER)            LOOKUP1
      KI=IOPC(TEXT,O2-1,ZESPE, 26)                                        LOOKUP1
      IF((KI.EQ.13.OR.KI.EQ.25).AND.ICPC(TEXT,O2,ZESPE(4),1).EQ.1)IENT=1  LOOKUP1
C=======================================================================  LOOKUP1
C                                                                         LOOKUP1
C          WORTKONTEXTSENSITIVE UMSCHREIBUNGSREGELN                       LOOKUP1
C                                                                         LOOKUP1
C=======================================================================  LOOKUP1
      ANF=1                                                               LOOKUP1
      END=6                                                               LOOKUP1
      LANG=2                                                              LOOKUP1
      IND=2                                                               LOOKUP1
 2010 DO 2015 INDVGL=ANF,END                                              LOOKUP1
      IF(O2-IND.LE.0)    GO TO 2015                                       LOOKUP1
      IF(KOMP(TEXT,O2-IND,VRBSUBD, INDVGL*2-1, LANG).EQ.0) GO TO 2018     LOOKUP1
      IF(INDVGL.NE.9)  GO TO 2015                                         LOOKUP1
      LANG=4                                                              LOOKUP1
      IND=6                                                               LOOKUP1
 2015 CONTINUE                                                            LOOKUP1
      IF(ANF.NE.1)   GO TO 2020                                           LOOKUP1
      IND=3                                                               LOOKUP1

LOOKUP      73/72   OPT=1                   FTN 4.6+420        11/10/77  15.15.49

      ANF=3                                                               LOOKUP1
      END=10                                                              LOOKUP1
      GO TO 2010                                                          LOOKUP1
 2018 IF(INDVGL.EQ.1)  GO TO 2200                                         LOOKUP1
      IF(INDVGL.NE.2. OR.IND.NE.2) GO TO 2030                             LOOKUP1
      KX =ICPC(TEXT,O2-3,.ZESPE,2)                                        LOOKUP1
      IF(KX-1)          2020  ,2200,      2025                            LOOKUP1
 2025 CALL MOVE(AUSPE,P1-4, 2HAA, 1,2)                                    LOOKUP1
      GO TO 2200                                                          LOOKUP1
 2030 IF(INDVGL.LT.7)  GO TO 2202                                         LOOKUP1
      IF(INDVGL.EQ.7.OR.INDVGL.EQ.10)   GO TO 2200                        LOOKUP1
```

```
      IF(ICPC(TEXT,O2-IND-1,  ZESPE(27), 13).NE.0)  GO TO 2200            LOOKUP1
C        DOPPELKONSONANTENLETTERN STEHEN NIE VOR BETONTER ULTIMA          LOOKUP1
C        AUF -ENT                                                         LOOKUP1
 2020 IF(ICPC(TEXT,O2-1,ZESPE,26).EQ.ICPC(TEXT,O2-2,ZESPE,26).AND.ICPC    LOOKUP1
     1 (TEXT,O2-1,ZESPE,26).NE.14)  GO TO 2201                            LOOKUP1
      O1=IFFP(TEXT,O2,-O2+ 1,ZESPE(27),13,1)+1                            LOOKUP1
      IF (SW.EQ.4) WRITE(6,13)O1                                          LOOKUP1
      SATZEI=O1                                                           LOOKUP1
 2099 SATZEI=IFFP(TEXT, SATZEI-1, -SATZEI+1, ZESPE(29),11,1,IZ)          LOOKUP1
      IF( SATZEI.EQ.1)  IZ=1                                              LOOKUP1
      IF(IZ.EQ.8)  GO TO 2099                                             LOOKUP1
      IF(SW.EQ.4) WRITE(6,13) O2                                          LOOKUP1
   13 FORMAT (" ",I4)                                                     LOOKUP1
      KJ=O1-1                                                             LOOKUP1
      IND=0                                                               LOOKUP1
 2102 KJ=IFFP(TEXT,KJ,-KJ,ZESPE(27),13,IND)                               LOOKUP1
      IF(IND.EQ.1) GO TO 2101                                             LOOKUP1
      IND=1                                                               LOCKUP1
      GO TO 2102                                                          LOOKUP1
 2101 IF(KJ+1.GT.SATZEI)  GO TO 2103                                      LOCKUP1
      IF(IZ.EQ.1.OR.IZ.GE. 3.AND.IZ.LE.4) GO TO  2200                     LOOKUP1
      KJMININ=10                                                          LOOKUP1
 2580 IF(IZ.EQ.10) IZ=9                                                   LOCKUP1
      IF(SW.EQ.4) WRITE(6,13) O2                                          LOOKUP1
C======================================================================== LOCKUP1
C                                                                         LOOKUP1
C                                                                         LOOKUP1
C                                                                         LOOKUP1
C        KOMMENTARKARTE 4                                                 LOOKUP1
C                                                                         LOOKUP1
C        EINSCHUBMARKIERER                                                LOOKUP1
C                                                                         LOOKUP1
C                                                                         LOOKUP1
C                                                                         LOOKUP1
C======================================================================== LOOKUP1
      SATZE=IFFP(TEXT, SATZEI-1,-SATZEI+1,ZESPE(IZ + 28),1,1)             LOCKUP1
C        SAETZE, DIE VON KLAMMERN EINGESCHLOSSEN SIND, WERDEN ALS GANZES  LOOKUP1
C        BETRACHTET                                                       LOOKUP1
      IF(IZ.NE.9) GO TO 2081                                              LOOKUP1
      SATZEI=SATZE                                                        LOOKUP1
```

```
      GO TO 2099                                                      LOOKUP1
 2081 SATZEI=IFFP(TEXT, SATZEI-1, -SATZEI +1, ZESPE(29), 11,1,IZ)     LOOKUP1
      IF(SATZE.LE.SATZEI.AND.(IZ.EQ.2.OR.IZ.GT.4.AND.IZ.LT.9.OR.IZ.   LOOKUP1
     1EQ.11))GO TO 2081                                               LOOKUP1
      IF(SATZE.LT.SATZEI) GO TO 2200                                  LOOKUP1
      IF(SATZEI.LE.1)  IZ=1                                           LOOKUP1


LOOKUP      73/72    OPT=1                       FTN 4.6+420        11/10/77  15.15.49

      IF(SATZE-1.LE.0) SATZE=SATZE+2                                  LOOKUP1
      KJ= SATZE-1                                                     LOOKUP1
      KH1=SATZE-1                                                     LOOKUP1
      KH2=SATZE-1                                                     LOOKUP1
      KH3=SATZE-1                                                     LOOKUP1
      KH4=SATZE-1                                                     LOOKUP1
      KH5=SATZE-1                                                     LOOKUP1
      IND=0                                                           LOOKUP1
      GO TO (2135,2175,2305,2325,2601,2652,2630,2810,2865,2102,2260), LOOKUP1
     1 KJMININ                                                        LOOKUP1
C==================================================================== LOOKUP1
C                                                                     LOOKUP1
C                                                                     LOOKUP1
C                                                                     LOOKUP1
C       ANALYSE DES ENGEREN SYNTAKTISCHEN KONTEXTS                    LOOKUP1
C                                                                     LOOKUP1
C                                                                     LOOKUP1
C                                                                     LOOKUP1
C==================================================================== LOOKUP1
C                                                                     LOOKUP1
C                                                                     LOOKUP1
C         AMBIGE DETERMINATOREN, FEHLENDER ACCORD                     LOOKUP1
C       DETERMINIERER VON NOMINALPHRASEN                              LOOKUP1
C                                                                     LOOKUP1
C                                                                     LOOKUP1
 2103 IF(IENT.EQ.1) GO TO 2130                                        LOOKUP1
      IF(SW.EQ.4) WRITE(6,13) 02                                      LOOKUP1
      BAS=64                                                          LOOKUP1
      DO 2104 Y=1,7                                                   LOOKUP1
```

```
      YZ=6-Y                                                            LOOKUP1
       IF(KOMP(TEXT,KJ+1,SUBDET(3,BAS),1,SUBDET(2,BAS)+1)) 2086,2087,   LOCKUP1
     1 2088                                                             LOOKUP1
 2086 BAS=BAS-2**YZ                                                     LOCKUP1
      GO TO 2104                                                        LOCKUP1
C====================================================================== LOOKUP1
C                                                                       LOOKUP1
C                                                                       LOOKUP1
C         KOMMENTARKARTE 5                                              LOOKUP1
C                                                                       LOOKUP1
C         OBJEKTSPRONOMEN UND ZAHLWOERTER INDIZIEREN EIN                LOCKUP1
C          DIREKTES OBJEKT                                              LOOKUP1
C                                                                       LOOKUP1
C                                                                       LOOKUP1
C====================================================================== LOCKUP1
 2087 IF(SUBDET(1,BAS).EQ.4.OR.SUBDET(1,BAS).GE.6)    GO TO 2201        LOOKUP1
C         EN LEUR,LE,L'                                                 LOOKUP1
      IF(SUBDET(1,BAS).NE.3) GO TO 2200                                 LOOKUP1
C         IL LE BUT, IL LE FAIT                                         LOOKUP1
C         STRUKTUR: PRAEP. DET. SUBST/ADJEKT.-ENT                       LOOKUP1
      GO TO 2260                                                        LOOKUP1
 2088 BAS=BAS+2**YZ                                                     LOOKUP1
 2104 CONTINUE                                                          LOOKUP1
      GO TO 2106                                                        LOOKUP1
C====================================================================== LOOKUP1
C                                                                       LOOKUP1
C                                                                       LOOKUP1
C         KOMMENTARKARTE 6                                              LOOKUP1


 LOOKUP      73/72    OPT=1                     FTN 4.6+420        11/10/77  15.15.49


C                                                                       LOOKUP1
C         STRUKTUR: PRAEP. DET. SUBST/ADJEKT.-ENT                       LOOKUP1
C                                                                       LOOKUP1
C                                                                       LOOKUP1
C                                                                       LOOKUP1
C====================================================================== LOOKUP1
 2260 KK=IFFP(TEXT,KJ,-KJ,ZESPE,26,1)                                   LOOKUP1
```

```
      IF(KK.GT.SATZEI) GO TO 2270                                       LOOKUP1
      IF(IZ.NE.2.AND.IZ.LT.9) GO TO 2106                                LOOKUP1
      KJMININ=11                                                        LOOKUP1
      GO TO 2580                                                        LOOKUP1
 2270 KK=IFFP(TEXT,KK,-KK,ZESPE(27),13,1)+1                             LOOKUP1
      BAS=64                                                            LOOKUP1
      DO 2280 YX=1,7                                                    LOOKUP1
      YZ=6-YX                                                           LOOKUP1
      IF(KOMP(TEXT,KK,SUBDET(3,BAS),1,SUBDET(2,BAS)+1)) 2285,2200,2286  LOOKUP1
 2285 BAS=BAS-2**YZ                                                     LOOKUP1
      GO TO 2280                                                        LOOKUP1
 2286 BAS=BAS+2**YZ                                                     LOOKUP1
 2280 CONTINUE                                                          LOOKUP1
      INDLE=1                                                           LOOKUP1
C=================================================================== LOOKUP1
C                                                                       LOOKUP1
C                                                                       LOOKUP1
C             ADJEKTIVDETERMINANTEN                                     LOOKUP1
C                                                                       LOOKUP1
C                                                                       LOOKUP1
C=================================================================== LOOKUP1
 2106 IF(SW.EQ.4) WRITE(6,13) 02                                        LOOKUP1
C=================================================================== LOOKUP1
C                                                                       LOOKUP1
CC                                                                      LOOKUP1
C                                                                       LOCKUP1
C        KOMMENTARKARTE 7                                               LOOKUP1
C                                                                       LOOKUP1
C                                                                       LOOKUP1
C        ADJEKTIVE MIT MODIFIZIERERN                                    LOOKUP1
C                                                                       LOCKUP1
C                                                                       LOOKUP1
C                                                                       LOCKUP1
C=================================================================== LOOKUP1
      BAS=16                                                            LOOKUP1
      DO 2306 Y=1,5                                                     LOCKUP1
      YZ=4-Y                                                            LOOKUP1
      IF(KOMP(TEXT,KJ+1,ADJDET(2,BAS),1,ADJDET(1,BAS)+1))2301,2200,2303 LOCKUP1
 2301 BAS=BAS-2**YZ                                                     LOOKUP1
      GO TO 2306                                                        LOCKUP1
```

```
 2303 BAS=BAS+2**YZ                                                     LOOKUP1
 2306 CONTINUE                                                          LOCKUP1
C==================================================================== LOOKUP1
C                                                                       LOOKUP1
C                                                                       LOOKUP1
C        KOMMENTARKARTE 8                                               LOCKUP1
C                                                                       LOOKUP1
C        PRAEDIKATIVFORMEN                                              LOOKUP1
C                                                                       LOCKUP1
C==================================================================== LOCKUP1

TINE LOOKUP      73/72    OPT=1                     FTN 4.6+420          11/10/77  15.15.49

      IF(SW.EQ.4) WRITE(6,13) O2                                        LOOKUP1
      BAS=8                                                             LOCKUP1
C                                                                       LOCKUP1
C        PRAEDIKATIVE FORM, VERGLEICH DER E3TREFORMEN                   LOOKUP1
C                                                                       LOOKUP1
      DO 2350 Y=1,4                                                     LOOKUP1
      YZ=3-Y                                                            LOOKUP1
      IF(KOMP(TEXT,KJ+1,ETRESP(BAS),1,ETRIND(BAS)))2351,2352,2353       LOOKUP1
 2351 BAS=BAS-2**YZ                                                     LOOKUP1
      GO TO 2350                                                        LOOKUP1
 2352 IF(IFFP(TEXT,KJ+1,10,ZESPE(27),13,1)-KJ+1.GT.ETRIND(BAS))         LOCKUP1
     1 GO TO 2353                                                       LOOKUP1
       GO TO 2200                                                       LOOKUP1
 2353 BAS=BAS+2**YZ                                                     LOOKUP1
 2350 CONTINUE                                                          LOOKUP1
      IF(INDLE.EQ.1) GO TO 2100                                         LOOKUP1
C       DURCH ADJEKTIVE DETERMINIERTE SUBSTANTIVE                       LOOKUP1
      IF(SW.EQ.4) WRITE(6,13) O2                                        LOOKUP1
      BAS=64                                                            LOOKUP1
C==================================================================== LOOKUP1
C                                                                       LOOKUP1
C        KOMMENTARKARTE 9                                               LOOKUP1
C                                                                       LOOKUP1
C        DETERMINIERER + ADJEKTIV + SUBST-ENT                           LOCKUP1
C                                                                       LOCKUP1
```

```
C                                                                          LOOKUP1
C========================================================================= LOOKUP1
      DO 2040 Y=1,7                                                        LOOKUP1
      YZ=6-Y                                                               LOOKUP1
      IF(KOMP(TEXT,KJ+1,VOSPE(3,BAS),1,VOSPE(2,BAS)))2041,2042,2043        LOOKUP1
 2041 BAS=BAS-2**YZ                                                        LOOKUP1
       GO TO 2040                                                          LOOKUP1
 2042 IF( VOSPE(2,BAS).LE.3.AND.ICPC(TEXT,KJ+1+ VOSPE(2,BAS),ZESPE(27),   LOOKUP1
     1   13).EQ.0)     GO TO 2043                                          LOOKUP1
      IF(VOSPE(1,BAS).EQ.3)    GO TO 2201                                  LOOKUP1
C        VERBDETERMINANTENPRUEFUNG, WENN VORWORT IM PLURAL STEHT           LOOKUP1
      IF(ICPC(TEXT,IFFP(TEXT,KJ+VOSPE(2,BAS),8,ZESPE(27),13,1)-1,          LOOKUP1
     1ZESPE(14),2).GT.0) GO TO 2100                                        LOOKUP1
        GO TO 2200                                                         LOOKUP1
 2043 BAS=BAS+2**YZ                                                        LOOKUP1
 2040 CONTINUE                                                             LOOKUP1
C        FORMEN VON FAIRE                                                  LOOKUP1
C        (Z.B. IL L' AVAIT FAIT, IL LES AVAIT FAITS)                       LOOKUP1
C        PRINZIP: WENN NICHT SUBSTANTIV, DANN VERB                         LOOKUP1
      IF(ENT.EQ.0.AND . WOSPE(1,YBAS).EQ.4) GO TO 2201                     LOOKUP1
C========================================================================= LOOKUP1
C                                                                          LOOKUP1
C        KOMMENTARKARTE 10                                                 LOOKUP1
C                                                                          LOOKUP1
C        VERB, VON DETERMINANTEN FUER DIREKTES OBJEKT GEFOLGT              LOOKUP1
C                                                                          LOOKUP1
C                                                                          LOOKUP1
C========================================================================= LOOKUP1
 2100 IF(IENT.EQ.1) GO TO 2130                                             LOOKUP1
C       SUCHE ERSTES WORT HINTER -ENT                                      LOOKUP1
      IF(SW.EQ.4) WRITE(6,13) O2                                           LOOKUP1
      IND=0                                                                LOOKUP1

 LOOKUP      73/72    OPT=1                     FTN 4.6+420         11/10/77  15.15.49

      KH=O1+2                                                              LOOKUP1
      IF(ENT.EQ.0.AND.IENT.EQ.0) KH=KH-2+WOSPE(2,YBAS)                     LOOKUP1
```

```
 2105 KH=IFFP(TEXT,KH,50,ZESPE,26,IND)
      IF(IND.EQ.1) GO TO 2110
      IND=1
      GO TO 2105
C        FALLS SATZZEICHEN UNMITTELBAR FOLGT
 2110 IF(IFFP(TEXT,O2+2,50,ZESPE(29),11,1).LT.KH) GO TO 2130
      BAS=64
      DO 2111 Y=1,7
      YZ=6-Y
      IF(KOMP(TEXT,KH,SUBDET(3,BAS),1,SUBDET(2,BAS)+1)) 2115,2116,2117
 2115 BAS=BAS-2**YZ
        GO TO 2111
C        ZAHLWOERTER, POSSESSIV- UND DEMONSTRATIVPRONOMEN
C        INDIZIEREN EIN FOLGENDES DIREKTES
C        OBJEKT. DAS UNTERSUCHUNGSWORT IST VERB.
C        'DES' IST AMBIG.
 2116 IF(KOMP(TEXT,KH,4HDES ,1,4).EQ.0) GO TO 2119
C        ZAHLWORT ODER POSSESSIV-ODER DEMONSTRATIVPRONOMEN
      IF(SUBDET(1,BAS).EQ. 7) GO TO  2201
      IF(SUBDET(1,BAS).NE.5)       GO TO 2119
C        DIESE ROUTINE HIER EVENTUELL VERFEINERN
       GO TO 2201
 2117 BAS=BAS+2**YZ
 2111 CONTINUE
C=======================================================================
C
C        KOMMENTARKARTE 11
C
C        SUBSTANTIV/ADJEKTIV + (NEG)(OBJEKTSPRONOMEN) + VERB
C
C
C=======================================================================
C        FOLGT Y, EN, NE, ETC, DANN HANDELT ES SICH UM EIN  SUBSTANTIV
 2119 BAS=16
      IF(SW.EQ.4) WRITE(6,13) O2
      DO 2120 Y=1,5
      YZ=4-Y
      IF(KOMP(TEXT,KH,VRBDET(3,BAS),1,VRBDET(2,BAS)+1)) 2121,2200,2123
 2121 BAS=BAS-2**YZ
      GO TO 2120
```

```
 2123 BAS=BAS+2**YZ                                                           LOOKUP1
 2120 CONTINUE                                                                LOOKUP1
C==================================================================== LOOKUP1
C                                                                             LOOKUP1
C        KOMMENTARKARTE 12                                                    LOOKUP1
C                                                                             LOOKUP1
C        VERBDETERMINANTEN                                                    LOOKUP1
C                                                                             LOOKUP1
C                                                                             LOOKUP1
C==================================================================== LOOKUP1
 2130 KH=01-1                                                                 LOOKUP1
      IF(INDLE.EQ.1) KH=KJ-1                                                  LOOKUP1
      IF(SW.EQ.4) WRITE(6,13) 02                                              LOOKUP1
      IND=0                                                                   LOOKUP1
 2135 KH=IFFP(TEXT,KH,-KH,ZESPE(27),13,IND)                                   LOOKUP1
```

LOOKUP   73/72   OPT=1   FTN 4.6+420   11/10/77 15.15.49

```
       IF(KH.GT.SATZEI) GO TO 2145                                            LOOKUP1
      IF(IZ.NE.2.AND.IZ.LT.9) GO TJ 2150                                      LOOKUP1
      KJMININ=1                                                               LOOKUP1
      GO TO 2580                                                              LOOKUP1
 2145 IF(IND.EQ.1) GO TO 2140                                                 LOOKUP1
      IND=1                                                                   LOOKUP1
      GO TO 2135                                                              LOOKUP1
 2140 KH=KH+1                                                                 LOOKUP1
      BAS=16                                                                  LOOKUP1
      DO 2146 Y=1,5                                                           LOOKUP1
      YZ=4-Y                                                                  LOOKUP1
      IF(KOMP(TEXT,KH,VRBDET(3,BAS),1,VRBDET(2,BAS)+1))2147,2148,2149         LOOKUP1
 2147 BAS=BAS-2**YZ                                                           LOOKUP1
      GO TO 2146                                                              LOOKUP1
C      IENT                                                                   LOOKUP1
 2148 IF(VRBDET(1,BAS).EQ.0.AND.IENT.EQ.1) GO TO 2200                         LOOKUP1
      IF(VRBDET(1,BAS).EQ.1.AND.IENT.EQ.0) GO TO 2201                         LOOKUP1
      IF(IENT.EQ.1) GO TO 2170                                                LOOKUP1
      GO TO 2201                                                              LOOKUP1
 2149 BAS=BAS+2**YZ                                                           LOOKUP1
```

```
 2146 CONTINUE                                                          LOOKUP1
C====================================================================== LOOKUP1
C                                                                       LOOKUP1
C        KOMMENTARKARTE 13                                              LOOKUP1
C                                                                       LOOKUP1
C        FRAGESATZ                                                      LOOKUP1
C                                                                       LOOKUP1
C                                                                       LOOKUP1
C====================================================================== LOOKUP1
 2150 KP=IFFP(TEXT,01,100,ZESPE(27),13,1,LZ)                            LOOKUP1
      IF(LZ.NE.1) GO TO 2160                                            LOOKUP1
      KI=01                                                             LOOKUP1
 2151 KI=IFFP(TEXT,KI,100,ZESPE(29),7,1,LZ )                            LOOKUP1
      IF(LZ.EQ.2) GO TO 2151                                            LOOKUP1
      IF(LZ.EQ.6) GO TO 2170                                            LOOKUP1
C           WENN VORHER EIN SATZTRENNUNGSZEICHEN GEFUNDEN WURDE,SUBST.  LOOKUP1
 2160 IF((IZ.EQ.1.OR.IZ.GE.3.AND.IZ.LE.4).AND.KJ-SATZEI.LT.4) GO TO     LOOKUP1
     1 2200                                                             LOOKUP1
       GO TO 2172                                                       LOOKUP1
C        FOLGEN WORTE MIT S ODER X( PLURALZEICHEN)?                     LOOKUP1
 2170 IF(ICPC(TEXT,KP-1,ZESPE(14),2).NE.0) GO TO 2201                   LOOKUP1
C====================================================================== LOOKUP1
C                                                                       LOOKUP1
C                                                                       LOOKUP1
C                                                                       LOOKUP1
C        ANALYSE DES WEITEREN SYNTAKTISCHEN KONTEXTS                    LOOKUP1
C                                                                       LOOKUP1
C                                                                       LOOKUP1
C                                                                       LOOKUP1
C====================================================================== LOOKUP1
C                                                                       LOOKUP1
C        KOMMENTARKARTE 14                                              LOOKUP1
C                                                                       LOOKUP1
C====================================================================== LOOKUP1
C        PLURALES SUBJEKT                                               LOOKUP1
C                                                                       LOOKUP1
C====================================================================== LOOKUP1
```

```
C                                                                         LOOKUP1
C======================================================================== LOOKUP1
C                                                                         LOOKUP1
C                                                                         LOOKUP1
C======================================================================== LOOKUP1
C                                                                         LOOKUP1
C======================================================================== LOOKUP1
C        GEHEN WOERTER MIT  -S ODER -X VORAUS?                            LOOKUP1
C======================================================================== LOOKUP1
C      GEHEN WORTE MIT -S ODER -X VORAUS?                                 LOOKUP1
C          -1 WORT                                                        LOOKUP1
 2172 KH1=IFFP(TEXT,KH,50,ZESPE(27),13,1)-1                               LOOKUP1
      IF(ICPC(TEXT,KH1,ZESPE(14),2).EQ.0) GO TO 2600                      LOOKUP1
      IF(SW.EQ.4) WRITE(6,13) KH1                                         LOOKUP1
C        -2 WORTE                                                         LOOKUP1
 2175 KH2=IFFP(TEXT,KH-1,-KH,ZESPE,26,1,JZ)                               LOOKUP1
      IF(SW.EQ.4) WRITE(6,13) KH2                                         LOOKUP1
      IF(JZ.NE.14.AND.JZ.NE.15) GO TO 2600                                LOOKUP1
      IF(KH2.GT.SATZEI) GO TO 2180                                        LOOKUP1
      IF(IZ.EQ.2.OR.IZ.EQ.8.OR.IZ.EQ.11) KJMININ=2                        LOOKUP1
      IF(KJMININ.EQ.2) GO TO 2580                                         LOOKUP1
      GO TO 2201                                                          LOOKUP1
C         SUBJEKTDETERMINANTEN, ANFANG DER ZU UNTERSUCHENDEN WORTE        LOOKUP1
 2180 KH2=IFFP(TEXT,KH2,-KH2,ZESPE(27),13,1)+1                            LOOKUP1
      IF(SW.EQ.4) WRITE(6,13) KH2                                         LOOKUP1
      BAS=64                                                              LOOKUP1
      DO 2190 Y=1,6                                                       LOOKUP1
      YZ=7-Y                                                              LOOKUP1
      IF(KOMP(TEXT,KH2,SUBDET(3,BAS),1,SUBDET(2,BAS)+1))2191,2192,2193    LOOKUP1
 2191 BAS=BAS-2**Y                                                        LOOKUP1
      GO TO 2190                                                          LOOKUP1
C        PLURAL DET.                                                      LOOKUP1
 2192 IF(SUBDET (1,BAS).NE.7.OR.SUBDET(1,BAS).NE.6) GO TO 2300            LOOKUP1
       GO TO 2101                                                         LOOKUP1
 2193 BAS=BAS+2**YZ                                                       LOOKUP1
 2190 CONTINUE                                                            LOOKUP1
C        QUAL.DET.(ADJDET) -3WORTE)                                       LOOKUP1
C        FORMEN VON FAIRE UND BOIRE. IHNEN GEHT SUBJEKT IM SINGULAR       LOOKUP1
C        VORAUS.                                                          LOOKUP1
```

```
      IF(ENT.EQ.0.AND.WOSPE(1,YBAS).GT.3.AND.SUBDET(1,BAS).GT.3) GO  TO  LOOKUP1   554
     1 2201                                                               LOOKUP1   555
 2300 IND=0                                                               LOOKUP1   556
      KH3=KH2-1                                                           LOOKUP1   557
 2305 KH3= IFFP(TEXT,KH3,-KH3,ZESPE(27),13,IND)                           LOOKUP1   558
      IF(SW.EQ.4) WRITE(6,13) KH3                                         LOOKUP1   559
      IF(IND.EQ.1) GO TO 2310                                             LOOKUP1   560
      KH31=KH3                                                            LOOKUP1   561
      IND=1                                                               LOOKUP1   562
      IF(KH3.GT.SATZEI) GO TO 2305                                        LOOKUP1   563
      IF(IZ.NE.2.AND.IZ.NE.8.AND.IZ.NE.11) GO TO 2201                     LOOKUP1   564
       KJMININ=3                                                          LOOKUP1   565
      GO TO 2580                                                          LOOKUP1   566
 2310 KH3=KH3+1                                                           LOOKUP1   567
      BAS=16                                                              LOOKUP1   568
      DO 2315 Y=1,5                                                       LOOKUP1   569
      YZ=4-Y                                                              LOOKUP1   570
      IF(KOMP(TEXT,KH3,ADJDET(2,BAS),1,ADJDET(1,BAS)+1))2316,2320,2318    LOOKUP1   571
```

NE LOOKUP   73/72   OPT=1   FTN 4.6+420   11/10/77 15.15.49

```
 2316 BAS=BAS-2**YZ                                                       LOOKUP1   572
      GO TO 2315                                                          LOOKUP1   573
 2318 BAS=BAS+2**YZ                                                       LOOKUP1   574
 2315 CONTINUE                                                            LOOKUP1   575
C      PLURALFORM, VERB                                                   LOOKUP1   576
      IF(ICPC(TEXT,KH31,ZESPE(14),2).NE.0) GO TO 2201                     LOOKUP1   577
C      DURCH ET VERBUNDENE SUBSTANTIVE , PLURAL                           LOOKUP1   578
      IF(KOMP(TEXT,KH3,2HET,1,2).EQ.0) GO TO 2201                         LOOKUP1   579
C         VERBALE FORM                                                    LOOKUP1   580
      GO TO 2900                                                          LOOKUP1   581
C          -4 WORTE, SUBST DURCH DET.PL. INDIZIERT                        LOOKUP1   582
 2320 KH4=KH3-1                                                           LOOKUP1   583
      IND=0                                                               LOOKUP1   584
 2325 KH4=IFFP(TEXT,KH4,-KH4,ZESPE(27),13,IND)                            LOOKUP1   585
      IF(SW.EQ.4) WRITE(6,13) KH4                                         LOOKUP1   586
      IF(IND.EQ.1) GO TO 2330                                             LOOKUP1   587
      IND=1                                                               LOOKUP1   588
```

```
      IF(KH4.GT.SATZEI) GO TO 2325
      IF(IZ.NE.2.AND.IZ.NE.8.AND.IZ.NE.11) GO TO 2201
      KJMININ=4
      GO TO 2580
 2330 KH4=KH4+1
      BAS=64
      DO 2340 Y=1,7
      YZ=6-Y
      IF(KOMP(TEXT,KH4,SUBDET(3,BAS),1,SUBDET(2,BAS)+1))2341,2342,2343
 2341 BAS=BAS-2**YZ
      GO TO 2340
 2342    IF(SUBDET(1,BAS).GT.6) GO TO 2201
      IF(SUBDET(1,BAS).NE.1) GO TO 2900
C      -5 WORTE PLURAL?
      KH5=IFFP(TEXT,KH4-1,-KH4,ZESPE,26,1,LZ)
      IF(SW.EQ.4) WRITE(6,13) KH5
      IF(SATZEI.GT.KH5) GO TO 2200
      IF(LZ.EQ.14.OR.LZ.EQ.15)     GO TO 2201
      GO TO 2900
 2343 BAS=BAS+2**YZ
 2340 CONTINUE
      GO TO 2900
C======================================================================
C
C
C
C
C
C        KOMMENTARKARTE 15
C
C       RELATIVPRONOMEN
C
C
C
C
C
C
C======================================================================
 2600 KH1=KH
```

```
      IF(KOMP(TEXT,KH1,3HQUE,1,3).EQ.0.OR.KOMP(TEXT,KH1,3HQU',1,3).EQ.0  LCCKUP1
```



```
     1   )      GO TO 2201                                              LOOKUP1
      IF(KOMP(TEXT,KH1,3HQUI,1,3).NE.0) GO TO 2620                      LOOKUP1
      IF(IENT.EQ.0) GO TO 2201                                          LOOKUP1
 2601 KH21=IFFP(TEXT,KH1-1,-KH1,ZESPE,26,1,LZ)                          LOOKUP1
      IF(KH21.GT.SATZEI) GO TO 2610                                     LOOKUP1
C      FUER IENT KOENNTE DAS ZUTREFFEN(.QUI CONTIENT?)                  LOOKUP1
      IF(IZ.NE.2.AND.IZ.NE.8.AND.IZ.NE.11) GO TO 2200                   LOOKUP1
      KJMININ=5                                                         LOOKUP1
      GO TO 2580                                                        LOOKUP1
 2610 IF(LZ.EQ.14.OR.LZ.EQ.15) GO TO 2201                               LOOKUP1
      GO TO 2900                                                        LOOKUP1
C====================================================================== LOOKUP1
C                                                                       LOOKUP1
C         KOMMENTARKARTE 16                                             LOOKUP1
C                                                                       LOOKUP1
C       KOORDINIERTE STRUKTUREN                                         LOOKUP1
C                                                                       LOOKUP1
C                                                                       LOOKUP1
C====================================================================== LOOKUP1
C         LOGOGRAMME WERDEN AUSGESCHLOSSEN                              LOOKUP1
 2620 IF(ENT.EQ.1.OR.IENT.EQ.1) GO TO  2621                             LOOKUP1
      IF(WOSPE(1,YBAS).EQ.5)    GO TO 2549                              LOOKUP1
      GO TO 2202                                                        LOOKUP1
 2621 IF(KOMP(TEXT,KH1,2HET,1,2).NE.0) GO TO 2650                       LOOKUP1
      INRETUR=1                                                         LOOKUP1
      GO TO 2650                                                        LOOKUP1
C         VORWORT AUF -ENT ODER -ONT                                    LOOKUP1
 2625 INRETUR=0                                                         LOOKUP1
C         -ONT=VERB                                                     LOOKUP1
      IF(KOMP(TEXT,KH2-3,3HONT,1,3)      .EQ.0.AND.(   ICPC(TEXT,KH2-4, LOOKUP1
     1 ZESPE(27),13).NE.0.OR.ICPC(TEXT,KH2-5,ZESPE(27),13).NE.0)) GO TO LOOKUP1
     2 2201                                                             LOOKUP1
C         -ENT                                                          LOOKUP1
       IF(KOMP(TEXT,KH2-3,3HENT,1,3).EQ.0)  GO TO (2201,2200),VWRT+1    LOOKUP1
```

```
C         -S,-X  PLURALMORPHOGRAMME                                      LOOKUP1    663
      IF(ICPC(TEXT,KH2,ZESPE(14),2).NE.0) GO TO 2201                     LOOKUP1    664
 2630 DO 2635  Y=1,3                                                     LOOKUP1    665
      KH2=IFFP(TEXT,KH2-1, -KH2-1,ZESPE(27),13,1)                        LOOKUP1    666
      KH2=IFFP(TEXT,KH2-1, -KH2-1,ZESPE,26, 1)                           LOOKUP1    667
      IF(KH2.GT.SATZEI) GO TO 2640                                       LOOKUP1    668
      IF(IZ.NE.2.AND.IZ.NE.8.AND.IZ.NE.11) GO TO  2900                   LOOKUP1    669
      KJMININ=7                                                          LOOKUP1    670
      GO TO 2580                                                         LOOKUP1    671
 2640 IF(KOMP(TEXT,KH2-2,3HENT,1,3).EQ.0)  GO TO (2201,2200),VWRT+1      LOOKUP1    672
 2635 CONTINUE                                                           LOOKUP1    673
      GO TO 2900                                                         LOOKUP1    674
C======================================================================= LOOKUP1    675
C                                                                        LOOKUP1    676
C                                                                        LOOKUP1    677
C         KOMMENTARKARTE 17                                              LOOKUP1    678
C                                                                        LOOKUP1    679
C         EINFACHE UND KOMPLEXE KOORDINIERTE SINGULARE                   LOCKUP1    680
C         NOMINALPHRASEN                                                 LOOKUP1    681
C                                                                        LOOKUP1    682
C                                                                        LOOKUP1    683
C======================================================================= LOOKUP1    684
 2650 IND=0                                                              LOOKUP1    685

 LOOKUP      73/72    OPT=1                        FTN 4.6+420        11/10/77  15.15.49

      KH2=KH1-1                                                          LOOKUP1    686
 2652 KH2=IFFP(TEXT,KH2,-KH2,ZESPE(27),13,IND)                           LOOKUP1    687
      IF(SW.EQ.4) WRITE(6,13)  KH2                                       LOOKUP1    688
      IF(IND.EQ.1) GO TO 2665                                            LOOKUP1    689
      IF(KH2.GT.SATZEI) GO TO 2660                                       LOOKUP1    690
C          IENT                                                          LOOKUP1    691
      IF(IZ.NE.2.AND.IZ.NE.8.AND.IZ.NE.11) GO TO 2200                    LOOKUP1    692
       KJMININ=6                                                         LOOKUP1    693
       GO TO 2580                                                        LOOKUP1    694
 2660 IF(INRETUR.EQ.1)   GO TO 2625                                      LOOKUP1    695
      IND=1                                                              LOOKUP1    696
       GO TO 2652                                                        LOOKUP1    697
```

```
 2665 KH2=KH2+1                                                        LOOKUP1
C        ART.SING.                                                     LOOKUP1
 2669 BAS=64                                                           LOOKUP1
      DO 2670 Y=1,7                                                    LOOKUP1
      YZ=6-Y                                                           LOOKUP1
      IF(KOMP(TEXT,KH2,SUBDET(3,BAS),1,SUBDET(2,BAS)+1))2671,2672,2673 LOOKUP1
 2671 BAS=BAS-2**YZ                                                    LOOKUP1
      GO TO 2670                                                       LOOKUP1
 2672 IF(SUBDET(1,BAS).NE.3.AND.SUBDET(1,BAS).NE.4.AND.SUBDET(1,BAS).NE.LOOKUP1
     1 5) GO TO 2700                                                   LOOKUP1
C        FEMININE DETERMINANTEN VERWEISEN AUF FOLGENDE VERBFORM        LOOKUP1
      IF(SUBDET(1,BAS).EQ.4)  GO TO 2201                               LOOKUP1
      IF(SUBDET(1,BAS).NE.5)  GO TO 2680                               LOOKUP1
C        FORMEN AUF -A (MA,TA,SA)                                      LOOKUP1
      IF(ICPC(TEXT,KH2+SUBDET(2,BAS)-1,ZESPE(1),1).EQ.1)  GO TO 2201   LOOKUP1
C        FORMEN AUF E (AUSSCHLUSS VON CE , NOTRE)                      LOOKUP1
      IF(ICPC(TEXT,KH2+SUBDET(2,BAS)-1, ZESPE(2),1).EQ.0) GO TO 2680   LOOKUP1
      IF(KOMP(TEXT,KH2,2HCE,1,2).EQ.0.OR.KOMP(TEXT,KH2,5HNOTRE,1,5).EQ.LOOKUP1
     1  0)  GO TO 2680                                                 LOCKUP1
      GO TO 2201                                                       LOOKUP1
 2680 KP=IFFP(TEXT,KH2-1, -KH2, ZESPE(29), 11, 1, JZ)                  LOOKUP1
      IF((JZ.EQ.1.OR.JZ.GT.3.AND.JZ.LT.9).AND.KP.GT.IFFP(TEXT,KH2-1,   LOOKUP1
     1 -KH2,ZESPE,26,1))   GO TO 2200                                  LOOKUP1
      GO TO 2800                                                       LOOKUP1
 2673 BAS=BAS+2**YZ                                                    LOOKUP1
 2670 CONTINUE                                                         LOOKUP1
C                                                                      LOCKUP1
C        PRAEPOSITION                                                  LOOKUP1
C                                                                      LOOKUP1
 2700 IF(SUBDET(1,BAS).NE.1)  GO TO 2900                               LOOKUP1
      KP=IFFP(TEXT,KH2-1,-KH2,ZESPE(29),11,1,JZ)                       LOOKUP1
      IF(KP.LT.IFFP(TEXT,KH2-1, -KH2, ZESPE,26,1))  GO TO 2850         LOOKUP1
      IF((JZ.EQ.1.OR. JZ.GT.3.AND. JZ.LT. 9). AND. KP.GT.IFFP(TEXT,    LOOKUP1
     1 KH2-1, -KH2, ZESPE,26,1))   GO TO 2200                          LOCKUP1
 2850 KH3=KH2-1                                                        LOOKUP1
      INDKH=1                                                          LOOKUP1
      GO TO 2815                                                       LOOKUP1
 2800 IND=0                                                            LOOKUP1
      KH3=KH2-1                                                        LOOKUP1
 2810 KH3= IFFP (TEXT, KH3, -KH3, ZESPE(27), 13, IND)                  LOOKUP1
```

```
      IF(SW.EQ.4) WRITE(6,13) KH3                                   LOOKUP1
      IF(IND.EQ.1)  GO TO 2815                                      LOOKUP1
      IF(KH3.GT.SATZEI)  GO TO 2816                                 LOOKUP1
      IF(IZ.NE.2.AND.IZ.  NE. 8.AND. IZ. NE. 11)   GO TO 2200       LOOKUP1
      KJMININ = 8                                                   LOOKUP1

LOOKUP      73/72    OPT=1                  FTN 4.6+420        11/10/77  15.15.49

      GO TO 2580                                                    LOOKUP1
 2816 IND=1                                                         LOOKUP1
      GO TO 2810                                                    LOOKUP1
C                                                                   LOOKUP1
C       PRAEPOSITION                                                LOOKUP1
C                                                                   LOOKUP1
 2815 BAS=64                                                        LOOKUP1
      IF(SW.EQ.4)  WRITE(6,13) 02                                   LOOKUP1
      DO 2820 Y=1,7                                                 LOOKUP1
      IF(INDKH.EQ.1)  GO TO 2824                                    LOOKUP1
      YZ=6-Y                                                        LOOKUP1
      IF(KOMP(TEXT, KH3+1, SUBDET(3,BAS), 1, SUBDET(2,BAS)+1))      LOOKUP1
     1 2821, 2822, 2823                                             LOOKUP1
 2821 BAS=BAS-2**YZ                                                 LOOKUP1
      GO TO 2820                                                    LOOKUP1
 2822 IF(SUBDET(1,BAS).NE.1)   GO TO 2860                           LOOKUP1
 2824 KH4=IFFP(TEXT, KH3, -KH3, ZESPE, 26,1,JZ)                     LOOKUP1
      INDKH=0                                                       LOOKUP1
      IF(SW.EQ.4)  WRITE(6,13) KH4                                  LOOKUP1
      IF(SATZEI.GT.KH4)  GO TO 2200                                 LOOKUP1
      IF(JZ.EQ.14.OR.JZ.EQ.15)  GO TO 2828                          LOOKUP1
      KH3=IFFP(TEXT, KH4-1,-KH4-1, ZESPE(27),13,1)                  LOOKUP1
      GO TO 2860                                                    LOOKUP1
 2828 IF(IND.EQ.5)  GO TO 2201                                      LOOKUP1
      KH4=IFFP(TEXT,KH4-1, -KH4, ZESPE(27), 13, 1)                  LOOKUP1
       IND=5                                                        LOOKUP1
      GO TO 2824                                                    LOOKUP1
 2823 BAS=BAS+2**YZ                                                 LOOKUP1
 2820 CONTINUE                                                      LOOKUP1
 2860 IF(KOMP(TEXT,KH3+1, 3HET .1,3).EQ.   0)  GO TO  2201          LOOKUP1
```

```
      IND=0                                                             LOOKUP1   773
      KH4=KH3                                                           LOOKUP1   774
 2865 KH4=IFFP(TEXT,KH4, -KH4, ZESPE(27), 13, IND)                      LOOKUP1   775
         IF(SW.EQ.4)  WRITE(6,13) KH4                                   LOOKUP1   776
      IF(IND.EQ.1)  GO TO 2868                                          LOOKUP1   777
      IF(KH4.GT.SATZEI)  GO TO 2870                                     LOOKUP1   778
      IF(IZ.NE.2.AND.IZ.NE.8.AND. IZ.NE.11)    GO TO 2200               LOOKUP1   779
      KJMININ=9                                                         LOOKUP1   780
 2870 IND=1                                                             LOOKUP1   781
      GO TO 2865                                                        LOOKUP1   782
 2868 IF(KOMP(TEXT, KH4+1, 3HET ,1,3).EQ.0)       GO TO 2201            LOOKUP1   783
C                                                                       LOOKUP1   784
C        STRUKTUR:     ET + DET. + NOM. PRAEP.+ DET. + NOM. + VERB-ENT  LOOKUP1   785
C                                                                       LOOKUP1   786
      KH5=KH4                                                           LOOKUP1   787
      KH5=IFFP(TEXT, KH5, -KH5, ZESPE,26, 1, JZ)                        LOOKUP1   788
       IF(JZ.EQ.14.OR. JZ.EQ.15)    GO TO 2201                          LOOKUP1   789
C====================================================================== LOOKUP1   790
C                                                                       LOOKUP1   791
C                                                                       LOOKUP1   792
C        KOMMENTARKARTE 18                                              LOOKUP1   793
C                                                                       LOOKUP1   794
C       PLURALES SUBJEKT AM ANFANG DES SATZES                           LOOKUP1   795
C                                                                       LOOKUP1   796
C====================================================================== LOOKUP1   797
C                                                                       LOOKUP1   798
C                                                                       LOOKUP1   799
```

LOOKUP   73/72   OPT=1   FTN 4.6+420   11/10/77 15.15.49

```
C        KOMMENTARKARTE 19                                              LOOKUP1   800
C                                                                       LOOKUP1   801
C        PROJEKTIVE REGELN FUER FOLGENDE WOERTER AUF -ENT               LOOKUP1   802
C                                                                       LOOKUP1   803
C                                                                       LOOKUP1   804
 2900 KSATZZ=SATZEI                                                     LOOKUP1   805
      INDZ=0                                                            LOOKUP1   806
      IND=0                                                             LOOKUP1   807
```

```
 2910 KSATZZ=IFFP  (TEXT, KSATZZ+1, 100, ZESPE(27), 13, IND)          LOOKUP1   808
      IF(IND.EQ.1)   GO TO 2920                                        LOOKUP1   809
      IND=1                                                            LOOKUP1   810
      GO TO 2910                                                       LOOKUP1   811
 2920 IF(ICPC(    TEXT,KSATZZ-1, ZESPE(14), 2).EQ.0)  GO TO 2930       LOOKUP1   812
      IF(INDZ.EQ.5)  GO TO 2201                                        LOOKUP1   813
      IND=0                                                            LOOKUP1   814
      GO TO 2910                                                       LOOKUP1   815
 2930 IF(IZ.NE.2.AND.IZ.LT.8)  GO TO 2200                              LOOKUP1   816
      KSATZZ=SATZEI                                                    LOOKUP1   817
 2950 KSATZZ=IFFP(TEXT, KSATZZ-1, - KSATZZ+1, ZESPE(29),11,1,IZ)       LOOKUP1   818
      IF(IZ.EQ.2.OR.IZ.GE.8)   GO TO 2950                              LOOKUP1   819
      GO TO 2910                                                       LOOKUP1   820
C                                                                      LOOKUP1   821
C==================================================================== LOOKUP1   822
C                                                                      LOOKUP1   823
 2201 IF( ENT.EQ.0. AND.IENT.EQ.0)  GO TO 2202                         LOOKUP1   824
      IND=0                                                            LOOKUP1   825
      KP=02+3                                                          LOOKUP1   826
      INDET=0                                                          LOOKUP1   827
      IND2=0                                                           LOOKUP1   828
 2990 KP=IFFP(TEXT,KP,100,   ZESPE(27),13, IND)                        LOOKUP1   829
      IF(IND.EQ.1)  GO TO 2992                                         LOOKUP1   830
 2991 KPZ=IFFP(TEXT,02+3,   100, ZESPE(29), 11, IND, JZ)               LOOKUP1   831
      IF(JZ.EQ.3.OR.JZ.EQ.8.OR.JZ.EQ.11)   GO TO 2991                  LOOKUP1   832
      IF(KPZ.LT.KP)   GO TO 2202                                       LOOKUP1   833
      IND=1                                                            LOOKUP1   834
      GO TO 2990                                                       LOOKUP1   835
C                                                                      LOOKUP1   836
C        VERB-ENT ET VERB-ENT                                          LOOKUP1   837
C                                                                      LOOKUP1   838
 2992 IF(KOMP(TEXT,KP-3,3H ET,1,3).NE.0)  GO TO 2993                   LOOKUP1   839
      KP=IFFP(TEXT,KP,100,ZESPE(27),13,0)                              LOOKUP1   840
      IF(KPZ.LT.KP)   GO TO 2202                                       LOOKUP1   841
      KP=IFFP(TEXT,KP,100,ZESPE(27) ,13,1)-3                           LOOKUP1   842
C                                                                      LOOKUP1   843
C        DAS ZWEITE "ENT" WIRD IM VORAUS GETILGT                       LOOKUP1   844
C                                                                      LOOKUP1   845
      IF(KOMP(TEXT,KP,3HENT,1,3).EQ. 0)   CALL MOVE(TEXT,KP+1,2H  ,1,2) LOOKUP1   846
      GO TO 2202                                                       LOOKUP1   847
```

```
C                                                                         LOOKUP1  848
C       DIREKTES OBJEKT                                                   LOOKUP1  849
C                                                                         LOOKUP1  850
 2993 BAS=64                                                              LOOKUP1  851
      DO 2995 Y=1,7                                                       LOOKUP1  852
      YZ=6-Y                                                              LOOKUP1  853
      IF(KOMP(   TEXT, KP-SUBDET(2,BAS), SUBDET(3,BAS),1, SUBDET(2,BAS))  LOOKUP1  854
     1)      2996, 2997, 2998                                             LOOKUP1  855
 2996 BAS=BAS-2**YZ                                                       LOOKUP1  856

      GO TO 2995                                                          LOOKUP1  857
 2998 BAS=BAS+2**YZ                                                       LOOKUP1  858
 2995 CONTINUE                                                            LOOKUP1  859
      GO TO 2202                                                          LOOKUP1  860
 2997 IF(SUBDET(1,BAS).EQ.1)  GO TO 2201                                  LOOKUP1  861
C                                                                         LOOKUP1  862
C          DIREKTES OBJEKT AUF -ENT                                       LOOKUP1  863
      KP=IFFP(TEXT,KP+3,100, ZESPE(27), 13, 0)                            LOOKUP1  864
      IF(KPZ.LT.KP)  GO TO 2202                                           LOOKUP1  865
      KP=IFFP(TEXT,KP,100, ZESPE(27), 13,1)                               LOOKUP1  866
      IF(KOMP   (TEXT,KP-3,3HENT,1,3).EQ.0)  CALL MOVE (TEXT,KP-1,1H ,1   LOOKUP1  867
     1  ,1)                                                               LOOKUP1  868
      GO TO 2202                                                          LOOKUP1  869
 2200 VWRT=1                                                              LOOKUP1  870
      IF(IENT.EQ.1)      RETURN D                                         LOOKUP1  871
      IF(ENT.EQ.1)      RETURN B                                          LOOKUP1  872
      GO TO 2549                                                          LOOKUP1  873
 2202 VWRT=0                                                              LOOKUP1  874
      IF(IENT.EQ.1.OR.ENT.EQ.1)   RETURN C                                LOOKUP1  875
      IF(WOSPE(1,YBAS).GT.3)   RETURN                                     LQQKUP1  876
 2549 LANG = IFFP(WOSPE(6,YBAS),3,35, ZESPE(28),1,1)-3                    LOOKUP2  1
      CALL MOVE (AUSPE,P1,WOSPE(6,YBAS),3,LANG)                           LOOKUP1  877
      P1=P1+LANG                                                          LOOKUP1  878
      O2=O2+ WOSPE(2,YBAS)                                                LOCKUP1  879
      IF(WOSPE(1,YBAS).NE.3)    GO TO 2250                                LOOKUP1  880
      O2=O2-1                                                             LOCKUP1  881
      RETURN A                                                            LOOKUP1  882
 2250 IF(ENT.EQ.1)   RETURN B                                             LOOKUP1  883
      RETURN                                                              LOOKUP1  884
      END                                                                 LOOKUP1  885
```

Textbeispiele

Im ersten Beispiel wird der Eingabetext in die vier möglichen Zielsprachen L_{P_1}, L_{P_2}, L_{P_3} und L_{P_4} transformiert. Die ersten drei Zielsprachen enthalten zwei Varianten. Den Oberflächensprachen geht der Ausdruck der intermediären Sprache L_{P_0} voran.

Die Fehlerquote des Programms lag in Testläufen mit ca. 25.000 Phonemen bei unter 1 Promille.

```
" C' EST UN MOIS D'OCTOBRE....EXCEPTIONNEL", DIT GISE2LE DUFRE2NE:
ILS ACQUIESCENT, ILS SOURIENT,UNE CHALEUR D' E1TE1 TOMBE DU CIEL GRIS -BLEU.
QU'EST-CE QUE LES AUTRES ONT QUE JE N'AI PAS? ILS CARESSENT LEURS REGARDS A2 L'
IMAGE PARFAITE QU' ONT REPRODUITE PLAISIR DE FRANCE ET VOTRE MAISON:
LA FERME ACHETE1E POUR UNE BOUCHE1E DE PAIN _ ENFIN, DISONS , DE PAIN BRIOCHE1_
 ET AME1NAGE1E PAR JEAN -CHARLES AU PRIX D' UNE TONNE DE CAVIAR.("JE N' EN SUIS
PAS A2 UN MILLION PRE2S ",A DIT GILBERT), LES ROSES CONTRE LE MUR  DE PIERRE,
LES CHRYSANTHE2MES, LES ASTERS, LES  DAHLIAS " LES PLUS BEAUX DE TOUTE
L'I3LE DE   FRANCE", DIT DOMINIQUE; LE PARAVENT ET LES FAUTEUILS BLEUS ET
VIOLETS_ C' EST D' UNE AUDACE}_ TRANCHENT SUR LE VERT DE LA PELOUSE, LA GLACE
TINTE DANS LES VERRES, HOUDAN BAISE LA MAIN DE DOMINIQUE, TRE2S MINCE DANS
SON PANTALON NOIR ET SON CHEMISIER E1CLATANT, LES CHEVEUX PA3LES, MI-BLONDS,
MI- BLANCS, DE DOS  ON LUI DONNERAIT  TRENTE ANS. " DOMINIQUE, PERSONNE NE SAIT
RECEVOIR COMME VOUS."

" SS   EATT  UU MMWWAA  DD  OAKKTTOABBRREU.

" SS   EATT  UU MMWWAA  DD    OAKKTTOABBRX.

" SS   EATT  UU MMWWAA  DD    OAKKTTOABBRX.
...EAKKSSEAPPSSJJOANNEALL", DDIA  ZHIAZZEALLEU DDYAFFRREANNEU;
...EAKKSSEAPPSSJXOANNEALL", DDIA    ZHIAZZEALL   DDYAFFRXEANN;
...EAKKSSEAPPSSJXOANNEALL", DDIA    ZHIAZZEALL   DDYAFFRXEANN;
              IALLZZ  AAKKJJEASSEU, IALL  SSUARRIA,
              IALLZZ    AAKKJXEASS, IALL  SSUARRIA,
              IALLZZ    AAKKJXEASS, IALL  SSUARRIA,
YANNEU SHAALLOURR DD   EBTTEB TTOMBBEU DDYA SSJJEALL GGRRIA  -BBLLOU.
  YANN SHAALLOURR DD   EBTTEB   TTONBB DDYA SSJXEALL GGRRIA  -BBLLOV.
  YANN SHAALLOURR DD   EBTTEB   TTONBB DDYA SSJXEALL GGRRIA  -BBLLOV.
    KK'EA-SSEU KKE$ LLEBZZ  OBTTRRZZ  OM  KKE$ ZHEU NN'EA PPAA ?
    KK'EA-  SS KKEU LLEBZZ  ODTTRXZZ  OM  KKEU   ZH NN'EA PPAA ?
    KK'EA-  SS KKEU LLEBZZ  ODTTRXZZ  OM  KKEU   ZH NN'EA PPAA ?
 IALL  KKAARREASSEU LLOURR  RREUGGAARR  AA LL' IAMMAAZHEU PPAARRFFEATTEU KK' OM
 RREUPPRROADDWYIATTEU PPLLEAZZIARR DDEU FFRRAMSS EB VVOATTRREU MMEAZZOM:
 IALL    KKAARREASS LLOURR  RREUGGAARR  AA LL'   IAMMAAZX   PPAARRFFEATT KK' OM
   RREUPPRXOADDWYIATT PPLXEAZZIARR DDEU FFRXANSS EB VVOATTRXEU MMEAZZOM:
 IALL    KKAARREASS LLOURR  RREUGGAARR  AA LL'   IAMMAAZX   PPAARRFFEATT KK' OM
     RRPPRXOADDWYIATT PPLXEBZZIARR DDEU FFRXANSS EB     VVOATT MMEAZZOM:
```

```
          LLAA FFEARRMM AASHEUTTEBEU PPUARR YANNEU BBUASHEBEU DDEU PPEM _ AMFFEM,

          LLAA FFEARRMM     AASHTTEB PPUARR   YANN   BBUASHEB DDEU PPEM _ AMFFEM,

          LLAA FFEARRMM     AASHTTEB PPUARP   YANN   BBUASHEB DDEU PPEM _ AMFFEM,

 DDIAZZOM  , DDEU PPEM BBRRIAJJOASHEB_  EB AAMMEBNNAAZHEBEU PPAARR ZHAM -SHAARRLL
OB PPRRIA  DD   YANNEU TTOANNEU DDEU KKAAVVJJAARR.
 DDIAZZOM  , DDEU PPEM BBRRIAJJOASHEB_  EB   AAMMEBNNAAZHEB PPAARR ZHAM -SHAARRLL
OB PPRXIA  DD     YANN   TTOANN DDEU KKAAVVJJAARX.
 DDIAZZOM  ,    DX PPEM BBRRIAJJOASHEB_  EB   AAMMEBNNAAZHEB PPAARR ZHAM -SHAARRLL
OB PPRXIA  DD     YANN   TTOANN    DX KKAAVVJJAARX.
("ZHEU NN' AM SSWYIA  PPAAZZ  AA UU MMIALLJJOM PPRREA  ",
("ZHEU NN' AM SSWZIA  PPAAZZ  AA UU MMIALLJJOM PPRXEA  ",
("  ZH NN' AM SSWZIA  PPAAZZ  AA UU MMIALLJJOM PPRXEA  ",
AA DDIA  ZHIALLBBEARR ), LLEB RROAZZEU KKOMTTRRE$ LLEU MMYARR  DDEU PPJJEARREU,

AA DDIA  ZHIALLBBEARX ), LLEB   RRODZX KKOMTTRXEU   LL MMYARR  DDEU   PPJXEARX,

AA DDIA  ZHIALLBBEARX ), LLEB   RRODZX KKOMTTRXEU   LL MMYARR  DDEU   PPJXEARX,

   LLEB KKRRIAZZAMTTEAMMEU, LLEBZZ  AASSTTEARR ,
   LLEB   KKRXIAZZAMTTEAMM, LLEBZZ  AASSTTEARX ,
   LLEB   KKRXIAZZAMTTEAMM, LLEBZZ  AASSTTEARX ,
 LLEB  DDAALLJJAA  " LLEB PPLLYA  BBOB  DDEU TTUATTEU          LL'IALLEU DDEU
FFRRAMSSEU",
 LLEB  DDAALLJJAA  " LLEB PPLXYA  BBOB  DDEU   TTUATT          LL'  IALL DDEU
  FFRXANSS",
 LLEB  DDAALLJJAA  " LLEB PPLXYA  BBOB  DDEU   TTUATT          LL'  IALL DDEU
  FFRXANSS",
 DDIA  DDOAMMIANNIAKKEU: LLEU PPAARRAAVVAM  EB LLEB FFOBTTOUJJ  BBLLOU  EB
 VVJJOALLEA_ SS   EA DD   YANN OBDDAASSEU}
 DDIA    DDOAMMIANNIAKK: LLEU PPAARRAAVVAM  EB LLEB FFOBTTOUJJ  BBLLOV  EB
 VVJJOALLEA_ SS   EA DD   YANN   OBDDAASS}
 DDIA    DDOAMMIANNIAKK:   LL PPAARRAAVVAM  EB LLEB FFOBTTOUJJ  BBLLOV  EB
 VVJJOALLEA_ SS   EA DD   YANN   OBDDAASS}
_ TTRRAMSHEU SSYARR LLEU VVEARR  DDEU LLAA PPEULLUAZZEU,
_   TTRXANSH SSYARR LLEU VVEARR  DDEU LLAA   PPEULLUAZZ,
_   TTRXANSH SSYARR LLEU VVEARR  DDEU LLAA     PPLXUAZZ,
```

```
LLAA GGLLAASSEU   TTEMTTEU DDAM  LLEB VVEARREU,
LLAA   GGLLAASS      TTENTT DDAM  LLEB   VVEARX,
LLAA   GGLLAASS      TTENTT DDAM  LLEB   VVEARX,
UADDAM BBEAZZEU LLAA MMEM DDEU DDOAMMIANNIAKKEU,
UADDAM   BBEAZZ LLAA MMEM DDEU   DDOAMMIANNIAKK,
UADDAM   BBEAZZ LLAA MMEM   DD   DDOAMMIANNIAKK,
TTRREA  MMEMSSEU DDAM       SSOM PPAMTTAALLOM NNWWAARR EB SSOM SHEUMMIAZZJJEB EBKKLLAATTAM
,
TTRXEA    MMENSS DDAM       SSOM PPAMTTAALLOM NNWWAARR EB SSOM SHEUMMIAZZJJEB EBKKLXAATTAM
,
TTRXEA    MMENSS DDAM       SSOM PPAMTTAALLOM NNWWAARR EB SSOM   SHMXIAZZJJEB EBKKLXAATTAM
,
LLEB SHEUVVOU  PPAKLLEU, MMIA-BBLLOM ,
LLEB SHEUVVOV    PPAKLL, MMIA-BBLLOM ,
LLEB   SHVVOV    PPAKLL, MMIA-BBLLOM ,
   MMIA- BBLLAM, DDEU DDOA   OM LLWYIA DDOANNEURREA   TTRRAMTT AM .
   MMIA- BBLLAM, DDEU DDOB   OM LLWYIA   DDOANNRREA   TTRXANTT AM .
   MMIA- BBLLAM,   DD DDOB   OM LLWYIA   DDOANNRREA   TTRXANTT AM .
" DDOAMMIANNIAKKEU, PPEARRSSOANNEU NNEU SSEA  RREUSSEUVVWWAARR KKOAMMEU VVUA .

"   DDOAMMIANNIAKK,   PPEARRSSOANN NNEU SSEA    RREUSSVVWWAARR   KKOAMM VVUA .

"   DDOAMMIANNIAKK,   PPEARRSSOANN   NN SSEA      RRSSVVWWAARR   KKOAMM VVUA .
```

```
" SS   EATT  UU MMWWAA  DD  OAKKTTOABBRREU.
" SS   EATT  UU MMWWAA  DD    OAKKTTOABBRR.
" SS   EATT  UU MMWWAA  DD    OAKKTTOABBRR.
...EAKKSSEAPPSSJJOANNEALL", DDIA  ZHIAZZEALLEU DDYAFFRREANNEU;
...EAKKSSEAPPSSJJOANNEALL", DDIA    ZHIAZZEALL   DDYAFFRREANN;
...EAKKSSEAPPSSJJOANNEALL", DDIA    ZHIAZZEALL   DDYAFFRREANN;
              IALLZZ  AAKKJJEASSEU, IALL  SSUARRIA,
              IALLZZ    AAKKJJEASS, IALL  SSUARRIA,
              IALLZZ    AAKKJJEASS, IALL  SSUARRIA,
YANNEU SHAALLOURR DD   EBTTEB TTOMBBEU DDYA SSJJEALL GGRRIA  -BBLLOU.
  YANN SHAALLOURR DD   EBTTEB   TTOMBB DDYA SSJJEALL GGRRIA  -BBLLOV.
  YANN SHAALLOURR DD   EBTTEB   TTOMBB DDYA SSJJEALL GGRRIA  -BBLLOV.
    KK'EA-SSEU KKE$ LLEBZZ  OBTTRRZZ  OM  KKE$ ZHEU NN'EA PPAA ?
    KK'EA-   SS KKEU LLEBZZ  OBTTRRZZ  OM  KKEU   ZH NN'EA PPAA ?
    KK'EA-   SS KKEU LLEBZZ  OBTTRRZZ  OM  KKEU   ZH NN'EA PPAA ?
 IALL  KKAARREASSEU LLOURR  RREUGGAARR  AA LL' IAMMAAZHEU PPAARRFFEATTEU KK' OM
 RREUPPRROADDWYIATTEU PPLLEAZZIARR DDEU FFRRAMSS EB VVOATTRREU MMEAZZOM:
 IALL    KKAARREASS LLOURR  RREUGGAARR  AA LL'   IAMMAAZH   PPAARRFFEATT KK' OM
   RREUPPRROADDWYIATT PPLLEAZZIARR DDEU FFRRAMSS EB VVOATTRREU MMEAZZOM:
 IALL    KKAARREASS LLOURR  RREUGGAARR  AA LL'   IAMMAAZH   PPAARRFFEATT KK' OM
     RRPPRROADDWYIATT PPLLEBZZIARR   DD FFRRAMSS EB     VVOATT MMEAZZOM:
            LLAA FFEARRMM AASHEUTTEBEU PPUARR YANNEU BBUASHEBEU DDEU PPEM _ AMFFEM,

            LLAA FFEARRMM     AASHTTEB PPUARR   YANN   BBUASHEB DDEU PPEM _ AMFFEM,

            LLAA FFEARRMM     AASHTTEB PPUARR   YANN   BBUASHEB DDEU PPEM _ AMFFEM,

 DDIAZZOM   , DDEU PPEM BBRRIAJJOASHEB_  EB AAMMEBNNAAZHEBEU PPAARR ZHAM -SHAARRLL
OB PPRRIA  DD   YANNEU TTOANNEU DDEU KKAAVVJJAARR.
 DDIAZZOM   , DDEU PPEM BBRRIAJJOASHEB_  EB   AAMMEBNNAAZHEB PPAARR ZHAM -SHAARRLL
OB PPRRIA  DD     YANN   TTOANN DDEU KKAAVVJJAARR.
 DDIAZZOM   ,   DD PPEM BBRRIAJJOASHEB_  EB   AAMMEBNNAAZHEB PPAARR ZHAM -SHAARRLL
OB PPRRIA  DD     YANN   TTOANN   DD KKAAVVJJAARR.
("ZHEU NN' AM SSWYIA   PPAAZZ  AA UU MMIALLJJOM PPRREA  ",
("ZHEU NN' AM SSWYIA   PPAAZZ  AA UU MMIALLJJOM PPRREA  ",
("  ZH NN' AM SSWYIA   PPAAZZ  AA UU MMIALLJJOM PPRREA  ",
```

```
AA DDIA  ZHIALLBBEARR ), LLEB RROAZZEU KKOMTTRRE$ LLEU MMYARR  DDEU PPJJEARREU,

AA DDIA  ZHIALLBBEARR ), LLEB   RROBZZ KKOMTTRREU   LL MMYARR  DDEU   PPJJEARR,

AA DDIA  ZHIALLBBEARR ), LLEB   RROBZZ KKOMTTRREU   LL MMYARR  DDEU   PPJJEARR,

   LLEB KKRRIAZZAMTTEAMMEU, LLEBZZ  AASSTTEARR ,
   LLEB   KKRRIAZZAMTTEAMM, LLEBZZ  AASSTTEARR ,
   LLEB   KKRRIAZZAMTTEAMM, LLEBZZ  AASSTTEARR ,
 LLEB  DDAALLJJAA  " LLEB PPLLYA  BBOB  DDEU TTUATTEU         LL'IALLEU DDEU
FFRRAMSSEU",
 LLEB  DDAALLJJAA  " LLEB PPLLYA  BBOB  DDEU   TTUATT         LL'  IALL DDEU
  FFRRAMSS",
 LLEB  DDAALLJJAA  " LLEB PPLLYA  BBOB  DDEU   TTUATT         LL'  IALL DDEU
  FFRRAMSS",
 DDIA  DDOAMMIANNIAKKEU; LLEU PPAARRAAVVAM  EB LLEB FFOBTTOUJJ  BBLLOU  EB
 VVJJOALLEA_ SS   EA DD   YANN OBDDAASSEU}
 DDIA    DDOAMMIANNIAKK; LLEU PPAARRAAVVAM  EB LLEB FFOBTTOUJJ  BBLLOV  EB
 VVJJOALLEA_ SS   EA DD   YANN   OBDDAASS}
 DDIA    DDOAMMIANNIAKK:   LL PPAARRAAVVAM  EB LLEB FFOBTTOUJJ  BBLLOV  EB
 VVJJOALLEA_ SS   EA DD   YANN   OBDDAASS}
_ TTRRAMSHEU SSYARR LLEU VVEARR  DDEU LLAA PPEULLUAZZEU,
_   TTRRAMSH SSYARR LLEU VVEARR  DDEU LLAA   PPEULLUAZZ,
_   TTRRAMSH SSYARR LLEU VVEARR  DDEU LLAA     PPLLUAZZ,
 LLAA GGLLAASSEU   TTEMTTEU DDAM  LLEB VVEARREU,
 LLAA   GGLLAASS     TTEMTT DDAM  LLEB   VVEARR,
 LLAA   GGLLAASS     TTEMTT DDAM  LLEB   VVEARR,
 UADDAM BBEAZZEU LLAA MMEM DDEU DDOAMMIANNIAKKEU,
 UADDAM   BBEAZZ LLAA MMEM DDEU   DDOAMMIANNIAKK,
 UADDAM   BBEAZZ LLAA MMEM   DD   DDOAMMIANNIAKK,
 TTRREA  MMEMSSEU DDAM       SSOM PPAMTTAALLOM NNWWAARR EB SSOM SHEUMMIAZZJJEB EBKKLLAATTAM
,
 TTRREA    MMEMSS DDAM       SSOM PPAMTTAALLOM NNWWAARR EB SSOM SHEUMMIAZZJJEB EBKKLLAATTAM
,
 TTRREA    MMEMSS DDAM       SSOM PPAMTTAALLOM NNWWAARR EB SSOM   SHMMIAZZJJEB EBKKLLAATTAM
,
```

```
LLEB SHEUVVOU  PPAKLLEU, MMIA-BBLLOM ,
LLEB SHEUVVOV    PPAALL, MMIA-BBLLOM ,
LLEB   SHVVOV    PPAALL, MMIA-BBLLOM ,
    MMIA- BBLLAM, DDEU DDOA   OM LLWYIA DDOANNEURREA   TTRRAMTT AM .
    MMIA- BBLLAM, DDEU DDOB   OM LLWYIA   DDOANNRREA   TTRRAMTT AM .
    MMIA- BBLLAM,   DD DDOB   OM LLWYIA   DDOANNRREA   TTRRAMTT AM .
" DDOAMMIANNIAKKEU, PPEARRSSOANNEU NNEU SSEA  RREUSSEUVVWWAARR KKOAMMEU VVUA .

"   DDOAMMIANNIAKK,   PPEARRSSOANN NNEU SSEA    RREUSSVVWWAARR   KKOAMM VVUA .

"   DDOAMMIANNIAKK,   PPEARRSSOANN   NN SSEA      RRSSVVWWAARR   KKOAMM VVUA .
```

```
" SS   EATT  UU MMWWAA  DD  OAKKTTOABBRREU.
" SS   EATT  EM MMWWAA  DD    OAKKTTOABBRR.
" SS   EATT  EM MMWWAA  DD    OAKKTTOABBRR.
...EAKKSSEAPPSSJJOANNEALL", DDIA  ZHIAZZEALLEU DDYAFFRREANNEU;
...EAKKSSEAPPSSJJOANNEALL", DDIA    ZHIAZZEALL   DDYAFFRREANN;
...EAKKSSEAPPSSJJOANNEALL", DDIA    ZHIAZZEALL   DDYAFFRREANN;
                  IALLZZ  AAKKJJEASSEU, IALL  SSUARRIA,
                  IALLZZ    AAKKJJEASS, IALL  SSUARRIA,
                  IALLZZ    AAKKJJEASS, IALL  SSUARRIA,
YANNEU SHAALLOURR DD   EBTTEB TTOMBBEU DDYA SSJJEALL GGRRIA  -BBLLOU.
  YANN SHAALLOURR DD   EBTTEB   TTOMBB DDYA SSJJEALL GGRRIA  -BBLLOV.
  YANN SHAALLOURR DD   EBTTEB   TTOMBB DDYA SSJJEALL GGRRIA  -BBLLOV.
    KK'EA-SSEU KKE$ LLEBZZ  OBTTRRZZ  OM  KKE$ ZHEU NN'EA PPAA ?
    KK'EA-  SS KKOU LLEBZZ  OBTTRRZZ  OM  KKOU   ZH NN'EA PPAA ?
    KK'EA-  SS KKOU LLEBZZ  OBTTRRZZ  OM  KKOU   ZH NN'EA PPAA ?
 IALL  KKAARREASSEU LLOURR  RREUGGAARR  AA LL' IAMMAAZHEU PPAARRFFEATTEU KK' OM
 RREUPPRROADDWYIATTEU PPLLEAZZIARR DDEU FFRRAMSS EB VVOATTRREU MMEAZZOM:
 IALL    KKAARREASS LLOURR  RROUGGAARR  AA LL'   IAMMAAZH   PPAARRFFEATT KK' OM
   RROUPPRROADDWYIATT PPLLEAZZIARR DDOU FFRRAMSS EB VVOATTRROJ MMEAZZOM:
 IALL    KKAARREASS LLOURR  RROUGGAARR  AA LL'   IAMMAAZH   PPAARRFFEATT KK' OM
     RRPPRROADDWYIATT PPLLEBZZIARR DDOU FFRRAMSS EB    VVOATT MMEAZZOM:
              LLAA FFEARRMM AASHEUTTEBEU PPUARR YANNEU BBUASHEBEU DDEU PPEM _ AMFFEM,

              LLAA FFEARRMM     AASHTTEB PPUARR   YANN   BBUASHEB DDOU PPEM _ AMFFEM,

              LLAA FFEARRMM     AASHTTEB PPUARR   YANN   BBUASHEB DDOU PPEM _ AMFFEM,

 DDIAZZOM  , DDEU PPEM BBRRIAJJOASHEB_  EB AAMMEBNNAAZHEBEU PPAARR ZHAM -SHAARRLL
OB PPRRIA  DD   YANNEU TTOANNEU DDEU KKAAVVJJAARR.
 DDIAZZOM  , DDOU PPEM BBRRIAJJOASHEB_  EB   AAMMEBNNAAZHEB PPAARR ZHAM -SHAARRLL
OB PPRRIA  DD     YANN    TTOANN DDOU KKAAVVJJAARR.
 DDIAZZOM  ,   DD PPEM BBRRIAJJOASHEB_  EB   AAMMEBNNAAZHEB PPAARR ZHAM -SHAARRLL
OB PPRRIA  DD     YANN    TTOANN    DD KKAAVVJJAARR.
```

```
("ZHEU NN' AM SSWYIA  PPAAZZ  AA UU MMIALLJJOM PPRREA  ",
("ZHOU NN' AM SSWYIA  PPAAZZ  AA EM MMIALLJJOM PPRREA  ",
("  ZH NN' AM SSWYIA  PPAAZZ  AA EM MMIALLJJOM PPRREA  ",
AA DDIA  ZHIALLBBEARR ), LLEB RROAZZEU KKOMTTRRE$ LLEU MMYARR  DDEU PPJJEARREU,

AA DDIA  ZHIALLBBEARR ), LLEB   RROBZZ KKOMTTRROU   LL MMYARR  DDOU   PPJJEARR,

AA DDIA  ZHIALLBBEARR ), LLEB   RROBZZ KKOMTTRROU   LL MMYARR  DDOU   PPJJEARR,

   LLEB KKRRIAZZAMTTEAMMEU, LLEBZZ  AASSTTEARR ,
   LLEB   KKRRIAZZAMTTEAMM, LLEBZZ  AASSTTEARR ,
   LLEB   KKRRIAZZAMTTEAMM, LLEBZZ  AASSTTEARR ,
 LLEB  DDAALLJJAA  " LLEB PPLLYA  BBOB  DDEU TTUATTEU          LL'IALLEU DDEU
FFRRAMSSEU",
 LLEB  DDAALLJJAA  " LLEB PPLLYA  BBOB  DDOU   TTUATT          LL'  IALL DDOU
  FFRRAMSS",
 LLEB  DDAALLJJAA  " LLEB PPLLYA  BBOB  DDOU   TTUATT          LL'  IALL DDOU
  FFRRAMSS",
 DDIA  DDOAMMIANNIAKKEU; LLEU PPAARRAAVVAM  EB LLEB FFOBTTOUJJ  BBLLOU  EB
 VVJJOALLEA_ SS   EA DD   YANN OBDDAASSEU}
 DDIA    DDOAMMIANNIAKK; LLOU PPAARRAAVVAM  EB LLEB FFOBTTOUJJ  BBLLOV  EB
 VVJJOALLEA_ SS   EA DD   YANN   OBDDAASS}
 DDIA    DDOAMMIANNIAKK;   LL PPAARRAAVVAM  EB LLEB FFOBTTOUJJ  BBLLOV  EB
 VVJJOALLEA_ SS   EA DD   YANN   OBDDAASS}
_ TTRRAMSHEU SSYARR LLEU VVEARR  DDEU LLAA PPEULLUAZZEU,
_   TTRRAMSH SSYARR LLOU VVEARR  DDOU LLAA   PPOULLUAZZ,
_   TTRRAMSH SSYARR LLOU VVEARR  DDOU LLAA     PPLLUAZZ,
 LLAA GGLLAASSEU   TTEMTTEU DDAM  LLEB VVEARREU,
 LLAA   GGLLAASS      TTEMTT DDAM  LLEB   VVEARR,
 LLAA   GGLLAASS      TTEMTT DDAM  LLEB   VVEARR,
 UADDAM BBEAZZEU LLAA MMEM DDEU DDOAMMIANNIAKKEU,
 UADDAM   BBEAZZ LLAA MMEM DDOU   DDOAMMIANNIAKK,
 UADDAM   BBEAZZ LLAA MMEM   DD   DDOAMMIANNIAKK,
```

```
TTRREA  MMEMSSEU DDAM       SSOM PPAMTTAALLOM NNWWAARR EB SSOM SHEUMMIAZZJJEB EBKKLLAATTAM
,
TTRREA    MMEMSS DDAM       SSOM PPAMTTAALLOM NNWWAARR EB SSOM SHOUMMIAZZJJEB EBKKLLAATTAM
,
TTRREA    MMEMSS DDAM       SSOM PPAMTTAALLOM NNWWAARR EB SSOM   SHMMIAZZJJEB EBKKLLAATTAM
,
LLEB SHEUVVOU  PPAKLLEU, MMIA-BBLLOM ,
LLEB SHOUVVOV    PPAALL, MMIA-BBLLOM ,
LLEB   SHVVOV    PPAALL, MMIA-BBLLOM ,
   MMIA- BBLLAM, DDEU DDOA   OM LLWYIA DDOANNEURREA   TTRRAMTT AM .
   MMIA- BBLLAM, DDOU DDOB   OM LLWYIA   DDOANNRREA   TTRRAMTT AM .
   MMIA- BBLLAM,    DD DDOB   OM LLWYIA   DDOANNRREA   TTRRAMTT AM .
" DDOAMMIANNIAKKEU, PPEARRSSOANNEU NNEU SSEA  RREUSSEUVVWWAARR KKOAMMEU VVUA .

"   DDOAMMIANNIAKK,   PPEARRSSOANN NNOU SSEA    RROUSSVVWWAARR   KKOAMM VVUA .

"   DDOAMMIANNIAKK,   PPEARRSSOANN   NN SSEA      RRSSVVWWAARR   KKOAMM VVUA .
```

```
" SS   EATT  UU MMWWAA  DD  OAKKTTOABBRREU.
" SS   EATT  UU MMUAAA  DD    OAKKTTOABBRR.
" SS   EATT  UU MMWWAA  DD  OAKKTTOABBRREU.
...EAKKSSEAPPSSJJOANNEALL", DDIA  ZHIAZZEALLEU DDYAFFRREANNEU;
...EAKKSSEAPPSSIAOANNEALL", DDIA    ZHIAZZEALL   DDYAFFRREANN;
...EAKKSSEAPPSSJJOANNEALL", DDIA  ZHIAZZEALLEU DDYAFFRREANNEU;
              IALLZZ  AAKKJJEASSEU, IALL  SSJARRIA,
              IALLZZ    AAKKIAEASS, IALL  SSUARRIA,
              IALLZZ  AAKKJJEASSEU, IALL  SSUARRIA,
YANNEU SHAALLOURR DD   EBTTEB TTOMBBEU DDYA SSJJEALL GGRRIA  -BBLLOU.
  YANN SHAALLOURR DD   EBTTEB   TTOMBB DDYA SSIAEALL GGRRIA  -BBLLOU.
YANNEU SHAALLOURR DD   EBTTEB TTOMBBEU DDYA SSJJEALL GGRRIA  -BBLLOU.
    KK'EA-SSEU KKE$ LLEBZZ  OBTTRRZZ  OM  KKE$ ZHEU NN'EA PPAA ?
    KK'EA-  SS   KK LLEBZZ  OBTTRRZZ  OM    KK   ZH NN'EA PPAA ?
    KK'EA-SSEU KKE$ LLEBZZ  OBTTRRZZ  OM  KKE$ ZHEU NN'EA PPAA ?
 IALL  KKAARREASSEU LLOURR  RREUGGAARR  AA LL' IAMMAAZHEU PPAARRFFEATTEU KK' OM
 RREUPPRRDADDWYIATTEU PPLLEAZZIARR DDEU FFRRAMSS EB VVOATTRREJ MMEAZZOM:
 IALL    KKAARREASS LLOURR    RRGGAARR  AA LL'   IAMMAAZH   PPAARRFFEATT KK' OM
    RRPPRROADDYAIATT PPLLEAZZIARR   DD FFRRAMSS EB   VVOATTRR MMEAZZOM:
 IALL  KKAARREASSEU LLOURR  RREUGGAARR  AA LL' IAMMAAZHEU PPAARRFFEATTEU KK' OM
 RREUPPRROADDWYIATTEU PPLLEAZZIARR DDEU FFRRAMSS EB VVOATTRREU MMEAZZOM:
            LLAA FFEARRMM AASHEUTTEBEU PPUARR YANNEU BBUASHEBEU DDEU PPEM _ AMFFEM,

            LLAA FFEARRMM    AASHTTEB PPUARR   YANN   BBUASHEB   DD PPEM _ AMFFEM,

            LLAA FFEARRMM AASHEUTTEBEU PPUARR YANNEU BBUASHEBEU DDEU PPEM _ AMFFEM,

 DDIAZZOM  , DDEU PPEM BBRRIAJJOASHEB_  EB AAMMEBNNAAZHEBEU PPAARR ZHAM -SHAARRLL
OB PPRRIA  DD   YANNEU TTOANNEU DDEU KKAAVVJJAARR.
 DDIAZZOM  ,   DD PPEM   BBRRIAOASHEB_  EB   AAMMEBNNAAZHEB PPAARR ZHAM -SHAARRLL
OB PPRRIA  DD     YANN   TTOANN   DD KKAAVVIAAARR.
 DDIAZZOM  , DDEU PPEM BBRRIAJJOASHEB_  EB AAMMEBNNAAZHEBEU PPAARR ZHAM -SHAARRLL
OB PPRRIA  DD   YANNEU TTOANNEU DDEU KKAAVVJJAARR.
```

```
("ZHEU NN' AM SSWYIA  PPAAZZ  AA UU MMIALLJJOM PPRREA  ",
("  ZH NN' AM SSYAIA  PPAAZZ  AA UU MMIALLIAOM PPRREA  ",
("ZHEU NN' AM SSWYIA  PPAAZZ  AA UU MMIALLJJOM PPRREA  ",
AA DDIA  ZHIALLBBEARR ), LLEB RROAZZEU KKOMTTRRE$ LLEJ MMYARR  DDEU PPJJEARREU,

AA DDIA  ZHIALLBBEARR ), LLEB   RROBZZ   KKOMTTRR   LL MMYARR    DD   PPIAEARR,

AA DDIA  ZHIALLBBEARR ), LLEB RROBZZEU KKOMTTRRE$ LLEJ MMYARR  DDEU PPJJEARREU,

   LLEB KKRRIAZZAMTTEAMMEU, LLEBZZ  AASSTTEARR ,
   LLEB   KKRRIAZZAMTTEAMM, LLEBZZ  AASSTTEARR ,
   LLEB KKRRIAZZAMTTEAMMEU, LLEBZZ  AASSTTEARR ,
 LLEB  DDAALLJJAA  " LLEB PPLLYA  BBOB  DDEU TTUATTEU         LL'IALLEU DDEU
FFRRAMSSEU",
 LLEB  DDAALLIAAA  " LLEB PPLLYA  BBOB    DD   TTUATT         LL'  IALL   DD
  FFRRAMSS",
 LLEB  DDAALLJJAA  " LLEB PPLLYA  BBOB  DDEU TTUATTEU         LL'IALLEU DDEU
FFRRAMSSEU",
 DDIA  DDOAMMIANNIAKKEU; LLEU PPAARRAAVVAM  EB LLEB FFOBTTOUJJ  BBLLOU  EB
 VVJJOALLEA_ SS   EA DD   YANN OBDDAASSEU}
 DDIA    DDOAMMIANNIAKK;   LL PPAARRAAVVAM  EB LLEB FFOBTTOUIA  BBLLOU  EB
 VVIAOALLEA_ SS   EA DD   YANN   OBDDAASS}
 DDIA  DDOAMMIANNIAKKEU; LLEU PPAARRAAVVAM  EB LLEB FFOBTTOUJJ  BBLLOU  EB
 VVJJOALLEA_ SS   EA DD   YANN OBDDAASSEU}
_ TTRRAMSHEU SSYARR LLEU VVEARR  DDEU LLAA PPEULLUAZZEU,
_   TTRRAMSH SSYARR   LL VVEARR    DD LLAA     PPLLUAZZ,
_ TTRRAMSHEU SSYARR LLEU VVEARR  DDEU LLAA PPEULLUAZZEU,
 LLAA GGLLAASSEU   TTEMTTEU DDAM  LLEB VVEARREU,
 LLAA   GGLLAASS     TTEMTT DDAM  LLEB   VVEARR,
 LLAA GGLLAASSEU   TTEMTTEU DDAM  LLEB VVEARREU,
 UADDAM BBEAZZEU LLAA MMEM DDEU DDOAMMIANNIAKKEU,
 UADDAM   BBEAZZ LLAA MMEM   DD   DDOAMMIANNIAKK,
 UADDAM BBEAZZEU LLAA MMEM DDEU DDOAMMIANNIAKKEU,
```

```
TTRREA  MMEMSSEU DDAM       SSOM PPAMTTAALLOM NNWWAARR EB SSOM SHEUMMIAZZJJEB EBKKLLAATTAM
,
TTRREA    MMEMSS DDAM       SSOM PPAMTTAALLOM NNUAAARR EB SSOM   SHMMIAZZIAEB EBKKLLAATTAM
,
TTRREA  MMEMSSEU DDAM       SSOM PPAMTTAALLOM NNWWAARR EB SSOM SHEUMMIAZZJJEB EBKKLLAATTAM
,
LLEB SHEUVVOU  PPAKLLEU, MMIA-BBLLOM ,
LLEB   SHVVOU    PPAALL, MMIA-BBLLOM ,
LLEB SHEUVVOU  PPAALLEU, MMIA-BBLLOM ,
   MMIA- BBLLAM, DDEU DDOA   OM LLWYIA DDOANNEURREA   TTRRAMTT AM .
   MMIA- BBLLAM,   DD DDOB   OM LLYAIA   DDOANNRREA   TTRRAMTT AM .
   MMIA- BBLLAM, DDEU DDOB   OM LLWYIA DDOANNEURREA   TTRRAMTT AM .
" DDOAMMIANNIAKKEU, PPEARRSSOANNEU NNEU SSEA  RREUSSEUVVWWAARR KKOAMMEU VVUA .

"  DDOAMMIANNIAKK,   PPEARRSSOANN   NN SSEA      RRSSVVUAAARR   KKOAMM VVUA .

" DDOAMMIANNIAKKEU, PPEARRSSOANNEU NNEU SSEA  RREUSSEUVVWWAARR KKOAMMEU VVUA .
```

Im folgenden Beispiel wird eine Jahreszahl graphisiert. Das Beispiel wird anschließend in die Sprache L_{P_2} transkribiert. Das Beispiel ist sprachlich unsinnig; es wurde gewählt, um zu zeigen, wie in der Transkription wortkontexttuelle und syntaktische Tests durchgeführt werden.

```
LORSQUE EN 1704, NOUS PORTIONS DE NOMBREUSES AIGUILLES TROP PRUDEMMENT, D'AUTRE
        LORSQUE EN DIX  SEPT  CENT  QUATRE   NOUS PORTIONS DE NOMBREUSES AIGUI
S INITIAIENT LES IMMENSES ME1TIERS DE MER.
LLES TROP PRUDEMMENT, D'AUTRES INITIAIENT LES IMMENSES ME1TIERS DE MER.



                                              LLOARRSSKK AM DDIA   SSEATT  SSAM   KKAATTRREU
 NNUA   PPOARRTTJJOM DDEU NNOMBBRROUZZ EAGGWYIAJJEU TTRROA  PPRRYADDAAMMAM ,
                                              LLOARRSSKK AM DDIA   SSEATT  SSAM   KKAATTRREU
 NNUA   PPOARRTTJJOM DDEU NNOMBBRROVZZ   EAGGWYIAJJ TTRROB  PPRRYADDAAMMAM ,
                                              LLOARRSSKK AM DDIA   SSEATT  SSAM
KKAATT   NNUA  PPOARRTTJJOM   DD NNOMBBRROVZZ   EAGGWYIAJJ TTRROB  PPRRYADDAAMMAM
,
 DD  OBTTRREUZZ  IANNIASSJJEAEU LLEAZZ  IAMMAMSSEU MMEBTTJJEB DDEU MMEARR.
 DD  OBTTRREUZZ    IANNIASSJJEA LLEAZZ    IAMMAMSS MMEBTTJJEB DDEU MMEARR.
 DD  OBTTRREUZZ    IANNIASSJJEA LLEAZZ    IAMMAMSS MMEBTTJJEB DDEU MMEARR.
```

FSC
www.fsc.org
MIX
Papier | Fördert gute Waldnutzung
FSC® C083411

Kolibri 360 GmbH
Ferdinand-Jühlke-Straße 7
99095 Erfurt, Deutschland
produktsicherheit@kolibri360.de